Bettina Ostermann-Vogt

Biographisches Lernen und Professionalitätsentwicklung

Lernweltforschung
Band 10

Herausgegeben von
Heide von Felden
Rudolf Egger

Bettina Ostermann-Vogt

Biographisches Lernen und Professionalitäts-entwicklung

Lernprozesse von Lehrenden
in Pflegeberufen

VS VERLAG

Bibliografische Information der Deutschen Nationalbibliothek
Die Deutsche Nationalbibliothek verzeichnet diese Publikation in der
Deutschen Nationalbibliografie; detaillierte bibliografische Daten sind im Internet über
<http://dnb.d-nb.de> abrufbar.

1. Auflage 2011

Alle Rechte vorbehalten
© VS Verlag für Sozialwissenschaften | Springer Fachmedien Wiesbaden GmbH 2011

Lektorat: Stefanie Laux

VS Verlag für Sozialwissenschaften ist eine Marke von Springer Fachmedien.
Springer Fachmedien ist Teil der Fachverlagsgruppe Springer Science+Business Media.
www.vs-verlag.de

Umschlaggestaltung: KünkelLopka Medienentwicklung, Heidelberg
Gedruckt auf säurefreiem und chlorfrei gebleichtem Papier
Printed in Germany

ISBN 978-3-531-18150-9

*Für Boris, Philipp, Sarah
und meine Eltern*

Inhalt

Vorwort

Von biographischen Basisdispositionen und professionellen Haltungen

„Biographische Basisdispositionen bahnen richtungsweisend den Aufbau professioneller Muster". Mit dieser These konfrontierte Frau Ostermann-Vogt die Kommission bei der Disputation ihrer Dissertation*. Sie hat damit ein wesentliches Ergebnis ihrer Arbeit formuliert, das durchaus aufhorchen lässt. Besagt es doch, dass biographische Erfahrungen der frühen Jahre auch berufliche professionelle Haltungen maßgeblich anbahnen oder auch bestimmen. Das heißt, sie sind so wirksam, dass selbst pädagogische Haltungen, die die Lehrenden in Pflegeberufen gegenüber ihren Schülerinnen und Schülern einnehmen, von der eigenen Biographie und weniger von den durchlaufenen Ausbildungen bzw. Weiterbildungen oder von der professionellen Tätigkeit beeinflusst werden.

Heißt das etwa, dass Ausbildungen, Weiterbildungen, lebenslanges Um- und Dazulernen obsolet werden, weil Lernen und Bildung und damit Veränderungen über die Lebenszeit gar nicht erfolgen können? Diese weitreichende Schlussfolgerung kann natürlich nicht gezogen werden. Es gilt zunächst, den Begriff „biographische Basisdispositionen" genauer zu betrachten. Frau Ostermann-Vogt versteht biographische Basisdispositionen als „inkorporierte Strukturen biographischer Sozialisationserfahrungen, die [...] mit ihren im Sozialisationsprozess ausgebildeten erfahrungsbasierten, lebenspraktisch bewährten und subjektiv vorhandenen Perzeptionsmustern und Bewährungsstrategien richtungsweisende Bahnen der Wahrnehmung und Deutung an[legen]". Und weiter: „Bei der Verarbeitung neuer biographischer Erfahrungen spielen die biographischen Basisdispositionen und die mit ihnen verbundenen biographischen Ressourcen eine übergeordnete Rolle, weil sie diese Erfahrungen als Interpretationsapriori nach außen offen, nach innen selbstreferentiell interpunktieren".

Biographische Basisdispositionen stellen ein Interpretationsapriori dar, nach dem Ereignisse des Lebens wahrgenommen und eingeordnet werden. Die frühen Erfahrungen des Lebens bilden quasi die Grundlage, die die weiteren Erfahrungen steuert oder – um es mit einem Terminus von Fritz Schütze (1981)

---

* Bei der vorliegenden Veröffentlichung handelt es sich um die durchgesehene und in einigen Details überarbeitete Fassung dieser Dissertation, die 2010 an der Johannes Gutenberg Universität Mainz im Fachbereich 2, Institut für Erziehungswissenschaft, AG Erwachsenenbildung/Weiterbildung eingereicht wurde.

zu sagen: In der Erfahrungsaufschichtung sind frühe Erfahrungen die Basis für die weiteren Erfahrungen im Verlaufe des Lebens. Es ist das Verdienst von Frau Ostermann-Vogt, diese Interpretationsapriori in den von ihr analysierten narrativen Interviews deutlich gemacht zu haben. Sie hat in den Interviews grundlegende Haltungen identifiziert, die quasi die Rahmung bieten für Lebensentscheidungen, Lernerfahrungen und die Entwicklung professioneller beruflicher Haltungen. Veränderungen, Lernen als Umlernen oder Dazulernen findet bei den untersuchten Interviewpersonen also jeweils in einem Rahmen bestimmter biographischer Basisdispositionen statt, der nicht überschritten wird. Darin liegt einmal mehr die besondere Leistung von Frau Ostermann-Vogt: sie hat Veränderungen im Rahmen von Nichtveränderung kenntlich gemacht und damit zu einer weiteren Differenzierung in der Analyse von Lernprozessen in narrativen Interviews beigetragen (vgl. von Felden 2011). Transitorisches Lernen im Sinne von Alheit (1993) oder Bildungsprozesse im Sinne von Marotzki (1990) konnte Frau Ostermann-Vogt in ihrem Material nicht ausmachen.

Die Beispiele für die Verbindung von Basisdispositionen und professionellen Haltungen sind darüber hinaus frappierend. Da wächst Herr Burkhard als Einzelgänger und Außenseiter auf, der in seiner Selbstdeutung vor allem auf sich selbst und sein biographisches Handlungsschema baut. Und genau diese Selbstaktivität und Selbstverantwortung setzt er bei seinen Schülern voraus, die er nicht „gängeln" will, sondern die von sich aus Lerninteressen entwickeln sollen. Ganz anders Herr Hiltmann: Er wächst in einer Großfamilie auf und lernt als Kind Gemeinschaft und Interaktion kennen. Auch in der Schule baut er auf ein Lernen in Beziehungen und schafft Netzwerke und verbindliche Interaktions- und Kooperationsstrukturen. Die biographischen Sozialisationserfahrungen bilden die Grundlage ihrer pädagogischen Haltungen, ungeachtet der pädagogischen Ausbildungsinhalte oder der beruflichen Situationen.

Weil die biographischen Erfahrungen eine solch bedeutende Rolle spielen auch beim Aufbau von professionellen Haltungen, plädiert Frau Ostermann-Vogt für die Einbeziehung biographischer Reflexionen in die berufliche Ausbildung. Dahinter steckt die Idee, dass nur über biographische Reflexionen Basisdispositionen veränderbar seien, sei es, weil sie pädagogisch-professionell nicht gewollt sind, sei es, weil zu einer professionellen Haltung in jedem Fall die Reflexion von Grundüberzeugungen und Fachwissen gehören. Hier sind wir bei einem weiteren Punkt der Arbeit: Wie kann die Ausbildung der Lehrenden in Pflegeberufen weiter professionalisiert werden? Geschieht das schon über ein Studium, wie es seit 2004 vorausgesetzt wird oder muss auch die Ausbildung selbst weiteren Veränderungen unterworfen werden? Gewährleistete eine Weiterbildung, wie sie vor 2004 die Lehrenden für Pflegeberufe durchlaufen haben, per se zu wenig biographisch-reflexive und selbst-reflexive Anteile? Im Rahmen welcher Ausbildungsstrukturen lassen sich biographisch-reflexive Anteile am besten integrieren?

Diese und andere Fragen wirft die Arbeit auf, beantwortet sie zum Teil und zum Teil nicht. Das ist allerdings ein Markenzeichen für eine Dissertation, die ihren Forschungsgegenstand ernst nimmt und weiterführende Fragen entwickelt. Und so wünsche ich Ihnen als Leserinnen und Leser der Arbeit eine spannende Lektüre im Nachvollzug von Basisdispositionen, Lebenserfahrungen, Lernprozessen und alltäglichen und beruflichen Haltungen.

Mainz, im März 2011   *Heide von Felden*

Einleitung

Pflege im Wandel
Der sich derzeit vollziehende tief greifende Strukturwandel in der Gesellschaft und im Gesundheitswesen führt zu vielfältigen Umstrukturierungs- und Anpassungsprozessen im Gesundheits- und Sozialsystem. Im Zuge der gesellschaftlichen Transformation werden die Pflegeberufe mit neuen Aufgabenfeldern und Anforderungsprofilen konfrontiert, deren inhaltlich-konzeptionelle, wissenschaftsorientierte Gestaltung und Organisation sich an den Bedürfnissen einer individualisierten, in globalisierten Maßstäben agierenden Wissensgesellschaft orientieren. Im Kontext der gesellschaftlichen Transformation und der damit einhergehenden Umgestaltung des Gesundheitswesens müssen in den Pflegeberufen neue Kompetenzen vermittelt werden, was im Bereich der Lehre zu beträchtlichen curricularen Veränderungen führt und auf die dort tätigen Lehrenden einen enormen Modernisierungsdruck ausübt.

Besonders deutlich zeigen sich die Auswirkungen des soziokulturellen und gesellschaftlichen Wandels in den bildungsstrukturellen Transformationsprozessen, die derzeit das Ausbildungswesen in den Pflegeberufen gravierend verändern und die Schul- und Qualitätsentwicklung vor neue Herausforderungen stellen. Exemplarisch für diesen Paradigmenwechsel in der Bildungsorganisation steht die neue Ausbildungs- und Prüfungsverordnung, deren Konzeption darauf abzielt, auf allen Strukturebenen Schulentwicklungsprozesse in Gang zu setzen.

Dieser Modernisierungsdruck verlangt von den Lehrenden in den Pflegeberufen eine grundlegende Reflexion der Struktur zukünftiger Handlungsfelder und Handlungsbereiche, der Fragen der Arbeitsorganisation und des Profils der geforderten Qualifikationen im Gesundheitsbereich. Somit ist auch die Rolle des Lehrers einem fundamentalen Wandel unterworfen. Stand der traditionelle Unterricht ganz im Zeichen des Lehrers, der primär explizites Fachwissen vermittelte und beurteilte, fungiert er nach den Vorgaben der im Jahr 2003 erlassenen Ausbildungs- und Prüfungsordnung als Gestalter, Moderator und Berater von Lernprozessen. Die Veränderungen in der inhaltlichen Akzentuierung und strukturellen Ausrichtung der Ausbildung in den Pflege- und Gesundheitsberufen bedeuten für die Lehrenden eine Vielzahl neuer beruflicher und didaktischer Anforderungen. Eine herausgehobene Stellung nimmt dabei die Person des Lehrers ein, weil von ihm die Umsetzung der gesellschaftlich und soziokulturell bedingten Veränderungsprozesse in der Ausbildung erwartet wird.

Als Hauptakteure, deren Aufgabe es ist, die notwendigen Anpassungen und Umstrukturierungen in der Pflegeausbildung umzusetzen, agieren sie in einem Spannungsfeld zwischen neuen beruflichen Anforderungen einerseits und individuellen Voraussetzungen andererseits. In Zeiten der Auflösung traditioneller Lebensformen und der Pluralisierung von Gestaltungsmöglichkeiten in allen Bereichen bietet einzig die Orientierung an eigenen biographischen Verläufen und Zielen dem Individuum Kontinuität und Stabilität (vgl. Kohli 1989). Diese Ausrichtung an der Biographie von Individuen ist zwar mit vielen Unsicherheiten und Schwierigkeiten verbunden, bietet aber andererseits auch zahlreiche Entwicklungschancen. Somit wird die Biographie mit dem Bedeutungszuwachs von Individuallagen und Biographieverläufen immer mehr zum Orientierungspunkt und zur Sinnressource.

Forschungsfragen und Untersuchungsgegenstand der Arbeit
In der vorliegenden Untersuchung soll auf der zugrundeliegenden Erlebnis- und Erfahrungswelt des Subjekts der Aufbau von Aneignungs- und Verarbeitungsmustern der handelnden Akteure rekonstruiert und der Frage nachgegangen werden, auf welche Weise sich biographisches Lernen und die damit verbundene Formation von Wissen sowie die Erfahrung im lebensweltlichen und lebensgeschichtlichen Zusammenhang vollzieht.
Am Beispiel von Lehrenden in Gesundheitsberufen, die den oben skizzierten Transformationsprozessen in besonderem Maße ausgesetzt sind, soll der Prozess der Konstitution von biographischen Vorprägungen, Ressourcen und Motiven untersucht sowie deren Bedeutung beim Aufbau pädagogischer Haltungen der Lehrenden und im Umgang mit beruflichen Herausforderungen analysiert werden.
Ziel der Untersuchung, die den Titel „Biographisches Lernen und Professionalitätsentwicklung" trägt, ist es, das Verhältnis von biographischen Lern- und Bildungsprozessen und pädagogischer Professionalität im Rahmen des Spannungsfeldes der beruflichen Weiterentwicklungsprozesse zu untersuchen. Die Arbeit wendet sich aus einer bildungstheoretischen Perspektive der Frage nach der Entwicklungsfähigkeit des Pädagogen im Zuge beruflicher Wandlungsprozesse zu, indem die forschungsleitende Fragestellung sich an der Entwicklung von biographischen Bildungsfiguren und biographischen Handlungs- und Deutungsmustern orientiert und in diesem Zusammenhang die biographische Erfahrungsaufschichtung rekonstruiert, die aus dem Blickwinkel der Profession interpretiert und auf Bedeutungszusammenhänge im Umgang mit beruflichen Herausforderungen untersucht wird. Über einen biographieanalytischen Zugang steht das Zusammenspiel von Biographie-, Bildungs- und Professionalisierungsprozessen im Zentrum der Untersuchung. Ausgehend von der Rekonstruktion biographischer Strukturen werden berufliche Anpassungs-, Ver-

änderungs- und Wandlungsprozesse interpretiert. Der Fokus liegt dabei auf dem Zusammenspiel von Biographie und beruflicher Entwicklung, weil sowohl die Entwicklung der beruflichen Identität als auch Haltungen und Einstellungen im Lehrerberuf untersucht werden. Außerdem bezieht die Analyse von Lehrerbiographien auch die vorherrschenden gesellschaftlichen und institutionellen Orientierungs- und Deutungsmuster mit ein.

In der Biographieanalyse werden an einem Einzelfall die Prozessstrukturen des Berufs- und Lebensverslaufs in den Blick genommen und die biographischen Dispositionen, Motive und Ressourcen rekonstruiert, die zur Herausbildung der fallspezifischen, beruflichen Orientierungs- und Deutungsmuster von Lehrern führen.

Die biographische Perspektive fokussiert auf die Binnenperspektive und die Relevanzsetzung des „Biographieträgers" (Schütze 1981, 74), sodass es den Lehrenden ermöglicht wird, den Rahmen der Berufsbiographie durch die Einbettung der Erzählung in einen lebensgeschichtlichen Zusammenhang zu erweitern und ihnen dadurch Deutungsoptionen der eigenen Berufsbiographie zu eröffnen. Lehrerbiographieforschung betrachtet individuelle Lebens-, Berufs-, Bildungs-, Lern- und Professionalisierungsgeschichten (vgl. Reh/Schelle 1999, 374), weil das berufliche Wirken des Lehrers als ein lebenslanger Prozess des Lernens und der professionellen Entwicklung aufgefasst wird. Auf der Basis der Erkenntnisse über biographische Lern- und Bildungsprozesse können wiederum auch schulpädagogische Einsichten über Voraussetzungen und Bedingungen der Reform und Neuorientierung pädagogischer Arbeit gewonnen werden.

Der Forschungsschwerpunkt liegt auf einer lern- und bildungstheoretischen Untersuchung von Lehrerbiographien in der Pflege. Das Forschungsvorhaben ist in die qualitative Bildungsforschung eingebettet und untersucht mit Methoden der erziehungswissenschaftlichen Biographieforschung die Funktionsweise des komplexen Lernens im Verlauf des Lebens. Im Zentrum der Untersuchung steht die Rekonstruktion von Lern- und Bildungsgeschichten ausgewählter Lebensgeschichten. Die Forschungsfragen bilden daher ein Forschungsdesiderat der Erwachsenenbildung und verfolgen als Erkenntnisinteresse, wie komplexe Lernprozesse sich über die Lebenszeit entfalten.

Im *ersten Kapitel* werden die verschiedenen Spannungsfelder auf der Makro-, Meso- und Mikroebene und deren Transformationspotential verdeutlicht.

Nach einer Einordnung des Lehrerberufes in das Berufsfeld Pflege wird die (historische) Entwicklung des Lehrerberufs skizziert. Daran schließt sich eine Darstellung der dynamischen berufsstrukturellen Veränderungen und pädagogischen Neuorientierungen an, die sich in der Novellierung des Krankenpflegegesetzes niederschlagen, weshalb ein Fokus der anschließenden Ausführungen auf die dort formulierten Innovationen für die Pflegeausbildung gelegt wird. Schließlich wird das in diesen Innovationen enthaltene Entwicklungspotential

extrapoliert und die damit in Zusammenhang stehenden Schulentwicklungsprozesse und Reformbewegungen verdeutlicht.

Der Wandel der Berufs- und Arbeitswelt wird aus der Perspektive der Individu-
alisierungstheorie und im Hinblick auf die Anforderungen der reflexiven Moderne thematisiert. Vor dem Hintergrund der Etablierung einer Wissensgesellschaft erhalten lebenslange Lernprozesse eine besondere Bedeutung.

Im zweiten und dritten Kapitel wird die gegenstandstheoretische Verortung
der Untersuchung vorgenommen. Es werden die theoretischen Prämissen und
Grundannahmen von Profession, Biographie, Bildung und Lernen bestimmt,
vor deren Hintergrund die Konzepte der Biographizität als Ressource und Ent-
wicklungsmoment von Selbst- und Weltbild gegenstandstheoretisch eingeordnet werden.

Im *zweiten* Kapitel werden die Professionalisierungsanforderungen und Strukturlogik professionellen Handelns aus der Perspektive der Professionstheorien
beleuchtet.

In den verschiedenen professionstheoretischen Ansätzen wird darauf verwiesen, dass Risiken, Ungewissheiten und Fehlermöglichkeiten die Strukturlogik
professionellen Handelns, insbesondere das professionelle pädagogische Handeln, kennzeichnen. Der systemtheoretische, der strukturtheoretische und der
symbolisch-interaktionistische Ansatz gehen davon aus, dass das professionelle
Handeln von antinomischen, widerspruchsvollen und paradoxen Spannungen
geprägt ist. Daher können Lehrkräfte ihre Professionalität immer nur in der
Auseinandersetzung mit den oftmals widerspruchsvollen Anforderungen, den
Paradoxien und Antinomien ihres Handlungsfeldes entwickeln (vgl. Schütze
1996, 334; Helsper/Krüger/Rabe-Kleberg 2000, 3).

Als Rahmenkonzept und Schlüsselkategorie für die Professionsforschung und
Professionstheoriebildung werden aktuelle Entwicklungen und biographieorientierte Forschungfelder aufgezeigt.

Daran schließt sich ein Überblick über den aktuellen Stand der Forschung an,
der nicht nur die Studien umfasst, die sich im Schnittfeld von Lehrerbiographi-
en und Profession bewegen, sondern auch all jene Forschungsergebnisse in der
Pflege einschließt, die eine biographieorientierte Ausrichtung haben.

Abschließend werden die Besonderheiten, denen Lehrende im Pflegebereich
ausgesetzt sind, genauer beleuchtet, um damit einerseits die Forschungsrelevanz
in diesem Berufsfeld zu unterstreichen und andererseits bereits vorliegende Untersuchungen, die den Fokus auf Lehrerbiographien legten, zu erweitern.

Das *dritte* Kapitel fokussiert das Zusammenspiel der theoretischen Prämissen
von Bildung, Lernen und Biographie im Referenzrahmen der erziehungswissenschaftlichen Biographieforschung als qualitativ-empirische Bildungsforschung
und nimmt eine wissenschaftstheoretische Einordnung des Erklärungsmodells
für die Herstellung von Selbst- und Weltreferenzen vor.

Der Forschungsfokus liegt auf einer lern- und bildungstheoretischen Untersuchung von Lehrerbiographien in der Pflege. Das Forschungsvorhaben untersucht mit den Konzepten und Methoden der erziehungswissenschaftlichen Biographieforschung, wie komplexes Lernen über die Lebenszeit funktioniert. Verortet im Interpretativen Paradigma, zielt das Erkenntnisinteresse der Untersuchung darauf ab, wie die Akteure anhand ihrer Interpretationsleistungen ihre Wirklichkeit konstruieren. Die vorliegende Studie untersucht, auf welche Weise die im Prozess der Sozialisation erworbenen Interpretations- und Deutungsmuster in Abhängigkeit von lebensgeschichtlichen Zusammenhängen, sozialen Beziehungen und Institutionen inkorporiert werden.

Das *vierte Kapitel* rekurriert auf die Theorien und Konzepte von Winfried Marotzki und Peter Alheit. In seiner strukturalen Bildungstheorie macht Marotzki einen methodischen Vorschlag zur Analyse von Lern- und Bildungsprozessen im biographischen Material (vgl. Marotzki 1990a). Der Bildungsbegriff dient als Analysefokus, um menschliches Lernen im lebensgeschichtlichen Zusammenhang zu untersuchen. Ausgehend von Batesons Lernebenenmodell (Bateson 1985) unterscheidet er Lern- und Bildungsprozesse und bezeichnet Bildungsprozesse als eine Veränderung der Selbst- und Weltreferenz einer Person. In Anlehnung an die Grundannahmen von Wilhelm von Humboldt und deren Weiterentwicklung durch Wolfgang Klafki nimmt er eine bildungstheoretische Bestimmung vor und zeigt vor dem Hintergrund der Krisenerfahrung der Moderne bildungstheoretische Entwicklungsmöglichkeiten der beruflichen Akteure auf. Als Ergänzung zu der von Marotz-ki entwickelten Analysekategorie der Bildung fließen neben dem von Alheit entwickel-ten Konzept der Biographizität auch dessen Betrachtungsweisen biographischer Lern- und Bildungsprozesse in die vorliegende Untersuchung ein, um die Anschlussfähigkeit an und die Verknüpfung mit biographischen Lern- und Bildungsprozessen zu erweitern. Daran anknüpfend wird die Fragestellung der vorliegenden Studie expliziert.

Das *fünfte Kapitel* skizziert die methodische Herangehensweise und die Methodologie der vorliegenden Untersuchung, die sich an qualitativ sozialwissenschaftlichen Prämissen und Werkzeugen einer erziehungswissenschaftlichen Biographieforschung sowie der Grounded Theory orientiert. Methodisch wurde das narrative Interview und das narrationsstrukturelle Verfahren ausgewählt, weil im Rahmen von Stegreiferzählungen die subjektiven Lern- und Bildungsprozesse beschrieben werden können. Das autobiographisch-narrative Interview eignet sich besonders zur Analyse sozialer Phänomene in ihrer Prozesshaftigkeit und ermöglicht einen Einblick in die Genese sozialer Abläufe. Mithilfe des narrationsstrukturellen Verfahrens kann die individuelle Verarbeitung krisenhafter Ereignisse im Zuge perforierter Bildungs- und Berufskarrieren ebenso rekonstruiert werden wie der Modus des Lebenslangen Lernens und die Verknüpfung bestimmter Erfahrungen mit einem subjektiven Sinn.

Abschließend wird in diesem Kapitel der Forschungsprozess skizziert, das Forschungsdesign beschrieben, die Auswahl der Interviewpartner begründet und die Durchführung und Auswertung der Interviews dargestellt.

Das sechste und siebte Kapitel bilden das Kernelement dieser biographieanalytisch orientierten Untersuchung.

Im Zentrum des *sechsten Kapitels* stehen drei Einzelfallstudien und die biographischen Verläufe von zwei männlichen und einem weiblichen Schulleitungsmitglied verschiedener Krankenpflegeschulen. In Form einer Einzelfallanalyse werden die drei Fälle mit dem narrationsstrukturellen Verfahren analysiert und unter besonderer Berücksichtigung der Prozessstrukturen jeweils eine biographische Gesamtformung extrahiert. Dabei wird insbesondere auf den Umgang der Interviewten mit beruflichen Herausforderungssituationen sowie auf die Ausbildung der pädagogischen Grundhaltung fokussiert.

Im *siebten Kapitel* werden die Interpretationsergebnisse aus den Einzelfallanalysen kontrastierend miteinander verglichen und verschiedene Typiken von Professionsverständnis gebildet. Anschließend werden die herausgearbeiteten Kontraste zu einer Theorie- und Typenbildung herangezogen, um im Ergebnis zu empirisch fundierten theoretischen Aussagen mit allgemeiner Reichweite zu gelangen.

Im abschließenden *achten Kapitel* (Resümee) werden die Ergebnisse der Untersuchung bilanziert sowie weiterführende Problemstellungen diskutiert, die sich aus der Untersuchung ergeben und – im Sinne einer Ausweitung der vorliegenden Forschungsergebnisse – von künftigen, sich anschließenden Untersuchungen vertieft werden können.

1. Lehrende für Pflegeberufe im Prozess des Wandels

1.1 Makroebene: Dynamik und Wirkungsfelder von Wandlungsprozessen aus gesamtgesellschaftlicher Perspektive

Der sich derzeit vollziehende tief greifende Strukturwandel in der Gesellschaft und im Gesundheitswesen führt zu vielfältigen Umstrukturierungs- und Anpassungsprozessen im Gesundheits- und Sozialsystem. Im Zuge der gesellschaftlichen Transformation werden die Pflegeberufe mit neuen Aufgabenfeldern und Anforderungsprofilen konfrontiert, deren inhaltlich-konzeptionelle, wissenschaftsorientierte Gestaltung und Organisation sich an den Bedürfnissen einer individualisierten, in globalisierten Maßstäben agierenden Wissensgesellschaft orientiert. Im Kontext der gesellschaftlichen Transformation und der damit einhergehenden Umgestaltung des Gesundheitswesens müssen in den Pflegeberufen neue Kompetenzen vermittelt werden, was im Bereich der Lehre zu beträchtlichen curricularen Veränderungen führt und auf die dort tätigen Lehrenden einen enormen Modernisierungsdruck ausübt.

Ein für die zukünftige Konzeption des Gesundheitssystems bedeutender Faktor ist die mit den Veränderungen im demographischen Aufbau der Gesellschaft verbundene steigende Anzahl älterer Patienten mit chronischen und multimorbiden Erkrankungsformen, die eine therapie- und kostenintensive Behandlung erfordern. Der schon heute sichtbare Wandel in den gesundheitlichen Problemlagen der Bevölkerung weist den Pflegenden neue Aufgaben- und Tätigkeitsfelder mit gestiegenen Anforderungen an berufliche Qualifikationen zu. Um diesen neuen qualifikatorischen Herausforderungen Rechnung zu tragen und bedarfsgerechte Qualifikationsprofile zu entwickeln, bedarf es vielfältiger Umstrukturierungs- und Anpassungsprozesse in der Berufsstruktur der Gesundheitsberufe im Sinne einer Ausweitung und Differenzierung der Qualifikationsprofile. Bei der Steuerung dieser Wandlungsprozesse kommt der Aus-, Fort- und Weiterbildung eine entscheidende Funktion zu.

Neben diesen gesellschaftlichen Faktoren sind es aber auch Entwicklungen innerhalb des Gesundheitswesens, die den Druck auf die Berufsangehörigen in den Gesundheitsberufen erhöhen. An erster Stelle stehen hier die Zuwächse an medizinischem Fachwissen und den damit verbundenen technischen Fortschritten. Die zunehmende Technisierung im Bereich von Diagnostik und Therapie erfordert nicht allein die Beherrschung, sondern vor allem die Bewältigung von Technik und den reflexiven Umgang mit technischen Möglichkeiten, Bedingungen und Grenzen. Die Mediatisierung im Bereich von Kommunikation und Dokumentation eröffnet neue Möglichkeiten der Gestaltung pflegerischer Arbeitsprozesse und erfordert sowohl die technische Beherrschung wie auch den sachlich fundierten und verantwortungsvollen Umgang mit den Neuen Medien. So zählt die Pflegeinformatik schon heute zu den innovativen Forschungs- und Entwicklungsfeldern der Pflege und muss in angemessener Form auch ihren curricularen Niederschlag finden. Die Ausdifferenzierung der Berufe rund um die Medizin erfordert neben einem klaren Eigenprofil der Pflege vor allem eine veränderte Zusammenarbeit, d.h. Kommunikation, Kooperation und Koordination mit anderen Berufsgruppen im Sinne eines interdisziplinären Teams der gesundheitlichen Versorgung. Mit dem zur Verfügung stehenden und sich weiterentwickelnden wissenschaftlich-technischen Know-how kann zwar das Leistungsangebot in der medizinischen Versorgung der Patienten erweitert werden, erfordert aber von den Berufsgruppen eine stetig fortschreitende Spezialisierung mit wachsenden fachlichen Anforderungen (vgl. Blum u.a. 2006).

Ein weiterer Handlungsdruck resultiert aus den rapide steigenden Kosten im Gesundheitswesen als Folge des demographischen Wandels der Bevölkerung mit den bereits skizzierten Auswirkungen in der medizinisch-pflegerischen Versorgung. So lassen sich Staat und Kostenträger bei der Umstrukturierung des Gesundheitswesens zunehmend von ökonomischen Kriterien (Effizienz und Wirtschaftlichkeit im Leistungsgeschehen) leiten und zwingen die Leistungserbringer durch entsprechende Gesetzgebungsmaßnahmen im Sozialrecht, einen auf Wirtschaftlichkeit ausgerichteten Umbau der Patientenversorgung zu betreiben. Als Beispiel für diese Entwicklung sei an dieser Stelle die schon heute praktizierte Verlagerung eines Großteils der stationären Leistungen in den ambulanten Bereich erwähnt. Die Ökonomisierung der Pflege im Rahmen der Strukturreformen des Gesundheitswesens und der Entwicklung zu einem modernen Dienstleistungsberuf erfordert die Ausbildung ökonomischen Denkens auf der Grundlage betriebswirtschaftlicher Kenntnisse.

Veränderungen für die Berufsgruppe der Pflege mit unmittelbaren Auswirkungen auf das Tätigkeitsfeld ergeben sich aber auch aus einem gewandelten Selbstverständnis des Patienten, der sich und seine Angehörigen zunehmend als selbstverantwortlichen, informierten Kunden der Dienstleistungen im Gesundheitswesen definiert. Hinzu kommt ein Perspektivenwechsel in der Betrachtungsweise von Gesundheit, die verstärkt auf eine ganzheitliche Form der Gesundheitsversorgung fokussiert und daher die Bedeutung der Prävention thematisiert.

Schließlich erzeugt auch die Individualisierung und Pluralisierung der Lebensstile einen Veränderungsdruck im Gesundheitswesen. Mit der sukzessiven Auflösung der klassischen Familienstrukturen brechen auch die Unterstützungssysteme im Alter und bei Krankheit weg, sodass Gesundheitsversorgung einen weit größeren Bereich umfasst und soziokulturelle Dimensionen einbezieht, die bislang als Terrain der Familien galten. Die Bedeutungsverschiebung der pflegerischen Versorgungssektoren hin zur häuslichen Pflege stellt sowohl neue qualitative als auch neue quantitative Anforderungen an das pflegerische Bildungssystem (vgl. Klaes/Weidner 2008).

Diese gesellschaftlichen Entwicklungen der Technisierung und Mediatisierung, der Ambulantisierung und Ökonomisierung übt nach Keuchel (2007) einen „unmittelbaren, äußerst prägnanten Einfluss auf den pflegerischen Alltag und berühren allgemeinberufliche Fragen der Pflegeausbildung" (ebd. 14). Darüber hinaus aber und erst mittelbar spiegeln sich langfristige Entwicklungen der Gesellschaft in der Pflege wider und führen zu neuen Herausforderungen und Kompetenzanforderungen im Pflegealltag. Sie berühren gleichermaßen die individuelle, gesellschaftliche und berufliche Lebenspraxis eines jeden Einzelnen und damit die Ebene der berufsübergreifenden Fragestellungen innerhalb der Pflegeausbildung. Im Zuge der Globalisierung steigt auch auf die Berufsgruppen des Gesundheitswesens der Druck sich fortzubilden, da Tätigkeiten, die einen hohen Informations- und Wissensgehalt aufweisen, erhöhte Bedeutung erhalten (Stehr 1994; Wilke 1999; Castells 2001, 229ff) und erworbenes Wissen dauerhaft erweitert werden muss, um die sich ständig erhöhenden beruflichen Anforderungen zu erfüllen.

In der öffentlichen Diskussion wird das Problem der zukünftigen Versorgung und Pflege von alten und an chronischen Krankheiten leidenden Menschen nicht mehr ausgeblendet. Bei allen politischen Entscheidungsträgern hat sich die Erkenntnis durchgesetzt, dass die Auswirkungen des demographischen Wandels einen Paradigmenwechsel in der Gesellschafts- und Gesundheitspolitik erzwingen. In keinem anderen Politikfeld werden die Versäumnisse der vergangenen Jahrzehnte augenfälliger wie in der Gesundheitspolitik. Einzelne politische Korrekturen genügten nicht, um das Sozial- und Gesundheitssystem zu reformieren und den veränderten gesellschaftlichen Bedingungen anzupassen. Daher laufen alle politischen Bestrebungen auf einen umfassenden strukturellen Umbau des bestehenden Sozial- und Gesundheitssystems hinaus, der neben der gesellschaftsstrukturellen Komponente auch die ökonomischen Zwänge einschließt, die sich aus dem steigenden Versorgungsbedarf im ambulanten und stationären Bereich der Gesundheitseinrichtungen ergeben. Borgetto/Kälble verweisen darauf, dass sozio-demographischer Wandel, Multimorbidität und Veränderung des Krankheitsspektrums das Gesundheits- und Sozialsystem vor neue Herausforderungen stellt und gleichzeitig sozialpolitische Entscheidungen und die gesamtwirtschaftliche Situation einen anhaltenden Reform- und Anpassungsdruck schaffen (vgl. Borgetto/Kälble 2007, 30ff). Auch aus bildungspolitischer Sicht ist der strukturelle Wandel des Gesundheitssystems bedeutsam, da die Berufsgruppen der Gesundheits- und Pflegeberufe als Konsequenz aus dem demographisch bedingten, veränderten Pflegebedarf neue Aufgabenzu-schnitte ihres Berufsbildes erhalten.[1] Der durch die gesellschaftlichen Rahmen-bedingungen verursachte politische Handlungsdruck zu einer Modernisierung im Gesundheitswesen wird an diese Berufsgruppen weiter gegeben, die sich mit erweiterten Handlungsfeldern konfrontiert sehen und deren zukünftiges Anfor-derungsprofil sich stärker als bisher an Prävention, Gesundheitsförderung, Re-habilitation, Anleitung und Beratung sowie koordinierenden und versorgungs-steuernden Aufgaben orientieren soll (Sachverständigenrat BMG 2007). Der Anspruch, neue und komplexere Berufsprofile in den Gesundheits- und Pflege-berufen zu etablieren, kann jedoch nur erfüllt werden, wenn die Einsicht in die Notwendigkeit erweiterter Qualifikationsprofile der Pflegenden besteht und die Strukturen von Aus- und Weiterbildung dem erweiterten Kompetenzprofil der Pflege angepasst werden (vgl. Kälble 2006).

1.2 Paradigmenwechsel auf der Mesoebene: Dynamischer Umstrukturie-rungsprozess der pflegeberuflichen Bildung

Die theoretischen und empirischen Überlegungen und Befunde der vorliegen-den Untersuchung beziehen sich auf Lehrende, die im Rahmen der Ausbildung in den Berufsfeldern Gesundheits- und Kinder-/Krankenpflege tätig sind. Die dynamischen berufsstrukturellen Veränderungen und pädagogischen Neuori-entierungen in diesem Bereich finden ihren Niederschlag in der Novellierung des Krankenpflegegesetzes von 2003, weshalb in diesem Kapitel der Schwer-punkt auf die in der Novellierung formulierten Innovationen für die Pflegeaus-bildung gelegt wird. Die Extrapolation des in diesen Innovationen enthaltenen Entwicklungspotentials wird die damit in Zusammenhang stehenden Schulent-wicklungsprozesse und Reformbewegungen verdeutlichen.

---

[1] Aufgrund der Veränderungen gesellschaftlicher Rahmenbedingungen und der damit zusammen-hängenden Entwicklungen in den Gesundheits- und Sozialsystemen stellen sich neue Anforde-rungen an die Pflegeberufe. Die Studie *Pflegeausbildung in Bewegung* formuliert folgende Heraus-forderungsbereiche: „Bilden von neuen Schnittmengen zwischen den ‚klassischen' Pflegeberufen (Integration oder Generalisierung), Neubewertung der Pflegeberufe unter besonderer Berück-sichtigung der Pflege älterer Menschen, Steigerung der Berufsattraktivität und der Konkurrenzfä-higkeit der Pflegeausbildung, Betonung der Selbstbestimmung, Selbstständigkeit und Würde des Menschen, Orientierung an Gesundheitsförderung, Prävention, Rehabilitation und Qualitätsma-nagement, Erprobung und Umsetzung innovativer Konzepte der (alten)pflegerischen Betreuung und Begleitung (Risikominimierung, Case-Management), Beachtung spezifischer Anforderungen besonderer Gruppen (Schwangere, ältere Migrantinnen und Migranten, suchtabhängige Ältere, ältere Behinderte), Einbezug innovativer Ansätze der Berufsbildung sowie didaktischer und me-thodischer Innovation in der Pflegeausbildung, Förderung intersektoralen und interdisziplinären Arbeitens, Beachtung und Weiterentwicklung pflegerischer Qualitätsstandards, Internationalisie-rung bzw. die Orientierung an internationalen Standards" (Klaes/Weidner 2008, 3).

1.2.1 Die Entwicklung der Lehrerbildung in der Pflege

Ausbildung der Lehrkräfte als Weiterbildung
Die Ausbildung von Lehrkräften im Berufsfeld Pflege ist eng verbunden mit der Entwicklung der Pflegeberufe selbst. Die Lehrerbildung in der Pflege nahm bis in die 90er Jahre des 20. Jahrhunderts eine Sonderstellung ein. Ehe das neue Krankenpflegegesetz 2004 die Hochschulausbildung für Lehrkräfte vorschrieb, existierte sie lediglich als berufliche Weiterbildung, die auf dem Beruf der Krankenpflege aufbaute. Diese von der übrigen Lehrerausbildung abweichende Lehrkräftequalifizierung ist das Ergebnis bereits im 19. Jahrhundert entstandener historischer Konstellationen, die einen starken Einfluss auf das Berufsbild hatten. Die Sonderstellung im Bildungssystem, der niedrige Professionalisierungsgrad und die daraus resultierende mangelnde Anerkennung des Lehrerberufes im Berufsfeld Pflege ist eine Auswirkung der geschichtlichen Entwicklung der Krankenpflege und ihrer Verbände (vgl. Wanner 1987; Kruse 1995).
Die Anfänge einer Ausbildung in der Krankenpflege in Deutschland[2] liegen im frühen 19. Jahrhundert und gehen u.a. auf Theodor Fliedner zurück, der die Ausbildung jedoch als Ort der Weitergabe einer Ideologie der Unterordnung betrachtete und der Vermittlung pflegerischer Kenntnisse eine nachrangige Bedeutung einräumte. Es dauerte bis zum Jahr 1907, ehe in Deutschland die staatlich anerkannte Krankenpflegeprüfung erstmals gesetzlich verankert wurde, deren Regelung jedoch den einzelnen Ländern oblag. Erst 1989 wurde in der von der Deutschen Krankenhausgesellschaft ausgearbeiteten Empfehlung zur Weiterbildung für Lehrkräfte in der Krankenpflegeausbildung ein Ausbildungsstandard mit 2000 Stunden theoretischer Ausbildung etabliert.
Bei einem geschichtlichen Exkurs über die Ausbildung von Lehrkräften in der Krankenpflege müssen bestimmte Faktoren berücksichtigt werden, die einen großen Einfluss auf das berufliche Selbstbild und die berufsstrukturellen Besonderheiten hatten. Eine hemmende Wirkung auf das berufliche Selbstverständnis der Lehrenden hatten die Ärzte, die im Rahmen der Ausbildung die Hauptverantwortung trugen und die Pflegelehrer lediglich als untergeordnete Hilfskräfte betrachteten. Kritisch beäugt wurde die Entwicklung der Lehrkräftequalifizierung auch von den Krankenpflegeorganisationen, die das Bild der erfahrenen Pflegekraft konservieren wollten und den Weiterbildungsmaßnahmen häufig eine gewisse Praxisferne attestierten. Lange Zeit verhinderte auch die Auffassung, dass es sich bei der Krankenpflege um einen Frauenberuf handle, in dem Eignung und Begabung über hochwertige Pflege entschieden und nicht die berufliche Qualifikation, den Ausbau des Ausbildungswesens. Das

---

[2] Eine ausführliche Darstellung der geschichtlichen Entwicklung der Krankenpflegeausbildung findet sich bei Wanner (1987) und Kruse (1995).

Berufsfeld war über einen langen Zeitraum gekennzeichnet von einer kultivierten Krankenpflegeideologie, die den Aspekt pflegerischer Fürsorge betonte, der angesichts der von außen an den Pflegeberuf herangetragenen medizinischen, fachlichen Anforderungen längst als überholt betrachtet werden muss. Neben all diesen, die Entwicklung eines beruflichen Selbstverständnisses der Lehrenden und einer Lehrkräftequalifizierung hemmenden Faktoren bot auch die Gesetzeslage keine Grundlage, um eine Aufwertung des Lehrberufs in den Pflege- und Gesundheitsberufen einzuleiten.[3] Schon zu Beginn der Diskussion um die akademische Qualifizierung von Lehrern für Pflegeberufe war ein wichtiges Argument die Angleichung an die allgemeine Lehrerbildung. Der Sonderweg der Berufsausbildung sah vor, dass Lehrer auf der Basis von Ausbildung und Berufserfahrung in einer – meist zweijährigen – pädagogisch ausgerichteten Weiterbildung qualifiziert wurden.

Die Entwicklung von Studiengängen in der Pflege
Als in den 90er Jahren spezifische Studiengänge für Lehrende an Schulen des Gesundheitswesens in den „alten Bundesländern" (universitäre, in das staatliche Bildungssystem integrierte Studiengänge mit dem Studienabschluss des Diplom-Medizinpädagogen bestanden in der DDR bereits seit 1963) eingerichtet wurden, stellten die Weiterbildungsinstitute ihre Kurse für Lehrkräfte in Pflegeberufen ein. Somit bot sich für die Pflegekräfte lediglich durch die Absolvierung eines Studiengangs in den Bereichen
- Pflegemanagement
- Pflegepädagogik/Pädagogik für Gesundheitsberufe
- Diplom-Pflege
- Bachelorstudiengänge in Pflege
- Lehramt Pflege
die Option einer staatlich anerkannten Qualifikation für die Lehrtätigkeit in den Gesundheits- und Pflegeberufen.
Zwischenzeitlich gibt es in Deutschland ca. 50 Studiengänge an Hochschulen und Fachhochschulen, in denen die Studierenden in Abhängigkeit vom jeweiligen Studiengang den Abschluss eines Bachelors, Masters oder Staatsexamens erwerben können. Zudem besteht an einigen Hochschulen die Möglichkeit der Promotion. Diese in den 90er Jahren vollzogene Entwicklung war notwendig, da andere Staaten (z.B. USA, Großbritannien und die skandinavischen Länder) auf eine gewachsene Wissenschaftstradition der Pflege verweisen konnten, während Deutschland in dieser Hinsicht als rückständig galt.

---

[3] Aufgrund bundesgesetzlicher Regelungen bestand von staatlicher Seite keine Möglichkeit des Zugriffs auf die Kranken- und Kinderkrankenpflegeausbildung. Außerdem fand das Berufsbildungsgesetz in der Krankenpflegeausbildung keine Anwendung (Wanner 1987).

International ist die neue akademische Disziplin Pflege eingebunden in ein umfassendes Hochschulreform-Vorhaben (Bologna-Erklärung 1998), dessen Ziel die Schaffung eines europäischen Bildungsraums bis zum Jahr 2010 ist. Bestehende Studienstrukturen werden in gestufte, modularisierte Studiengänge mit den Abschlüssen Bachelor und Master umgewandelt, die international vergleichbar und anschlussfähig sein sollen (vgl. Reiber 2008, 41). Ziel der eingeleiteten Strukturreform ist neben der Schaffung von Vergleichbarkeit und Transparenz der Pflegeausbildung im europäischen Rahmen auch deren auf die erforderten, veränderten und erweiterten Qualifikationsprofile zielende Qualitätsentwicklung im akademischen Kontext. Für die Lehrerbildung in den Fachrichtungen Gesundheit und Pflege, die eine Sonderstellung einnimmt, werden die Bologna-Ziele zur Implementierung von Reformen genutzt. Gegenwärtig zeichnen sich für die Lehrerbildung in den Fachrichtungen Gesundheit und Pflege fünf unterschiedliche Varianten ab:

Neben dem traditionellen Lehramtsstudiengang für berufsbildende Schulen mit dem Abschluss des Ersten und Zweiten Staatsexamens werden das gestufte, integrative (grundständige) Bachelor- und Masterstudium, der primärqualifizierende Bachelor und lehrerbildende Master, der fachwissenschaftliche Bachelor und lehrerbildende Masterabschluss sowie der pflegepädagogische Bachelor als Studiengänge angeboten (vgl. Darmann-Finck/Ertl-Schmuck 2008, 66). Nach derzeitigem Stand haben alle Hochschulen, die Pflegestudiengänge anbieten, auf das Bachelor- und Mastersystem umgestellt.[4]

Die Akademisierung der Pflegestudiengänge im Rahmen des Bologna-Prozesses
Die Akademisierung der Pflege erhielt durch den Bologna-Prozess einerseits neuen Anschub und führte zu der oben beschriebenen Diversifizierung der Studiengänge und Studienabschlüsse. Andererseits resultierte aus diese Entwicklung ein unübersichtliches und divergierendes Studierangebot (vgl. Bischoff-Wanner 2008a, 11). Im Zuge der Umstellung auf das Bachelor-Master-System kam es zunehmend zu einem strukturellen und inhaltlichen Auseinanderdriften der vorher relativ übersichtlichen, wenngleich ebenfalls uneinheitlichen Struktur.[5] Absolventen, die an Fachhochschulen ausgebildet wurden, sind benachteiligt, da sie in der Regel keine Anstellung im Staatsdienst finden, son-

---

[4] Ein Überblick über den derzeitigen Stand (2010) der Pflegestudiengänge findet sich unter der Internetadresse: www.pflegestudium.de.

[5] Aufgrund der bildungspolitischen und bildungsstrukturellen Besonderheiten des Ausbildungssektors etablierten sich lehrerbildende Studiengänge an Fachhochschulen und Universitäten, die allerdings von Beginn an uneinheitlich waren. Während an den Universitäten sowohl Staatsexamens- als auch Diplomstudiengänge angeboten wurden, waren an den Fachhochschulen vor der Reform 8-semestrige Diplomstudiengänge üblich.

dern überwiegend an Schulen des Gesundheitswesens arbeiten.[6] Häufig wird allerdings verkannt, dass die Fachhochschulstudiengänge bereits einen großen Fortschritt gegenüber der bisherigen Weiterbildung darstellen, weil sie aufgrund ihrer Praxisverzahnung ein inhaltlich und strukturell flexibles, modernes Lehrerstudium anbieten, das einige Mängel der Universitätsausbildung ausgleicht und leichter an neue Bedingungen angepasst werden kann. Es wird sich zeigen, ob Pflegepädagogikstudiengänge an den Fachhochschulen als ein Übergangsphänomen in der akademischen Ausbildung zu bewerten sind oder ob sie sich als geeigneter Ort der Lehrerausbildung profilieren (vgl. Bischoff-Wanner 2008, 36).

Der durch die Bologna-Erklärung im Hochschulbereich angestoßene Reformprozess spielt auch in den bildungspolitischen Diskussionen um die zukünftige Einordnung pflegeberuflicher Bildung und bei der Erörterung berufspädagogischer und berufsstruktureller Perspektiven, beispielsweise der Form und des Ortes der pflegeberuflichen Erstausbildung im Rahmen einer Berufsbildungsreform, eine große Rolle (Sieger/Bergmann-Tyacke 2001, 15). Auf diese bildungsstrukturelle Umstellung reagierten einige Hochschulen und eröffneten den Studierenden im Bereich der Pflege die Möglichkeit sowohl die pflegerische Erstausbildung auf der Hochschulebene mit einem Bachelor als auch den Abschluss einer Pflegeausbildung zu erwerben.

Die Forderung nach der Erstausbildung an der Fachhochschule wird durch die erhöhten Qualifikationsanforderungen an die Pflegeberufe aufgrund veränderter gesellschaftlicher und gesundheitspolitischer Bedingungen begründet (vgl. Görres/Friesacher 2002). Im Einzelnen sind es fünf Entwicklungen, die eine Akademisierung der Erstausbildung erfordern. Ein Blick auf die Demographie zeigt, dass in Deutschland eine immer höhere Anzahl älterer und alter Menschen leben wird, was einen Anstieg chronischer Erkrankungen, mulitmorbider und gerontopsychiatrischer Problemlagen bedingt und auch im Bereich der Altenpflege zu einem Strukturwandel führt. Weiterhin ist auch ein Anstieg an Single-Haushalten und Migrantenfamilien zu beobachten, die bei Krankheit und im Alter nicht mehr ohne Weiteres auf das familiäre Versorgungspotential zurückgreifen können. Eine dritte Komponente innerhalb des Begründungszusammenhangs ist die zu beobachtende Verschiebung der gesundheitlichen Versorgung vom stationären zum ambulanten Sektor und die aktuelle Einführung des neuen Entgeltsystems für die Leistungserbringung (DRGs – Diagno-

---

[6] Die Lehrerbildung in der Pflege findet seit Beginn der neunziger Jahre sowohl an Fachhochschulen als auch an Universitäten statt. Aufgrund der Sonderstellung der Pflegeausbildung im Berufsbildungssystem kann die Lehrbefähigung über verschiedene Hochschultypen erlangt werden. Die an den Fachhochschulen qualifizierten Diplom-Pflegepädagogen entsprechen zwar den Anforderungen der Pflegeausbildungsgesetze (KrPflG 2003), haben aber keinen Zugang zum Referendariat und damit zum Höheren Dienst (Deutscher Bildungsrat für Pflegeberufe 2007, 47).

se Related Groups). Die Auswirkungen dieser Entwicklung zeigen sich in einer Verdichtung und Intensivierung pflegerischer Arbeit im Krankenhaus und der durch die verfrühten Entlassungen erhöhte medizinische und pflegerische Behandlungsbedarf in den nachsorgenden Bereichen (Altenpflege, ambulante Pflege, Rehabilitationseinrichtungen). Veränderte Behandlungsprogramme (Disease-Management, Case-Management, Integrierte Versorgung), stellen andere Anforderungen an bedarfs- und bedürfnisgerechte Dienstleistungsangebote. Schließlich besteht in Zukunft sicherlich ein steigender Bedarf an Unterstützung der Familien und Einzelnen für eine gesundheitsförderliche und krankheitsverhindernde Lebensweise (Prävention, Gesundheitsförderung).
Trotz des Wunsches nach Reformen, dem mit den erarbeiteten Konzepten zur Erneuerung der Pflegeausbildungen aus dem Bundesinstitut für berufliche Bildung und qualifizierten Vorschlägen zur Erneuerung der Pflegeausbildungen seitens der Verbände Ausdruck verliehen wurde, besteht weiterhin eine große Uneinigkeit darüber, wie die pflegerische Erstausbildung zukünftig gestaltet werden soll. Bis zum jetzigen Zeitpunkt konnte sich kein Modell durchsetzen.[7]
Ein weiterer Grund für die skeptische Haltung gegenüber einer pflegerischen Erstausbildung an Fachhochschulen ist ein im historischen Bewusstsein der Pflegeberufe kollektiv gewachsenes Berufsmuster des Dienens. In der Bildungstradition ist Pflege eng mit dem weiblichen Geschlecht und dessen zugeschriebenen professionellen Aufgabenbereichen verknüpft.[8]

1.2.2 Neuorientierung der Gesundheitsberufe – berufsstrukturelle und bildungstheoretische Innovationen in der Pflegeausbildung

Die Dynamik der gesellschaftlichen Veränderungsprozesse und die darauf einsetzenden politischen Überlegungen zum Umbau des Gesundheitssystems mündeten am 1.1.2004 in die Novellierung einer einheitlichen Ausbildungs- und Prüfungsverordnung der Gesundheitsberufe (KrPflG 2004/AltPflG 2003). Die Neuerungen in dieser Verordnung tragen dem gesellschaftlichen Strukturwandel und der damit verbundenen gravierenden Veränderung des Anforderungs-

---

[7] Der Gesetzgeber hat Reformbemühungen in dieser Richtung durch die sogenannte Öffnungsklausel in den Berufsgesetzen unterstützt, die es erlaubt, neue Ausbildungsmodelle zu erproben. In der Folge entstanden Modellprojekte (36) und duale Studiengänge, die verschiedene Formen erproben. Vgl. Transfernetzwerk Innovative Pflegeausbildung Tipp; Pflegeausbildung in Bewegung des BuMi BMFJFJ.

[8] Krankenpflege war traditionell weiblich und religiös konnotiert. Inhaltlich wurde Pflege konstruiert als ein völlig untergeordneter, weisungsgebundener Beruf. Die Übermacht der männlichen Autorität ist geblieben und hat die ehemalige Vormachtstellung der Theologen zugunsten der Ärzte verschoben. Die Krankenschwester wird zur Gehilfin des Arztes und erst durch ihn zur Helferin der Kranken.

profils eines Gesundheitsberufes Rechnung. Die Absicht des Gesetzgebers war es, das Ausbildungsprofil für Pflegeberufe den gesamtgesellschaftlichen Veränderungen, den z.T. dramatischen Veränderungen im Sozialrecht und der Entwicklung der Pflegewissenschaft anzupassen. Die Anhebung der Ausbildungszielbestimmungen in den neuen Berufsgesetzen zielt auf eine Annäherung an die Standards des öffentlichen Berufsbildungssystems. So stehen insbesondere die Pflegelehrer und Pflegelehrerinnen als Ausbildungsverantwortliche vor neuen Aufgaben und veränderten Anforderungen in ihrem pädagogischen Berufsalltag (Ahrendt/Theilig 2007, 38).

Im folgenden Abschnitt sollen die in der novellierten Fassung des Krankenpflegegesetzes[9] enthaltenen Innovationen in der Pflegeausbildung (vor allem durch das Ausbildungsziel § 3 KrPflG)[10] skizziert und die sich aus diesen Neuerungen ergebenden pädagogischen Wandlungsprozesse veranschaulicht werden.

Der Wandel vom pathogenetischen zu einem salutogenetischen Berufsverständnis
Die Verknüpfung von Gesundheit und Pflege kranker Menschen, die eine stärkere Integration der Alten-, Kranken- und Kinderkrankenpflege erfordert, belegt den Wandel im Berufsverständnis der Krankenpflege, dem auch nach außen mit der künftigen Berufsbezeichnung einer Gesundheits- und KrankenpflegerIn Ausdruck verliehen wird (vgl. Roes 2004, 33).[11] Konzentrierten sich die Pflegeberufe in ihrem Aufgabengebiet bisher auf die Pflege kranker Menschen, so wird im neu umschriebenen Berufsbild das Tätigkeitsfeld der Pflege auf neue Handlungsfelder der Pflege- und Gesundheitsberatung und des Qualitätsmanagements ausgeweitet.[12] Im Arbeitsalltag bedeutet dies für die Angehörigen dieser Berufsgruppen eine Veränderung der Arbeitsabläufe und eine Umgestaltung der Organisationsstruktur. Bei solch großen inhaltlichen und strukturellen Verschiebungen innerhalb eines Berufsfeldes erhält auch die Berufsausbildung neue Akzente. Roes verdeutlicht, dass vor dem Hintergrund des sich wandelnden Berufsbildes die Pflegeausbildung im bildungsstrukturellen Kontext curricularen Veränderungen unterworfen ist (vgl. Roes 2004).

---

[9] Die nachfolgenden Ausführungen beziehen sich lediglich auf das Krankenpflegegesetz (KrPflG 2004).

[10] In § 3 des Gesetzes über die Berufe in der Krankenpflege (16. 7. 2003) heißt es u.a.: „Die Ausbildung … soll entsprechend dem allgemein anerkannten Stand pflegewissenschaftlicher, medizinischer und weiterer bezugswissenschaftlicher Erkenntnisse fachliche, personale, soziale und methodische Kompetenzen zur verantwortlichen Mitwirkung insbesondere bei der Heilung, Erkennung und Verhütung von Krankheiten vermitteln."

[11] Mit der Novellierung des neuen Krankenpflegegesetzes (2003) kommen auf die Ausbildungsstätten weitere umfangreiche Änderungen zu, u.a. eine neue Berufsbezeichnung: Gesundheitsund Krankenpfleger/in bzw. Gesundheits- und Kinderkrankenpfleger/in (§ 1 KrPflG).

[12] Die Handlungsfelder Prävention, palliative Pflege und Rehabilitation sind auch in den Praxiseinsätzen stärker zu berücksichtigen (§ 4 KrPflG).

Einführung integrativer, integrierter und generalistischer Ausbildungsmodelle
Das 2004 in Kraft getretene Krankenpflegegesetz schob Reformen in den Pflegeausbildungen an, die eine veränderte Ausbildungsstruktur schufen und zur Einrichtung integrierter, integrativer und generalistischer Ausbildungsmodelle führten.[13] Die „Öffnungsklausel" in den Berufsgesetzen (KrPflG 2003 Abs. 6, AltPflG 2003) trug den demographischen, ökonomischen und sozialrechtlichen Entwicklungen in den Pflegeberufen Rechnung und postulierte, die Anforderungen an die Pflege nicht am Lebensalter der Pflegebedürftigen auszurichten, sondern am Grad der Pflegebedürftigkeit. Zugunsten einer inhaltlichen Differenzierung wurde eine zeitlich befristete Erprobung von Ausbildungsangeboten zur Weiterentwicklung der Pflegeberufe durchgeführt und die Teilung der Ausbildung in Kranken- und Kinderkrankenpflege aufgehoben. Stattdessen sah der Gesetzgeber eine Integration der verschiedenen Pflegeberufe über eine zweijährige Basisqualifikation und eine sich daran anschließende Phase der Spezialisierung vor, sodass im Berufsabschluss die traditionelle Differenzierung in die unterschiedlichen Berufsbilder erkennbar ist. Mit der Konstruktion einer Ausbildung, die sowohl Basisqualifikationen aller Pflegeberufe (Kranken-/Kinderkrankenpflege, Altenpflege) vermittelt als auch für Spezialisierungen qualifiziert, intendierte der Gesetzgeber eine größere Kooperation und Flexibilität der Berufe in der Kranken- und Altenpflege (Schmitt u.a. 2010, 69).

Autonomiegewinn und Erweiterung des pflegerischen Handlungsspektrums
Mit der Vorgabe, krankenpflegerische Kompetenz auf der Basis der neuesten pflegewissenschaftlichen und medizinischen Erkenntnisse unter Einbezug weiterer bezugswissenschaftlicher Daten zu vermitteln (§ 3 Abs. 1 KrPflG), und der in der Ausbildungs- und Prüfungsverordnung festgelegten Aufstockung der theoretischen Unterrichtsstunden (von 1600 auf 2100 Stunden) schuf der Gesetzgeber eine wissenschaftlich fundierte Ausbildung des Pflegeberufes und distanziert sich damit von einem Ausbildungskonzept, das bisher von Erfahrungswissen und medizinischen Kenntnissen geprägt war (vgl. DBR 2010, 9).
Die Ausbildungziele für die Gesundheits- und (Kinder-)Krankenpflegeberufe (§ 3 KrPflG) sind um ambulante und stationäre Strukturen der Gesundheitsversorgung erweitert worden und greifen in ihrer Formulierung das Postulat einer umfassenden Pflege in „präventiven, kurativen, rehabilitativen und palliativen" Versorgungssituationen auf. In Übereinstimmung mit europäischen Vorgaben

---

[13] Die große Anzahl an Modellprojekten der Pflegeausbildung, die aus den Reformbewegungen hervorgegangen sind und unterschiedliche Ausbildungsmodelle hervorgebracht haben, beraten gemeinsam über Strategien zur zukünftigen Gestaltung der Pflegeausbildung, diskutieren kontrovers Fragen zur Verortung der Ausbildung im Bildungssystem und erörtern das Aussehen zukünftiger Berufsprofile.

und im Einklang mit Empfehlungen der Weltgesundheitsorganisation (WHO) wird in einen eigenverantwortlichen, mitwirkenden und interdisziplinären Aufgabenbereich der Krankenpflege differenziert. Die explizit formulierte Ausbildungsprämisse, die den zu pflegenden Menschen als Individuum betrachtet, dessen Individualität und Selbstbestimmung durch die Erkrankung eingeschränkt ist, spiegelt das dem Krankenpflegegesetz zugrunde liegende, neue Verständnis von Gesundheit und Krankheit wieder, das den psycho-sozialen Komponenten im Umgang mit zu pflegenden Menschen eine zentrale Bedeutung einräumt und die berufliche Pflege als Beziehungs- und Handlungsprozess begreift, in den der zu pflegende Mensch aktiv mit einbezogen ist.

Die stärkere Akzentuierung der Eigenverantwortlichkeit in der Berufsausbildung (§ 3 Abs. 1 KrPflG) trägt den aus dem neuen Pflegeverständnis erwachsenen Anforderungen Rechnung. Der eigenverantwortliche Aufgabenbereich reicht von der Feststellung des Pflegebedarfs bis zur Evaluation der Pflege und schließt die Sicherung und Entwicklung der Pflegequalität ebenso ein wie die Beratung, Anleitung und Unterstützung der zu pflegenden Menschen und ihrer Bezugspersonen. Der auf Eigenverantwortlichkeit abzielende Bereich in der Berufsausbildung unterstützt den Gesundheits- und (Kinder-)Krankenpflegeberuf auf seinem Weg zu einer größeren Autonomie und erweitert das pflegerische Handlungsspektrum (vgl. Sieger/Meyer 2006, 54). Mit der Forderung nach interdisziplinärer Zusammenarbeit mit anderen Berufsgruppen (§ 3 Abs. 2 KrPflG) verweist das Ausbildungsziel auf die Entwicklung „multidisziplinärer und berufsübergreifender Lösungen von Gesundheitsproblemen" und fördert dadurch eine berufsgruppenübergreifende Zusammenarbeit. Neben der verwertbaren fachlichen Qualifikation trägt das im Gesetz zum Ausdruck kommende umfassende Verständnis von Berufsbildung zu einer Entfaltung berufsübergreifender Kompetenzen bei.

Kompetenzorientierung

Das neu definierte Ausbildungsziel (§ 3 Abs. 1 KrPflG) orientiert sich am berufspädagogischen Kompetenzmodell (vgl. KMK-Handreichung 2000, 8)[14] und spiegelt ein modernes berufliches Bildungsverständnis, das weit über das tradierte Qualifikationsparadigma der Pflege hinausweist. Pflege steht heute und zukünftig vor enormen beruflichen und gesellschaftlichen Entwicklungsanforderun-

---

[14] Nach den Handreichungen der KMK (2000) hat die berufliche Ausbildung zum Ziel: „eine Berufsfähigkeit zu vermitteln, die Fachkompetenz mit allgemeinen Fähigkeiten humaner und sozialer Art verbindet, berufliche Flexibilität zur Bewältigung der sich wandelnden Anforderungen in Arbeitwelt und Gesellschaft auch im Hinblick auf das Zusammenwachsen Europas zu entwickeln, die Bereitschaft zur beruflichen Fort- und Weiterbildung zu wecken, die Fähigkeit und Bereitschaft zu fördern, bei der individuellen Lebensgestaltung und im öffentlichen Leben verantwortungsbewusst zu handeln" (ebd. 8).

gen. Die besondere Aufgabe der Pflegeschulen besteht darin, die Entwicklung von innovativen Ausbildungskonzepten voranzutreiben, eine Neubestimmung der Ausbildungsinhalte auf der Grundlage pflegetheoretischer und pflegewissenschaftlicher Erkenntnisse vorzunehmen und eine systematische Analyse der Berufswirklichkeit und ihrer tatsächlichen Kompetenzanforderungen zu erstellen (vgl. Keuchel 2007, 13). Darüber hinaus ist es von entscheidender Bedeutung, einen neuen Bildungsbegriff und einen zeitgemäßen Bildungsauftrag zu entwickeln, der jedoch nur über die professionelle Auseinandersetzung mit erziehungswissenschaftlichen Erkenntnissen und didaktischen Theorieansätzen erfolgen kann.

Mit dem neuen Krankenpflegegesetz erhält das Lernfeldkonzept Einzug in die Alten- und Krankenpflege-/Kinderkrankenpflegeausbildung.[15] Die gesetzlichen Vorgaben zielen auf eine Orientierung der theoretischen Ausbildung an einer realen beruflichen Handlungssituation und eine fächerintegrative Gestaltung ab. Damit folgen sie den Ideen des Lernfeldkonzeptes. Auch wenn das Lernfeldkonzept nicht explizit im Krankenpflegegesetz gefordert ist, legt der Aufbau der Ausbildungs- und Prüfungsverordnung eine Lernfeldorientierung nahe (vgl. Stöhr 2005, 13).[16]

Erstmals steht in der gesetzlichen Ausbildungsgrundlage – anstelle der Vermittlung bestimmter fachlicher Kenntnisse, Fähigkeiten und Fertigkeiten – der umfassende Kompetenzerwerb als Ausbildungsziel im Mittelpunkt.[17] Diese Entwicklung setzt sich auch in der Ausbildungs- und Prüfungsverordnung fort, in der zwölf komplexe Themenfelder[18] mit handlungsorientierter Ausrichtung den bisherigen Fächer- und Inhaltskatalog ersetzen. Da der Aufbau des bisherigen Curriculums auf das übergeordnete Ziel der Erkenntnisorientierung ausgerichtet und daher in fachsystematische Zusammenhänge eingebunden war, stellt sich für die Lehrenden die Frage, wie die Inhalte in neu zu entwerfende Tätigkeits- und Handlungsfelder zu integrieren sind, um den Lernenden in exemplarischer Weise Kompetenzen[19] zur Bewältigung komplexer Aufgaben- und Problemstellungen in zukünftigen beruflichen Handlungszusammenhängen zu vermitteln (vgl. Schewior-Popp 2005, 4f). Das Lernfeldkonzept stellt einen pragmatischen Lösungsansatz dar, der davon ausgeht, dass durch den stärke-

---

[15] Die KMK verweist auf das Lernfeldkonzept, das mit seiner Ausrichtung an beruflichen Handlungen den Wissenstransfer und schließlich die Handlungsfähigkeit der Lernenden fördern soll.

[16] Lernfelder sind „ durch Zielformulierung, Inhalte und Zeitrichtwerte beschriebene thematische Einheiten, die an beruflichen Aufgabenstellungen und Handlungsabläufen orientiert sind" (KMK-Handreichung 2000, 4).

[17] Vgl. § 3 Abs. 1 Krankenpflegegesetz (KrPflG 2003).

[18] Vgl. BGBI KrPflAPrV, Anlage A 2003.

[19] Kompetenz bezeichnet den Lernerfolg in Bezug auf den einzelnen Lernenden und seine Befähigung zu eigenverantwortlichem Handeln in beruflichen, gesellschaftlichen und privaten Situationen (vgl. KMK-Handreichung 2000, 9).

ren Berufs- und Handlungsbezug des schulischen Unterrichts die Anwendung von Wissen im beruflichen Tätigkeitsfeld erleichtert und der Erwerb von Handlungskompetenz[20] als übergeordnetes Ziel der beruflichen Bildung unterstützt wird (vgl. Bader 1999, 3). Wenn Handlungskompetenz als Leitziel der Berufsausbildung festgelegt wird, muss dessen Realisierung auf unterschiedlichen didaktischen Ebenen unterstützt werden und ermöglicht somit eine bessere Theorie-Praxis-Verzahnung.

Die veränderte Rolle der Lernenden und Lehrenden
Wenn statt der auf fachwissenschaftlich, inhaltssystematisch ausgerichteten Fähigkeiten und Fertigkeiten die Förderung von Handlungskompetenzen in beruflichen Zusammenhängen und der damit verbundenen Schaffung von Grundlagen für ein lebenslanges, kontextunabhängiges Lernen im Mittelpunkt stehen soll, bedarf es eines neuen Lehr-Lernverständnisses, das auf den Aufbau von Handlungskompetenz zielt. Zunächst wird mit der Gestaltung einer entsprechenden Lernumgebung der Rahmen für handlungsorientierte Vermittlungsformen festgelegt. Für die Gestaltung einer solchen Lernumgebung nennt Wahl (2001) eine Reihe von Möglichkeiten und Lernformen. So kann eine subjektive Auseinandersetzung mit Lerninhalten erreicht werden, indem die Lehrenden auf einen Wechsel von individuellen und kollektiven Lernphasen achten. Um ein selbstgesteuertes Lernen zu strukturieren, sollten die Lehrenden den Schülern Lernstrategien an die Hand geben, die gleichzeitig die Fähigkeit der Lernenden zu einem wechselseitigen Lehren und Lernen entwickeln. Das bedeutet, dass zwischen die rezeptiven Informationsaufnahmephasen (Instruktion), in denen die Lernenden im Wesentlichen zuhören und zusehen, aktive Verarbeitungsphasen (Konstruktion) geschoben werden, in denen Lernende selbst tätig werden. Diese Form des Lernens in einem handlungsorientierten Unterricht, dessen schülerorientiertes, didaktisches und methodisches Arrangement selbstgesteuerte Prozesse initiiert, bedingt aber auch eine Veränderung der Lehrerrolle.
Stand der traditionelle Unterricht ganz im Zeichen des Lehrers, der primär explizites Fachwissen vermittelte und beurteilte, fungiert er nach den Vorgaben der neuen Ausbildungs- und Prüfungsordnung als Gestalter, Moderator und Berater von Lern- und Bildungsprozessen. Die Rolle des Wissensvermittlers, der zu Beginn des Lernprozesses wichtige Aufgaben im Hinblick auf Orientierung, Vermittlung der geforderten Anforderungsprofile, Arbeitsorganisation und Er-

---

[20] Handlungskompetenz wird definiert als „Bereitschaft und Fähigkeit des Einzelnen, sich in beruflichen, gesellschaftlichen und privaten Situationen sachgerecht, durchdacht sowie individuell und sozial verantwortlich zu verhalten", und beinhaltet damit die Fach-, Personal- und Sozialkompetenz (vgl. KMK-Handreichung 2000, 9).

gebnissicherung übernimmt, bleibt im handlungsorientierten Unterricht erhalten und wird um die neue Rolle des „Coaching" erweitert, welche die Aufgaben eines Lernberaters mit denen eines Lernhelfers vereint (Schneider, K. 2005, 88f). Die veränderte Lehrerrolle agiert in einem Spannungsfeld, das einerseits den Schülern die Freiheit zu einem selbsttätigen und selbstverantwortlichen Lernen zugesteht, was auf der anderen Seite nicht gleichbedeutend damit sein darf, die Schüler sich selbst zu überlassen, sondern sie bei Problemen im Verlauf der Entwicklung ihrer Selbstständigkeit konstruktiv zu unterstützen oder ihnen ggf. auch zu helfen (Schneider ebd.). Dieses Spannungsfeld verdeutlicht, dass es im handlungsorientierten Unterricht ein ständiger Balanceakt für den Lehrer sein wird, zwischen der Selbstständigkeit der Lernenden und der Führungs- und Leitungsaufgabe des Lehrenden zu entscheiden. Handlungsorientierter Unterricht ist nicht nur mehr ergebnis- und damit zielorientiert, sondern stellt den Prozess in den Mittelpunkt des Unterrichtsgeschehens, was letztlich bedeutet, dass sich Lehrer an den Erfahrungen und Interessen der Lernenden stärker als bisher orientieren.

Zusammenfassend lässt sich sagen, dass die in der neuen Ausbildungs- und Prüfungsverordnung enthaltenen vier Säulen des Lernfeldkonzepts Fächerintegration, Handlungsorientierung, Kompetenzorientierung und Teamarbeit (vgl. Schneider, K. 2005) neue Herausforderungen für die Entwicklung von Schulen und Unterricht darstellen (vgl. Keuchel 2005, 32) und als entscheidende Parameter für eine Beurteilung über Fortschritte in Schulentwicklungsprozessen herangezogen werden müssen.

Bei der Implementierung des Lernfeldkonzeptes[21] in der Schule zeichnen sich fünf zentrale Problemfelder ab. Neben Aspekten einer strukturellen Veränderung von Schulorganisation, Prüfungsmodalitäten und einem Wandel in der Einstellung zu einem eigenverantwortlichen Lernen sind für eine Unterrichtsentwicklung, die auf die veränderten Bedingungen in der Arbeits- und Berufswelt reagiert und in Form veränderter Lernkonzepte und Unterrichtsstrukturen den neuen Erfordernissen angepasst wird, die persönliche Einstellung der

---

[21] Um einerseits verbindlich und bundesweit den zuvor beschriebenen Anforderungen und Veränderungen der Berufs- und Arbeitswelt nachzukommen, andererseits den Bildungsauftrag der Berufsschule einzulösen, in welchem Berufsmündigkeit gefordert wird, legte die Kultusministerkonferenz (KMK) erstmals 1996 das Lernfeldkonzept in den Handreichungen für die Erarbeitung von Rahmenlehrplänen der Kulturministerkonferenz für den berufsbezogenen Unterricht in der Berufsschule vor (Pukas 1999, 84). Mit dem Gedanken des Lernfeldkonzeptes soll diesen vielfältigen Anforderungen Rechnung getragen werden. Es soll ein stärkerer Bezug zu den Geschäfts- und Arbeitsprozessen der beruflichen Handlungen gewährleistet sein. Ebenso greifen die Lernfelder Fragestellungen und Bewältigungsmuster bestimmter individueller Lebenssituationen auf (vgl. Muster-Wäbs/Schneider 2001, 45). Lernfelder werden präzisiert durch Zielformulierungen im Sinne von Kompetenzen und dienen letztendlich der Entwicklung von Handlungskompetenzen (vgl. Muster-Wäbs/Schneider 2001).

Lehrenden zum Lernfeldkonzept und deren Bereitschaft, an der curricularen Lehrplanentwicklung mitzuwirken, von entscheidender Bedeutung (vgl. Klaes/ Weidner 2008).

Optimierung der Theorie-Praxis-Verknüpfung

Im Zuge der eingeleiteten Strukturreformen erfolgte eine Verbesserung der Integration der Praxisausbildung in die Gesamtausbildung, um der praktischen Ausbildung einen höheren Stellenwert einzuräumen und den Theorie-Praxis-Transfer zu gewährleisten.

Eine Neuerung stellt die Anforderung an die Auszubildenden dar, praktische Erfahrungen an unterschiedlichen betrieblichen Lernorten zu sammeln und Praktika sowohl im Krankenhaus als auch in ambulanten und teilstationären Einrichtungen der Prävention, Beratung, Rehabilitation und Palliation zu absolvieren. Die Theorie-Praxis-Verknüpfung wird durch eine Praxisbegleitung der in den Krankenpflegeschulen Lehrenden sichergestellt. In diesem Zusammenhang erfolgt auch die Beratung und Anleitung der Praxisanleiter und Mentoren der Schüler. Ein wichtiges Qualitätsmerkmal in der zukünftigen beruflichen Tätigkeit von Lehrenden wird überdies die Kooperation und Kommunikation mit Praxisstellen (Ausbildungsstationen, Pflegedienstleitungen) sowie mit Fremddozenten sein (vgl. Bischhoff-Wanner/Reiber 2008a; 2008b, 100ff). Eine weitere, den Theorie-Praxis-Transfer stützende Maßnahme stellt die Beschäftigung von Praxisanleitern an jedem betrieblichen Lernort dar, deren Qualifikation vom Gesetz nur für die Ausbildung in der Krankenpflege normiert ist.

Die Gesamtverantwortung für die theoretische und praktische Ausbildung liegt nun bei der Schule, die für die Organisation und Koordination der schulischen und betriebspraktischen Ausbildung zuständig ist (§ 4 Abs. 5 KrPflG). Die Schulleitungen der Krankenpflegeschulen initiieren die gesamten Veränderungen in der Ausbildung und sind für die Kooperation und Kommunikation mit allen an den Veränderungsprozessen Beteiligten verantwortlich. Aufgrund des erweiterten Tätigkeitsfeldes und in Anbetracht eines komplexeren Anforderungsprofils muss schulrechtlich zukünftig die Schulleitung einer beruflichen Schule einen Hochschulabschluss vorweisen (§ 4 Abs. 3 Nr. 2 KrPflG), um den Qualitätsanforderungen an die jeweiligen fachlichen, pädagogischen und schulorganisatorischen Kompetenzen entsprechen zu können.[22]

---

[22] Die derzeitigen Ausbildungssysteme für die Pflegeberufe sind weder dem dual-betrieblichen noch dem ausschließlich schulischen System eindeutig zuzuordnen. Aus verfassungsrechtlichen Gründen handelt es sich bei diesen Bildungssystemen um Ausbildungsgänge „eigener Art", die eine Anwendung des Berufsbildungsgesetzes ausdrücklich ausschließen. Die Novellierung des Krankenpflegegesetzes (2003) nähert sich jedoch den Vorschriften des Berufsbildungsgesetzes weitgehend an (vgl. Schneider, A. 2005, 399f).

1.2.3 Schulentwicklungsprozesse, innovative Reformbewegungen und Modellprojekte

In diesem Kontext muss die neue Ausbildungs- und Prüfungsverordnung betrachtet werden, die einen Paradigmenwechsel in der Bildungsorganisation anstrebt und auf allen Strukturebenen Schulentwicklungsprozesse in Gang setzt. Diese dynamischen Veränderungen der Ausbildungsgestaltung in der Pflege stellt die Schul- und Qualitätsentwicklung vor neue Herausforderungen. Die Vermittlung neuer pflegerischer Kompetenzen muss daher stärker als bisher auch erwachsenenpädagogische Gesichtspunkte berücksichtigen. Hinsichtlich des Medieneinsatzes sollte darauf geachtet werden, dass das Lernen und Lehren mithilfe neuer Medien zeitgemäß und didaktisch sinnvoll gestaltet ist. Weiterhin sollten Lehrpläne und Curricula situations- und qualifikationsorientiert ausgerichtet sein und berufspädagogisch sowie fachwissenschaftlich weiterentwickelt werden (vgl. Schewior-Popp 2005, 12f). Ein weiterer wichtiger Aspekt ist der Einsatz und die Reflexion von Unterrichtsmethoden im Kontext bildungs- und pflegetheoretischer sowie pflegepraktischer Anforderungen. Ein für die Pflegeausbildung bedeutsamer Baustein ist die praktische Ausbildung, die zielgerichtet und theoriegeleitet, aber trotzdem praxisrelevant durchgeführt werden sollte.

Als Voraussetzung für eine erfolgreiche Schulentwicklung an Schulen für Pflegeberufe sollte bei allen Beteiligten ein bestimmtes Spektrum an persönlichen und berufsorientierten Haltungen ausgeprägt sein (vgl. Spürk 2001; Klippert 2004; Rolff 2007). Dazu gehören neben einem ausgeprägten Demokratiebewusstsein die mit einer Kommunikationsorientierung verbundene Kooperationsbereitschaft und ein professioneller Teamgeist. Schewior-Popp (2005) weist in diesem Zusammenhang darauf hin, dass die kooperative Teamarbeit eine Voraussetzung zur Bewältigung neuer Aufgaben – exemplarisch sollen an dieser Stelle die Konstruktion fächerintegrativer Lernsituationen und Prüfungsformen oder die Entwicklung schulinterner Curricula genannt werden – darstellt. Da die Dezentralisierung von Entscheidungs- und Verantwortungsbereichen im System Schule für die Lehrenden mit einer größeren Verantwortungsübernahme verbunden ist (vgl. Ahrendt/Theilig 2007, 40), sind ein ausgeprägtes Evaluations- und Qualitätsbewusstsein sowie eine systemische Vorgehensweise wichtige Prämissen für die Verwirklichung einer erfolgreichen Schulentwicklung. Eingebettet in curriculare Vorgaben kann sich das System Schule erst dann entwickeln, wenn die Lehrenden über eine curriculare Kompetenz verfügen, die auf den von Ahrendt identifizierten Subkomponenten der Reflexionsfähigkeit, Teamfähigkeit, Koordinationsfähigkeit und Methodenkompetenz basiert (ebd.). Die Novellierung des Krankenpflegegesetzes leitete tief greifende Veränderungen in den Ausbildungsstrukturen- und bedingungen für die Pflegeberufe ein

und führte zu einer Vielzahl von innovativen Modellprojekten in der Pflegeausbildung, die mit dem Ziel einer strukturellen, inhaltlichen und methodischen
Weiterentwicklung der Pflegeausbildung eingerichtet wurden. Aus den Erfahrungen und Ergebnissen dieser Modellprojekte lässt sich als gemeinsamer
Trend die Veränderung des Profils der Pflegeberufe vor dem Hintergrund des
sich wandelnden gesellschaftlichen Versorgungsbedarfs festhalten (vgl.Stöver/
Görres 2009).

Stöver/Görres (2009) untersuchten die in insgesamt 42 Bildungseinrichtungen
unter unterschiedlichen strukturellen, inhaltlichen und methodisch-didak-
tischen Gesichtspunkten durchgeführten Modellprojekte und zeigten auf der
Grundlage der Untersuchungsergebnisse Grundzüge der Weiterentwicklung
von Pflegebildung auf, die in Empfehlungen mündeten. Hinsichtlich der curricularen Entwicklungen wiesen die Untersuchungen große, inhaltliche Schnittmengen der bislang voneinander getrennten drei Pflegeberufe (Gesundheits-
und Krankenpflege, Gesundheits- und Kinderkrankenpflege und Altenpflege)
nach, was zur Forderung nach einer Zusammenführung der Berufe auf curricularer Ebene zu einem generalistischen Pflegeberuf (General Nurse) führt, die
auch von den Arbeitgebern aufgrund der Nachfrage nach Generalisten unterstützt wird. Deutlich trat in den Ergebnissen das erweiterte Kompetenzprofil
mit stärker ausgeprägten sozial-kommunikativen, personalen und methodischen Kompetenzen jener Auszubildenden zutage, die ihre Ausbildung bereits
in Anlehnung an die erweiterten Curricula und neuen Methoden absolviert
hatten. Neben der veränderten Pflegeausbildung wiesen die Untersuchungsergebnisse aber auch die akademische Erstausbildung als einen erfolgreichen Bildungsweg aus.

Allerdings lenkte die Untersuchung den Blick auch kritisch auf die Defizite
und konstatierte bei den Auszubildenden einen Rückgang des reproduzierba-
ren Fachwissens. Zudem wurde festgestellt, dass sie über ein geringeres Maß an
Handlungsroutine verfügen. Aus diesen Beobachtungen empfehlen die Autoren
der Studie eine Ausdehnung der Weiterentwicklung der Ausbildung auf den
Lernort Praxis (vgl. Kutschke 2010, 197).

Zu ähnlichen Prognosen im Hinblick auf die Weiterentwicklung der Pflegebildung kommt eine Bündelung der Erfahrungen und Ergebnisse von 19 Modellprojekten, die sich im Transfernetzwerk innovative Pflegeausbildung (TiP) zu-
sammengeschlossen haben. Neben der Zusammenführung der noch getrennten
Pflegeberufe zu einem allgemeinen Pflegeberuf werden die akademische Pflegeausbildung an Hochschulen und eine stärkere, am Individuum ausgerichtete
und gesundheitsorientierte Pflegeausbildung als übergeordnete Trends in der
Pflegebildung dargestellt. Außerdem fordern die Autoren der Modellprojekte
(vgl. Müller 2009, 197) eine verbesserte Qualifizierung der Lehrer und Ausbil-
der im Bereich Lernprozessmanagement und plädieren für eine verbesserte, sys-

tematische Gestaltung der praktischen Ausbildung in den Pflegeeinrichtungen (vgl. Müller 2010, 82f).

1.3 Mikroebene: Das lernende Subjekt im Spannungsfeld von sozialen Wandlungsprozessen und individuellen Voraussetzungen

Der Modernisierungsdruck verlangt von den Lehrenden in den Pflegeberufen eine grundlegende Reflexion über Inhalt und Struktur zukünftiger Handlungsfelder und Handlungsbereiche. Des Weiteren müssen auch Fragen der Arbeitsorganisation erörtert und ein Profil der geforderten Qualifikationen im Gesundheitsbereich erstellt werden. Als Hauptakteure, deren Aufgabe es ist, die notwendigen Anpassungen und Umstrukturierungen in der Pflegeausbildung umzusetzen, agieren sie in einem Spannungsfeld zwischen neuen beruflichen Anforderungen einerseits und individuellen Voraussetzungen andererseits.[23]

Das Krankenpflegegesetz konkretisierte die neuen beruflichen Anforderungen und leitete mit der Formulierung definierter Ausbildungsziele einen bildungsstrukturellen Wandlungsprozess ein, der bei den beruflichen Akteuren im Anfang ein Gefühl der Verunsicherung auslöste. Viele Berufsangehörige sollen „etwas umsetzen, von dem sie nicht genau wissen, was das eigentlich ist". „Klar ist, dass sich aufgrund des neuen Krankenpflegegesetzes was ändern soll, weil das, was ist, nicht mehr passt für das, was in Zukunft sein soll" (Panke-Kochinke 2005, 139). Insbesondere die aus Sicht der Lehrenden möglichen Faktoren, die ggf. zu Problemen bei der Umsetzung auf der Ebene der konkreten Lehr- und Lerngestaltung verschiedener handlungsorientierter Lernsituationen führen könnten, bedürfen einer genauen Betrachtung. Die meisten Lehrenden waren nicht mit den Methoden ausgestattet, die für einen handlungsorientierten Unterricht benötigt wurden. Allerdings ließen sich in diesem Feld über eine gezielte Fortbildung des Kollegiums, den kontinuierlichen kollegialen Austausch und der vermehrten Einbindung des vielfältigen Methodenrepertoires von jungen Kolleginnen und Kollegen in kurzer Zeit Lücken schließen.

Es herrschte in Teilen der Lehrerschaft eine große Unsicherheit darüber, wie Fachsystematik und Handlungssystematik miteinander zu verschränken sind (vgl. Thiel 2004, 93f). Auch der Problemkomplex der Planung und Durchführung fächerintegrativer Lernsituationen war mit vielen Fragezeichen versehen (vgl. Käser u.a. 2002, 16). Kritisch beurteilt wurde zudem die höhere zeitliche Belastung, die aus der gemeinsamen Planung, Durchführung und Bewertung

---

[23] Zum Zeitpunkt der empirischen Datenerhebung der vorliegenden Untersuchung (2006) befanden sich die Interviewpartner im Anfangsstadium der durch die Novellierung des Krankenpflegegesetzes eingeleiteten berufsstrukturellen Wandlungsprozesse.

von Unterricht und Schülerleistungen resultiert. Gelegentlich wurde auch der hohe Zeitaufwand für die Planung und Durchführung einer handlungsorientierten Unterrichtsmethode moniert, der aus der Sicht der zunächst mehrheitlich skeptischen Lehrenden in keinem Verhältnis zu den erarbeiteten Inhalten stand. An dieser Stelle sollte jedoch darauf hingewiesen werden, dass mit Handlungsorientierung mehr erworben wird als reine Fachkompetenz. Die umfassende Kompetenzförderung von sozialer, personaler, methodischer und fachlicher Kompetenz erfordert einen höheren Input an Zeit, der jedoch auch mit einem größeren Output korrespondiert. Außerdem bezweifelten viele Lehrende, dass ein handlungsorientierter, auf Selbsttätigkeit ausgerichteter Unterricht von den Schülern verstanden und angewandt würde, weil sich bei den Schülern womöglich ein Gefühl der Überforderung einstellen und sie vermutlich ablehnend den neuen Lernformen gegenüberstehen würden. Bei einem Teil der Lehrenden überwog ein Gefühl der Überforderung, weil eine vielfältige Auseinandersetzung mit neuen didaktischen Prinzipien eingefordert wurde, die teilweise nicht Gegenstand der eigenen Berufsausbildung waren (vgl. Muster-Wäb/Schneider 2001, 39). Daher wurden die neuen Lernformen von dieser Gruppe häufig abgelehnt oder kritisch infrage gestellt.[24]

Aus aktueller Perspektive (2008) erfreuen sich die neuen Ausbildungsstrukturen und -bedingungen einer hohen Akzeptanz unter den Lehrenden der Pflegeberufe. Dies geht aus einer Befragung zur „Pflegeausbildungsstudie Deutschland" (PABiS) hervor,[25] an der 501 ausbildende Krankenhäuser und 462 Schulen der Gesundheits- und Krankenpflege teilnahmen. So zeigten sich, trotz des damit verbundenen, erheblichen zusätzlichen Aufwands, die meisten Schulen und Krankenhäuser überzeugt von der Notwendigkeit der Reformen, die eine qualitativ höhere Pflegeausbildung gewährleisten, und befürworten sogar deren Ausweitung.

1.3.1 Biographische Verarbeitungsstrategien im Umgang mit beruflichen Veränderungsprozessen

Konsens besteht darin, dass ein rigoroses Umdenken in der Pflegeausbildung einsetzen muss (vgl. Robert-Bosch-Stiftung 2000a, 2000b; Blum u.a. 2006), da ein Paradigmenwechsel in der Bildungsorganisation nicht nur neue flexible Pro-

---

[24] Der Anteil der Lehrenden, die ihre Qualifikation über eine zweijährige Weiterbildung erworben haben, liegt im Bereich der Schulleitungskräfte in den alten Bundesländern bei 86 % der befragten Schulleitungen (vgl. Blum u.a. 2006).

[25] Die Studie erfasst die Umbruchsituation in der Pflegeausbildung allerdings nur in einer quantitativen Dimension.

blemlösungen und Denkweisen erfordert, sondern auch die Entwicklung eines ganz neuen beruflichen Selbstverständnisses voraussetzt sowie die Erprobung neuer Strukturen unter Aufgabe der alten Muster.

Vor diesem Hintergrund wird als übergeordnetes Ziel die Entwicklung neuer Orientierungs-, Handlungs- und Deutungsmuster der im beruflichen Kontext Lehrenden formuliert. Dazu ist es unumgänglich, sich von der Vorstellung zu verabschieden, dass das im Verlauf der Ausbildung erworbene fachspezifische Wissen – aufgefrischt durch Weiterbildungen – ein Berufsleben lang trägt. Der berufliche Akteur muss sich vielmehr einem lebenslangen Lernprozess unterwerfen, in dessen Verlauf Kompetenzen wie kreatives Problemlösungspotential, Flexibilisierung und Perspektivenwechsel ausgebildet werden (vgl. Robert-Bosch-Stiftung 2000a, 2000b; DBR 2010; Müller 2010). Auf der Basis dieser Kompetenzen ist es dem Lehrenden nun möglich, neue Handlungskonzepte zu entwickeln, die den veränderten beruflichen Anforderungen Rechnung tragen. Gleichzeitig setzt dieser veränderte Lernbegriff auch Biographisierungsprozesse des Lehrenden in Gang, die ihn wiederum in die Lage versetzen, neue Handlungs- und Deutungsmuster auszubilden.

Um jedoch einen nachhaltigen Wandlungsprozess im Denken und Handeln der Lehrenden einzuleiten, müssen neue identitätsstiftende Bearbeitungs- und Verarbeitungsstrategien in dem sich neu konstituierenden Feld der Pflegeberufe entwickelt werden, die weit über eine inhaltliche, auf die äußeren gesellschaftlichen, ökonomischen, institutionell-bildungsstrukturellen und curricularen Bedingungskonstellationen zielende Modifizierung des Berufsfeldes Pflege hinausgeht (vgl. Reiber 2009). Die mit der Integration und Differenzierung der zukünftigen Aufgabenfelder in den Gesundheitsberufen einhergehenden Veränderungen im Qualifikationsprofil der Berufsangehörigen erfordern von den Lehrenden ebenfalls eine Revision ihrer grundsätzlichen Einstellungen und Sichtweisen zur Pflegeausbildung. Dies ist insofern problematisch, weil die Lehrenden aufgrund der oben genannten äußeren Bedingungskonstellationen nicht nur in Fragen der didaktisch-methodischen Aufbereitung des Unterrichts oder der Unterrichtsorganisation zu einem Umdenken gezwungen werden, sondern gleichzeitig auch einen fachlichen und persönlichen Entwicklungsprozess durchlaufen müssen, um die Vermittlung der geforderten Qualifikationen der Schülerinnen und Schüler sicherzustellen. Schließlich haben Pädagogen die Aufgabe und die Verantwortung, junge Menschen auf ihren beruflichen und persönlichen Lebensweg vorzubereiten. Es gilt daher, die bewährten Orientierungsmuster, Inhalte und Zielvorstellungen neu zu überdenken, ggf. zu verändern und weiterzuentwickeln.

Keuchel/Falk (2007) beschreiben die Aufgabe der Berufsausbildung und den Auftrag der Lehrenden folgendermaßen: „(...) eine stabile Berufsfähigkeit zu vermitteln, die die unbestritten notwendige Fachkompetenz mit allgemeinen

Fähigkeiten humaner und sozialer Art zu verbinden weiß. Zugleich ist eine berufliche Flexibilität zur Bewältigung der sich wandelnden Anforderungen in Arbeitswelt und Gesellschaft auch im Hinblick auf ein zusammenwachsendes Europa zu entwickeln. Und letztlich ist die Fähigkeit und Bereitschaft zur beruflichen Fort- und Weiterentwicklung zu wecken, um auch zukünftig beruflich handlungsfähig zu sein" (ebd. 7).

In jedem Fall rufen die beruflichen Umbrüche in den Gesundheitsberufen und die damit einhergehende Umstrukturierung der Pflegeausbildung bei den Lehrenden persönliche und berufliche Reaktionen hervor. Während der Paradigmenwechsel in der Ausbildung von einigen Teilen des Lehrkörpers als Chance zur beruflichen und persönlichen Weiterentwicklung interpretiert wird, sehen andere Vertreter dieser Berufsgruppe darin eine Stagnation oder gar eine Bedrohung und Überforderung ihrer persönlichen und beruflichen Kompetenzen. Die ambivalenten Reaktionen der Lehrenden sind in hohem Maße von den bisher erworbenen Wahrnehmungs- und Deutungsmustern abhängig, die wiederum einer biographisch erworbenen Eigenlogik folgen. Der biographisch und sozial erworbene Habitus filtert die Wahrnehmungen und löst Verarbeitungsmuster aus, die sowohl konstruktiv im Sinne eines Entwicklungs- und Bildungsprozesses wirken, aber auch in Stagnation und Regression münden können.

1.4 Anforderungen der reflexiven Moderne und der Wandel der Berufs- und Arbeitswelt aus individualisierungstheoretischer Perspektive

Grundlegende ökonomische Wandlungsprozesse, Globalisierungstendenzen und eine zunehmende Internationalisierung haben in den letzten Jahren zu einschneidenden Veränderungen und zahlreichen Differenzierungen in den Anforderungen an berufstätige Menschen geführt. Mit dem Übergang von einer postindustriellen Gesellschaft in eine Dienstleistungsgesellschaft, in der von den Berufstätigen ein hohes Maß an Flexibilität, Mobilität und Erwerb von Zusatzqualifikationen erwartet wird, eröffnen sich dem Individuum dadurch zwar vielfältige Möglichkeiten der beruflichen und persönlichen Selbstverwirklichung, doch setzen sie ihn gleichzeitig auch einem permanenten Entscheidungsdruck aus. Bei einigen Menschen führt dies zur zunehmenden Verunsicherung, andere dagegen entwickeln Suchbewegungen (vgl. Krammers 2000, 397f). Wenn es früher üblich war, den einmal erlernten Beruf auch während des gesamten Berufslebens auszuüben, ist die heutige Lebens- und Berufsbiographie von der Tätigkeit in mehreren Berufsfeldern gekennzeichnet (Rauner 1997, 7), sodass sich häufig Berufsbiographien von Menschen wie ein bunter Flickenteppich gestalten. Beck (1986) bezeichnet dies als Collage-Biographie.

In fast idealtypischer Weise spiegeln die Berufe im Gesundheits- und Pflegebereich die sich gegenwärtig vollziehenden und zukünftigen Entwicklungen eines sich ausdifferenzierenden Dienstleistungssektors in einer Wissens- und Informationsgesellschaft. Der stete Wechsel der Tätigkeitsfelder in Kombination mit neuen Aufgabengebieten und veränderten Arbeitsformen (Teamarbeit) bei gleichzeitiger Reduzierung von Fachkräften und der notwendigen Einarbeitung von ungelernten Arbeitnehmern führt in dieser Berufsgruppe zu gravierenden Einschnitten im Berufsleben des einzelnen Arbeitnehmers. Aber auch für die Gesellschaft und die berufliche Bildung bedeutet die Zunahme an Mobilitäts-, Flexibilisierungs- und Rationalisierungsprozessen im Gesundheitswesen ein Umdenken in der Ausrichtung und Qualität pflegerischer Dienstleistungen.

Der Balanceakt zwischen den Qualifikationsanforderungen des jeweiligen Arbeitsplatzes und der Verantwortung sich selbst und der Gesellschaft gegenüber mündet in Prozesse der Persönlichkeitsentwicklung (Lipsmeier 1998, 489f). Bei der Entwicklung zukünftiger Kompetenzen wird es hauptsächlich darum gehen, mit Unsicherheiten und Ungewissheiten umgehen und leben zu lernen. Die Berufs- und Erwachsenenpädagogik muss im Sinne der „Individualisierungsthese" (Beck 1986) zukünftige Arbeitnehmerinnen und Arbeitnehmer darin stärken, selbstverantwortlich neue individuelle Lebens- und Berufsperspektiven zu entwickeln und zu gestalten, die sich dann in überlebenspragmatischen Strategien widerspiegeln. Es stehen nicht mehr die in rasanter Geschwindigkeit sich verändernden Bedingungen des Arbeitsplatzes im Mittelpunkt von Qualifizierungs- und Bildungsmaßnahmen, sondern es sind die typischen Arbeitszusammenhänge des jeweiligen Berufs, die zum Ausgangspunkt neuer Berufskonzepte gemacht werden müssen. Unter Arbeitssystemwissen fasst Schweres (1998, 159) sowohl das Wissen um den Arbeitsplatz als auch das Wissen um den Arbeitsprozess. Das Arbeitssystemwissen beschäftigt sich seiner Meinung nach mit der statischen Betrachtung der Elemente, Eigenschaften und Verknüpfungen, wohingegen der Arbeitsprozess eine dynamische Betrachtung der Ablauforganisation darstellt. Schneider, K. 2005 weist noch einmal darauf hin, dass Arbeitsprozesswissen nicht zwingend durch Fachwissen abgebildet wird (ebd. 84). Sollte ein Arbeitsplatzwechsel erforderlich sein, was Rauner bildlich als „Wandern" bezeichnet, können Arbeitnehmerinnen und Arbeitnehmer ihre Schlüsselqualifikation sozusagen mitnehmen und am neuen Arbeitsplatz ihre Gestaltungskompetenz unter Beweis stellen, indem sie die neuen komplexen Aufgaben meistern (Rauner 1997, 9).

Arnold (1998) definiert dieses Leitbild einer zukunftsorientierten beruflichen Aus- und Weiterbildung so, dass „nicht mehr die gewandelten Anforderungen als solche" im Mittelpunkt stehen, „sondern die Vorbereitung auf den konkretinhaltlich immer weniger prognostizierbaren Wandel" vollzogen werden muss (ebd. 499). Innerhalb der Diskussion um die erstrebenswerten Formen von zukünftigem Wissen bedeutet dies, dass nicht nur Faktenwissen im Zentrum von

Aneignungsprozessen steht, sondern Handlungswissen, das sich durch Begründungs-, Kontext- und Transferwissen auszeichnet (Klauser 2000, 111f). Faktenwissen, und damit sind in der Regel Informationen gemeint, ist in einer Zeit der fortschreitenden Veränderung des Wissensstandes relativ schnell veraltet und kurzlebig. Um in der modernen Berufs- und Arbeitswelt bestehen zu können, ist ein lebenslanges Lernen unverzichtbar. Dies erfordert von den Betroffenen, ihre Haltung „einmal Erlerntes reicht aus" aufzugeben und gegen „Verlernen und ständiges Lernen" einzutauschen. Wissen wird damit nicht zur Schlüsselqualifikation, sondern zur Schlüsselressource, da der entscheidende Faktor in der Anwendung und Weitergabe von Wissen liegt, was zugleich ein Merkmal, der Wissensgesellschaft darstellt.

Übertragen auf die zukünftige Berufsausbildung bedeutet dies, dass jeder Ausbildungsgang Flexibilität, Modularität und Dualität (Schelten 1998, 84) als entscheidende Strukturmerkmale beinhalten muss und eine Kultur des lebenslangen Lernens initiiert, um den gegenwärtigen oder zukünftigen beruflichen Anforderungen in einer dienstleistungsorientierten Wissens- und Informationsgesellschaft zu genügen.

Ein Blick auf die gegenwärtige Struktur der Arbeits- und Berufswelt verdeutlicht die sich abzeichnenden Folgen des Strukturwandels. Schon heute sind nur noch zwei Drittel aller Erwerbstätigen „regulär" beschäftigt (vgl. Willke 1998, 146), während 35–40 % der berufstätigen Bevölkerung in Beschäftigungsverhältnissen wie Zeitarbeit, Formen der Selbständigkeit, Projektarbeit und Telearbeit tätig sind, die als „nicht-regulär" bezeichnet werden können. Diese Art der Beschäftigungsverhältnisse ist der sichtbare Ausdruck einer sich wandelnden Arbeitswelt, in der sich Arbeitsbedingungen, Berufe und Menschen verändern. Eine weitere Folgeerscheinung dieses Strukturwandels ist die stark gestiegene Zahl der jährlich neu vereinbarten Beschäftigungsverhältnisse bei einer gleichzeitigen deutlichen Verkürzung der durchschnittlichen Dauer der Arbeitsverhältnisse. Die Tendenz zur Befristung von Arbeitsverträgen gepaart mit einer zunehmenden Flexibilisierung der Arbeitseinsätze sowie dem Wechsel von Berufen, Tätigkeitsbereichen und Arbeitsorten prägt das Bild der aktuellen und mit großer Wahrscheinlichkeit auch das der zukünftigen Erwerbstätigkeit.

Für die Berufstätigen implizieren die großen strukturellen Umbrüche in der Arbeits- und Berufswelt ein Umdenken in ihrer Auffassung von beruflicher Entwicklung, da eine Erweiterung und Spezialisierung des beruflichen Anforderungs- und Aufgabenspektrums nur durch eine große Bereitschaft des Einzelnen zur beruflichen Qualifizierung erzielt werden kann. Neben der Notwendigkeit einer gezielten Fort- und Weiterbildung kommen auf die Arbeitnehmer die mit den Transformationsprozessen in Zusammenhang stehenden gestiegenen Ansprüche an die soziale, physische und psychische Mobilität durch erforderliche Berufs- und Ortswechsel zu.

Zusammenfassend kann festgehalten werden, dass die großen strukturellen Umbrüche in der Arbeits- und Berufswelt die gegenwärtigen und zukünftigen Berufsbiographien nachhaltig verändern, weil die Berufstätigen sich einem lebenslangen Lernprozess unterwerfen müssen, der eine permanente Neuanpassung und einen mehrfachen Rollenwechsel einschließt. Im Zuge der strukturellen Veränderungen entstehen neue Berufsbilder, während in gleichem Maß bislang bewährte Fertigkeiten, Kenntnisse und Berufe für das Anforderungsprofil des Arbeitsmarktes untauglich werden oder nicht mehr zeitgemäß sind. Auch der Wert beruflicher Abschlüsse und Qualifikationen kann als solcher nicht mehr als absolut gesetzt werden, sondern zeigt sich erst beim Übergang vom Bildungssystem in das Beschäftigungssystem. Die individuellen Berufswege verlaufen diskontinuierlich und werden von Unterbrechungen und Neuanfängen geprägt sein. Daher werden sich zukünftige berufliche Laufbahnen dadurch auszeichnen, dass vielfältige Erfahrungen in unterschiedlichen Umgebungen gesammelt, den sich verändernden organisatorischen Strukturen angepasst und in neue berufliche Zusammenhänge integriert werden. Bestimmte Grundmuster der geschilderten Veränderungen in der Arbeits- und Berufswelt zeigen sich zunehmend auch in anderen Lebensbereichen.

1.4.1 Biographie als Orientierungspunkt und Sinnressource in Zeiten gesellschaftlichen Wandels

Auf der Suche nach neuen Orientierungen lauern Gefahren des Verlustes von Teilen der eigenen Identität, da bewährte und gewohnte Muster aufgegeben werden müssen, ohne dass der Wert des Unbekannten und Neuen erfahrbar geworden ist. Aus diesem Grund ist es notwendig, sich in dieser Phase des Übergangs, der mit vielen Unsicherheiten und Stressfaktoren behaftet ist, über den künftigen Kurs Klarheit zu verschaffen, mit den gewohnten Denk- und Verhaltensmustern abzuschließen und den angestrebten Neuanfang zu vollziehen. Allerdings können Veränderungen auch zu Krisen führen, die Schüßler (2000) als einen „belastenden temporären, in seinem Verlauf und seinen Folgen offenen Veränderungsprozeß der Person" beschreibt, „der gekennzeichnet ist durch eine Unterbrechung der Kontinuität des Erlebens und Handelns, durch eine partielle Desintegration der Handlungsorganisation und eine Destabilisierung im emotionalen Bereich" (ebd. 38).
In diesem Zusammenhang ist vor allem die emotionale Verarbeitung von Veränderungen bedeutsam, weil die individuelle Lernfähigkeit in einer biographischen Perspektive verhindert wird, wenn Ängste und Konflikte unterdrückt und nicht bewusst verarbeitet werden (vgl. Preisser 2001, 236). Krisensituationen stellen Bewährtes und Selbstverständliches infrage, was sich sehr deutlich

in Übergangssituationen zeigt, wie sie derzeit die Lehrer für Pflegeberufe im Rahmen der bildungsstrukturellen Umgestaltung des Ausbildungsganges erleben.

In solchen Situationen wird den Subjekten in besonderem Maße eine Leistung abverlangt, die in der Forschung als biographische Arbeit bezeichnet wird (vgl. Fischer-Rosenthal 1999; Dausien 2005). Gültige Erfahrungen werden unsicher und müssen in ihrer Bedeutung rekonstruiert werden. Die Subjekte aktivieren ihre biographischen Ressourcen, um die neue Lebenssituation zu bewältigen und in ihr handlungsfähig zu werden.

Biographische Arbeit bedeutet zugleich, dass sich das Subjekt zu sich selbst „neu" ins Verhältnis setzt. Erfahrungen und Erwartungen erscheinen in einem veränderten Licht und werden mitunter neu gedeutet, d.h. „reorganisiert". Dieser vielschichtige Prozess, der kognitive, emotionale, leibliche und handlungspraktische Dimensionen umfasst, ist vor allem ein sozialer, sich in Interaktion mit signifikanten Anderen vollziehender Vorgang.

Die stärkere Akzentuierung einer biographieorientierten Verarbeitung der beruflichen Herausforderungen ist eingebettet in eine gesellschaftliche und soziale Entwicklung, die einer zunehmenden Individualisierung der Lebensstile und Lebensentwürfe Vorrang einräumt und dadurch auch dem Thema der Biographie wieder eine gewichtigere Bedeutung zuweist. Analog zur Berufsbiographie verschieben sich auch in anderen Lebensbereichen die bislang als bewährt geltenden kollektiven Muster einer Normalbiographie in Richtung einer individualistisch geprägten Pluralisierung von Lebensstilen und Sinndeutungen. Allerdings sehen sich die individualisierten Biographien auch individuellen Risikolagen ausgesetzt, da mit der Auflösung traditioneller Bindungen auch eine Zunahme an Orientierungslosigkeit des Einzelnen einhergeht, der er mit der Suche nach identitätsstiftenden Erfahrungen entgegenzusteuern versucht. In einer Gesellschaftsform, in der individualistische Lebenskonzepte zunehmend dominieren, wird sich auch die Tendenz, das Denken und Handeln einem biographischen Sinn zu unterwerfen und Zukunftsentwürfe auf der Grundlage der Auseinandersetzung mit der eigenen Lebensgeschichte zu entwickeln, durchsetzen. Wais (1996) charakterisiert das Dilemma des modernen, sein Leben selbst bestimmenden Menschen angesichts vielfältiger und entscheidungsoffener Möglichkeiten als einen biographischen Entscheidungszwang des Individuums in Situationen, wo „früher Ereignisse sich „von selbst" eingestellt haben und Zwang, moralischer Druck oder die schiere Selbstverständlichkeit den Ereignisablauf bestimmten" (ebd. 25). Daher kann das Erwachsenenleben mit Modellen von Normalbiographien nicht mehr angemessen beschrieben werden (vgl. Kade/Nittel 1997, 745ff).

Die vorgegebenen und bisher vorgelebten Muster der Lebensführung verlieren zunehmend an Bedeutung und eine Vielzahl neuer Lebensformen entsteht, was sich auch in der Erosion des traditionellen Familienbildes zeigt. Analog zu den Wandlungsprozessen in der Berufs- und Arbeitswelt mit der Herausbildung von Patchworkbiographien fördert die individualisierte Gestaltung von Lebensentwürfen auch die zunehmende Verbreitung und Akzeptanz von Patchworkfamilien in der Gesellschaft. All diese neuen individualisierten Lebens- und Arbeitsformen beinhalten zwar eine Fülle neuer Wahlmöglichkeiten, legen jedoch dem Individuum erhebliche Zwänge auf, da die Vielzahl an täglichen Entscheidungen im beruflichen und privaten Bereich unmittelbar an die Eigenverantwortlichkeit und Entscheidungskraft des Einzelnen gekoppelt ist. Daher können in einem negativen Sinn, wie Gross feststellt, die Belastungen der Multioptionsgesellschaft[26] zu einer Überlastung der Individuen mit Entscheidungsproblemen führen und eine Orientierungskrise auslösen (vgl. Gross 1998).

Mit der Herauslösung der Biographien aus soziokulturellen oder gesellschaftlichen Traditionen und des gleichzeitigen Bedeutungszuwachses individueller, eigenverantwortlicher Entscheidungen für das Erlangen persönlicher und beruflicher Zufriedenheit müssen die Menschen in zunehmendem Maße eigenständig Anpassungs- und Organisationsleistungen zur Berufs- und Lebensbewältigung erbringen, da biographisch orientierte, feste Orientierungspunkte abnehmen. Zur Ausbildung einer individuellen Identität ist es daher notwendig, berufliche Ziele und persönliche Interessen zu definieren und in der Setzung von Prioritäten klare Schwerpunkte herauszubilden, die es zu verfolgen oder ggf. zu verändern gilt. Nach Beck führt diese der Individualisierung geschuldete Rollendiversifikation im Biographisierungs- und Identitätsprozess des Individuums dazu, dass die Einzelnen zu Akteuren, Konstrukteuren, Jongleuren, Inszenatoren ihrer Biographie, ihrer Identität, aber auch ihrer sozialen Bindungen und Netzwerke werden (vgl. Beck 1995, 22).

Nimmt ein Individuum Veränderungen in seinem Leben vor, so stehen die Beweggründe für diese Entscheidungen in einem unmittelbaren Zusammenhang mit der eigenen Biographie. Brüche und Veränderungen im beruflichen Bereich führen oft dazu, dass Menschen neue Wege einschlagen und sich neuen Herausforderungen stellen. Hoerning (1989) untersuchte, wie sich das Verhältnis von biographischen Verläufen und Lebensereignissen gestaltet und auf welche Weise die Ereignisse im Leben eine Biographie beeinflussen. Sie stellte fest, dass Veränderungen auf Individuen unterschiedliche Auswirkungen haben, wobei das jeweilige Ausmaß von der individuell zugeschriebenen Bedeutung abhängt. Bei der Verarbeitung von Veränderungen greifen die Menschen auf biographische Erfahrungen zurück, die sie in der Vergangenheit im Umgang mit identischen, ähnlichen oder anderen Lebensereignissen gesammelt und in der bio-

---

[26] Die Belastungen der „Multioptionsgesellschaft" (Gross 1998) führen z.T. zur Überlastung der Individuen mit Entscheidungsproblemen und zur Orientierungskrise.

graphischen Erinnerung abgelagert haben, und übertragen sie auf den aktuellen Handlungszusammenhang. Neben der individuell und situativ unterschiedlichen Bewertung eines identischen Lebensereignisses kann sich aber auch die Einstellung zu demselben Ereignis im Verlauf des Lebens eines Individuums ändern. Dies ist dann der Fall, wenn Veränderungen den Einzelnen dazu zwingen, Gewohnheiten aufzugeben und sich neuen Bedingungen anzupassen. In der Folge kann es dazu kommen, dass eine berufliche Neupositionierung und der damit einhergehende Perspektivenwechsel auch zu einer veränderten Bewertung bestimmter Lebensereignisse führt. Somit werden die eigene Biographie und die interpersonalen Beziehungen in mehr oder weniger regelmäßigen Abständen umgedeutet.

In Zeiten der Auflösung traditioneller Lebensformen und der Pluralisierung von Möglichkeiten in allen Bereichen bietet alleine die Orientierung an eigenen biographischen Verläufen und Zielen dem Individuum Kontinuität und Stabilität (vgl. Kohli 1989). Diese Ausrichtung an der Biographie von Individuen ist zwar mit vielen Unsicherheiten und Schwierigkeiten verbunden, bietet aber andererseits auch zahlreiche Entwicklungsmöglichkeiten. Mit dem Bedeutungszuwachs von Individuallagen und Biographieverläufen wird das individuelle Leben immer mehr zum Orientierungspunkt und zur Sinnressource. Auf der Ebene der Vergesellschaftung kommt dem Einzelnen eine entscheidende Bedeutung zu, weil er durch die Akzentuierung der individuellen Verantwortlichkeit gegenüber persönlichen Entscheidungen und der von ihm forcierten Etablierung neuer Lebensstile maßgeblich die zukünftige Form der Vergesellschaftung bestimmt (vgl. Seitter 2001b, 57).

2. Professionalitätsentwicklung und Professions- forschung

Neue biographische Risiken und Ungewissheiten, die für spätmoderne Gesellschaften kennzeichnend sind, stellen an den beruflichen Akteur auf verschiedenen Ebenen auch neue Anforderungen. Es gilt nun zu beobachten, in welcher Weise der Pädagoge, der innerhalb dieser Wandlungsprozesse eine Schlüsselrolle einnimmt, angesichts der widerspruchsvollen Anforderungsstrukturen in seinem Berufsfeld und der daraus resultierenden Deutungstransformationen seine ihm zur Verfügung stehenden Problem- und Kreativitätpotentialressourcen einsetzt (bzw. verändert).

Aus einer bildungstheoretischen Perspektive verfolgt die forschungsleitende Fragestellung das Ziel, die Entwicklung von biographischen Bildungsfiguren und biographischen Handlungs- und Deutungsmustern nachzuweisen. In diesem Zusammenhang wird der Fokus auf die Rekonstruktion biographischer Erfahrungsaufschichtung gelegt, die aus dem Blickwinkel der Profession interpretiert wird. Im Rahmen dieser Interpretation wird auch der Grad des Einflusses der erworbenen Muster auf den Umgang mit beruflichen Herausforderungen untersucht werden.

Das Erkenntnisinteresse, die leitenden Fragestellungen sowie die forschungsrelevanten Perspektiven verorten die Studie an der Schnittstelle von Biographie-, Bildungs- und Professionsforschung. Eine nähere Bestimmung der theoretischen Prämissen und Grundannahmen von Profession, Biographie, Bildung und Lernen dient als Referenzrahmen, um Bildung als Modus der Reflexion von Selbst- und Weltbezügen verstehen zu können und zugleich eine Unterscheidung von Lern- und Bildungprozessen zu treffen (vgl. Marotzki 1990a; 1991b; 1993; 2009).

Über einen biographieanalytischen Zugang wird das Zusammenspiel von Biographie-, Bildungs- und Professionalisierungsprozessen beleuchtet, indem berufliche Anpassungs-, Veränderungs- und Wandlungsprozesse auf dem Weg der Rekonstruktion biographischer Strukturen interpretiert werden. Im Zuge dieser differenzierten, biographieorientierten Weiterentwicklung des Bildungsbegriffs erfolgt eine gegenstandstheoretische Einordnung von Biographizität als Ressource.

2.1 Zur Bestimmung der Strukturlogik professionalisierten Handelns im Lehrerberuf

Unter Professionalisierung wird hier, Dewe/Ferchhoff/Radtke (1990) folgend, der Prozess verstanden, in dessen Verlauf Handlungsstrukturen entwickelt werden, die eine stellvertretende, wissenschaftlich reflektierte Bearbeitung von Praxisproblemen erlauben (ebd. 294f; nach Winkler 1996). Ausgehend von dieser Definition, die das Zustandekommen der Professionalität über einen gewissen Zeitraum beschreibt und damit das Prozesshafte betont, erfolgt die stellvertretende, wissenschaftlich reflektierte Bearbeitung, Bewältigung sowie die Lösung von alltagsweltlichen, in der praktischen Arbeit auftretenden Aufgaben. Die Bearbeitung, Bewältigung und Lösung muss dabei rational nachvollziehbar, effizient und begründet sein.

Ziel des Prozesses der Entwicklung von Handlungsstrukturen ist die Ausbildung und Entwicklung einer spezifischen Handlungskompetenz. Spezifisch insofern, als dass davon ausgegangen wird, dass Professionen jeweils spezifische professionelle Handlungen und Handlungsstrukturen erfordern. Aus diesem Bedingungsgefüge wird deutlich, dass Lehrkräfte ihre Professionalität immer nur in der Auseinandersetzung mit den oftmals widerspruchsvollen Anforderungen, „Paradoxien" (Schütze 2000, 334ff) und „Antinomien" (Helsper 1996, 521) ihres Handlungsfeldes entwickeln.[27] In ihren Studien zeigen Helsper und Schütze auf, dass die Notwendigkeit eines institutionalisierten Umgangs mit den Paradoxien und den Antinomien für den gesellschaftlichen Sinn der Lehrerprofession in hochkomplexen Gesellschaften konstitutiv ist. Alle Professionstheorien stellen dabei die Ansprüche und Merkmale pädagogischer Professionalität heraus (vgl. Bauer 1998). Sie gehen der Frage nach, welche Befähigungen Lehrer benötigen, um den an sie gestellten beruflichen Anforderungen professionell begegnen zu können.

Zuvor wurde herausgestellt, dass professionell entwickelte Handlungskompetenz und ein professionell angelegtes Lehrerhandeln eine Begründungs- und Legitimationsgrundlage in Form von wissenschaftlichem Wissen, von theoretisch geordneten und reflexiv abrufbaren Wissens- und Begründungsbeständen benötigt, um als ‚professionell' eingestuft zu werden. Professionelles Handeln kann dabei durch drei verschiedene Zugänge, dem systemtheoretischen, dem strukturtheoretischen sowie dem symbolisch-interaktionistischen Zugang differenziert beschrieben werden.

---

[27] Pflege- und Beratungstätigkeiten werden häufig als „Semiprofession" bezeichnet (vgl. Borgetto/Kälble 2007), da sie über kürzere Ausbildungszeit, das Eingebundensein in bürokratische Einrichtungen, ein hohes Maß an Verweiblichung und einen geringeren sozialen Status verfügen. Vgl. zu den Besonderheiten der Berufsgruppe Lehrer im Pflegeberuf auch Kap. 2.4.2).

Der systemtheoretische Ansatz (vgl. Luhmann/Schnorr 1979; Stichweh 1996) beschreibt die Gesellschaft als komplexes System von Kommunikation. Einige Teilsysteme, wie z.b. das Erziehungs- und Bildungssystem, können jedoch nicht in den binären Luhmannschen Codierungen formalisiert und technisiert werden. Diese Teilsysteme bleiben somit auf Interaktionssysteme, auf Face-to-Face-Interaktionen, angewiesen und sind folglich schwerer steuerbar. Professionelle können – auch aufgrund der ,Unwägbarkeiten' seitens der Lernenden – keine ,Erfolgs'-Garantie geben. Stichweh hat den Ansatz von Luhmann in Bezug auf Professionen in funktional ausdifferenzierten Gesellschaften weiter differenziert. Die pädagogischen Professionen sind dabei u.a. für „die Bearbeitung von Problemen der Strukturveränderung, des Strukturaufbaus und der Identitätserhaltung von Personen" (Stichweh 1992, 42) zuständig. Besondere Bedeutung erhält die Kategorie der Vermittlung, die man sich als ein selbstreferentielles Dreieck zwischen dem Professionellen und seiner Absicht, dem Klienten und seiner Haltung zur professionellen Absicht sowie dem zu vermittelnden Sachbezug vorstellen kann.

Der strukturtheoretische Zugang kann auf Oevermann zurückgeführt werden. Für ihn besteht das Grundproblem „in der theoretisch und methodisch ausgewiesenen Hilfe bei der Gewährleistung der personalen Integrität [darin,] in körperlicher, psychischer und sozialer Hinsicht (inhaltlicher Aspekt) nicht zugleich kontraproduktiv durch die Hilfe als solche (struktureller Aspekt) jene Autonomie zu zerstören oder wieder zu nehmen, die von der inhaltlichen Zielsetzung und Programmatik her gestärkt, gefördert oder wiederhergestellt werden soll" (Oevermann 1996, 142). Die Strukturlogik professionellen Handelns steht im Mittelpunkt. Oevermann bezieht sich dabei neben der Wahrheitsbeschaffung (der systematischen, methodisch angeleiteten und intersubjektiv überprüfbaren Bearbeitung von Geltungsfragen) und der Legitimationsbeschaffung (vgl. Terhard 2001, 54) auf die Therapiebeschaffung. Im Hinblick auf die Rolle des Lehrers bedeutet dies neben der Vermittlung von Wissen auch eine erzieherische und eine beratende Funktion. Oevermann betrachtet pädagogisches Handeln als ein richtungsweisendes und auf psychosoziale Normalität der Schüler gerichtetes Handeln, das mitunter auch pathologische Verhaltensweisen verhindern helfen soll. Aufgrund der beratenden Funktion geht dies weit über eine bloße Normenvermittlung hinaus. Die professionelle Praxis ist dabei gekennzeichnet durch konstitutive Spannungen. Diese fasst Oevermann als widersprüchliche Einheit der praktischen Vermittlung von Theorie und Praxis, als Spannung von Entscheidungszwang und Begründungsverpflichtungen, als verschiedene Facetten einer diffusen, partikularistischen, spezifisch universalistischen und rollenförmigen Beziehungsstruktur, als kritische Reformulierung des Parsonschen Ansatz (vgl. Helsper/Krüger/Rabe-Kleberg 2000).

Der symbolisch-interaktionistische Zugang hingegen geht mehr von den vorzufindenden Entwicklungen im pädagogischen, therapeutischen, rechtlichen und medizinisch-pflegerischen Setting aus, die vermehrt und deutlich erkennbar in organisatorischen Rahmungen stattfinden. Dies ist ein Unterschied zu Oevermann, der ein idealtypisches Konstrukt professionellen Handelns als Gerüst entwirft. Schütze spricht demnach auch z.B. von der Sozialen Arbeit als ,bescheidene Profession' (Schütze 1992, 131ff). Von zentraler Bedeutung ist nach Schütze die empirische Rekonstruktion von professionellen Handlungsproblemen und Handlungsparadoxien. Drei Begründungszusammenhänge lassen sich dabei unterscheiden. (1) In der empirisch-rekonstruktiven Durchdringung des praktischen professionellen Handelns lassen sich interaktive Verknotungen sowie paradoxe Anforderungen unterscheiden. (2) Eine Handlungsparadoxie der Moderne ist darin begründet, dass „an zentralen Schnittstellen des gesellschaftlichen Konstitutionsprozesses durch das professionelle Handeln eine grundlegende Unvereinbarkeit sozialer Prozesse miteinander vermittelt werden muss. Die Professionen sind gerade aus der gesellschaftlichen Notwendigkeit der besonders umsichtigen Bearbeitung solcher Unvereinbarkeiten hervorgegangen" (Schütze 1996, 334; Helsper/Krüger/Rabe-Kleberg 2000, 3). Auch begreift Schütze die professionellen Handlungsparadoxien als zugespitzte Form alltäglicher Interaktionsparadoxien. Das professionelle Handeln erscheint durch Unwägbarkeiten und Ungewissheiten gezeichnet, die zwar nicht aufhebbar, aber durch Instanzen der (Selbst-)Reflexion kontrollierbar sind.

Allen drei Ansätzen gemeinsam ist, dass modernisierungstheoretische Diagnosen und makrosoziale Zusammenhänge für die Einbettung der Professionen und der professionellen Praxis relevant sind. Auch weisen alle drei Ansätze darauf hin, dass Risiken, Ungewissheiten und Fehlermöglichkeiten die Strukturlogik professionellen Handelns, insbesondere das professionelle pädagogische Handeln, kennzeichnen. Der systemtheoretische, der strukturtheoretische und der symbolisch-interaktionistische Zugang gehen weiterhin davon aus, dass das professionelle Handeln von antinomischen, widerspruchsvollen und paradoxen Spannungen gekennzeichnet ist. Dies geht mit der vorher getroffenen Feststellung, dass Lehrkräfte ihre Professionalität immer nur in der Auseinandersetzung mit den oftmals widerspruchsvollen Anforderungen, den Paradoxien und Antinomien ihres Handlungsfeldes entwickeln, einher.

2.1.1 Antinomien und paradoxes Handeln als Strukturmerkmale im Lehrerberuf

Ein Konzept von Lehrerhandeln, das die professionstheoretischen Ansätze von Schütze und Oevermann in die Struktur des Lehrerhandelns sowie in die dort aufgezeigten Widerspruchsverhältnisse und Paradoxien integriert, stellt das Konzept der konstitutiven Antinomien und soziokulturellen Widersprüche pädagogisch-professionellen Handelns von Helsper (2002) dar. Die Antinomien und Widersprüche bettet Helsper in modernisierungstheoretische Analysen ein und setzt sie in Beziehung zu den Paradoxien und Risiken der reflexiven Moderne. Nach Helsper wird das Konzept des Lehrerberufs als eine antinomische Handlungsstruktur begriffen, weshalb strukturell zwischen vier Ebenen antinomischen Handelns unterschieden werden muss (vgl. u.a. Helsper 2002):

1. (Wieder-)Herstellung der Integrität einer Lebenspraxis, stellvertretende Deutung: Professionell Handelnde nehmen stellvertretend – und stellvertretend deutend – für ihre Klienten Aufgaben der Ermöglichung, der Wiederherstellung und der Sicherung der Integrität wahr. In der Lebenspraxis der Adressaten wird auf diesem Weg die Lösung von Krisen angestrebt. Diese Integrität kann psychischer, sozialer, physischer oder moralisch-ethischer Natur sein und umfasst auch die Bearbeitung von Gültigkeits- und Geltungsfragen. Im Mittelpunkt des Handelns steht aufgrund der Zukunftsoffenheit – es existiert keine Garantie, kein ‚Rezept‘ von Erfolgssicherheit – als Krisenlösungsversprechen die Erzeugung von Neuem.

2. Veralltäglichung der professionellen Praxis: Im Zuge fortschreitender Modernisierung und Beschleunigung soziokultureller Transformationen wird die professionelle Praxis veralltäglicht und „zum selbstverständlichen Bestandteil hoch modernisierter Lebenspraxen" (vgl. Helsper 2002a).

3. Ausgang von der Autonomie einer Lebenspraxis: Professionelles pädagogisches Handeln greift in die Integrität der Adressaten ein. Es geht davon aus, dass zusammen mit den Adressaten ihre Autonomie der Lebenspraxis restituiert wird, da diese noch nicht entfaltet, vorübergehend beeinträchtigt oder längerfristig blockiert ist.

4. Arbeitsbündnis zwischen Professionellem und Adressaten: Um im Rahmen professionellen Handelns erfolgreich agieren zu können, muss zwischen Professionellem und Adressaten ein Arbeitsbündnis, das von beiden Seiten als ein fortwährender, offener Prozess angesehen werden sollte, eingesetzt werden. Das Arbeitsbündnis kann jedoch nicht erzwungen, eingefordert oder verordnet werden. Es setzt gegenseitiges Vertrauen und eine komplexe interaktive Dynamik zwischen Adressatem und Professionellem voraus.
   „Das Arbeitsbündnis und die Abfolge von immer wieder erneuerungs- und aushandlungsbedürftigen Konstellationen des Arbeitsinterims muss als die Grundlage gelingenden professionellen Handelns begriffen werden" (Helsper 2002a, 64).

Die von Helsper benannten vier Ebenen antinomischen Handelns sind im Rahmen dieser Studie auch von Relevanz, um eine Verortung des Lehrerhandelns auf den verschiedenen Ebenen vorzunehmen (wie in Kapitel 1 ausgeführt).

Nachdem im vorhergehenden Kapitel auf die Widersprüche, die in den verschiedenen Ebenen (Makro-, Meso- und Mikroebene) existieren, eingegangen wurde, wird im Folgenden genauer die Mikroebene mit den dort vorherrschenden möglichen Antinomien des Lehrerhandelns betrachtet.

Helsper (2002b; 2003; 2004; zu vorhergehenden Entwürfen vgl. Helsper 1996) bestimmt Strukturen verschiedener Reichweite, um die sich das Lehrerhandeln in Antinomien und antinomischen Spannungen zentriert. Diese Strukturen können konstitutive Antinomien (sind nicht aufhebbar, es ist jedoch eine reflexive Handhabung möglich), Widersprüche von Lehrerhandeln (bedingen sich aus der gesellschaftlichen Organisation des Bildungswesens, sind jedoch transformierbar und aufhebbar) sowie Handlungsdilemmata und Ambivalenzen (auf der direkten Handlungs- und Interaktionsebene werden die konstitutiven Antinomien als spezifisch ausgeformte Strukturvariante ausgestaltet) darstellen. Von Interesse für diese Arbeit sind insbesondere die konstitutiven Antinomien, denen maximal eine reflexive Handhabung zugrunde liegen kann.[28]

Diese konstitutiven Antinomien sind:

1. Begründungsantinomie. Der Entscheidungszwang, der Entscheidungsdruck und die Begründungsverpflichtung im stellvertretenden Krisenlösen verschärfen sich in den Ambivalenzen der Moderne.

2. Praxisantinomie. Für die Begründung und Legitimation professionellen Handelns bedarf es theoretischer und wissenschaftlicher – methodiert angeeigneter und abrufbarer – Kenntnisse. Eine widersprüchliche Einheit von Theorie und Praxis ist gegeben.

3. Subsumtionsantinomie. Professionelles Handeln erfordert zu jedem Zeitpunkt eine gesicherte Routine und gleichzeitig eine Skepsis gegenüber der Routine, wodurch eine unzulässige Typisierung von Einzelfällen verhindert werden kann.

4. Ungewissheitsantinomie. Professionell Handelnde müssen zur Ermöglichung emergenter Lernprozesse Destabilisierungsprozesse initiieren, „denn die Krise der kognitiven und psychischen Struktur impliziert ja nichts anderes, als den Verlust vorhergehender Scheingewissheiten und Sicherheiten" (vgl. Helsper 2001, 15).

5. Symmetrie und Machtantinomie. Für die Problembewältigung und Problemlösung müssen mit den Adressaten symmetrische Verhältnisse entwickelt werden. Gleichzeitig ist nicht zu negieren, dass Asymmetrien, die sich in Differenzen an Kompetenz, an Wissen und Status gründen, durchscheinen. Die Fragilität des Arbeitsbündnisses wird an dieser Stelle signifikant sichtbar.

6. Vertrauensantinomie. In der Interaktion zwischen Adressaten und Professionellen erfolgt das Unterstellen einer Vertrauensbasis, die jedoch erst hergestellt werden muss.

---

[28] Zu der Zusammenfassung der Antinomien unter verschiedenen Ebenen vgl. Fabel-Lamla 2004, 97ff sowie Kunze 2008, 14ff.

7. Näheantinomie. Eine Spannung zwischen Nähe und Distanz, zwischen rollenförmig distanzierter Adressierung und an persönlicher Nähe orientierter Gleichzeitigkeit ist zu unterstellen.
8. Sachantinomie. Die alltags- und lebensweltliche, die biographisch gefärbte Version von Welt seitens der Adressaten steht in einem Spannungsverhältnis zu dem wissenschaftlich kodifizierten Wissen, zu den organisatorisch gerahmten Lehrplänen und Richtlinien der Professionellen.
9. Organisationsantinomie. Auch der professionell Handelnde steht in einer Spannung zwischen routinierten, handlungsentlastenden formalen und universalistischen Verfahrensweisen und der Notwendigkeit von Offenheit, Emergenz und Kreativität des Lehrerhandelns andererseits.
10. Differenzierungsantinomie. Der Professionelle muss sich der Spannung, zwischen homogenisierten Bildungsgruppen und gleichzeitig innerhalb der Bildungsgruppen zwischen einzelnen Individuen differenzieren zu können, bewusst sein.
11. Autonomieantinomie. Die Professionellen müssen die Autonomie ihrer Adressaten fördern – dies jedoch im Rahmen von Regeln und Zwängen, welche die Organisationen strukturieren. Die Adressaten sollen sich gleichzeitig nicht, im Sinne einer stellvertretenden Anwaltschaft, in entlastende Heteronomien und Abhängigkeiten flüchten.

2.1.2 Pädagogische Professionalität im Lehrerberuf

Lehrerinnen und Lehrer sind in ihrem Berufsalltag vielfältigen, komplexen Handlungsanforderungen ausgesetzt, die sie mit professionellen Deutungsmustern und besonderen Wissensformen bewältigen. Um einen Einblick in die verschiedenen Arten der bei Lehrerinnen und Lehrern ausgebildeten, besonderen Wissensformen und berufskulturellen Muster zu gewinnen, die notwendig sind, um mit diesen professionellen Handlungsanforderungen produktiv umzugehen, bedarf es eines Exkurses in die Forschungsbereiche der kognitionspsychologischen Lehrerexpertisenforschung, der (strukturtheoretischen) Professionalisierungstheorie und der soziologisch orientierten Wissensverwendungsforschung. Es sei an dieser Stelle jedoch angemerkt, dass der Stand der wissenschaftlichen Forschung nur ausschnittsweise dargestellt werden kann und aufgrund des Forschungsschwerpunktes der vorliegenden Arbeit, der sich auf die Prozesse der biographischen Professionsbildung konzentriert, die folgenden Ausführungen sich an den der kognitionspsychologischen Lehrerexpertiseforschung zuzuordnenden Arbeiten von Rainer Bromme (1992; 1997; 2008) und der Professionalisierungstheorie von Helsper orientieren.
In der kognitionspsychologischen Lehrerexpertiseforschung steht die Erfor-

schung der kategorialen (wissensgeleiteteten) Wahrnehmung und der anforderungsbezogenen Wissensorganisation von Lehrerinnen und Lehrern im Mittelpunkt. In dieser Forschungsrichtung wird im Hinblick auf Struktur und Inhalt der professionellen Wissensbasis ein breites Begriffsverständnis von Lehrerwissen zugrunde gelegt, das deklaratives und prozedurales Wissen ebenso einschließt wie Überzeugungen und Einstellungen (beliefs) oder subjektive Theorien. Empirische Befunde und berufsbiographische Forschungen führen divergierende Erklärungen für die Entwicklung dieser berufsrelevanten Einstellungen an.[29] Auf welche Weise bei der Gestaltung der unterrichtlichen Praxis der vernetzte, situationsgebundene Rückgriff der Lehrerinnen und Lehrer auf diese unterschiedlichen Wissensbestände erfolgt, wird in den Ausführungen von Leuchter u.a. (2006) deutlich:

„Lehrpersonen greifen in der Praxis einerseits auf systematisches deklaratives Wissen zurück, welches sie in der Aus- und Weiterbildung meist auf akademische Weise erworben haben (disziplinäres Fachwissen, pädagogisch-psychologisches und (fach)didaktisches Wissen zum Lernen und zur Organisation des Unterrichts). Andererseits verbinden sie die deklarativen Wissensbestände mit situiertem, prozeduralem, meist implizitem und subjektivem Erfahrungs- und Reflexionswissen, welches sie während ihrer Unterrichtspraxis erworben, reflektiert und verdichtet haben (z.B. spezifisches Wissen über die Schwierigkeiten des Erwerbs bestimmter Fachinhalte und die optimalen Unterstützungshilfen für die Schülerinnen und Schüler)" (ebd. 564).

Der breite Wissensbestand von Lehrerinnen und Lehrern bietet auch Raum für Wissensformen, die einen reflexiven Umgang mit den antinomischen Anforderungen der Schul- und Unterrichtspraxis ermöglichen. Die vorliegende Studie formuliert als zentrales Anliegen die Frage nach der Entwicklung eines (selbstreflexiven) berufsbiographischen Wissens und richtet den Blick auf ein vielschichtiges, die Handlungen bestimmendes Erfahrungswissen, das sich der professionell Tätige in Auseinandersetzung mit den professionellen Anforderungen erwirbt.

Zu einer Schärfung des professionellen Erfahrungswissens trugen u.a. die kognitionspsychologischen Forschungsergebnisse und Theoreme der Arbeiten von Rainer Bromme (1992; 1997; 2008) bei. Nach Bromme ensteht das „Expertenwissen" und die damit zusammenhängende professionelle Wissensbasis des Handelns von Lehrerinnen und Lehrern „im Laufe der beruflichen Karriere

---

[29] Dazu gehören die verschiedenen Stufen- bzw. Phasenmodelle der professionellen Entwicklung von Lehrpersonen wie z.B. das Stufenmodell des Lehren/Lernens nach Fuller/Brown (1975), das Phasenmodell von Hubermann 1991, das von Dreyfus/Dreyfus 1987 entwickelte „Novizen-Experten-Paradigma" (Berliner 1986; Neuweg 2000) sowie das Paradigma des reflexiven Lernens (vgl. Dick 1997; Terhart u.a. 1991). Eine Zusammenfassung der verschiedenen Modelle in Bezug auf Pflege findet sich bei Schwarz-Govaers 2005.

durch eine zunehmende Integration von allgemeinen pädagogischen, didaktischen und psychologischen Kenntnissen und spezifischen subjektiven Unterrichtserfahrungen" (Bromme 2008, 163). Ausgehend von den Erfordernissen der schulischen und unterrichtlichen Handlungszusammenhänge eignen sich die Angehörigen dieser Berufsgruppe im Laufe ihres Berufslebens ein implizites, auf Erfahrungen basierendes Wissen an, das im engeren Sinne als Routine- und Gebrauchswissen bezeichnet werden kann.

Mit der Ausdifferenzierung der Inhaltsbereiche des Expertenwissens knüpft Bromme an eine von Shulman (1986) vorgenommene Unterteilung der inhaltlichen Grundelemente in content knowledge, curricular knowledge, pedagogical knowledge und pedagogical content knowledge an, die er zusätzlich um die Ebene einer diagnostischen Kompetenz erweitert: „Die Kompetenz zur Schüler/innenbeurteilung [...] umfasst nicht nur die formalisierte Beurteilung (Zensurengebung). Ebenso wichtig ist die Lehrerwahrnehmung der individuellen Fehlvorstellungen, Lernstrategien und Verständnisschwierigkeiten und ihr Bezug zur kognitiven Entwicklung der Schüler" (Bromme 2008, 164).

Die Inhaltsbereiche gliedert er auf in ein fachliches Wissen (alle Wissensbestände, die den fachlichen Bereich des Unterrichts abdecken), ein curriculares Wissen (die Berücksichtigung von Zielvorstellungen über Bildung bei der Auswahl und Vermittlung fachlicher Inhalte), eine „Philosophie" des Schulfaches (darunter fasst Bromme „die Überzeugungen, die die Entstehung, die Veränderbarkeit und die Begründung des Wissens, das in der Schule unterrichtet wird, betreffen", ebd. 164), ein allgemeines pädagogisches Wissen (exemplarisch dafür stehen Kenntnisse über die Einführung und kontinuierliche Verankerung notwendiger Interaktionsmuster und Arbeitsstile im geplanten Unterrichtsablauf) und in ein fachspezifisches pädagogisches Wissen (ein integriertes Wissen, das psychologisch-pädagogische Kenntnisse sowie eigene Erfahrungen des Lehrers vereint und die fachbezogene Gestaltung des Unterrichts prägt).

Die Ergebnisse aus der Lehrerexpertiseforschung weisen deutlich darauf hin, dass die Wirkungsweise des professionellen Wissens die kategoriale Wahrnehmung von Unterrichtssituationen verändert. Der Aufbau von professionellem Wissen vollzieht sich bei Lehrerinnen und Lehrern – auf der Basis von beruflichen Erfahrungen – über die Vernetzung der in der Schul- und Unterrichtswirklichkeit von ihnen vorgenommenen Wahrnehmungen, Deutungen und Handlungen, die letztlich in der Konstruktion komplexer „kognitiver Konzepte" münden. Diese von Bromme titulierten „kognitiven Konzepte" sind zugleich auch ein bedeutsames Moment bei der Aktivierung von unterrichtlich relevanten Ressourcen, da sie die Akteure, Objekte und Bedingungen des Unterrichts miteinander in Beziehung setzen. Somit verbinden sich in diesen kognitiven Konzepten bestimmte Situationsinterpretationen mit Handlungsoptionen. Es gilt allerdings festzuhalten, dass es sich bei dem gleichsam parallel erfolgenden

Aufbau des Beziehungs- und Handlungswissens um einen vorreflexiven Prozess handelt.

Aus den skizzierten wissenschaftlichen (aus der kognitionspsychologischen Lehrerexpertiseforschung stammenden) Befunden zum professionellen Erfahrungswissen von Lehrerinnen und Lehrern leitet sich als eine zentrale Anforderung an die professionelle Praxis des Lehrerhandelns ab, das implizite Erfahrungswissen in Form einer Versprachlichung in explizites Wissen zu übersetzen, um es verfügbar zu machen und durch einen reflexiven Umgang mit der eigenen Wissensbasis die schulischen und unterrichtlichen Routinen für eine kritisch-reflexive Evaluation zu öffnen. Es muss deutlich werden, dass erst die Reflexion eine Neuorganisation des beruflichen Handelns ermöglicht, da durch sie das Können in ein verbalisierbares Wissen transformiert wird. Daher ist professionelles Lehrerhandeln durch die Herausbildung eines „doppelten Habitus" im Sinne eines professionellen Könnens und einer wissenschaftlichen Reflexivität (vgl. Böhnke/ Straß 2006; Helsper 2001) gekennzeichnet. Im Berufsfeld Gesundheit und Pflege kennzeichnet dieser doppelte Habitus auch das professionelle Expertentum auf der Ebene der Berufspraxis (vgl. Darmann 2005, 2004), weshalb das dialektische Verhältnis von Reflexion und Könnerschaft nicht nur für das Lehrerhandeln ein integraler Bestandteil der eigenen professionellen Praxis ist, sondern zugleich auch bei den Auszubildenden verankert wird.

Helsper (2002a, 92) untermauert die Bedeutung der selbstreflexiven Arbeit „am eigenen Selbst" und verweist auf die Schlüsselrolle, die ihr bei der Weiterentwicklung und Transformation der durch Sozialisationsprozesse erworbenen subjektiven Dispositionen im Umgang mit den Antinomien des Lehrerhandelns zukommt. In einer Bilanzierung des Forschungs- und Theoriebildungsstands zur Lehrerprofessionalität unterstreichen Bastian/Helsper (2000) die Relevanz der selbstreflexiven Bearbeitung eines berufsbiographisch erworbenen Erfahrungswissens, indem sie bei der Klassifikation verschiedener Wissenstypen das (berufs)biographische selbstreflexive, selbstbezügliche Wissen als einen eigenen Typus ausweisen (ebd. 107).

Die Ergebnisse der kognitionspsychologischen Lehrerexpertiseforschung und die Aussagen der Professionalisierungstheorie belegen die Existenz eines impliziten Erfahrungswissens, das die Wahrnehmungen, Deutungen und Handlungen von Lehrerinnen und Lehrern im Rahmen ihrer professionellen Praxis strukturiert. Legt man kognitionspsychologische Erkenntnisse zum Expertenhandeln im Sinne der „reflexiven Könnerschaft" (Neuweg 1999) in der pädagogischen Handlungspraxis zugrunde, ist professionelles Lehrerhandeln am „Wechselspiel von Einlassung auf Erfahrung, Reflexion auf Erfahrung und Rückübersetzung in neues Handeln und Erfahren" unter Anerkennung der Differenz von Theorie und Praxis erkennbar (Neuweg 2004, 24; vgl. auch Böhnke/ Straß 2006; Hülsken-Giesler/Böhnke 2007; Darmann 2004; 2005). Schließlich verweist die Professionalisierungstheorie auf die Bedeutung der (selbst-)reflexiven Auseinandersetzung mit dem eigenen Handeln und den zugrunde liegenden Wahrnehmungs- und Deutungsmustern, da erst durch diesen Prozess das eigene Erfahrungswissen bewusst gemacht werden kann und die berufliche Sozialisation als biographischer Prozess der Bildung eines professionellen Selbstverständnisses rekonstruierbar ist.[30]

2.2 Biographie als Schlüsselkategorie empirischer Bildungs- und Professionsforschung: Aktuelle Entwicklungen und Forschungsfelder

Die Rekonstruktion des antinomischen Strukturkerns professionellen Handelns kann in der Frage nach den Bedingungen münden, die für eine professionelle Berufsausübung konstitutiv sind. Eine hier herausgearbeitete Grundbedingung ist ein hohes Maß an Reflexivität, was nach Reh/Schelle (2000, 108) in der Steigerungsformel ‚Professionalität durch Reflexivität' mündet. Während im systemtheoretischen Verständnis von Profession Reflexivität im Sinne der Ausbildung von Reflexionsrollen in einem System bezüglich des Berufsstandes und seiner Selbstthematisierung konzipiert ist (vgl. Stichweh 1996), ist in den handlungstheoretischen Konzeptionen nach Oevermann (1996) Reflexivität fast ausschließlich an eine selbstreflexive Leistung des einzelnen Professionellen gebunden ist. Beide Modelle gehen davon aus, dass aufgrund der Selbstreflexivität ein Ausgleich zwischen den eigenen Wünschen und Interessen sowie den verinnerlichten Erwartungen eines verallgemeinerten kritischen Beobachters erfolgt. Eine Steigerung erfahren diese Modelle zur biographischen Reflexivität beispielsweise in dem Modell der reflexiven Lehrerbildung (vgl. Dirks/Hansmann 1999) sowie in anderen Modellen, in denen Biographieforschung versucht, die Verknüpfung von Biographie und Professionalität herauszuarbeiten (vgl. Kraul/Marotzki/Schweppe 2002).

Die Lehrerprofession ist als Forschungsbereich besonders geeignet, da im beruflichen Lehrerhandeln lebensgeschichtlich erworbenes Wissen von besonderer Signifikanz ist. Wenn Lehrer ihr biographisches Wissen als reflektiert zu nutzende Ressource verstehen, erschließt sich ihnen ein erhebliches Potential für die Bewältigung ihrer beruflichen Aufgaben. Die Biographien von professionell Lehrenden, die Herausbildung eines professionellen Habitus, ist dabei „eng mit der gesamten biographischen Entwicklung, den eigenen berufsbiographischen

---

[30] Abschließend sollte jedoch berücksichtigt werden, dass eine systematische Reflexionsarbeit unmittelbar Fragen des Verhältnisses von Theorie und Praxis berühren. Eine differenzierte Betrachtungsweise zum problematischen Theorie-Praxis-Verhältnis im Bereich der Lehrerbildung findet sich bei Neuweg (2004).

(Sozialisations-)Erfahrungen, Lern- und Bildungsprozessen sowie Reflexionsmustern verwoben" (Fabel/Tiefel 2004, 12). Biographisches Handeln und biographische Entwicklung werden dabei als Lern- und Bildungsgeschichten im Spannungsfeld zwischen gesellschaftlicher Heteronomie und individuellen Optionen verordnet.

„Biographie" bietet sich weiterhin als Rahmenkonzept und Schlüsselkategorie für die Professionsforschung und Professionstheoriebildung an, da eine Verknüpfung der Subjekt- und der Strukturperspektive in dem Sinne erfolgt, dass Professionen im Meso-Bereich angesiedelt sind. Auch wird aufgrund der zunehmenden Individualisierung und Pluralisierung von Lebenslagen (vgl. Beck 1986; Beck/Lau 2004) der Biographizität als einer individuellen Handlungskompetenz zur Herstellung von Sinn- und Bedeutungsgehalten sowie zur Selbst- und Weltinterpretation eine zunehmend große Rolle zugeschrieben (vgl. Alheit 1995; 2000; Marotzki 2000). Biographie erscheint als Schlüsselkategorie für die Professionsforschung. Dabei sind, wie herausgestellt wurde, zwei Aspekte von besonderer Relevanz: „Zum einen der Einfluss der eigenen Biographien der professionellen Akteure auf ihr professionelles Handeln als Ressource oder auch ‚Barriere' und zum anderen die Bedeutsamkeit der biographischen (Selbst-)Reflexion als ein zentraler Bestandteil von Professionalität" (Fabel/Tiefel 2004b, 15).

Fabel und Tiefel (2004, 15ff) benennen im Folgenden ausgewählte Entwicklungs- und Forschungsfelder, von denen einige für die vorliegende Studie von Interesse sein können:

– *Biographische Konstitutionsbedingungen von Professionalität:*
Die Frage, wie der Professionelle seine Berufsbiographie erfährt und deutet, wie sie in den lebensgeschichtlichen Gesamtzusammenhang eingebettet ist, ist von Relevanz. Die Ressourcen, die biographischen Voraussetzungen, Dispositionen, berufsbiographischen Voraussetzungen, die identitäts- und orientierungsstiftenden Sinnbezüge, denen bei der Herausbildung professioneller Orientierungs-, Deutungs- und Handlungsmuster eine wichtige Rolle zukommt, werden betrachtet.

– *Professionalisierungsprozesse, Sinnquellen und Wissensformen:*
Über die Rekonstruktion der Aufschichtung berufsbiographischer Erfahrungen und berufsethischer Haltungen zu Prozessen der subjektiven Aneignung der Berufsrolle, über sich verändernde Selbst- und Weltverhältnisse, über professionelle Deutungs-, Orientierungs- und Handlungsmuster kann der sich je individuell vollziehende, lebenslange Entwicklungs-, Bildungs- und Lernprozess ermittelt werden.

– *(Biographische) Reflexivität:*
Das Handeln von Professionellen ist nicht technologisierbar oder standardisierbar, es muss immer neu verhandelt, ausgestaltet und begründet werden.

(Selbst-)Reflexivität ist somit ein wesentlicher Bestandteil von Professionalität, die, wie oben angemerkt, in der Steigerungsformel der ‚Professionalität durch Reflexivität‘ münden kann.

Neben den Antinomien sind die oben skizzierten Felder (biographische Konstitutionsbedingungen von Professionalität, Professionalisierungsprozesse, Sinnquellen und Wissensformen sowie die biographische Reflexivität) für die Definition von Professionalisierung in dieser Untersuchung von besonderer Signifikanz. Im Folgenden wird zunächst ein Überblick über den aktuellen Stand der Forschung im Schnittfeld von Lehrerbiographien und Profession sowie der Pflegeforschung in Verbindung mit Professionstheorien gegeben, woran sich eine Erläuterung und gegenstandstheoretische Begründung des methodischen Vorgehens der Arbeit anschließt.

2.3 Biographie und Profession im pädagogischen Handlungsfeld: Aktueller Stand der Lehrerbiographieforschung

Die Lehrerbiographieforschung hat sich mittlerweile als Teilforschungsfeld der Biographieforschung im Spektrum der erziehungswissenschaftlichen Forschungsmethoden und Forschungsansätze etabliert (vgl. detaillierter Terhard 1990; 1995; Reh/Schelle 1999).[31] Stelmaszyk konstatiert noch 1999, dass die „rekonstruktive Lehrerbiographieforschung noch sehr in den Anfängen" (Stelmaszyk 1999, 82) steht.[32] Fünf Jahre später stellen Stelmaszyk/Kunze (2004) fest, dass sich mittlerweile ein „beeindruckend umfangreiches Feld an Arbeiten zu vielen Facetten von Lehrerbiographien" (ebd. 806) entwickelt habe.

Arbeiten, die in den letzten Jahren im Bereich der Lehrerbiographieforschung entstanden sind (vgl. Unger 2007a; 2007b; 2007c), setzen sich mit der Frage auseinander, inwieweit das Entstehen einer pädagogischen Identität, in Form eines berufsbiographisch entstandenen Reflexionsformats bei Lehrern von deren biographischen Lernprozessen abhängig ist. Nach Unger thematisiert der professionell Handelnde mithilfe der Herausbildung einer pädagogischen Identität seine lebensgeschichtlich entstandenen Deutungsmuster im Umgang mit den Paradoxien seines Handlungsfeldes. Fächerbezogene Forschungen finden sich z.B. bei Hansmann (2001), der aus neunzehn geführten Interviews zwei kontrastierende Eckfälle für Berufsbiographien auswählt, um ein Professionsmo-

---

[31] Zu der Frage, ob zwischen einer erziehungswissenschaftlichen und einer sozialwissenschaftlichen Biographieforschung zu trennen sei, s. von Felden (2008b).

[32] Reh/Schelle (1999) konstatieren hingegen einen generellen ‚Boom‘ in der Lehrerforschung, der sich auch im Bereich von Lehrerbiographien äußert. Ähnlich wie Stelmaszyk sieht es hingegen Krüger (1999, 22), sodass sich deutlich unterschiedliche professionstheoretische Bezüge verorten lassen.

dell für den Musiklehrerberuf zu erarbeiten. Volkmann (2008) untersucht, wie Sportlehrer ihr biographisches Wissen in das professionelle Deuten und Handeln integrieren. Reh (2003) fokussiert in seiner Untersuchung auf berufsbiographische Reflexionen von Modernisierungserfahrungen und Veränderungsprozessen im Bildungswesen in Ost- und Westdeutschland.

Die Professionalisierungsprozesse ostdeutscher Lehrer im Transformationsprozess sind Gegenstand der Studien von Dirks (1999; 2000), Fabel (2004), Fabel-Lamla (2004), Köhler (2000), Meister (1999; 2005) und Reh (2001; 2003). Dirks (2000), die sich dabei am biographieanalytischen Auswertungsverfahren nach Schütze orientiert, analysiert die (berufs-)biographischen Verläufe ostdeutscher Englischlehrerinnen und arbeitet Wandlungs- bzw. Beharrungstendenzen nach den Modellen „verhinderte" und „produktive Neuorientierung" heraus. In Fabel-Lamlas Untersuchung (2004) kristallisieren sich vier idealtypische Professionalisierungspfade ostdeutscher Lehrer heraus: der einseitig schülerbezogene, der einseitig systemangepasste, der doppelt-balancierende und der blockierte Professionalisierungspfad. Die Untersuchung von Meister (2005) präsentiert hingegen vier Eckfälle im Hinblick auf ihr unterrichtliches Selbstverständnis: das kreidelastige, das missionarische, das harmonisierende und das diskursive Selbstverständnis. Die von Meister verwendete Typologie führt dabei zur Herausbildung von zwei verschiedenen Formen von Professionalität. Der Typus des diskursiven Selbstverständnisses stellt für sie ein Beispiel „gelungener Professionalität" dar, während die anderen drei Typen dagegen auf eine „verhinderte Professionalität" hindeuten. Reh (2001) schließlich geht im Rahmen von 22 geführten Interviews von der Textualität und Performativität von Biographieforschung aus, um dabei hybride Identitätskonstruktionen als Textstrukturen im kulturellen Transformations- und Übergangsfeld der DDR zur BRD herauszufinden.

In ihrer 2008 veröffentlichten biographieanalytisch-empirischen Dissertation mit dem Titel „Professionelle Deutungsmuster und biographische Ressourcen bei Klassenlehrerinnen und Klassenlehrern an Waldorfschulen" untersucht Kunze das Wechselverhältnis von biographischen Erfahrungen und professionellem Handeln. Anhand zweier kontrastierender Fallbeispiele weist Kunze (2008) eine Wechselbeziehung zwischen biographischen Ressourcen und professionellen Deutungsmustern nach, in der den biographischen Ressourcen eine organisierende Funktion im Hinblick auf die Ausbildung der professionellen Orientierungs- und Deutungsbasis zukommt. Die fallvergleichende Kontrastierung nimmt ihren Ausgang von sieben Dimensionen, die sich als konstitutive Elemente der Orientierungs- und Deutungsbasis verstehen. Neben dem Verhältnis von Biographie und Beruf sind der Zugang zur Lehrertätigkeit und das Verständnis des ihnen übertragenen Mandats wichtige Bausteine, auf denen wesentliche Orientierungs- und Deutungsmuster im professionellen Kontext fußen. Die weiteren Dimensionen[33] sind stärker auf die Tätigkeit bzw. das Handeln der Lehrer selbst bezogen. Die Ergebnisse der vorliegenden Studie verweisen deutlich darauf, wie tief- und weitreichend die professionelle Orientierungs- und Deutungsbasis von Lehrern im biographischen Sinn- und Bedeutungserzeugungsprozess wurzelt.

Aus den Studien geht hervor, dass der Forschungsstand ein ausdifferenziertes und breites Spektrum an Forschungen aufweist, die das Verhältnis von Biographie, resp. Berufsbiographien, und Profession, resp. Professionalisierung sowohl im Hinblick auf verschiedene Fächer (wie z.B. Musik, Sport) als auch im Hinblick auf Transformationsgegebenheiten und Umbrüche in Gesellschaften darstellen. Alle hier aufgeführten Studien weisen darauf hin, dass der Biographie eine zentrale Bedeutung im Professionalisierungsprozess zukommt. Im Anschluss an Meisters Diktum (vgl. Meister 2005, 281) sind weitere biograpieorientierte Überprüfungen, Modifizierungen oder Ausdifferenzierungen im Sinne eines biographischen Gesamtprojekts anzustreben, um zu empirisch gesättigten Aussagen zu kommen.

2.4 Biographie und Profession aus dem Blickwinkel der Pflegeforschung

Pflegebiographieforschung im Kontext der Professionalitätsforschung
Während im Bereich der Medizin auf eine lange Tradition von Studien zur ärztlichen Praxis, aber zunehmend auch auf Studien zu biographischen Hintergründen und der Einsozialisation von Ärzten verwiesen werden kann (vgl. z.B. Oevermann 1993), liegen dazu im Gegensatz bisher kaum Studien vor, die sich mit dem Verhältnis von Biographie und Pflegeprofession beschäftigen (vgl. Fabel/Tiefel 2004, 26). In diesem Zusammenhang kann z.B. die Studien von Piechotta (2000b; 2000c) angeführt werden. Studierende des zu der Zeit neu eingerichteten Lehramtsstudienganges Pflegewissenschaften an der Universität Bremen wurden mit problemzentrierten Interviews zu ihren bisherigen berufsbezogenen Bildungsprozessen sowie nach ihren Motiven für die Aufnahme eines pflegewissenschaftlichen Lehramtsstudiums befragt. Mithilfe dieser Studie manifestierten sich neben der Identifikation von Defiziten im Bereich der bisherigen Ausbildung der Pflegekräfte auch die Hoffnungen der Studierenden auf eine soziale Statusverbesserung und eine Akademisierung ihrer Ausbildung. Sander (2003) analysiert in ihrer Arbeit die Lebensgeschichten im Sinne von „Passungsverhältnissen" zwischen Biographie und Interaktion mit den

---

[33] Kunze listet als Dimensionen den Umgang mit beruflichen Herausforderungen, berufsstrukturell geteilte Wissensbestände, das Schülerbild, den Adressierungsmodus und die Strukturmerkmale der Handlungsorientierung auf.

Pflegekräften im institutionellen Rahmen eines Altenheims. Sie gelangt zu dem Ergebnis, dass der biographischen Konstruktion eine außerordentlich hohe Bedeutung für die Gestaltung des Lebens in der Institution Altenheim zukommt, „da sie Hinweise auf Anschlussmöglichkeiten gibt und damit zu einer Steigerung der Lebensqualität beiträgt, aber auch Verhinderungsstrukturen einer qualitativen Steigerung erkennbar werden lassen" (Hennig/Ostermann-Vogt 2008, 432). Weiterentwicklungen, die sich auf das Potential der Biographieforschung für pflegewissenschaftliche und pflegepädagogische Diskurse beziehen, stellen z.B. der Artikel von Hennig/Ostermann-Vogt (2008) dar.

Viele Studien sind im Bereich der Patienten aufzufinden (Griesehopp 2007; Richter 2004; Seltrecht 2006). Exemplarisch seien hier zwei Arbeiten herausgegriffen. Die Studie von Richter 2004 untersucht anhand narrativer Interviews mit an Brustkrebs erkrankten Frauen neben der biographischen Konstruktion von Krankheit die Erfahrungen der betroffenen Frauen mit professionellen Unterstützungssystemen. Auch in der Studie von Seltrecht 2006 werden aus Sicht der Patientinnen, ebenfalls Frauen mit Brustkrebserkrankungen, die professionellen Unterstützungssysteme thematisiert. Im Mittelpunkt der Studie steht jedoch die Frage nach der Krankheit als Lernereignis, die sich insbesondere der Ausdifferenzierung der Kategorie biographische Lernstrategie widmet und die unterschiedlichen Bildungsprozesse näher untersucht.

Es liegen im Berufsfeld Pflege jedoch auch Forschungsarbeiten vor, die sich zwar nicht unmittelbar auf die Biographie beziehen, aber die Ausbildungssituation von Lehrenden in den Gesundheits- und Pflegeberufen sowie deren berufliches Selbstverständnis als Forschungsgegenstand thematisieren. In diesem Zusammenhang sind vor allem die drei nachfolgend aufgeführten Publikationen aufschlussreich. Die Studie von Wanner (1987, 120ff) zentrierte sich um das Thema der Lehrerqualifikation. An Weiterbildungsinstituten, die eine Qualifizierung zur Unterrichtsschwester bzw. zum Unterrichtspfleger anbieten, wurden in Form eines strukturierten Fragebogens strukturelle Daten erfasst und Einschätzungen zur Situation der Weiterbildung ermittelt. Albert (1998) richtete den Fokus seiner in Einzelfallinterviews erhobenen und mit Hilfe der qualitativen Inhaltsanalyse ausgewerteten Untersuchung auf die Beurteilung der beginnenden Akademisierung der Krankenpflege durch Studierende der berufsintegrierten Studiengänge „Pflegedienstleistung/Pflegemanagement" und Pflegepädagogik". Aus den Ergebnissen einer von Roland Brühe (2008) mit dem Titel „Identität von Lehrenden im Berufsfeld Pflege" vorgelegten, qualitativ-explorativen Studie über Lehrende an Schulen der Gesundheits- und Kranken-/Kinderkrankenpflege, die kategorien- und fallorientiert ausgewertet wurde, konnte ein Modell des biographiebedingten Berufserlebens von Lehrenden im Berufsfeld Pflege entwickelt werden. Die Ergebnisse dieser Studie belegen, dass die Konstituierung einer Lehreridentität auf zwei berufsidentitätsstiftenden Säulen fußt, da sowohl das in Ausbildung und pflegerischer Praxis entwickelte, berufliche Selbstverständnis als auch das durch das pflegepädagogische Studium und die beruflichen Erfahrungen in der Lehrtätigkeit entworfene Bild vom Pflegelehrer im Hinblick auf die berufliche Identitätsbildung einen bedeutsamen, prägenden Einfluss haben. Dabei konnten drei Erlebensfelder identifiziert werden: Erlebensfeld Pflegepraxis, Erlebensfeld Lehrpraxis und Erlebensfeld Status. Allerdings konzentriert sich diese Studie anhand themenzentrierter Leitfragen lediglich auf die Erhebung der beruflichen Stationen der Biographie und thematisiert nicht die gesamte Lebensgeschichte als Konstitutionsfeld professionellen Handelns. Außerdem wird kein gegenstandstheoretischer Bezug zum Konzept und zur Methode der Biographieforschung hergestellt.

Bei der Analyse der Forschungslage wird deutlich, dass es im Bereich der biographieorientierten qualitativen Patientenforschung einige Studien gibt.[34] Auch an Studien, die reziprok die Patienten- und die Arztseite betrachten, wird gearbeitet (vgl. Schütze/Nittel, 2009[35]; in diesem Kontext auch das kürzlich bewilligte Forschungsprojekt von Schütze und Nittel zur Arzt-Patienten-Sicht). Dagegen existieren nur wenige Studien, die sich dezidiert biographieanalytisch mit der Pflegeprofession beschäftigen. Noch spärlicher ist die Literaturlage bei einer weiteren Eingrenzung des Themas auf die Transformation des Gesundheitswesens und der damit einhergehenden Bildungs- und Lernprozesse der in diesem beruflichen Spektrum professionell Tätigen. Somit wird zumindest in diesem Bereich mit der vorliegenden Studie partiell eine eklatante Forschungslücke geschlossen werden.

Forschungsrelevante Besonderheiten der Berufsgruppe der Lehrenden in den Gesundheits- und Pflegeberufen

Im Unterschied zu schon vorhandenen Studien über Lehrerbiographien sind vor allem die Besonderheiten der Zielgruppe eine Rahmung, die einen völlig anderen Forschungszusammenhang aufweisen. An den Beginn meiner Betrachtungen habe ich die Frage gestellt, wie gesellschaftliche Umwälzungsprozesse von Mitgliedern einer Berufsgruppe bewältigt werden können, die – wie im vorliegenden Fall die Berufsgruppe der Pflegepädagogen – in einem beruflichen Sek-

---

[34] Vgl. Institut für Public-Health, Universität Bremen (2006): Im Fokus: Biographieforschung in den Berufsfeldern Pflege und Gesundheit 3/2006.

[35] Das Projekt verfolgt das Ziel, auf der Basis autobiographisch-narrativer Interviews einen Korpus grundlegender biographischer Lerntypen aufzudecken, diese unter erziehungswissenschaftlichen Gesichtspunkten zu dimensionalisieren und in ein schlüssiges Gesamtkonzept zu integrieren. Um die Aufschichtung von Wissen in der Alltagspraxis, nachhaltige Verhaltensmodifikationen und Identitätsveränderung zu rekonstruieren, wird eine in der Regel extrem krisenhaft erlebte Ausnahmesituation im Lebensablauf von Frauen und Männern – nämlich eine Brustkrebserkrankung bzw. ein Herzinfarkt – mit den Instrumenten der Biographieforschung untersucht.

tor tätig sind, der in einem besonderen Maße vom Spannungsfeld gesellschaftlicher Herausforderungen und individueller Voraussetzungen umfasst ist.

In vielerlei Hinsicht ist das Berufsbild des Lehrers in Pflegeberufen einem enormen Wandel unterworfen, der das Überwinden einer Vielzahl von Hindernissen und Beschwerlichkeiten auf dem Weg von der Semiprofession zur Professionalisierung impliziert. Um die durch den gesellschaftlichen Modernisierungsprozess ausgelösten „erdbebenartigen" Erschütterungen des beruflichen Selbstverständnisses in ihrer Tragweite und Konsequenz für die davon betroffenen Lehrenden in Pflegeberufen deutlich zu machen und die möglichen Bruchstellen bei der Entwicklung eines modernen Berufsbildes aufzuzeigen, ist eine auf die berufsspezifischen Besonderheiten fokussierte Analyse vonnöten.

In historischer Hinsicht entwickelten sich die Pflegeberufe zunächst aus einer dem christlichen Verständnis der Nächstenliebe verpflichteten Haltung, die primär eine dienende Funktion erfüllte und von den diese Berufe ausübenden Frauen weniger als Beruf, sondern vielmehr als Berufung betrachtet wurde. Somit verfestigte sich im Verlauf der Zeit ein geschlechtsspezifisches weibliches Muster des Dienens, das nicht nur der Entwicklung eines neuen beruflichen Selbstbewusstseins und kreativen, selbstbewussten Denkens im Wege stand, sondern auch die Unterordnung der Pflegeberufe unter den medizinischen Berufsstand schon vorprogrammierte und damit gewissermaßen die institutionelle Machtstruktur innerhalb der Institution „Krankenhaus" vorwegnahm, in der sich bis heute die christlichen Berufsverbände als Hemmschuh bei der Emanzipation und Modernisierung der Pflegeberufe erweisen.

Eine weitere berufsspezifische Besonderheit, die zugleich auch eine Hürde auf dem Weg zur Professionalisierung darstellt, und mit der sich Lehrende in Pflegeberufen konfrontiert sehen, resultiert aus dem bildungsstrukturellen Rahmen der Berufsgruppe, der den Lehrenden einen Sonderweg zuweist. Rechtlich bewegen sich die Angehörigen dieser Berufsgruppe in einer Grauzone, da bislang eine Eingliederung in das Berufsbildungssystem nicht erfolgte und diese Frage noch nicht abschließend geklärt ist. Gleichzeitig hat sich auch auf der Ebene der Bildungsorganisation ein Paradigmenwechsel vollzogen, der durch den Bolognaprozess eingeleitet wurde und in der beruflichen Lehrerausbildung für Pflegeberufe eine starke Dynamik entfachte, die allerdings wiederum mit einer Unübersichtlichkeit einherging. Die seit den 90er Jahren existierenden Studiengänge in dieser Fachrichtung führten die Studenten zu akademischen Abschlüssen, deren Vergleichbarkeit mit der vor wenigen Jahren vorgenommenen Einrichtung von Master- und Bachelorstudiengängen infrage gestellt wurde, sodass Absolventen dieser Diplomstudiengänge heute dazu gezwungen sind, als akademischen Qualitäts- und Tauglichkeitsnachweis und somit als Sprungbrett für Führungsaufgaben ein Postgraduiertenstudium anzuschließen. Die Position der Schulleitung in Zukunft ist nur noch mit Lehrenden zu versehen, die ein Hochschulstudium vorweisen können, was informell einen Konkurrenzdruck auslösen und dadurch den Verlust von Statuspositionen nach sich ziehen könnte. Im Zuge der Zusammenlegung von Schulen zu Bildungsorganisationen erwächst ebenfalls ein enormes Spannungsfeld insbesondere für jene Berufsangehörigen, die kein Studium absolviert haben. Während früher der akademische Fort- und Weiterbildungsweg von bildungsstrukturell klar definierten Institutionen flankiert war, trägt die aktuelle Vielfalt in den akademischen Studiengängen mit einer momentan schwer zu prognostizierenden Erfolgsgarantie der möglichen akademischen Abschlüsse einen Beitrag zu Tendenzen der Stagnation, die sich bei Studenten und Absolventen der Pflegestudiengänge breitmachen. Aber auch innerhalb der weitergebildeten, etablierten Lehrenden an den Krankenpflegeschulen herrscht angesichts der großen Anzahl an beruflichen Weiterentwicklungsmaßnahmen im tertiären Bildungssystem eine offenkundige Orientierungslosigkeit.

Rückblickend trifft die bildungsstrukturelle neue Unübersichtlichkeit die Berufsgruppe deshalb so hart, weil der Weg zum Lehrer für Pflegeberufe durch viele berufliche Statuspassagen führte und in einen Pfad des lebenslangen Lernens eingebettet ist. Im Gegensatz zu einem klassischen Lehrerhochschulstudium, das vom Abitur über das Studium zum pädagogischen Handlungsberuf Lehrer führt, waren mit der Ausbildung zur Krankenschwester und einer mindestens zweijährigen Berufserfahrung im Berufsfeld Pflege die Voraussetzung erfüllt, die zum Studium befähigte. Es ist zu konstatieren, dass die Akteure in diesem beruflichen Sektor schon immer eine berufliche Weiterentwicklung durchlaufen haben. Das darin enthaltende Potential erscheint besonders im Hinblick auf die Untersuchung von biographischen Lern- und Bildungsprozessen erkenntniserhellend.

Das Fremdverstehen bildet die genuine Grundstruktur in den Pflege- und Gesundheitsberufen. Kirsten Sander fordert eine stärkere Einbindung des von ihr als „Subjekt-orientierung des Pflegehandelns" bezeichneten Potentials in den biographiewissenschaftlichen Begründungszusammenhang und begründet diese Forderung mit dem Bestreben, eine eigene, professionelle Profilierung des Berufsfeldes zu erlangen und sich zugleich deutlich vom biomedizinischen Modell der Medizin abzugrenzen (vgl. Sander 2008, 419). Obgleich die biographische Dimension bei Erkrankungs- und Gesundheitsprozessen in der Vergangenheit eine eher geringe Berücksichtigung erfuhr, ist bei näherer Betrachtung evident, dass es sich bei Krankheit und Gesundheit um biographische Konstruktionen handelt, die als sozialer Prozess begriffen und vermittelt werden müssen. Allein die Fragen nach den lebensgeschichtlichen Erfahrungen und biographischen Ressourcen, die Krankheit auslösen oder Gesundheit wiederherzustellen vermögen, werfen ein Schlaglicht auf die Relevanz biographieorientierter Deutungsmuster im zukünftigen Berufsverständnis von Pflegeberufen. Es muss, insbesondere in der inhaltlich-konzeptionellen Ausgestaltung der zukünftigen Aus- und Weiterbildung in den Pflegeberufen ein größerer Wert darauf gelegt werden, die Lebensgeschichte der Patienten als Interpretationsfolie für Handlungs- und Deutungsprozesse auch im Rahmen ihrer Krankheit zu begreifen und zu entschlüsseln. Sander spricht gar von einer „biographischen Wende", die durch eine biographieorientierte Erforschung pflegespezifischen Wissens zu einem neuen Berufsverständnis auf allen Ebenen führen kann (vgl. Sander 2008, 419f). An die Lehrenden wird damit der Anspruch gestellt, eine biographieorientierte Berufshaltung zur Entschlüsselung von komplexen Pflegesituationen, die Menschen durch schwierige Krisen und Gesundheitsprozesse begleitet, zu entwickeln und als quasi didaktische Kategorie in den unterrichtlichen Kontext einzubinden. Neben den Gesundheits- und Erkrankungsprozessen bietet auch die Reflexion der Interaktionsbeziehungen im institutionellen Rahmen der Pflegeberufe für die Pflegeausbildung vielfältige Möglichkeiten, die lernende Gestaltungskraft von biographischen Anschlüssen und Neuorientierungen im Kontext des Fremdverstehens von Patienten im Unterricht fest zu verankern und dadurch die genuine Grundstruktur in den Gesundheits- und Pflegeberufen den Bedürfnissen und Herausforderungen einer modernen gesellschaftlichen Realität anzupassen.

Als weitere Besonderheit kommt hinzu, dass diese Lehrerklientel sowohl für die theoretische als auch für die praktische Ausbildung verantwortlich ist. Das Spannungsfeld der Überwindung des Theorie- und Praxiskonflikts, das aus den institutionellen, konfliktbeladenen Bedingungskonstellationen der beiden Ausbildungsorte (Krankenhaus und Krankenpflegeschule) resultiert, führt zu einer von Widersprüchen gekennzeichneten Institutionsrealität der Lehrenden in Pflegeberufen, was sie auch wiederum von den bisher untersuchten Lehrerbiographien unterscheidet.

Die in der neuen Ausbildungs- und Prüfungsverordnung formulierten Ansprüche implizieren nichts weniger als einen Paradigmenwechsel in der Bildungsorganisation, was folgenreiche Auswirkungen haben wird. Denn zum einen ist damit die Entwicklung eines grundlegenden neuen Bildungsverständnisses mit der Schaffung einer neuen Lern- und Bildungskultur verbunden, die einen Wandel von einer eindimensionalen, didaktischen Lehrerposition hin zu einer veränderten, offenen Lehrerrolle erfordert. Andererseits ermöglichen solch tief greifende Änderungen in der Bildungsorganisation auch die Schaffung neuer Berufsstrukturen. Die qualitative Spannweite der Veränderungen auf den verschiedenen Ebenen mündet ein in die Aufforderung der Robert-Bosch-Stiftung (2000a), „Pflege neu zu denken". Aus den dargelegten Ausführungen zu den Besonderheiten der Berufsgruppe erklärt sich mithin die biographische Sichtweise der Untersuchung, die ein eigenes Forschungsdesiderat im Rahmen der Erwachsenenpädagogik bildet.

2.5 Forschungsfrage und Untersuchungsgegenstand der Arbeit

Die mit dem gesellschaftlichen und soziokulturellen Wandel einsetzenden Transformationen entfalten auch in einem Schulsystem ihre Wirkung und beeinflussen sowohl die dort handelnden Akteure als auch die innerschulischen Prozesse. Eine herausgehobene Stellung nimmt dabei die Person des Lehrers ein, weil von ihm die Umsetzung der gesellschaftlich und soziokulturell bedingten Veränderungsprozesse in der Ausbildung erwartet wird.

In der vorliegenden Untersuchung soll auf der zugrundeliegenden Erlebnis- und Erfahrungswelt des Subjekts der Aufbau von Aneignungs- und Verarbeitungsmustern der handelnden Akteure rekonstruiert und der Frage nachgegangen werden, auf welche Weise sich biographisches Lernen und die damit verbundene Formation von Wissen sowie die Erfahrung im lebensweltlichen und lebensgeschichtlichen Zusammenhang vollzieht. Am Beispiel von Lehrenden in Gesundheitsberufen, die den oben skizzierten Transformationsprozessen in besonderem Maße ausgesetzt sind, soll der Prozess der Konstitution von biographischen Vorprägungen, Ressourcen und Motiven untersucht sowie deren Bedeutung beim Aufbau pädagogischer Haltungen der Lehrenden und im Umgang mit beruflichen Herausforderungen analysiert werden. Der Forschungsschwerpunkt liegt auf einer lern- und bildungstheoretischen Untersuchung von Lehrerbiographien in der Pflege. Das Forschungsvorhaben ist in die qualitative Bildungsforschung eingebettet und untersucht mit Methoden der erziehungswissenschaftlichen Biographieforschung die Funktionsweise des komplexen Lernens im Verlauf des Lebens. Im Zentrum der Untersuchung steht die Rekonstruktion von Lern- und Bildungsgeschichten ausgewählter Lebensgeschichten.

Forschungsfragen

Wie lernen Erwachsene und wie gehen sie mit beruflichen Herausforderungen um? Wie konstituieren sich biographische Vorprägungen, Ressourcen, Motive und welche Bedeutung haben sie für die Entwicklung von pädagogischen Haltungen und den Umgang mit beruflichen Anforderungen?

3. Erziehungswissenschaftliche Biographieforschung als qualitativ-empirische Bildungsforschung

Die erziehungswissenschaftliche Biographieforschung als qualitative Bildungsforschung dient als theoretisches Konzept und ist für die Erfassung der Komplexität erfahrungs- und alltagsbezogenen Lernens prädestiniert, da sie Aussagen über die individuellen Perzeptions- und Handlungsmuster treffen kann, die sich als Reaktion auf veränderte gesellschaftliche Erwartungen an die Individuen wie beispielsweise erhöhte Flexibilität, größere Mobilität oder auch zunehmende Selbstverantwortung in den Handlungs- und Verhaltensweisen der Individuen zeigen. Krüger betont die Notwendigkeit, „einen theoretischen Bezugsrahmen für die erziehungswissenschaftliche Biographieforschung zu entwickeln, der die Möglichkeit bietet, Biographien als Lern- und Bildungsgeschichten im Spannungsfeld individueller Voraussetzungen und gesellschaftlicher Determinanten zu verorten" (Krüger 1999, 18). Bildungsprozesse werden aus diesem Blickwinkel als individuelle Bildungsprozesse analysiert und rekonstruiert. Im Fokus des Forschungsinteresses steht also jeweils das Individuum. Qualitative Bildungsforschung sensu Biographieforschung gewinnt ihren Ort, indem sie sich auf individuelle Lebens-, Bildungs- und Lernprozesse bezieht und versucht, den verschlungenen Pfaden biographischer Ordnungsbildung unter den Bedingungen einer sich rasant entwickelnden Moderne zu folgen (vgl. Alheit u.a. 1990; Marotzki 1999; 2000).

Mit den Theorien und Methoden erziehungswissenschaftlicher Biographieforschung lassen sich zusammengefasst Lern- und Bildungsprozesse beschreiben, Erfahrungsaufschichtungen rekonstruieren, Lernzusammenhänge erfassen, Verknüpfungsmuster freilegen und beeinflussende Faktoren erkennen. Das Forschungsvorhaben ist daher ein Forschungsdesiderat der Erwachsenenbildung und untersucht, eingebettet in die qualitativ-empirische Bildungsforschung, mit den Konzepten und Methoden der erziehungswissenschaftlichen Biographieforschung, wie komplexe Lernprozesse sich über die Lebenszeit entfalten.[36] Die Rekonstruktion der Lebensgeschichten erfolgt unter dem Aspekt von Lern- und Bildungsgeschichten. Folglich wird Biographie als Oberbegriff betrachtet,

---

[36] Was Lernen und Bildung in hochkomplexen Gesellschaften bedeutet kann mit Hilfe der Forschungsrichtung „Qualitative Biographieforschung" bearbeitet werden. Menschliche Entwicklung wird aus der Perspektive dieser Forschungsrichtung als lebenslanger Lern- und Bildungsprozess zugänglich (Marotzki 2000, 175).

der die Lerngeschichte, das Produkt und das Potential umfasst und auf einem Lern- und Bildungsbegriff fußt, der sich aus der strukturalen Bildungstheorie von Marotzki und dem Lernebenenmodell von Bateson ableitet.

3.1 Entwicklung eines biographieorientierten Bildungsbegriffs

Nach Marotzki (1999) setzt Bildung konsequent auf Reflexivität. Qualitative Bildungsforschung gewinnt folglich ihren Ort dadurch, dass sie sich auf individuelle Lebens-, Bildungs- und Lernprozesse bezieht (Marotzki 1995). Lebensgeschichten können unter dem Fokus auf Lern- und Bildungsprozesse rekonstruiert werden (vgl. Krüger 1996, 44). Im Spannungsfeld individueller Voraussetzungen und gesellschaftlicher Determinanten werden Biographien als Lern- und Bildungsgeschichten fokussiert. „Bildungsforschung richtet sich also einerseits auf individuelle Entwicklungsprozesse, andererseits auf gesellschaftlich-institutionelle Einrichtungen, in denen Lern- und Bildungsprozesse stattfinden" (von Felden 1999, 171f).

In einer Gesellschaft, die sich durch Pluralisierung von Sinnhorizonten und Lebensstilen auszeichnet, kann erziehungswissenschaftliche Forschung ein Wissen über verschiedene individuelle Sinnwelten, Lebens- und Problemlösungsstile, Lern- und Orientierungsmuster bereitstellen und in diesem Sinne eine moderne Morphologie aufbauen. Die Fragen, wie Menschen lernen und was Bildung bedeutet, muss jeweils in Abhängigkeit von der Situation der Zeit gesehen werden. Lebensgeschichtliches Lernen ist ein diskontinuierlicher, sich stetig verändernder Prozess. Menschliches Lernen wird als ein lebenslanger Lern- und Bildungsprozess begriffen, der sich in Lern- und Bildungsfiguren ausdrückt und mithilfe der qualitativ-empirischen Bildungsforschung sichtbar und nachvollziehbar gemacht werden kann. Formen der Selbst- und Welthaltung, Muster der Gestaltgebung, die unter Anwendung narrationsstruktureller Verfahren sichtbar werden, können eine Genealogie empirischer Bildungsforschung, konkreter Bildungsfiguren, ihr Entstehungsprozess und die Wandlungen darstellen (vgl. z.B. Marotzki 1991a; 1991b; 1993; 2000). Erziehungswissenschaftliche empirische Bildungsforschung arbeitet somit „in einem bildungstheoretischen Referenzrahmen, d.h. sie interessiert sich empirisch für den Aufbau, die Aufrechterhaltung und die Veränderung der Welt- und Selbstreferenzen von Menschen" (Marotzki 1999b, 58). Dies geht einher mit neuen individuellen Lebensformen und Lebensstilen, mit neuen Strukturen der Erfahrungsbearbeitung, die aus emergenten und kontingenten Prozessen entstehen können.[37]

---

[37] „Emergenz bedeutet in diesem Zusammenhang, daß die Entscheidungen des Menschen durch Umweltfaktoren nie ganz programmierbar sind. Biographische Entscheidungen, die immer das

Erziehungswissenschaftliche Biographieforschung als qualitativ-empirische Bildungsforschung ist somit anschlussfähig an die zeitdiagnostischen Diskurse der Postmoderne (Welsch 2002; Bauman 2007), der reflexiven Moderne (vgl. Giddens 1996) und der Risikogesellschaft (Beck 1986). Es sind Konzepte, die davon ausgehen, dass sich eine Pluralisierung und Individualisierung der Lebensstile bereits etabliert hat, die sich ihrerseits jedoch wiederum gleichzeitig einer verstärkten Strukturierung seitens gesellschaftlicher Vorgaben ausgesetzt sehen. Das Konzept des Lebenslangen Lernens kann als Reaktion darauf gesehen werden, dass die gesellschaftliche Funktionsfähigkeit der Gesellschaftsmitglieder auch in Zeiten zunehmender Freisetzung und Flexibilisierung zu gewährleisten ist. Das Konstrukt einer Normalbiographie wird immer weniger beschreib- und vorhersehbar.

„Suchbewegungen und experimentelle Formen der Existenz scheinen für viele Menschen nicht nur auf Krisensituationen ihres Lebens begrenzt zu sein, sondern zur permanenten Vollzugsform des Daseins zu werden. Mit anderen Worten: Die Frage nach subjektiven Sinngehalten impliziert, dass damit noch etwas anderes gemeint ist als nur das, was an gesellschaftlichen Sinnvorgaben des Einzelnen angeboten wird. Subjektivität wird in dieser Perspektive nicht nur als bloßes Resultat gesellschaftlicher Intersubjektivität verstanden, sondern auch als deren Bedingung. Pädagogische Biographieforschung erhält ihre Chance gerade dadurch, dass sie sich der Komplexität des Einzelfalles stellt" (Marotzki 1991b, 187).

Bildung stellt für Marotzki eine Form von biographischer Selbstvergewisserung dar, die gleichsam als reflexiver Modus des menschlichen In-der-Welt-Seins fungiert. Jede Person besitzt ein individuelles Bildungsprofil. Biographie im Kontext von Bildung wird somit zu einer reflexiven Konstruktion von Wirklichkeit.

„Welt und Selbst (sind) somit nicht ein Gegebenes (…), sondern werden auf Grund unserer perspektiven- und deutungsgebundenen Wahrnehmung etwas, was erst hergestellt und über soziale Interaktionen aufrechterhalten und verändert wird. Die Kraft der Reflexion ist die einer Selbstvergewisserung und Orientierung in gesellschaftlichen Verhältnissen" (Marotzki 1999b, 59).

Nach der Definition von Marotzki ist Bildung ein Reflexionsmodus der Transformation des Selbst- und Weltverhältnisses eines Subjektes, das durch diese Prozesse zu einem innovativen und flexiblen, Weltanschauungen verändern-

---

Element von Freiheit enthalten, sind nicht als ethischer Algorithmus rekonstruierbar. Kontingenz bedeutet die existenzielle Erfahrung des Endlichen und Zufälligen, durch die der Mensch auf sich zurückgeworfen wird. Wenn eingangs gesagt wurde, daß die Frage, wie Menschen lernen, immer auch im zeitdiagnostischen Rahmen betrachtet werden muß, dann mag an dieser Stelle darauf verwiesen werden, daß Kontingenzsteigerung gerade ein Merkmal der Entwicklung moderner Gesellschaften darstellt" (Marotzki 1991b, 186f).

den Denken angeregt wird (vgl. Marotzki 1990a). Unter erziehungswissenschaftlicher Perspektive kann dabei ein biographischer Wandlungsprozess als Bildungsprozess im Sinne einer Veränderung der Selbst- und Weltreferenz interpretiert werden. Dies ist für das pädagogische Handeln von besonderer Signifikanz, da sie die subjektive Sichtweise, die zu bestimmten Handlungsweisen führt, analytisch beleuchtet (vgl. Ecarius 1998, 148; Baacke/Schulze 1993, 13). Erfahrungen von Widersprüchen und Brüchen sind dabei wichtige Ausgangspunkte für lebensgeschichtliches Lernen (vgl. Schulze 2005).

Bei der Betrachtung der Funktionsweise des lebensgeschichtlichen Lernens gilt es zu berücksichtigen, dass menschliches Handeln sich immer situativ gebunden, historisch geprägt und sinnhaft erschließend konstituiert. Angesichts dieser konstitutionsbedingenden Prämissen menschlichen Handelns erhalten die Dimensionen der Prozessualität und Historizität eine besondere Bedeutung, die eine Kontextualisierung in Lebensweltbezügen ebenso wie in zeitgeschichtlichen Horizonten nach sich ziehen.

Im Rahmen qualitativer Biographieforschung wird, wie dargestellt, der Schwerpunkt auf die Selbst- und Weltsicht des Erzählers gelegt. Zur Konstitution der Selbst- und Weltsicht ist der Bildungs- und Sozialisationsprozess maßgebd. In diesem Zusammenhang ist aufgrund seiner Komplexität, Subtilität und Alltäglichkeit die soziale Dimension des Geschlechts, das gender making, von besonderer Relevanz (vgl. z.B. Alheit 1996, 195). Geschlecht als soziale Konstruktion ist eine gesellschaftlich wirksame und grundlegende Kategorie, die sich im Alltagshandeln und Alltagswissen auf die Subjekte in Form bestimmter Zuschreibungen auswirkt (von Felden 2003, 140). Die klassischen Merkmale einer Biographie, wie Linearität, Fortschritt, Bildung, Erfolg oder auch Misserfolg treffen, wenn überhaupt, nur auf männliche bürgerliche Individuen (vgl. Dausien 2000, 102) zu. In patriarchalisch-kapitalistischen Gesellschaften unterliegen Frauenbiographien einer doppelten Vergesellschaftung. Diese prägt sowohl die äußere Struktur des Lebenslaufes als auch die biographische Binnensicht. Weibliche Lebensläufe „weisen Diskontinuitäten und Brüche auf, die sie strukturell von männlichen Lebensverlaufsmustern unterscheiden" (Dausien 1994, 137).

3.2 Wissenschaftstheoretische Grundannahmen

Als theoretischer Bezugsrahmen hat sich für diese Untersuchung die bildungsbiographische qualitative Forschung als sinnvolles Instrument erwiesen, da sie dem Interpretativen Paradigma verpflichtet ist. Unter dem Begriff qualitative Forschung wird ein Forschungskonzept verstanden, das den inhaltlichen Grundlagen des Interpretativen Paradigmas, wie es Wilson (1973) in Anlehnung an den Symbolischen Interaktionismus versteht, folgt. Das Interpretative

Paradigma geht der Frage nach, wie Subjekte ihre Wirklichkeit konstruieren und lenkt damit den Blick auf die Alltagswelt. Im Prozess der Sozialisation erlangen Subjekte die Fähigkeit soziale und natürliche Zusammenhänge, zu deuten. Marotzki (1999a) bezeichnet „die prinzipielle Gegebenheit dieser Fähigkeit zur Deutung, die ja in Abhängigkeit von sozial-strukturellen, institutionellen wie auch lebensgeschichtlichen Zusammenhängen aufgebaut wird" (ebd. 110) als Deutungs- oder Interpretationsapriori. Dies bedeutet, dass Wirklichkeit als eine zu interpretierende Realität verstanden wird, die sich erst in den Interpretationen der Akteure konstituiert.

Lern- und Bildungsprozesse zu untersuchen, bedeutet ebenfalls, beim einzelnen Menschen anzusetzen und seine Wahrnehmung und individuelle Verarbeitung von Inhalten zu studieren. Dabei wird zugrunde gelegt, dass Bildungsprozesse stark durch biographische Erfahrungen geprägt sind (vgl. von Felden 2003). Mit Hilfe der Theorien und Methoden der erziehungswissenschaftlichen Biographieforschung können die von den Subjekten individuell konstruierten gesellschaftlichen Deutungskontexte auf der Folie biographischer Erfahrungen und Entwicklungen sichtbar gemacht und schließlich in einem prozessualen, an der gesamten bisherigen Lebensspanne des Individuums ausgerichteten, Zusammenhang eingeordnet und hinsichtlich der Lern- und Bildungsprozesse interpretiert werden. Darüber hinaus können im biographischen Material auch Erfahrungs- und Lernaufschichtungen ermittelt werden. Biographieforschung bietet somit die empirische Grundlage, um die vielfältigen Lernzusammenhänge, die im Kontext des Lebenslangen Lernens vor allem programmatisch vertreten werden, aufzuhellen und genauer zu erfassen (vgl. von Felden 2006a; 2006b; 2006c; 2009).

Die Forschungsrichtung „Qualitative Biographieforschung" hat sich zum Ziel gesetzt, Lernen und Bildung in hochkomplexen Gesellschaften zu bearbeiten und dabei sowohl auf methodologische Ansätze aus der geisteswissenschaftlich-hermeneutischen phänomenologischen Tradition zurückzugreifen als auch der sozialwissenschaftlichen Entwicklungslinie des Interpretativen Paradigmas zu folgen. Im Mittelpunkt der Betrachtungen der Qualitativen Biographieforschung steht die Untersuchung der individuellen Formen der Verarbeitung gesellschaftlicher und milieuspezifischer Erfahrung, ohne jedoch auszuklammern, dass die Biographie des Einzelnen immer auch als soziales Konstrukt aufzufassen ist. Diese Akzentuierung individueller Formen der Erfahrungsverarbeitung liegt in der Koppelung mit subjektiven Sinnzuschreibungen begründet, die ihrerseits wieder als Bedingung gesellschaftlicher Intersubjektivität verstanden wird. Mit dieser Ausrichtung ist Qualitative Biographieforschung prädestiniert, sich der Komplexität des Einzelfalles anzunehmen. Wenn Biographie den entscheidenden Ausgangs- und Referenzpunkt von Lern- und Bildungsprozessen darstellt, müssen sowohl die für die Konstitution von Biographien bedeutsamen Prozesse der Bedeutungs- und Sinnherstellung beschrieben als auch die der Erzeugung von Selbst- und Weltbildern zugrunde liegenden Prozesse näher betrachtet werden.

Dass die Bedeutungs- und Sinnerzeugung beim individuellen Subjekt ein entscheidendes Konstitutionsmerkmal von Biographie darstellt, erkannte schon Wilhelm Dilthey, den Marotzki als Teil einer geisteswissenschaftlich-hermeneutischen Tradition biographischer Forschung bezeichnet (vgl. Marotzki 1999c, 326), weil er sich mit der Einführung eines neuen Verstehenskonzeptes gegen eine mechanische, technokratische und reduktionistische Auffassung vom Menschen wandte und sich dabei in seinen methodischen Ansätzen an hermeneutischen Verfahren orientierte. Für Dilthey besteht die Aufgabe der Geisteswissenschaften darin, gesellschaftlich aufeinander bezogene individuelle Lebenseinheiten zu verstehen, d.h. „nachzuerleben und denkend zu erfassen" (Dilthey 1974, V, 340). Für die Qualitative Biographieforschung ist Dilthey aus zweierlei Gründen wegweisend: Der hermeneutischen Tradition verhaftet, fasst er einerseits „Biographie" als Dialektik des Einzelnen und des Allgemeinen auf und weist andererseits darauf hin, dass der Lebenslauf aus Erlebnissen besteht, die zwar in einem inneren Zusammenhang miteinander stehen (vgl. Dilthey 1968, VII, 195), deren Zusammenhangbildung jedoch in der Verantwortung des Subjekts liegt. Dies wiederum ermöglicht eine individuelle Erfahrungsverarbeitung im Sinne einer individuellen Sinnkonstitution. Die Zusammenhangbildung ist bei Dilthey also eine Leistung des Bewusstseins, das Beziehungen zwischen Teilen und einem Ganzen beständig herstellt und in neuen biographischen Situationen überprüft bzw. modifiziert (vgl. ebd.).

Marotzki (1991b) umschreibt diese zentrale Kategorie des Lebens mit dem Begriff der „Biographisierung". „Damit erweist sich die Lebensgeschichte als ein vom Subjekt hervorgebrachtes Konstrukt, das als eine Einheit die Fülle von Erfahrungen und Ereignissen des gelebten Lebens zu einem Zusammenhang organisiert. Die Herstellung eines solchen Zusammenhangs der Erlebnisse und Erfahrungen erfolgt über Akte der Bedeutungszuschreibung. Bedeutung wird von der Gegenwart aus vergangenen Ereignissen verliehen. Die Erinnerungen, die jemand von seinem Leben noch aktualisieren kann, sind jene, die ihm bedeutungsvoll in einem Gesamtzusammenhang erscheinen, durch die er sein Leben strukturiert" (ebd. 191f). Ausgehend von der Begriffsdefinition der Kategorie Biographisierung als einer „Form der bedeutungsordnenden, sinnherstellenden Leistung des Subjekts in der Besinnung auf das eigene gelebte Leben" erläutert er die Bedingungen und Voraussetzungen, unter denen eine „sinnstiftende Biographisierung" realisierbar ist. Seiner Ansicht nach ist dies ist nur dann der Fall, „wenn das Subjekt in der Lage ist, in retrospektiver Einstellung Zusammenhänge herzustellen, die es erlauben, Ereignisse und Erlebnisse in sie einzuordnen und Beziehungen untereinander wie auch zur Gesamtheit herzustellen. Auf diese Weise (…) arbeiten wir ständig daran, Linien in das Material unserer Vergangenheit zu legen, die ordnen und Zusammenhänge stiften. Linien trennen, heben hervor, konturieren, zeigen Richtung an. Sie stellen Bezugs- und Ordnungsmarkierungen dar" (ebd. 192f). Gelingt die Zusammenhangbildung dagegen nicht, so scheitert auch eine sinnstiftende Biographisierung, was für das Subjekt eine existentielle Sinnkrise zur Folge haben kann (vgl. Marotzki 1991a).

Mit dem Rückgriff auf die von Dilthey entworfenen Perspektiven der individuellen Sinn- und Bedeutungserzeugung wird ein direkter Weg zu einem Ansatz moderner Biographieforschung beschritten. Würde man allerdings den Prozess der Biographisierung lediglich auf die individuelle Sinn- und Bedeutungserzeugung reduzieren, klammerte man dadurch allerdings auch die Begegnung mit dem signifikanten Anderen aus, die für das Subjekt ein bedeutsames Konstruktions- und Konstitutionsmoment von Selbst und Welt darstellt. Dies ist der Grund, weshalb sich Marotzki in seinem Konzept der Biographisierung auch eines phänomenologischen Ansatzes bedient, der von Alfred Schütz in Anlehnung an Bergson und Husserl vertreten wird.

Nach Schütz ist das Herstellen von Sinn in großem Maße mit Sozialität verbunden, sodass dieser Ansatz phänomenologisch die Sinnkonstitution gesellschaftlicher Erfahrungsverarbeitung analysiert und der Frage nachgeht, wie man den subjektiven Sinn fremden Verhaltens verstehen kann (vgl. Marotzki 1999c, 326). Dabei geht Schütz von der Annahme aus, dass der Mensch in der Lage ist, verschiedene innere Haltungen gegenüber sich selbst und der Welt aufzubauen. Dies gelingt, indem er die Welt sinnhaft auslegt und sie so zu seiner Lebenswelt, seinem Kosmion, macht. Innerhalb eines solchen Kosmion gibt es verschiedene Wirklichkeitsbereiche, z.B. Alltagswelt, Traum- oder Phantasiewelt, wobei „jede dieser Welten einen eigenen Sinnhorizont (…) bildet und auf ihre eigene Weise real (…) ist." (Marotzki 1991b, 196f). Die Pluralisierung von Wirklichkeitsbereichen geht mit einer Pluralisierung von Sinnbereichen einher, denen wiederum jeweils eine bestimmte Haltung gegenüber der Welt und gegenüber sich selbst zugrunde liegt. Jeder Mensch verfügt somit über polymorphe, d.h. vielfältige, Formen des Zugangs zu sich und der ihn umgebenden Welt und kann nicht aus einer einzelnen Form heraus verstanden werden. Obwohl es in jedem Wirklichkeitsbereich Sinnmuster gibt, die untereinander nicht kompatibel sein müssen, haben Individuen die Fähigkeit, sich in verschiedenen, einer jeweils eigenen Logik unterworfenen, Welten aufzuhalten und zwischen ihnen zu wechseln, wobei das Wandern in andere Welten als eine Abkehr vom täglichen Leben betrachtet wird und die Welt des Alltags als Bezugsrahmen für diese Wanderungen fungiert. Die Rückkehr in die Alltagswelt ist daher das Kriterium für die Gemeinschaftsfähigkeit des Individuums (vgl. ebd.).

Es ist jedoch nicht unkompliziert für das Individuum zwischen diesen verschiedenen Welten zu wandern, weil Selbstverständlichkeiten in der Alltagswelt infrage gestellt oder gar direkt bzw. indirekt bedroht werden und mitunter Angst auslösen können. Aus diesem Grund wurden von Gemeinschaften Traditionen und Konventionen entwickelt, die andere Welten und damit auch eine grundsätzliche Kritik an der Daseinsberechtigung der Alltagswelt zulassen. Wenn es dazu kommt, dass ein Individuum Schwierigkeiten hat, in die Alltagswelt zurückzufinden oder sich mit ihr zu arrangieren, führt dies häufig zu Krisensituationen, die wiederum spezifische Biographisierungsprozesse auslösen und eine Umwandlung des Selbst- und Weltverhaltens begünstigen können. Marotzki beschreibt die Folgen dieser Krisen und der daraus resultierenden Biographisierungsprozesse:

„Der Mensch beginnt dann, Fragen an sich und die Welt zu stellen. Es kann zu einer Umstrukturierung subjektiver Relevanzen und damit zu einer Transformation des Welt- und Selbstverhaltens kommen. Menschen sehen sich und ihre Welt dann anders. Genau das ist es, was in der Biographieforschung interessiert: Können wir im Einzelfall solche Wandlungen verstehen; können wir Aussagen über Bedingungen und Folgen machen?" (Marotzki 1991b, 198).

Bei allem Potential, das diesen Grenzüberschreitungen innewohnt, bergen individuelle Sinn- und Existenzkrisen immer auch die Gefahr einer Dissoziation von Lebenswelten, wenn die Alltagswelt außer Kraft gesetzt wird. Mit der Orientierung an anderen Lebenswelten geht das Individuum schließlich auch das Risiko eines Identitätsverlustes ein, da die Fragilität von Identität die Signatur unserer Existenz und das menschliche Leben ein ständiger Prozess der Erzeugung und Aufrechterhaltung von Welten ist (vgl. ebd.).

3.2.1 Die Rekonstruktion der Grammatik von „Biographisierungsprozessen"

Marotzki entwirft mit den beschriebenen Vorgängen der Bedeutungs- und Sinnherstellung eine „Grammatik von Biographisierungsprozessen" (Marotzki 2000, 179f), deren Rekonstruktion allerdings erst dann gelingen kann, wenn Klarheit über die Art und Weise der Bildung von Sinnzusammenhängen besteht. Schütz hat in seinem 1932 veröffentlichten Werk „Der sinnhafte Aufbau der sozialen Welt" jene Prozesse von Sinnsetzung wissenschaftlich untersucht und somit einen Einblick in den Ablauf der Prozesse von individueller Welt- und Selbsterzeugung ermöglicht.

Nach Schütz entfaltet sich das Verständnis von Sinnverstehen in zwei parallel verlaufenden Bewusstseinsströmen. Der erste Bewusstseinsstrom, die durée, umfasst das bloße Erleben im Ablauf der Zeit und reiht lediglich das Entstehen und Vergehen von Bewusstseinszuständen ohne zeitliche und räumliche Festlegungen aneinander, sodass das Subjekt dieser Form des Erlebens noch keinen

Sinn zuweisen kann. Erst im „Erlebten", das sich im zweiten Bewusstseinsstrom manifestiert, erfolgt diese Sinnsetzung, indem das zuvor unstrukturierte, bereits abgeschlossene Erleben durch Reflexion in eine raum-zeitliche begriffliche Welt eingeordnet wird (vgl. ebd. 62). Das von Schütz als reflexive Zuwendung bezeichnete Strukturierungsinstrument transformiert ein fließendes Erleben in eine Kette von Bewußtseinszuständen mit definierter Länge (vgl. Bartmann 2006, 45). Doch es wäre zu kurz gegriffen, die reflexive Zuwendung auf seine strukturierende Funktion zu beschränken. Vielmehr weist diese Reflexionsfähigeit des Menschen dem abgeschlossenen Erlebnis einen Sinn zu und hebt es dadurch von anderen Erlebnissen ab. Schütz zieht daraus den Schluss, dass „nur das Erlebte (…) sinnvoll ist, nicht aber das Erleben" (Schütz, 69).

Da die Sinnkonstitution des Erlebnisses an den Modus der reflexiven Zuwendung und an die zeitliche Distanz des Individuums zum Erlebnis gekoppelt ist, kann es bei Sinndeutungen desselben, zu unterschiedlichen Zeitpunkten stattfindenden Erlebnisses zu veränderten Sinnbestimmungen kommen, weil reflexive Zuwendungen „attentionalen Modifikationen" unterworfen sind (ebd. 96). „Attentionale Modifikationen" sind subjektiv und resultieren unmittelbar aus dem Erleben. Schütz weist darauf hin, dass jede Interpretation eines Erlebnisses und damit auch jede Sinnsetzung, die durch das Individuum vorgenommen wird, nicht isoliert betrachtet werden darf, sondern sich immer aus dem Gesamtzusammenhang der eigenen Erlebnisse und den damit konstituierten Sinnzusammenhängen vollzieht (vgl. ebd. 101). Er bezeichnet die Gesamtheit aller Sinnzusammenhänge als Erfahrungszusammenhang, der einem Reservoir von Deutungsschemata gleicht. Diese Deutungsschemata dienen als Interpretationsfolie zur Einordnung eines Erlebnisses in den Erfahrungszusammenhang und weisen ihm gleichzeitig im Akt der Einordnung seinen subjektiven Sinn zu. Somit wird das Erlebnis durch die, ebenfalls einer „attentionalen Modifikation" unterliegenden, Integration in den Erfahrungszusammenhang zum Erlebten und steht für zukünftige Interpretationen ebenfalls als Deutungsschema zur Verfügung.

Im Zusammenhang mit der Betrachtung von Biographisierungsprozessen konstatiert Bartmann (2006) angesichts der oben dargestellten Vorgänge zum Sinnverstehen: „Wenn die Wahrnehmung, der Verstehensakt und die Sinngebung jeweils auf Selbstdeutungen beruht, so könnte man heute sagen, dass sie auf dem biographisch Erlebten basieren, welches als Teil des Erfahrungszusammenhanges die Möglichkeiten der Deutung bestimmt" (ebd. 47). Die Biographisierung eines Individuums entwickelt sich in einer zeitlichen Wechselbeziehung von gegenwärtiger Orientierung und biographischer Vergangenheit. Da Erfahrungs- und Sinnzusammenhänge reinterpretierbar sind, begünstigt diese Wechselbeziehung Änderungen in der Zusammenhangbildung und führt zu Modifikationen in den Sinn- und Bedeutungszuschreibungen. Alle Erfahrungen, die aus diesen Prozessen resultieren, werden systematisch in Form einer Biographie geordnet und stehen als Orientierungsrahmen für das gegenwärtige Handeln zur Verfügung.Zusammenfassend kann festgestellt werden, dass Biographisierung sich als ein ständiger Prozess der Welt- und Selbstdeutung in Form von Biographisierungsprozessen entfaltet, die sich deutend, handelnd und kommunizierend vollziehen.

3.3 Biographie als Konstrukt und theoretische Prämisse der Untersuchung

Die theoretischen Prämissen und methodischen Zugänge orientieren sich an dem Begriff der Biographie, der als Schlüssel zum Verständnis von Lern- und Bildungsprozessen fungiert. Doch wie kann man im wissenschaftlichen Diskurs den Begriff der Biographie erklären und dessen Wesensgehalt offenlegen? Im Gegensatz zu traditionellen Lebensformen- und wegen, die den Menschen in der Wahl seines Lebensstils zwar einschränkten, aber gleichzeitig auch eine Ordnung innerhalb der vom Individuum vorgenommenen gesellschaftlichen Deutungs- und Sinnzuschreibungen schuf, weist die Moderne mit ihren offenen, pluralistisch ausgerichteten Lebensentwürfen der Biographie eines jeden Individuums eine vielschichtige Aufgabe zu. Die Gleichzeitigkeit von größtmöglicher Freiheit in der Wahl und der Gestaltung des individuellen Lebensstils und dem dieser Freiheit innewohnende Zwang, aus der großen Anzahl an Deutungsangeboten auswählen zu müssen, führt zwangsläufig dazu, dass jedem Subjekt im Verlauf seiner biographischen Entwicklung das Zurechtkommen mit „Heteronomien, Vieldeutigkeiten und Polymorphien" (Jörissen/Marotzki 2009, 21) als Bedingung und kennzeichnende Konstante vorgegeben wird. Mit den theoretischen Ansätzen der erziehungswissenschaftlichen Biographieforschung wird analysiert, wie moderne Individuen in einer aktiven Auseinandersetzung mit den Lebensereignissen ein eigenes Verhältnis zu sich selbst und zu der sie umgebenden Welt aufbauen. Ausgehend von einer sich rasant verändernden Moderne interessiert erziehungswissenschaftliche Forschung insbesondere, wie Individuen Selbst- und Weltsicht sowie Handlungsvollzüge im Kontext sozialer und gesellschaftlicher Prozesse entwickeln und modifizieren, die einerseits Halt und Sinn geben, andererseits auch Flexibilität ermöglichen (Tiefel 2005, 65).
Alheit umschreibt den Begriff als „etwas, was uns auferlegt ist und dem wir nur begrenzt entkommen können, doch zugleich etwas, was wir selber gestalten, verändern, machen" (Alheit 1995, 287). Die Akzentuierung der potentiellen Gestaltungskraft von Biographie verweist auf ihren Konstruktionscharakter. Jedes Individuum konstruiert seine Biographie und setzt über Bedeutungszuschreibungen und Sinnverleihungen unentwegt Teile in Verbindung mit dem Ganzen (Kohärenz). Die Biographie ist mit dem Portrait eines Menschen zu

vergleichen, das von dem zu porträtierenden Menschen selbst entworfen wird (vgl. Rosenthal 2005). Es entsteht dabei ein komplexes Bild der eigenen Lebensgeschichte, das auf zeitlich miteinander verwobenen Ebenen und ungeachtet einer linearen Reihung wichtige Prozesse des eigenen Erlebens ineinander vereint und miteinander integriert (vgl. ebd. 161ff).

„Biographie besitzt in der Tat beide Aspekte: Sie ist einerseits die soziale „Hülle" des Individuums, eine Art äußerliches Ablaufprogramm, ohne das eine moderne Lebensführung unmöglich geworden ist, und andererseits eine ganz spezifische und intime Binnensicht des Subjekts, die Synthese einer einzigen Erfahrungsaufschichtung" (Alheit 1995, 239).

„Jeder Mensch erfindet sich früher oder später eine Geschichte, die er für sein Leben hält."[38] Demnach ist die Biographie eine subjektive Konstruktion von Lebenswirklichkeit. Das Selbstportrait entsteht durch eine retrospektive Auseinandersetzung des Individuums mit den verschiedenen historischen Schauplätzen (vgl. Schulze 2005). Es sind diese persönlichen Erfahrungen, denen der Mensch Bedeutung verleiht und die er innerhalb des komplexen Zusammenspiels der Lebensphasen in einen für ihn als bedeutungsvoll erscheinenden Gesamtzusammenhang einordnet (vgl. Marotzki 1999b). Die Präferenzen in der jeweiligen Zuweisung von Bedeutung kennzeichnen sowohl die Sichtweise des Erzählers im Hinblick auf die Wechselwirkungen zwischen ihm und der ihn umgebenden Umwelt als auch die Deutungs- und Wertemuster, die für sein Handeln und Verhalten handlungsleitend sind. Der Biographie kommt somit eine orientierende, handlungsleitende und ordnende Funktion zu, die sich aus der subjektiven Beschreibung und Deutung von Lebensmomenten mit hohem Sinngehalt speist. Marotzki unterstreicht das ordnende Moment von Biographie und verweist auf die Organisation der Erfahrungen und Ereignisse des gelebten Lebens in einen Zusammenhang (vgl. Marotzki 2000, 181). Schulze sieht die eigentliche Leistung der Lebenserfahrung darin, „dass sie aus der unübersehbaren Menge der Lebensmomente einige auswählt und mit Bedeutung versieht. Die erinnerten Erlebnisse erzeugen Kraftzentren und Kraftfelder der Anziehung, Abneigung und Gleichgültigkeit. Sie bilden im Subjekt ein Potential von Sinnressourcen, aus dem die Biographie hervorgeht" (Schulze 1997, 325).

Die Vielzahl der als wertvoll erachteten Erfahrungen wird in jeder Biographie aufgeschichtet und bilden mit ihren immanenten, stützenden und dynamischen Funktionen den Ausgangspunkt für die Entstehung neuer Welten, die vom In-

---

[38] Max Frisch, Mein Name sei Gantenbein, Frankfurt am Main 1964, 74.
Biographie und Lernen sind eng miteinander verknüpft. So wie das Thomas-Theorem besagt, „dass, wenn Menschen eine Situation als real definieren, diese auch reale Konsequenzen hat" (Thomas, zitiert nach Fuchs 1984, 111), ist davon auszugehen, dass wenn Subjekte bestimmte Lebenssituationen als ausschlaggebend für sich beschreiben, sich daraus Konsequenzen für den Lebensweg ergeben.

dividuum biographisch konstruiert werden (vgl. Fischer/Kohli 1987). Wie diese Zusammenhangbildung geleistet wird oder wie Erfahrungen – um Kohärenz bemüht – aufgeschichtet werden, sind Fragen, um deren Beantwortung sich die Biographieforschung anhand der Untersuchung von Lebensgeschichten bemüht.

Innerhalb der Biographieforschung gibt es verschiedene Forschungsrichtungen und wissenschaftstheoretische Ansätze, die sich in der Methodik oder in der Fokussierung auf unterschiedliche Aspekte einer Biographie voneinander unterscheiden und bei Untersuchungen der Biographieforschung häufig miteinander kombiniert werden. In einer von Schulze (1996) vorgenommenen Typologisierung führt er den soziologischen, den phänomenologischen oder anthropologischen, den erziehungstheoretischen, den hermeneutisch- und kommunikationstheoretischen sowie den bildungs- und lerntheoretischen Ansatz als theoretische Matrix der Biographieforschung auf.

Die vorliegende Studie greift bei der Untersuchung von Lern- und Bildungsprozessen bei Lehrenden in den Pflegeberufen auf den bildungs- und lerntheoretischen sowie den entwicklungspsychologischen Ansatz der Biographieforschung zurück und kann nach Krüger (1996) in der erziehungswissenschaftlichen Teildisziplin der Erwachsenenbildung verortet werden. So sind es auch Vertreter der Erwachsenenbildung (vgl. Arnold u.a. 2000), die eine empirische Erforschung der Lern- und Bildungsprozesse fordern, und in der Biographieforschung ein geeignetes Forschungsfeld erkennen, das sowohl theoriegenerierend wirken als auch an grundlegende erziehungs- und sozialwissenschaftliche Diskurse anschließen kann (vgl. Krüger 2003, 43).

Trotz der Erkenntnis, dass Biographie als Untersuchungskategorie von Lern- und Bildungsprozessen im Rahmen qualitativer Bildungsforschung geeignet erscheint, um die Funktionsweise von Lernen über die Lebenszeit besser auszuleuchten, herrscht im Lager der Biographieforscher Uneinigkeit darüber, ob der Forschungsgegenstand der Gesellschaft zuzurechnen ist oder ob das Individuelle und Einzigartige des Subjekts mit der Fokussierung auf Biographie hervorgehoben werden soll (vgl. Griese/Griesehop 2007, 9). Die erziehungswissenschaftliche Biographieforschung grenzt sich von einem funktionalistischen Lernbegriff ab, der im Rahmen quantitativer Lernforschung in standardisierten Leistungsmessungen definiert wurde, und favorisiert im Rahmen der qualitativen Bildungsforschung einen prozessualen Lernbegriff, der einen perspektivistischen Blick der Individuen auf die Wandlungen und Strukturen ihrer Lernprozesse wirft, und mit Blick auf die Erzeugung von Sinn, den Aufbau von Identität und den Umgang mit anderen und Welt betont (vgl. Göhlich/Zirfas 2007, 8).

In diesem Kapitel wurde festgestellt, dass Biographieforschung als qualitativ-empirische Bildungsforschung am ehesten dem Erfassen der Komplexität erfahrungs- und alltagsbezogenen Lernens gerecht werden kann. Wie Individuen mit gesellschaftlichen Erwartungen wie erhöhter Flexibilität, Mobilität oder auch erhöhter Selbstverantwortung, häufig Phänomenen, die der Postmodernen oder auch zweiten Modernen zugeschrieben werden, umgehen, mit nicht gradlinigen Bildungs- und Berufskarrieren, mit Krisen und krisenhaften Ereignissen, wie sie über die Lebenszeit lernen, welche Angebote Subjekte in Anspruch nehmen, wie bestimmte Inhalte mit einem bestimmten subjektiven Sinn verknüpft werden, kann mithilfe der Biographieforschung, spezifischer dem narrationsstrukturellen Verfahren, beantwortet werden. Lern- und Bildungsprozesse lassen sich beschreiben, Erfahrungsaufschichtungen rekonstruieren, Lernzusammenhänge erfassen, Verknüpfungsmuster freilegen und beeinflussende Faktoren erkennen.

3.4 Untersuchung von Lern- und Bildungsprozessen bei Winfried Marotzki

Marotzki hat mit der Entwicklung seiner „strukturalen Bildungstheorie" (Marotzki 1990a) und der Weiterentwicklung zu einer „strukturalen Medienbildung" (Jörissen/Marotzki 2009) eine Grundlage für alle weiteren bildungstheoretischen Forschungsprojekte geschaffen. Erziehungswissenschaftliche Biographieforschung stellt für Marotzki eine Methodologie und eine empirische Forschungsprogrammatik dar mit deren Theorien und Methoden ein bildungstheoretischer Referenzrahmen gebildet wird. Im Mittelpunkt seiner Forschungsperspektive steht die empirische Untersuchung des Aufbaus, der Kontinuität und der Veränderung der Selbst- und Weltreferenzen von Menschen innerhalb gesellschaftlicher und modernisierungstheoretischer Überlegungen (Marotzki 1999b, 58). Marotzkis Programm einer bildungstheoretisch orientierten Biographieforschung bietet für die im ersten Kapitel skizzierte Ausgangslage, einschließlich der Problemfelder der Lehrenden im Pflegebereich einen geeigneten forschungstheoretischen Rahmen, um das Spannungsfeld, das von gesellschaftlichen Wandlungsprozessen und individuellen Voraussetzungen geprägt ist und in dem sich der berufliche Akteur bewegt, aufzuzeigen und empirisch zu untersuchen. In seiner strukturalen Bildungstheorie macht er einen methodischen Vorschlag zur Analyse von Lern- und Bildungsprozessen im biographischen Material (vgl. Marotzki 1990a). Der Bildungsbegriff dient als Analysefokus, um menschliches Lernen im lebensgeschichtlichen Zusammenhang zu untersuchen. Ausgehend von Batesons Lernebenenmodell (Bateson 1985) unterscheidet er Lern- und Bildungsprozesse und bezeichnet Bildungsprozesse als eine Veränderung der Selbst- und Weltreferenz einer Person. Dabei interessieren Marotzki vor allem die qualitativen Übergänge, in denen sich das Welt- und Selbstverhältnis einer Person ändert.

Narrative Interviews dienen als empirisches Material, um anhand von Lebensgeschichten den „Prozess der Entstehung, der strukturstabilen Dominanz und

Umstrukturierung von Entwürfen als Möglichkeitsstruktur des Subjekts, die ja Selbst- und Weltreferenz enthalten und allererst verbürgen, zu rekonstruieren (Marotzki 1990a, 138). Das narrationsstrukturelle Verfahren nach Fritz Schütze und insbesondere die Rekonstruktion der Prozessstrukturen, die er mit den Rahmungen aus Batesons Modell vergleicht (Marotzki 1990a, 108ff), wird als Analyseinstrument eingesetzt. Anhand der Veränderung der Prozessstrukturen und der daraus rekonstruierten biographischen Gesamtformung werden Bildungsprozesse strukturtheoretisch bestimmt, grundlegende theoretische Aspekte der Entwicklung des Bildungsbegriffs als Analysefokus aufgegriffen und ausgeführt. Die Auswahl dieses Analysefaktors erfolgte vor dem Hintergrund der Ermöglichung einer theoretischen Verortung der Begriffe Bildung und Biographie, die auch im Hinblick auf die Forschungsarbeit von erkenntnisleitendem Interesse sind.

Marotzki definiert Bildung als Reflexion der Selbst- und Weltreferenzen. Zunächst wird die bildungstheoretische Bestimmung in Anlehnung an die Grundannahmen von Wilhelm von Humboldt und deren Weiterentwicklung durch Wolfgang Klafki vorgenommen. Unter der Prämisse einer zentralen Rolle des Menschen thematisiert diese bildungstheoretische Bestimmung Aspekte, die das Wechselverhältnis zwischen Subjekt und Welt ebenso beleuchtet wie die Überwindung einer ethnozentristischen Sicht durch Dezentralisierung mit der Ausrichtung auf die Entwicklung eines Flexiblen-in-der-Welt-Seins. Klafki entwickelt im Anschluss an die klassischen Bildungstheoretiker ein „Konzept der Allgemeinbildung", dessen Bestimmungsmomente von Bildung auf die Bearbeitung von epochalen gegenwärtigen und zukünftigen gesellschaftlichen Schlüsselproblemen abzielt. „Die Grundlogik von Bildung" (Jörissen/Marotzki 2009, 15ff) fasst die im ersten Kapitel beschriebenen Transformationsprozesse vor dem Hintergrund der Krisenerfahrung der Moderne zusammen und zeigt bildungstheoretische Entwicklungsmöglichkeiten der beruflichen Akteure auf. So erzeugt der Verfall von Wert- und Weltorientierung Unsicherheit, die einerseits in Form von Orientierungskrisen zum Ausdruck kommen kann, andererseits jedoch aber auch für neue Freiräume und Orientierungsprozesse einleiten können. Diese Bestimmung der Pluralisierung von Selbst- und Weltsichten bedingt ein weiteres Bildungsbestimmungsmoment, das Marotzki als „tentativ und Unbestimmtheit" bezeichnet. Schließlich rekurriert Marotzki zur Unterscheidung und Beschreibung von Lern- und Bildungsprozessen auf das Lernebenenmodell von Gregory Bateson (Bateson 1964).

Kognitive Organisationsprinzipien sind Denk- und Erfahrungsgewohnheiten, welche die Muster der Wahrnehmung von Wirklichkeit steuern und Rahmungen bilden, in denen Erfahrungen als Selbst- und Weltsicht verortet werden. Vier grundlegende Orientierungsdimensionen lebensweltlicher Verortung bilden für Marotzki die heuristische Matrix zur Analyse von Bildungsprozessen in medialen Bereichen (Jörissen/Marotzki 2009, 31). Die bisher skizzierte Entwicklung des Bildungsbegriffs, der bildungstheoretisch die reflexive Verortung des Menschen in der Welt skizziert und durch die Modernitäts- und Postmodernisierungsschübe Bildungsbestimmungsmomente von Suchprozessen, Kontingenzen und Unbestimmtheit erhalten hat, weist auf Biographisierungsprozesse hin, die in diesen vier Fragestellungen als lebensweltliche Orientierungsdimensionen zum Ausdruck kommen.

3.4.1 Bildungstheoretische Verortung des Bildungsbegriffs

Marotzki entwickelt, ausgehend vom Bildungsverständnis Wilhelm von Humboldts (1767–1835) und Wolfgang Klafkis, einen Bildungsbegriff, der die Dialektik von Selbst- und Weltbildung als Kerngedanken in den Mittelpunkt seiner bildungstheoretischen Betrachtung stellt.

Folgende Kerngedanken der Bildungstheorie von Wilhelm von Humboldt greift Marotzki (vgl. Jörissen/Marotzki 2009, 12) für die Entwicklung einer Theorie von Bildung auf: Die Betonung der Individualität des Menschen wendet sich gegen eine Funktionalisierung von Bildung. Humboldts Bildungsgedanke zielt auf die Entfaltung der Kräfte eines einzelnen Menschen ab, der auf die umfassende Wechselwirkung mit der „Welt" angewiesen ist. „Der wahre Zweck des Menschen ist die höchste und proportionierlichste Bildung seiner Kräfte zu einem Ganzen" (Humboldt 1792, 64; zitiert nach Marotzki 2009, 12). In der Dialektik des Individuums zwischen Selbstbildung und Weltaneignung vollzieht sich für Marotzki eine Grundlogik von Bildung, die er als das „elementare individuelle Selbst- und Weltverhältnis" bezeichnet (Marotzki 1990a; 2004; 2009). Eine Flexibilität des Selbst- und Weltverhältnisses erreicht der Mensch durch die „allseitige Betätigung der Kräfte seines Verstandes (Rationalität), der Einbildungskraft (Phantasie) und der sinnlichen Anschauung" (Marotzki 2009, 12), die gleichwertig miteinander in Beziehung stehen. Durch die Auseinandersetzung des Menschen mit der und durch die Welt entwickeln sich diese Fähigkeiten und Kräfte allseitig.

Ein weiterer Aspekt der Flexibilisierung des Selbst- und Weltverhältnisses sieht Humboldt in dem Studium von Sprachen, die nicht nur als Kommunikationsmedium fungieren, sondern vor allem durch den Transport kultureller Sinnwelten und Weltsichten zu einer flexiblen Sichtweise führt und neue Perspektiven erschließen lässt (Humboldt 1829, 228). Durch die Wahrnehmung und Anerkennung der jeweiligen besonderen Sinngestalt einer Kultur entfaltet sich eine plurale Sicht auf Welt, die durch eine Relativierung der eigenen Weltsicht erfolgt. Marotzki spricht von einer Dezentrierung und meint damit, dass nicht die eigenen Deutungsmuster und Wertorientierungen im Zentrum stehen. Das bedeutet nicht den Verzicht auf die Orientierung an eigenen kulturellen Mustern und Sinnfiguren, sondern lediglich deren Relativierung. „Die Flexibilisierung gewinnt der Mensch nach Humboldt also dadurch, dass er sich über Sprachen, andere Kulturen, Sinn- und Bedeutungshorizonte erschließt und auf diese Weise in die Lage versetzt wird, sich selbst auf Distanz zu seinen eigenen, kulturell vermittelten Werteorientierungen zu bringen" (ebd. 13).

Ein weiteres Fundament zur Entwicklung eines Bildungsbegriffs baut auf dem Bildungskonzept der Allgemeinbildung von Wolfgang Klafki auf (vgl. Jörissen/ Marotzki 2009; Marotzki 2005), der die bildungstheoretischen Prämissen der Deutschen Klassik (Kant, Hegel, Humboldt, Schleiermacher u.a.) aufgreift und weiterentwickelt, um sie den tief greifenden Veränderungen der Verhältnisse der Gegenwart, sowie den Entwicklungsmöglichkeiten in der Zukunft anzupassen (Klafki, 1996, 36ff).

Klafki nimmt eine Bestimmung des Bildungsbegriffs auf zweifache Weise vor. Während er in seiner ersten Bestimmung den Blick auf den individuellen Menschen richtet, wendet er sich bei der zweiten Begriffsbestimmung dem Allgemeinbegriff „Bildung" zu und erläutert, wie Bildung zu begreifen ist. Klafki (1996, 52ff) beschreibt Bildung als Zusammenhang dreier Grundfähigkeiten, der als „selbsttätig erarbeiteter und personal verantworteter" Prozess verstanden wird und an das aufklärerische Erbe der klassischen Bildungstheoretiker anknüpft. Er begreift Bildung

– „als Fähigkeit zur Selbstbestimmung jedes Einzelnen über seine individuellen Lebensbeziehungen und Sinndeutungen zwischenmenschlicher, beruflicher, ethischer, religiöser Art;
– als Mitbestimmungsfähigkeit, insofern jeder Anspruch, Möglichkeit und Verantwortung für die Gestaltung unserer gemeinsamen kulturellen, gesellschaftlichen und politischen Verhältnisse hat;
– als Solidaritätsfähigkeit, insofern der eigene Anspruch auf Selbst- und Mitbestimmungsfähigkeit nur gerechtfertigt werden kann, wenn er nicht nur mit der Anerkennung, sondern mit dem Einsatz für diejenigen und dem Zusammenschluss mit ihnen verbunden ist, denen eben solche Selbst- und Mitbestimmungsmöglichkeiten aufgrund gesellschaftlicher Verhältnisse, Unterprivilegierung, politischer Einschränkungen oder Unterdrückungen vorenthalten oder begrenzt werden" (ebd. 52).

Das Konzept der Allgemeinbildung charakterisiert Klafki durch drei Bedeutungsmomente, die Bildung als „Allgemeinbildung" in dreifachem Sinne bestimmen muss:

– Allgemein im Sinne von „Bildung für alle" bedeutet, dass Allgemeinbildung nicht auf wenige Menschen beschränkt bleibt, weil alle denselben Anspruch darauf haben.
– Bildung im Medium des Allgemeinen: hier liegt der Fokus auf den epochal-

typischen Schlüsselproblemen, um somit ein Bewusstsein von den zentralen Problemen der Gegenwart und der Zukunft zu wecken, die zur problembewussten Mitverantwortlichkeit und der Bereitschaft an deren Bewältigung mitzuwirken führt (Klafki 1996, 56ff). Bildung ist die Konzentration auf die für unsere Zeit typischen Schlüsselprobleme und definiert die Friedensfrage, Umweltproblematik, gesellschaftliche Ungleichheit, neue Informations- und Kommunikationstechnologien u.a. als Kernbereiche gesellschaftlicher Schlüsselprobleme.

- Bildung im Sinne von „allseitig" als Grunddimension menschlicher Interessen und Fähigkeiten, die als polare Ergänzung zur Konzentration auf Schlüsselprobleme auf die Entwicklung von emotionalen, ästhetischen, sozialen, praktisch-technischen Fähigkeiten zielt, deren Interessenschwerpunkte frei wählbar sind. Mit dem Aufbau der genannten Fähigkeiten wird der Gefahr einer inhaltlichen Einseitigkeit und emotionalen Überforderung entgegengewirkt.

Diese bildungstheoretische Rahmung definiert Bildung als Grad von Reflexivität, den der Mensch in der Auseinandersetzung mit Selbst und Welt aufbaut und analysiert, wie jemand sich selbst (Selbstbild) im Verhältnis zur Welt (Weltbezug) sieht (vgl. Marotzki 1991c, 128).

3.4.2 Grundlogik von Bildung

Die durch die Krisenerfahrungen der Moderne – darunter werden die Krisentypen der Strukturkrisen, Regulationskrisen sowie der Kohäsionskrisen verstanden – ausgelöste Transformation tradierter Wert- und Weltorientierungen erzeugen einerseits Unsicherheiten, bieten andererseits jedoch auch den Raum für neue Orientierungsprozesse (vgl. Jörissen/Marotzki 2009, 15). Marotzki untersucht die Bedeutung dieser Freiräume in bildungstheoretischer Hinsicht und beschreibt anhand des Verlustes sozialer Tradierungen das Auftreten von Kontingenz als Merkmal der Entwicklung moderner Gesellschaften. Nach Marotzki muss der Mensch der Moderne ein Leben mit höheren Unbestimmtheiten oder Kontingenzen führen, das von ihm in zunehmendem Maße verlangt, selbst Entscheidungen zu treffen (vgl. Marotzki 1990a, 220ff). Mit der zunehmenden Abnahme von Verbindlichkeit sieht sich das Individuum in steigendem Maße Zufällen oder Unbestimmtheiten ausgesetzt, denen es nicht mehr, wie bisher, im Rückgriff auf bewährte Orientierungsmuster Sinnbedeutungen zuschreiben kann. Mit der Pluralisierung von Orientierungssystemen, die sich in allen gesellschaftlichen Ebenen und sozialen Institutionen durchzusetzen beginnt, geht auch ein Bruch der einheitlichen und geschlossenen Sinnhorizonte einher, sodass die Kontingenz der Umwelt dem Einzelnen als Unübersichtlichkeit bewusst wird und ihm als unauflösbare Komplexität erscheint. Marotzki kommt zu dem Schluss, dass es unter bildungstheoretischer Perspektive genau darauf ankommt, mit dieser Unbestimmtheit umzugehen (vgl. Jörissen/Marotzki 2009, 18).

3.4.3 Das Lernebenenmodell nach Gregory Bateson

In seiner „strukturalen Bildungstheorie und Medienbildung" (vgl. Jörissen/Marotzki 2009, 22ff) wirft Marotzki die Frage nach der Struktur von Lern- und Bildungsprozessen auf, die den Erfordernissen einer im Zuge der gegenwärtigen, gesellschaftlichen Transformationsprozesse sich entwickelnden Wissens- und Informationsgesellschaft entsprechen. Anhand des Lernebenenmodells von Bateson (1985)[39] unterscheidet er Lernprozesse von Bildungsprozessen und definiert Bildung als Reflexionsmodus, der das Repertoire an Konstruktionsmöglichkeiten von Welt- und Selbstverhältnissen verändert (vgl. ebd.) und das Individuum zu einem flexiblen Denken und Handeln befähigt. Zur genaueren Veranschaulichung seines Bildungsbegriffs betont Marotzki die Bedeutung von Lerntheorien, die das Verhältnis von Menschen und Welt beschreiben.

Bateson setzt sich ebenfalls mit den Mustern der Wahrnehmung von Wirklichkeit auseinander und geht zunächst davon aus, dass die in der Sozialisation erlebten Erfahrungen vom Menschen nach Kontexten sortiert werden (vgl. Marotzki 1990a, 32f). Kognitive Organisationsprinzipien und Lernkontexte bilden sich durch Wiederholungen gleicher oder ähnlicher Erlebnisse aus. Es sind diese kognitiven Organisationsprinzipien, die von ihm als Denk- und Erfahrungsgewohnheiten gedeutet werden, welche als Muster der Wirklichkeitsperzeption und Erfahrungsverarbeitung dienen[40]. Nach Bateson vollzieht sich Lernen nur in bestimmten Lernkontexten, wobei das Subjekt dabei immer in Interaktion mit anderen steht. Ein neues Verständnis von Welt kann nach Batesons Ausführungen aber erst dann entstehen, wenn die Rahmungen, innerhalb derer Wirklichkeit wahrgenommen wird, vom Individuum selbst verändert werden.

Marotzki übernimmt in der Weiterentwicklung seiner strukturalen Bildungstheorie das Lernebenenmodell von Bateson, das – wie aus der folgenden Übersicht zu ersehen – auf seinen verschiedenen Ebenen des Lernens Veränderungen und Kontinuitäten in den Selbst- und Wirklichkeitskonstruktionen biographi-

---

[39] Batesons Modell orientiert sich an Bertrand Russels Typentheorie (vgl. hierzu Lutterer 2002). Bateson vollzieht eine genauere logische Trennung von Elementen und Mengen, um so zwischen vier Ebenen des Lernens zu differenzieren.

[40] Bateson (1985) spricht hier auch von „Interpunktionsweise". Interpunktionsweisen sind „Gewohnheiten, den Strom der Erfahrung so zu interpunktieren, dass er die eine oder andere Art der Kohärenz annimmt" (Marotzki 1997, 190).

scher Akteure aufzeigt, und unterscheidet mit einer jeweils zweistufigen Einteilung zwischen Lernen I und II und Bildung I und II.[41]

Ebenen des Lernens nach Bateson
Lernen 0: Auf dieser Stufe erfolgt das Lernen, das sich auf das Erlernen von Begriffen, Orten und/oder Gegenständen beschränkt in Form eines Reiz-Reaktionsschemas, das keine Korrektur in der Wahrnehmung von Gegenständen oder in der Art des Lernens und damit auch keine alternativen Reaktionen zulässt (vgl. Bateson 1964/1981, 379).
Lernen I: Diese Lernebene wurde von den klassischen Lerntheorien erfasst und analysiert. Sie stellt eine Form des Lernens dar, die in der Lage ist, innerhalb einer Anzahl von Alternativen Korrekturen vorzunehmen. Die entscheidenden Elemente, die im Lernen I strukturell hinzukommen, sind die des Kontextes und der Rahmung. Ein identischer Reiz kann nun bei einem Individuum durch das Klassifizieren von Kontexten und auf der Basis von Rahmenbildung zu unterschiedlichen Reaktionen führen. Somit bildet das Erkennen und die Klassifizierung die eigentliche Lernleistung auf dieser Lernebene.
Lernen II: Auf dieser Ebene werden korrigierende Veränderungen in einer nun erweiterten Auswahl von Alternativen vorgenommen und gleichzeitig Änderungen im Auswahlmodus erkennbar, sodass aus bereits Bekanntem Neues oder Anderes ausgewählt und die bisherigen Schritte verändert bzw. verbessert werden können. Dieses Lernen nennt Bateson auch Deutero-Lernen oder Lern-Transfer. In Anlehnung an Freud ist bei Bateson die Grundstruktur des Lernens II durch frühkindliches Lernen geschaffen worden. Der Aufbau der Strukturen im Lernen II dient der Gewohnheitsbildung und einer „Ökonomie der Denkprozesse" (vgl. ebd. 389), die im Alltagshandeln zwingend seien. Phänomene wie Individualität und Charakter bilden sich auf dieser Lernebene. Daher ist ein entsprechendes soziales Umfeld die grundlegende Voraussetzung dafür, dass diese Lernprozesse möglich sind, da Interaktionspartner die Ausprägung von Handlungsmustern und Verhaltensweisen verstärken.
Lernen III: Im Anschluss an und im Rückbezug auf die Lernprozesse der Ebenen I und II wird in der Lernebene III (vgl. ebd. 389ff) bereits Erlerntes reflektiert und ein neuer Strukturzusammenhang hergestellt. Im Wesentlichen werden in dieser Ebene unter der Voraussetzung eines spezifischen sozialen Umfeldes die Kompetenzen in den Bereichen der flexiblen Problemlösung, der Organisation neuer Lernprozesse, der Modifikationen und des Neuaufbaus relevanter Rahmungen zur Integration neuer Wissensbestände ausgebildet.

---

[41] Marotzki übernimmt die Kennzeichnung der Lernebenen durch Bateson „Lernen 0", „Lernen I", „Lernen II" und „Lernen III" nicht und unterteilt in „ Lernen I", „ Lernen II" und „Bildung I" und „Bildung II".

Differenzierung von Lern- und Bildungsprozessen

Während er die Vermehrung von Wissen auf Grundlage festgefügter Lernschemata als Lernprozesse bezeichnet, kennzeichnet er „Lernprozesse, die sich auf die Veränderung von Ordnungsschemata und Erfahrungsmuster beziehen" (Marotzki 2009, 23) als Bildungsprozesse, „die das Repertoire an Konstruktionsmöglichkeiten von Welt- und Selbstverhältnissen verändern" (ebd.) und führt als Beispiel die Flexibilisierung von in Sozialisationsprozessen erworbenen Rahmungen an. In der Folge dieser Form von Bildungsprozessen kommt es zu Transformationen grundlegender Kategorien des Selbst- und Weltbezugs des Individuums, die angesichts der gegenwärtigen gesellschaftlichen Komplexität und der damit verbundenen Anforderungen an den Einzelnen vonnöten sind (vgl. Herzberg 2005).

Bei der Betrachtung der Kontextualisierungen von Bildungsprozessen fokussiert Marotzki auf die Lernebenen II und III, da sich auf diesen Stufen die qualitativen Übergänge vollziehen, die von ihm als Transformationen der Welt- und Selbstreferenz bezeichnet werden (vgl. Marotzki 1990a). Er verortet auf der Ebene II die Veränderung der Weltreferenz, weil an dieser Stelle im Modell das Individuum in die Lage versetzt wird, eine Flexibilisierung der im Rahmen von Sozialisationsprozessen erworbenen Kontextualisierungen, die seine Wirklichkeitswahrnehmung bestimmen, herbeizuführen und somit Denk- und Wahrnehmungsgewohnheiten zu modifizieren bzw. ggf. zu überwinden. Die Veränderung des Weltverhältnisses eines Subjekts kennzeichnet er als erste Bedingung eines Bildungsprozesses.

Als zweite Voraussetzung für einen Bildungsprozess führt Marotzki die Veränderung des Selbstbezugs an, der darin besteht, dass das Individuum durch die Reflexion seiner eigenen Muster der Wahrnehmung von Wirklichkeit eine neue Sichtweise auf seine Gewohnheiten erhält und damit auch einen anderen Zugang zu sich selbst findet. Allerdings erfordert die Fähigkeit, in veränderten Modalitäten zu denken und Wirklichkeit wahrzunehmen, eine Flexibilität zur Änderung von Gewohnheiten. Diese Fähigkeit verortet Marotzki auf der Lernebene III und fasst sie als ein weiteres Bestimmungsmoment von Bildung (vgl. Marotzki 1990a, 43ff).

Bildung bezeichnet Marotzki als ein Lernen auf einer höherstufigen Ebene, das von zunehmender Reflexion und Mehrperspektivität gekennzeichnet ist. In seinem strukturalen Verständnis von Bildungsprozessen bewertet er Bildungsprozesse als Lernprozesse besonderer Qualität, die durch bestimmte Bedingungen charakterisiert sind: Die Reflexion der eigenen Lernvoraussetzungen ist die Voraussetzung dafür, dass aus Lernprozessen Bildungsprozesse werden. Ein qualitativer Sprung bedeuten die Kontexturtransformationen, die Neues entstehen lassen und denen somit eine entscheidende Bedeutung bei der Entwicklung von Bildungsprozessen zukommt, da sie die Modularisierung der Welt- und Selbstreferenz eines Individuums erst ermöglichen (vgl. ebd. 160).

Marotzki geht davon aus, dass die Wirklichkeit prinzipiell polykontextural gefasst werden kann, da es kein hierarchisches Verhältnis innerhalb der Deutungen von Wirklichkeit gibt, sondern lediglich ein heterarchisches Verhältnis zwischen den einzelnen Kontexturen besteht. Bildung ist somit offen und nur durch den Prozess zielgerichtet. Marotzki beschreibt diese sich vollziehende Pluralisierung von Orientierungsschemata als ein zentrales Strukturmerkmal eines modernen Bildungsverständnisses und nimmt eine Unterscheidung von Lern- und Bildungsprozessen vor. Dabei stützt er sich auf das Lernebenenmodell von Gregory Bateson, das er jedoch begrifflich weiterentwickelt, um den Unterschied zwischen Lern- und Bildungsprozessen deutlich aufzuzeigen und mit der Begriffsdefinition von Bildung zu einer theoretischen Konzeption eines Bildungsbegriffes zu gelangen. In seinem fünfstufigen Lernebenenmodell[42] unterscheidet Bateson verschiedene Ebenen des Lernens, mit deren Hilfe es möglich ist, Veränderungen und Kontinuitäten in den Selbst- und Wirklichkeitskonstruktionen biographischer Akteure aufzuzeigen. In seiner strukturalen Bildungstheorie und Medienbildung (vgl. Jörissen/Marotzki 2009, 22ff) differenziert Marotzki das Lernmodell von Bateson aus und unterscheidet mit einer jeweils zweistufigen Einteilung zwischen Lernen I und II und Bildung I und II.[43] Während er die Vermehrung von Wissen auf Grundlage festgefügter Lernschemata als Lernprozesse bezeichnet, kennzeichnet er „Lernprozesse, die sich auf die Veränderung von Ordnungsschemata und Erfahrungsmuster beziehen" (Jörissen/Marotzki 2009, 23) als Bildungsprozesse, „die das Repertoire an Konstruktionsmöglichkeiten von Welt- und Selbstverhältnissen verändern" (ebd.) und führt als Beispiel die Flexibilisierung der Rahmungen an, die in Sozialisationsprozessen erworben wurden. In der Folge dieser Form von Bildungsprozessen kommt es zu Transformationen grundlegender Kategorien des Selbst- und Weltbezugs des Individuums, die angesichts der gegenwärtigen gesellschaftlichen Komplexität und der damit verbundenen Anforderungen an den Einzelnen vonnöten sind.

3.4.4 Dimensionen lebensweltlicher Orientierung

Marotzki (1990a; 2001; 2009) unterscheidet in Anlehnung an die vier Fragen von Immanuel Kant (1724–1804): „Was kann ich wissen?", „Was soll ich tun?",

---

[42] Obwohl Bateson insgesamt fünf Ebenen des Lernens unterscheidet, wird die fünfte Ebene in der Übersicht nicht aufgeführt, weil sie für die Untersuchung biographischer Lernprozesse im Kontext der vorliegenden Untersuchung keine Bedeutung hat.

[43] Marotzki übernimmt die Kennzeichnung der Lernebenen durch Bateson „Lernen 0", „Lernen 1", „Lernen 2" und „Lernen 3" nicht und unterteilt in „ Lernen I", „ Lernen II" und „Bildung I" und „Bildung II".

„Was darf ich hoffen?" und „Was ist der Mensch?" vier grundlegende Orientierungsdimensionen:

- „Der Wissensbezug als Rahmung und kritische Reflexion auf Bedingungen und Grenzen des Wissens;
- Der Handlungsbezug als Frage nach ethischen und moralischen Grundsätzen des eigenen Handelns, insbesondere nach dem Verlust tradierter Begründungsmuster;
- Der Transzendenz- und Grenzbezug als Verhältnis zu dem, was von der Rationalität nicht erfasst werden kann;
- Die Frage nach dem Menschen (Biographiebezug) als Reflexion auf das Subjekt und Frage nach der eigenen Identität und ihren biographischen Bedingungen" (ebd. 31).

Die vier Fragestellungen stellten für Marotzki (1999b) zunächst einen philosophischen Referenzrahmen bei der Überlegung dar, inwiefern die Biographieforschung für die Erforschung des reflexiven Modus des Menschseins fruchtbar sei. In seinen jüngsten Publikationen (vgl. Jörissen/Marotzki 2009, 31) werden sie als heuristische Matrix für die Analyse von Bildungsprozessen in medialen Bereichen verwertet. Die bisher skizzierte Entwicklung des Bildungsbegriffs, der bildungstheoretisch auf die reflexive Verortung des Menschen in der Welt abzielt und durch die Modernitäts- und Postmodernisierungsschübe Bildungsbestimmungsmomente von Suchprozessen, Kontingenzen und Unbestimmtheit erhalten hat, weist auf Biographisierungsprozesse hin, die in diesen vier Fragestellungen als lebensweltliche Orientierungsdimensionen zum Ausdruck kommen.

So zielt die Frage „Was kann ich wissen?" (Wissensbezug) auf die Fähigkeit des Umgangs mit Wissensbeständen und Informationsmengen ab, die nicht nur der Problembewältigung dient, sondern auch zu einer reflexiv-kritischen Nutzung als einer zentralen Herausforderung der Wissensgesellschaft auffordert. Faktenwissen und prozedurales Wissen werden im Modus der Reflexivität von Information und Wissen verknüpft mit der Fähigkeit des Menschen, Sinn und Bedeutung herzustellen. Bewerten heißt Bedeutung verleihen und auf diese Weise Zusammenhänge herzustellen, die in ein Arrangement von Wissensbeständen münden und bezogen auf ein Problem zusammengeführt werden (vgl. Jörissen/Marotzki 2009, 31).

Die Frage „Was soll ich tun?" (Handlungsbezug) befasst sich mit den ethischen und moralischen Grundsätzen des eigenen Handelns. Diese Frage fokussiert auf das Verhältnis des Einzelnen innerhalb einer Gemeinschaft und nimmt auf die Verantwortungsbereitschaft von Menschen Bezug. Damit knüpft sie auch an die Frage nach der Bedeutung von Bindung mit anderen oder dem Anschluss an eine Gemeinschaft an, was auch die Gestaltung von Nähe und Distanz sowie die Problematik der Balance im Umgang von Verpflichtung und Freiheit einschließt. Letztlich stößt die Frage eine „Reflexion von Handlungsoptionen im Kontext gemeinschaftlicher und gesellschaftlicher Kontexte" (ebd. S. 33f) an und offeriert dadurch eine Orientierung im Handeln.

Die dritte Frage „Was darf ich hoffen?" (Transzendenz- und Grenzbezug) nimmt Bezug auf die Reflexion von Grenzen als eine weitere Grundstruktur von Bildungsprozessen. Durch die Eingrenzung wird bereits das Gegenteil des ein- und abgegrenzten inhaltlichen Gegenstandes mit eingeschlossen und so die gegensätzlichen Kategorien wie Rationalität und Irrationalität, Vernunft und Unvernunft, das Eigene und das Fremde miteinander verbunden.

„Wie Menschen mit Grenzerfahrungen umgehen, wie flexibel oder restriktiv solche Grenzen gezogen werden, ob sie Grenzen als Herausforderungen erleben oder eher als unüberwindbare Schranken, ob sie akzeptieren oder ablehnen, bildet den Rahmen dieser lebensweltlichen Orientierungsdimensionen" (Marotzki 1999b, 62).

Schließlich bezieht sich die vierte Frage „Was ist der Mensch" (Biographiebezug) bei Kant auf die anthropologische Gegebenheitsweise des Menschen (Anthropologie) und umfasst somit eine grundlegende wissenschaftliche Betrachtungsweise, die die universale Eigenschaft des Menschen zum Thema hat. Marotzki verknüpft diesen Modus der Auslegung des Menschen mit den Prämissen einer biographieorientierten Sichtweise, indem er die Komponenten Historizität und Kulturrelativität hinzufügt und dadurch der erziehungswissenschaftlichen Biographieforschung einen anthropologischen Stellenwert verleiht.

Aus biographieanalytischer Sicht konstituieren die Fragen: „Woher komme ich?", „Wohin gehe ich?", „Wer bin ich?" die jeweilige Identität des Einzelnen, die über biographische Arbeit immer wieder hergestellt werden muss. Die ordnungsleistende Bedeutungszuschreibung erfolgt über eine subjektive Relevanzsetzung, die zu einer Hierarchisierung führt und den Einzelnen, damit eine Orientierung ermöglicht. Wilhelm Dilthey beschreibt die Zuweisung von Sinn mithilfe des Mechanismus der Zusammenhangbildung. „Die Zusammenhangbildung ist eine Gesamtordnungsleistung, durch die Beziehung zwischen den Teilen und einem Ganzen beständig hergestellt und in neuen biographischen Situationen überprüft bzw. modifiziert werden" (Jörissen/Marotzki 2009, 36). Marotzki (1991a) bezeichnet diese ordnungsleistende und sinnstiftende Funktion des Subjekts als Biographisierung. Auf diese Weise werden Informationen und Erfahrungen eingeordnet und in konsistente Wissensbestände überführt. Eine gelungene Biographisierung vollzieht sich nur, wenn es dem Subjekt gelingt, Zusammenhänge herzustellen, die es erlauben eine Gesamtheit herzustellen, indem die Ereignisse und Erlebnisse durch Zusammenhangbildung in eine Beziehung zur Gesamtheit gebracht werden (vgl. ebd.).

Diachrone und synchrone Reflexionsformate

Marotzki unterscheidet zwischen diachronen und synchronen Reflexionsformaten von Biographisierungsprozessen. Diachrone Reflexionsprozesse beziehen sich auf historische Sinnbildungsformate, die auf die Konstruktion der historisch-gesellschaftlichen Geschichte, innerhalb derer die Lebensgeschichte eingebettet ist, abzielt (Marotzki 1999b). Dagegen resultieren Biographisierungsprozesse aus der Geschichte, die jemand über sich erzählt. Unter synchronen Reflexionsprozessen werden die Fragen verstanden, wie der Mensch sich in Beziehung zu anderen im Hier und Jetzt beschreibt. Die Regelerstellung im Interaktionsprozess wird durch (ebd. 66) die Interaktion und Beziehung mit anderen herausgearbeitet. Daraus folgt, dass die empirische Beantwortung der Frage der Subjektkonstitution nicht normativ, sondern nur über einen deskriptiven Zugang erfolgen kann.

3.5 Ansätze zur Erforschung von Bildungsbiographien bei Peter Alheit

Die Kategorien Lernen, Bildung und Biographie, die im Titel der vorliegenden Untersuchung als biographische Lern- und Bildungsprozesse formuliert sind, werden in ihrer Verknüpfung und als Rahmenkonzept vor allem in den Publikationen von Heide von Felden (2006b) und Alheit/Dausien (2002) behandelt. Als Ergänzung zu der von Marotzki entwickelten Analysekatgorie der Bildung fließt diese theoretische Konzeption in die vorliegende Untersuchung ein, um die Anschlussfähigkeit an und die Verknüpfung mit biographischen Lern- und Bildungsprozessen zu erweitern.

Heide von Felden und Peter Alheit weisen in ihrer Publikation „Lebenslanges Lernen und erziehungswissenschaftliche Biographieforschung" (2009) auf die Gemeinsamkeiten von Biographieforschung und dem bildungspolitisch geprägten Begriff des „Lebenslangen Lernens" hin und formulieren als Ausgangsthese, dass gerade der biographische Bildungsbegriff als Hauptkategorie einer qualitativ-empirischen Bildungsforschung geeignet erscheint, um „die Struktur von Lernprozessen über die Lebenszeit zu repräsentieren" (Alheit/von Felden 2009a, 9). Bildung als biographisch-zeitlicher Prozess findet im Gegensatz zu institutionellen und organisierten Lernformen gerade in den alltäglichen Situationen und Begegnungen mit Menschen statt, die für das Subjekt eine Bedeutung erhalten und als lebensgeschichtliche Erfahrungsaufschichtung konkret an den „Kontext einer konkreten Biographie gebunden" (ebd.) werden. Biographie fungiert als Sammelbecken, Medium und Handlungsgenerator, indem Erfahrungen als biographische Sinngestalt und Konstruktion formiert werden und handlungsleitend sowohl zukünftige Handlungs- und Deutungsmuster steuern als auch Veränderungsprozesse einleiten.

3.5.1 Dimensionen biographischer Lern- und Bildungsprozesse

Alheit/von Felden (2009a) verdeutlichen an drei Betrachtungsweisen biographischer Lern- und Bildungsprozesse, die sie mit den Begriffen „Implizites Lernen, Reflexion und präreflexives Wissen", „Sozialität biographischen Lernens" und „Indivdiualität und Eigensinn biographischen Lernens" charakterisieren (ebd. 10ff), dass Biographie und Lernen wechselseitig miteinander verwoben sind und somit „ohne Biographie kein Lernen oder ohne Lernen keine Biographie" (vgl. ebd.) möglich ist.

Implizites Lernen, Reflexion und präreflexives Wissen
Viele Lernprozesse laufen unbewusst ab und zeigen sich als Handlungs- und Verhaltensdispositionen, ohne bewusst wahrgenommen zu werden. Alheit/von Felden (2009a) betonen die „Komplexität dieses Phänomens in der Dialektik von Weltaneignung und Selbstbildung" (ebd. 10). Implizite Lernprozesse vollziehen sich von Beginn des Lebens an. So entwickelt ein Kind in der Auseinandersetzung mit der sozialen Umwelt und den Praxisformen der Eltern unbewusst biographische Dispositionen, die zu Bewertungs-, Handlungs- und Klassifikationsschemata umgewandelt werden. Subjekte eignen sich einerseits Erfahrungen als Bestandteil der sozialen Welt in einer passiven Form an, die in ein Sammelbecken bereits vorhandener Erfahrungen einfließen, ohne dabei kontrolliert oder revidiert zu werden. Andererseits treten Individuen jedoch auch aktiv dem Erfahrungsstrom entgegen, indem sie ein „Aneignungssystem" ausbilden, das die Wahrnehmung von Welt steuert und somit die Erfahrungen bereits einer Bewertung und Einordnung in den persönlichen Erfahrungszusammenhang unterzieht. Diese Strukturen, die nach außen offen sind, entfalten in der Folge eine prägende Kraft sowohl hinsichtlich der Verarbeitung gesellschaftlicher Einflüsse als auch im Hinblick auf die inneren Erfahrungsverarbeitungsprozesse. Alheit rekurriert auf folgende Autoren, die sich mit dem Aufbau, dem Erwerb und der Formation von Wissen als übergeordnete, generative Handlungsdispositionen beschäftigt haben, sich dabei unterschiedlicher theoretischer Begrifflichkeiten bedienen und Perspektiven aufzeigen, die den biographischen Wissensvorrat (vgl. Alheit/Hoerning 1989) eines Menschen prägen:
– „Lerndispositionen nach Field (2000);
– Kognitive Strukturen im Sinne Piagets;
– Emotionale Orientierungssysteme Mader (2007);
– Habitusformationen nach Bourdieu (1987);
– Bildung von Selbst- und Weltreferenzen nach Marotzki (1990)"
(vgl. Alheit/von Felden 2009a, 10).
Im alltäglichen Handeln und im Umgang mit Menschen, aber auch in geplanten, institutionellen Lernsituationen wird nur ein Teil des Wissens und der Er-

fahrung automatisch aktiviert. Diese Wanderung durch die biographisch gewachsene Wissenslandschaft wird erst gestört und reflektiert, wenn, wie Alheit/von Felden (2009a) es formulieren, „wir ins Stolpern geraten" (ebd. 11) oder an einer Weggabelung stehen und nicht wissen, wie es weitergeht, bzw. im Sinne einer Verlaufskurve nach Schütze den Boden unter den Füßen verlieren. Dann treten die Elemente des biographischen Hintergrundwissens in den bewussten Betrachtungshorizont möglicher Handlungsoptionen. Solche reflexiven Prozesse bezeichnet Alheit (1993) als Momente der Selbst-Bildung.

Aus forschungsrelevanter Sichtweise der Biographieforschung stellt sich nun die Frage, wie das „Aneigungungssystem", also die innere Verarbeitung von Erfahrungsaufschichtung, wahrgenommen und verändert werden kann. Aus den oben dargelegten Ausführungen lässt sich lesen, dass das Phänomen der Dialektik von Weltaneignung und Selbstbildung eine hohe Komplexität aufweist. Implizite Lernprozesse fließen in die Ausbildung von Handlungs- und Verhaltensdispositionen ein. Diese biographische Wissensstruktur kann bearbeitet und verändert werden (vgl. Alheit/von Felden 2009a), indem die damit einhergehende Bewusstwerdung von präreflexivem Wissen unterschiedliche Veränderungsoptionen von Strukturen anbietet.

Sozialität biographischen Lernens
Die oben aufgeworfenen Fragen nach der Bewusstwerdung von biographischen Lernprozessen verweisen auf die Kommunikations- und Beziehungsinteraktion mit der umgebenden sozialen Umwelt als zentralen Bedingungsmodus. „Reflexive Lernprozesse" sind keine Einzelaktionen des Individuums mit einem Gegenstand, sondern eingebunden in die Interaktion, Reibung und Auseinandersetzung mit Milieus und sozialen Räumen. Konfligierende Perspektiven, Ambivalenzen und Ungleichzeitigkeiten prägen biographische Entwürfe, die durch Beziehungsorientierung und soziale Netzwerke entstehen (vgl. Dausien 1994, 137). Lernen findet in der Interaktion mit der Umwelt statt. Soziales Handeln wird in der Auseinandersetzung mit anderen erlernt, weil biographische Lernprozesse Interaktionspartner und ein spezifisches soziales Umfeld benötigen. Neben den konkreten Interaktionspartnern bilden das soziale Milieu und der sozialgeschichtliche Rahmen den sozialen Kontext für die Ausbildung des Selbst. Es ist der soziale Rahmen, die Sozialität, in dem biographische Lernprozesse stattfinden (vgl. Ecarius 1998). Daraus resultiert die Frage, ob Bildung interaktiv und geplant in sogenannten Lernumgebungen künstlich hergestellt werden kann.[44]

---

[44] Dieser Konflikt zwischen angloamerikanischer und deutscher Bildungstradition ist nicht Thema der hier anvisierten Forschungsfragestellung.

Individualität und „Eigensinn" biographischen Lernens
Biographisches Lernen wird in dem oben genannten Sinne also sozial-strukturiert in interaktiven Wechselwirkungen erzeugt und folgt dennoch einer individuellen Konstruktionslogik, die in einer Erfahrungsstruktur aufgeschichtet wird. Diese Strukturen, die nach außen offen sind, prägen im weiteren Verlauf des Lebens sowohl die Verarbeitung gesellschaftlicher Einflüsse als auch die inneren Verarbeitungsprozesse und beeinflussen die individuelle Erfahrungsaufschichtung. Die so entstehende biographische Eigenlogik bedingt die biographische Konstruktion von Wirklichkeit. So werden neue Erfahrungen durch die Strukturlogik der individuellen Erfahrungsbildung verarbeitet. Dies garantiert selbst in Zeiten radikaler Umbrüche biographische Kontinuität (vgl. Alheit/Dausien 2000). Kritisch werden in diesem Zusammenhang Konzepte des „Lebenslangen Lernens" betrachtet, die durch Begrifflichkeiten wie „selbstbestimmtes, selbstgesteuertes oder selbst-direktives Lernen (vgl. Straka 1997; Dohmen 2001) suggerieren, dass Lernen und Bildung als autonomer und reflexiver Prozess erfolgen. Demnach werden Kompetenzen erworben, die sich nach dem kybernetischen Zirkel ausrichten und auf einen subsumierten Wissenserwerb abzielen.

Im Gegensatz dazu stehen die schon im Modell von Marotzki dargestellten Bildungsbewegungen, die sich im Prozess der Selbstbildung und Weltaneignung in Form eines tentativen und unbestimmten Herantastens vollziehen (vgl. Marotzki 2009, 18ff). Biographische Bildungsprozesse unterliegen einer komplexen und vielschichtigen Auseinandersetzung mit den Herausforderungen und Begegnungen einer sich verändernden Welt. Bildungsprozesse und die damit verbundene Transformation sind aufgrund ihrer „Individualität und Eigensinnigkeit" häufig überraschend und ungeplant. Die damit einhergehenden Veränderungen werden daher vom biographischen Akteur oft retrospektiv begriffen. Kade bezeichnet diesen Prozess als „Suchbewegung" oder „diffuse Zielgerichtetheit" (vgl. Kade 1985, 124ff).

3.5.2 „Biographizität" als Schlüsselqualifikation und Ressource

Im folgenden Abschnitt wird auf ältere Aufsätze von Alheit (1995; 2003b) Bezug genommen, in denen das Konzept der Biographizität einen entscheidenden Stellenwert im Umgang mit beruflichen Herausforderungen und gesellschaftlichen Transformationsprozessen erhält. Alheit entwickelt eine pädagogische Perspektive auf Bildungsbiographien. Auf der Folie des gesellschaftlichen Bedingungsgefüges, in das jeder Biographieträger eingebunden ist, sind Biographien Rekonstruktionen des eigenen Lebens und Handelns. „Die biographisch durchlaufenden Handlungsstrukturen treten dem Individuum wiederum als erzeugte Kontexturen für zukünftige Perspektiven entgegen – und beeinflussen subjektive Lebensentwürfe, Handlungen und Entscheidungen" (Dausien 1996, 14). Die Bildungsbiographieforschung setzt sich mit den individuellen situativen Lernakten auseinander (vgl. Marotzki 1995; Schulze 1996). Alheit spricht hier von „Lernen als Transformation von Erfahrungen, Wissen und Handlungsstrukturen im lebensgeschichtlichen und lebensweltlichen Zusammenhang" (Alheit/Dausien 2002, 574). Biographisches Lernen vollzieht sich immer in lebensgeschichtlicher Perspektive des Biographieträgers und ist daher nicht auf Orte, Zeiten und vorgegebene Formen festgelegt. Alheit hat hierfür aufgrund seiner Forschungen den in der Erwachsenenbildung rezipierten Begriff der Biographizität eingeführt (vgl. Alheit 1990). Er betrachtet Biographie als narrativ rekonstruierbare Lebensgeschichte immer unter der Voraussetzung der Rückkoppelung an kollektiv erlebte Lebensgeschichte.

Biographien in reflexiven Modernisierungsprozessen legen offen, wie das Individuum lernt, auf lebensweltliche Sicherheiten und Konventionen zu verzichten und sich neue Handlungsressourcen zu sichern. Biographisches Lernen setzt an der lebensgeschichtlichen Perspektive der Lernenden an und trennt nicht zwischen formalen, nicht-formalen und informellen Lernprozessen. Dennoch strukturieren Bildungseinrichtungen, die auf Lernsettings und Wissensvermittlung ausgerichtet sind, „Möglichkeitsräume" für biographische Erfahrungen (vgl. Kade/Seitter 1996), da biographisches Lernen eingebunden ist in gesellschaftliche Bedingungen und kulturelle Deutungskontexte. Biographische Erfahrungsverarbeitung kann nach Alheit auf zwei verschiedene Weisen auf das biographische Wissen einwirken. Auf der einen Seite kann Erfahrung affirmativ in vorhandene Ordnungsmuster integriert werden und dient somit der Wissensverdichtung und der Wissensfestigung. Andererseits können neue Erfahrungen auch mit bestehenden Wissensformationen kumulieren, sodass eine Veränderung biogra-phischen Wissens notwendig wird. Alheit (vgl. 1993) bezeichnet diese Synchronisation von biographischen Lernprozessen als einen Prozess, in dessen Verlauf das Erfahrungsfremde, das uns im Laufe unserer Biographie begegnet, erst in den eigenen „Erfahrungscode" übersetzt werden muss, bevor es einen prägenden Einfluss ausüben kann. Für Alheit ist die Übersetzung eines Codes das Ergebnis biographischer Erfahrungsaufschichtung.

Alheit versteht unter dem Konzept der „Biographizität" (Alheit 1995, 292) als Schlüsselqualifikation „die Fähigkeit, moderne Wissensbestände an biographische Sinnressourcen anzuschließen und sich mit diesem Wissen neu zu assoziieren" (ebd. 387). Im Rahmen bildungstheoretischer Überlegungen definiert Alheit Biographizität als wichtige biographische Ressource im gesellschaftlichen Prozess und weist darauf hin, dass das „biographische Hintergrundwissen (…) uns prinzipiell in die Lage versetzt, den sozialen Raum, in dem wir uns bewegen, auszufüllen und auszuschöpfen" (Alheit 1995, 298). In sozialen Handlungskontexten bedeutet dies, dass jede Erfahrung schon auf Vorerfahrung zurückgreift und sich aus schon vorhandenen Lernpotentialen zusammensetzt, aber durch neu aufgetretene Möglichkeiten Handlungsräume eröffnet oder erweitert werden können. Das Besondere an diesem Wissen ist, dass es mehr Entwicklungs- und Veränderungsmöglichkeiten enthält, als realisiert werden können. Diese Potenzialität unseres biographischen Fundus nennt Alheit im Anschluss an Victor Weizsäcker ein Potential an „ungelebtem Leben" (zitiert nach Alheit 2003b, 15), welches als intuitives Wissen unserem Bewusstsein nicht bewusst zugänglich ist (vgl. Giddens 1995). Auf entscheidende Weise stellt es „eine außergewöhnliche Ressource für Bildungsprozesse dar" (Alheit 1995, 298). Als „autopoetische Systeme" im Sinne Luhmanns haben Menschen durch die selbstreferenziell nach außen offene Verarbeitungsstruktur die Chance, diese Sinnüberschüsse der Lebenserfahrung zu erkennen und für eine bewusste Veränderung der Selbst- und Weltreferenz nutzbar zu machen (vgl. Alheit 1995, 299). Die Passage der Veränderung einer Qualität des Selbst- und Weltbezugs tituliert Alheit als einen transitorischen Bildungsprozess. Kennzeichnend für diesen Prozess ist, dass sich sowohl das lernende Subjekt als auch der damit umgebende strukturelle Kontext verändert.

Charakteristisch für derartige Bildungsprozesse ist, dass sie keinesfalls statisch, sondern in gewisser Weise abduktiv verlaufen. Der Prozess der Erfahrungsverarbeitung bei transitorischen Bildungsprozessen bezieht sich also nicht nur auf eine Synthese von neuen Wissensbeständen und bereits existierenden Strukturen, sondern deuten sie als Elemente neuer kontextueller Bedingungen (vgl. Kokemohr 1989, 340ff.; Marotzki 1991). Neues Wissen wird demnach nicht nur in ein bestehendes Ordnungssystem integriert, sondern verändert gleichzeitig das Wissensgebilde. Dazu benötigt der soziale Akteur bestimmte Fähigkeiten. Um die Voraussetzung dafür zu schaffen, dass Wissen als biographisches Wissen transitorisch wirken kann, müssen die „selbstreflexiven Aktivitäten" des Biographieträgers gestaltend auf ihre Lebenswelt zurückwirken. Alheit macht zwar auf die damit verbundenen, schmerzhaften biographischen Lernprozesse von transitorischen Bildungsprozessen aufmerksam, verweist aber auch auf die Chance verborgener Ressourcen, die ein beträchtliches gesellschaftliches Veränderungspotential beinhalten können. Biographizität bedeutet in diesem Zusammenhang, „dass wir unser Leben in den Kontexten, in denen wir es verbringen (müssen), immer wieder neu auslegen können und dass wir diese Kontexte als bildbar und gestaltbar erfahren" (Alheit 2003b, 16). Das Konstrukt der Biographizität ist für die vorliegende Untersuchung auch deshalb von besonderer Relevanz, weil die im ersten Kapitel geschilderten gesellschaftlichen Umbrüche und beruflichen Herausforderungen Möglichkeiten für transitorische Bildungsprozesse der beruflichen Akteure eröffnen.

4. Methodisches Konzept der Untersuchung

Qualitative Biographieforschung bildet den methodischen Rahmen dieser Untersuchung. Das Konzept Biographie ist der Referenzpunkt zur Untersuchung von Lern- und Bildungsprozessen. Die Besonderheiten der Biographieforschung, die für Lern- und Bildungsprozesse von Relevanz sind, bestehen darin, dass stets die individuelle, subjektive Perspektive mit dem Ziel der Rekonstruktion von individueller, persönlicher Wirklichkeit zugrunde gelegt wird. Auch die Untersuchung des Gewordenseins als Resultat der Interaktion von Individuen mit anderen Menschen ist ein weiteres typisches Merkmal von Biographieforschung. Im Folgenden werden, beginnend mit der Verortung der qualitativen interpretativen Sozialforschung, dem Interpretativen Paradigma in seinem allgemeineren Rahmen, die Grundannahmen und Prinzipien qualitativ empirischer Biographie- und Bildungsforschung dargestellt.

4.1 Qualitative Forschung und Interpretatives Paradigma

Biographieforschung kann als qualitative Forschungsmethode im Rahmen des Interpretativen Paradigmas, das in der Ethnomethodologie und dem Symbolischen Interaktionismus verwurzelt ist, verortet werden. „Qualitativ" bezieht sich darauf, dass „es die individuelle Qualität jeder einzelnen Antwort im Gegensatz zur typisierten Antwort des formellen Fragebogens betont" (Bureau of Applied Social Research 1972, 146). Im Fokus stehen der sozialökologische Ansatz der soziologischen Abteilung der Chicagoer Schule (Park/Burgess/McKenzie 1970), die Sozialphilosophie um George Herbert Mead (1968) und nachfolgend Herbert Blumer (1939), der Symbolische Interaktionismus sowie die phänomenologische Denktradition (Schütz 1971). Forschungsstrategisch waren insbesondere die erwähnte Ethnomethodologie sowie die Konversationsanalyse entscheidend.

Von Interesse für die qualitative Forschung ist das Hervorbringen einer in der sprachlich-symbolischen Interaktion der Gesellschaftsmitglieder fundierten sozialen Wirklichkeit.

Ein Ziel qualitativer Forschung „ist das Aufdecken von Strukturen des Verhältnisses des Subjektes zu seiner Lebenswelt. Erziehungswissenschaftliche Biographieforschung als qualitative Bildungsforschung gewinnt ihren Ort, indem sie sich auf individuelle Lebens-, Bildungs- und Lernprozesse bezieht und versucht, den verschlungenen Pfaden biographischer Ordnungsbildung unter den Bedingungen einer sich rasant entwickelnden Moderne (bzw. Postmoderne) zu folgen" (Marotzki 1995, 58f).

Unterschieden wird bei dem ‚Aufdecken‘ zwischen Konstruktionen ersten und Konstruktionen zweiten Grades. Konstruktionen ersten Grades bedeuten, dass Handelnde im Alltag soziale Wirklichkeit nicht nur vorfinden, sondern auch sinnhaft interpretieren. Konstruktionen zweiten Grades sind hingegen „Konstruktionen jener Konstruktionen, die im Sozialfeld von den Handelnden gebildet werden, deren Verhalten der Wissenschaftler beobachtet und in der Übereinstimmung mit den Verfahrensregeln seiner Wissenschaft zu erklären versucht" (Schütz 1971, 7).

Wirkungszusammenhänge und latente Sinngehalte werden somit abduktiv im Rahmen konkreter Einzelfälle rekonstruiert. Die Rekonstruktion alltagsweltlicher Konstruktionen erfolgt über die Logik des Entdeckens, des Generierens von Hypothesen und der Zurückstellung von Hypothesen zu Beginn der Untersuchung (Rosenthal 2005, 13). Im Rahmen von Konstruktionen zweiten Grades können die Sinnkonstruktionen, die Prozesse, Verlaufsformen und die soziale Wirklichkeit aus der Perspektive der handelnden, der leidenden oder auch erleidenden Subjekte dargestellt werden. Die soziale Wirklichkeit konstituiert und konstruiert sich in interaktiven Handlungsprozessen, die von den Deutungen der Situationen durch die Handelnden, die sich nach Handlungs- und Interaktionsregeln richten, abhängen. Die Lebensgeschichte des Einzelnen ist eine hochkomplexe soziale Struktur, die nach Denzin (1989) aufgrund von ‚doing biography‘ individuell und kollektiv hergestellt wird. Die subjektiven Konstruktionsprinzipien der Individuen, die Aufschluss über die subjektive Selbst- und Weltsicht sowie über die Handlungsbedingungen und Handlungsorientierungen geben, sind, dem Interpretativen Paradigma folgend, von zentraler Bedeutung. Biographien „werden von konkreten Subjekten in konkreten Kontexten konstruiert und rekonstruiert, sie bedürfen bestimmter Ansätze, haben bestimmte individuelle und kollektive Funktionen und unterliegen vielfältigen Restriktionen" (Dausien 2000, 101).

Es wird deutlich, dass Erzählen als kommunikative Praxis die Voraussetzung schafft, die gemeinsame soziale Wirklichkeit und die individuell-biographische Wirklichkeit als Konstruktion zu begreifen. Aufgrund dieser Überlegungen zur Wirklichkeit der Interviewpartner muss festgehalten werden, dass die Prozesse der interaktiv ausgehandelten und hergestellten Rahmungen und der sich vollziehenden Modifikationen in der Erhebung und Auswertung der Interviews zu beachten sind. Die alltagsweltliche Praxis und Realität wird dabei im Sinne des Thomas-Theorems (Thomas/Thomas 1970, 334) interpretiert und konstruiert. Für den Forschungsprozess von Relevanz ist dabei das Prinzip der Offenheit hinsichtlich der Forschung, des Forschungsprozesses, des Materials und der

Hypothesenbildung: „It must be emphasized that these hypotheses have at first the status of suggested, not tested, relations among categories and their properties, though they are verified as much as possible in the course of research" (Glaser/Strauss 1967, 39).

Um diesen Prämissen begegnen zu können, ist die Reflexion und Analyse der eigenen Denkvoraussetzungen, des eigenen Standorts in den jeweiligen historischen und gesellschaftlichen Gegebenheiten vonnöten. Im Rahmen der Forschung wird damit das Prinzip der Abduktion (vgl. Peirce 1980; 1933/1980; Rosenthal 2005, 58ff; von Felden 2003, 129ff) berücksichtigt mit dessen Hilfe eine Option eröffnet wird, „möglichst unvoreingenommen und offen das „Feld zu erkunden bzw. das empirische Material auszuwerten" (von Felden 2003, 129). Der Forscher muss, um der Forderung der Abduktion nachzukommen, immer wieder sein theoretisches Vorwissen anhand des empirischen Datenmaterials überprüfen und gegebenenfalls revidieren (vgl. von Felden 2003, 130ff).

Zusammenfassend ist somit festzustellen, dass diese Arbeit im Rahmen der qualitativen Sozialforschung sich dem Interpretativen Paradigma nach Wilson (1973) – welches als Gegensatz zum normativen Paradigma gesehen werden kann – verpflichtet fühlt. Grundgedanke ist die Vorstellung, dass Wirklichkeit durch die spezifische Wahrnehmung der Subjekte hergestellt wird (Lamnek 2005, 34). Das Interpretative Paradigma bezieht sich folglich auf die Interpretationsleistung der Subjekte und unterzieht mit seiner Ausrichtung auf die Alltagswelt dieser Subjekte, was auch deren Realitäts- und Wirklichkeitsauffassung einbezieht, vor allem das ‚Wie' von Handlungen und Handlungsvollzügen einer genaueren Betrachtung. Die Regeln des Vollzugs (‚wie' wird etwas gemacht) sollen somit aus der Sicht der Subjekte betrachtet werden, das ‚Warum' ist nicht von Relevanz.

Diese Voraussetzungen stehen nach Wilson (1973) in der Tradition der Phänomenologie Husserls (vgl. bes. 1950), der davon ausgeht, dass

– jede weltliche Gegebenheit zunächst eine Gegebenheit im ‚Wie' eines Horizontes ist: „Die Welt, die für uns ist, ist die in unserem Leben Sinn habende und immer neuen Sinn für uns gewinnende, Sinn und auch Geltung" (Husserl 1950, 266). Individuen stellen somit über den Akt der Deutung und Auslegung einen Sinn von und über Welt her.

– eine Abgrenzung zum normativen Paradigma im Sinne eines mathematisch-naturwissenschaftlichen Vorbildes möglich und nötig ist und empirische Anschlüsse an phänomenologische Traditionen erfolgen (können).

– dem menschlichen Handeln im Rahmen des Interpretativen Paradigmas, als situativ gebundenes, historisch geprägtes und durch sinnhafte Bedeutung konstituiertes Handeln Rechnung getragen werden kann.

Die Grundlage hierfür ist nach von Felden „das Verstehen sozialer Handlungen durch die Rekonstruktion der Sichtweisen, Deutungsmuster und Handlungsorientierungen der individuellen Akteure. Verstehen lässt sich als der Versuch beschreiben, ausgehend von einer einzelnen Handlung die Motive und Gründe der Handelnden, die allgemeinen sozialen Handlungsmaximen, die sie anwenden und die spezifischen Kontextbedingungen der jeweiligen Handlung zu rekonstruieren" (von Felden 2003, 130).

Wirklichkeit wird somit in der qualitativen Forschung im ‚verstehen' gedeutet, während die quantitative Forschung als zentralen Grundsatz, ‚erklären' benennt (vgl. Bohnsack 2008) und intersubjektiv rekonstruiert. Das Subjekt wird als vergesellschaftetes, nicht als autonomes Subjekt gesehen, das in gesellschaftliche Kontextualisierungen eingebunden ist.

Um die oben beschriebenen Prämissen im Forschungsprozess verwirklichen zu können, bedarf es eines Ansatzes, der auf biographietheoretischen Überlegungen zur Erfahrungsaufschichtung beruht (vgl. Alheit 1992, 1993) und eines analytischen Instrumentariums, das die Analyse der biographischen Konstruktionen gestattet. Die biographieanalytische Methode zur Auswertung autobiographischer Stegreiferzählungen (Schütze 1981; 1983) erscheint sehr gut geeignet, um diese Prämissen zu erfüllen. Einer der Vorläufer dieses Konzeptes ist das von Glaser und Strauss 1967 zum ersten Mal ausführlicher vorgestellte Konzept der Grounded Theory (Glaser/Strauss 1967; Strauss 1991, 54f). Arbeitsschritte der Grounded Theory sind die Datenerhebung nach dem Verfahren des Theoretical Sampling, das Kodieren nach dem Kodierparadigma, die Bildung von Schlüsselkategorien und die Herausbildung der auf empirischen Daten basierenden formalen Theorie nach Sättigung der gegenstandsbezogenen Theorien und Integration von formalen Theorien (vgl. Dausien 1996, 93; Seltrecht 2006, 61f).

4.2 Das narrationsstrukturelle Verfahren nach Fritz Schütze

Im Zentrum der Analyse stehen die Prozessstrukturen des individuellen Lebenslaufes in seiner sequentiellen Ordnung. Unter einer Prozessstruktur als einem biographietheoretischen Analyseinstrument des narrationsstrukturellen Verfahrens versteht Schütze (1981) die sequentielle Struktur einer Lebensgeschichte. Von biographischer Relevanz sind dabei insbesondere institutionelle Ablaufmuster wie Familienzyklen und Karrieren, Handlungsschemata von biographischer Relevanz wie biographische Entwürfe und Verlaufskurven (Getriebenwerden durch sozial-strukturelle und schicksalhafte Ereignisse) sowie Wandlungsprozesse der Selbstidentität und critical life events (Alheit 1996). Schütze hat im Rahmen seiner Theorieentwicklung neben einer empirisch fundierten Biographietheorie auch eine sprachsoziologisch fundierte Theorie ausgearbeitet. Erzähltheoretische und biographietheoretische Theorien sind somit im narrationsstrukturellen Verfahren vereint. Erzähltheoretische Elemente geben Auskunft über den formalen Aufbau der Erzählung und über die Struktur. Die biographietheoretischen Elemente zeigen den formalen Aufbau biographisch relevanter Alltagserfahrungen auf.

Die Lebensgeschichte wird anhand von Zustandsveränderungen beschrieben. Sie ist in eine zeitliche Struktur eingebettet und durch formale Strukturen gegliedert, deren Aufgabe es ist, die Abfolge von Zustandsveränderungen im Lauf der Erzählung zu markieren (vgl. Glinka 1998). Die Qualität des Erlebens manifestiert sich weniger in den Darstellungsinhalten, als vielmehr in den unbewussten Strukturen, die in der Art der sprachlichen Darstellung zum Vorschein kommen. Mithilfe der aufgeführten Charakteristika kann der innere Aufbau von Erfahrung sichtbar gemacht werden (vgl. Schütze 1983, 2005). Im Vordergrund der Analyse steht dabei die Textsorte der Erzählung, die im Gegensatz zur Beschreibung einer Situation oder Argumentation unreflektiert in den damaligen Erlebnisstrom dringt. Während des Erzählens entsteht ein hoch individuelles Bild der sprachlichen Konstruktionsprinzipien und Strukturen, die verdeutlichen, wie die Person Erfahrungen konstruiert, ablagert und verkettet. In der Stegreiferzählung kommt der Sprache eine wichtige Rolle zu, weil sie in ihren Figuren und Markern Aufschluss über die Bedeutung von Lebensereignissen des Biographieträgers gibt.

Kognitive Figuren (vgl. Schütze 1984) ordnen den Aufbau einer Erzählung und verdeutlichen die textimmanenten Ordnungs- und Prozessstrukturen: „Die kognitiven Figuren des Stegreiferzählens sind die elementarsten Orientierungs- und Darstellungsraster für das, was in der Welt an Ereignissen und entsprechenden Erfahrungen aus der Sicht des persönlichen Erlebens der Fall sein kann und was sich die Interaktionspartner als Plattform gemeinsamen Welterlebens wechselseitig als selbstverständlich unterstellen. Die retrospektive Erfahrungsrekapitulation kann nicht ohne die Aufforderungsfunktion der kognitiven Figuren auskommen, ohne sie könnte der Erzähler keine Erzählsegmente, die Verkettung dieser und Bezüge auf narrative Gesamtgestalten im aktuellen Erzählvorgang hervorbringen" (Schütze 1984, 80 f).

Schütze identifizierte vier kognitive Figuren, auf die Menschen zurückgreifen, wenn sie sprachlich ihr Erleben dem Gegenüber verstehbar werden lassen möchten (vgl. Schütze 1984). Erzählungen bilden eine Plattform des gemeinsamen Verstehens und Welterlebens und sind daher an eine bestimmte Ordnungsstruktur gebunden, die dem sozialen Handeln zugrunde liegt. Der Biographieträger folgt in seiner Erzählung unbewusst diesen impliziten Regeln, die dann im rekonstruktiven Forschungsprozess sichtbar gemacht werden:

- *Biographieträger und soziale Beziehungen:*
  Der Erzähler ordnet sich während seiner Erzählung in ein soziales Beziehungsgeflecht ein, kennzeichnet dabei sich selbst (Biographieträger), relevan-

te Andere (Ereignisträger) und die Beziehung zu diesen. Eine soziale Positionierung findet statt.

- *Erfahrungs- und Ereignisverkettung:*
  Hierunter ist die Abfolge von Zustandsänderungen und die Verwicklung in Ereignisabläufe zu verstehen, die wiederum inner-psychische oder äußerliche Zustände sein können. Zudem nimmt der Erzähler Haltungen zu verschiedenen Prozessen seines Lebens ein, die Schütze mit der kognitiven Figur der Prozessstrukturen des Lebens kennzeichnet (vgl. Schütze 1984).
- *Situationen, Lebensmilieus, soziale Welten als Bedingungs- und Orientierungsrahmen sozialer Prozesse.*
- *Gesamtgestalt der Lebensgeschichte und autobiographische Thematisierung:*
  Die autobiographische Thematisierung bezeichnet den Standpunkt, von dem aus der Erzähler sein Leben darstellt. Die Gesamtgestalt hingegen meint die von dem Erzähler nicht unbedingt bewusste, formale Struktur der Erzählung. Sie muss nicht der autobiographischen Thematisierung entsprechen.

„Die biographische Gesamtformung ist konstituiert vom Zusammenspiel der konkreten Ordnungsstrukturen, an denen sich der Lebenslauf bisher orientiert und abgearbeitet hat und an denen er sich gegenwärtig (konform zur Vergangenheit oder im Gegensatz zu ihr) ausrichtet" (Schütze 1981, 104).

Allen erzählten Ereignissen oder Erlebnissen gemeinsam ist die Tatsache, dass der Erzähler selbst unmittelbar daran mitgewirkt hat und davon betroffen ist. Es ist wichtig darauf hinzuweisen, da im Leben des Erzählers erst durch die unmittelbare Mitwirkung an den Ereignissen, respektive deren Auswirkungen, Veränderungsprozesse eingeleitet, Erfahrungszuwächse angehäuft und reflektierte Betrachtungsweisen sowie differenziertere Beurteilungsformen des Erlebten ermöglicht wurden. Der Erzähltext dokumentiert den sozialen Prozess von Entwicklung und Wandlung, skizziert Geschehnisabläufe und umschreibt mögliche Verarbeitungsmechanismen. Biographische Erzählungen bringen also Deutungen zum Ausdruck, wie Wirklichkeit interpretiert wird (vgl. Detka 2005). Die Prinzipien der kognitiven Figuren sind der Schlüssel für das Verständnis der lebensgeschichtlichen Erfahrungsaufschichtung und sind laut Schütze (1984, 81) der eigentliche empirische Gegenstand.

4.2.1 Das Konzept der „Kognitiven Figuren des autobiographischen Stegreiferzählens"

Kraimer (1997) bezeichnet Erzählung und deren Dokumentation als wichtige Erkenntnisquelle zur Rekonstruktion von Sozialisations- und Bildungsprozessen. Er hebt die sensibilisierende Funktion hervor, die eine einseitige Klassifizierung durch Vorstrukturierung verhindert. Darüber hinaus wirken Narrationen realitätserweiternd, weil durch sie nicht oder nur schwer beobachtbare Erfahrungsbereiche erschließbar werden. Sie kommt in Autobiographischen Erzählungen und Texten zur Sprache und kann über deren Analyse und Interpretation erschlossen werden. Anhand autobiographischer Erzählungen und Texten können Kategorien entwickelt werden, in denen die längerfristigen und komplexen Prozesse menschlichen Lernens empirisch fassbar, beschreibbar und erschließbar werden (vgl. Schulze 2005, 45). Lernprozesse werden nicht so beschrieben, wie sie wirklich abgelaufen sind. Unter der Voraussetzung, dass das Erlernte für den biographischen Akteur subjektiv im Alltag von Bedeutung ist und somit als gültige Bezugsquelle wahrgenommen wird, ist es entscheidend, wie der Biographieträger den Lernprozess aus der Erinnerung rekonstruiert. Nur auf dem Weg der Erinnerung sind längerfristige Lernprozesse für uns überhaupt erreichbar. Hieran zeigt sich, dass das Lernen ein Vorgang ist, der sich der Beobachtung und auch der Selbstbeobachtung weitgehend entzieht. Kraimer (1997) sieht in der Erzählung aber auch eine „Möglichkeit der Entdeckung von Entwicklungspotentialen und biographischen Projekten" (ebd. 460). Nach Schütze (1983) setzen sich autobiographische Stegreiferzählungen – lebensgeschichtliche Erzählungen als Erkenntnisquelle von lebensgeschichtlichen Lern- und Bildungsprozessen – zumeist aus narrativen Passagen zusammen, die nah an der ursprünglichen Handlung, am ursprünglichen Erleben und Erinnern sind. Andere Passagen hingegen sind erlebnisferner, beschreibend, bilanzierend, deutend oder theoretisierend. Sie gehören der Sachverhaltsebene an (vgl. Dausien 1996). Das narrative Interview als Technik zur Herstellung von Autobiographischen Stegreiferzählungen ist ein rekonstruktives sozialwissenschaftliches Erhebungsverfahren, dessen Ziel die Generierung von Erzählungen, von selbst erlebten Geschichten und Erfahrungen ist. Es „eignet sich besonders für die Rekonstruktion komplexer interaktionsgeschichtlicher, alltagspraktischer, kollektivhistorischer und/oder biographischer Sachverhalte, die als soziale (bzw. lebensgeschichtliche) Prozesse in einer Abfolge zeitlicher Schwellen des jeweiligen Vorher und Nachher sowie in einer konditionellen Verkettung dieser Schwellen strukturiert sind" (Schütze 1987a, 241f).

Erzählungen werden anhand des nachfolgenden Ablaufes generiert: In einem intensiven Vorgespräch, nach Glinka (1998) der Vor- oder Aushandlungsphase, wird der zu Interviewende auf den Interviewablauf vorbereitet. Die Haupterzählung wird eingeleitet durch eine erzählgenerierende Frage. Die autobiographisch orientierte Erzählaufforderung erfolgt entweder zur gesamten Lebensgeschichte oder zu sozialwissenschaftlich besonders interessanten Phasen der Lebensgeschichte (Schütze 1983, 285). Im Idealfall schließt hieran eine längere Erzählpassage an, in welcher der Interviewer den Interviewten in seiner Erzählung nicht unterbricht. Der Haupterzählung folgt im Rahmen des immanenten Nachfrageteils eine erzählgenerierende Nachfragephase. Durch narrative

Nachfragen wird idealtypisch das zusätzliche Erzählpotential ausgeschöpft, das sich in der Haupterzählung angedeutet hat, aber nicht ausgeführt wurde. Zum Abschluss wird in einer Bilanzierungsphase, im exmanenten Nachfrageteil, die argumentative Auseinandersetzung des Individuums mit der eigenen Lebensgeschichte angestrebt.

Die Offenheit in der Form und die Entscheidungshoheit über den Inhalt des Erzählten erzeugt innerhalb der autobiographischen Stegreiferzählung eine Eigendynamik der Erzählung, die mehreren Zugzwängen unterworfen ist. Die erzähltheoretischen Grundlagen sind bestimmt von drei grundlegenden Regeln (vgl. Kallmeyer/Schütze 1976):

1. Gestaltschließungszwang. Es wird davon ausgegangen, dass Individuen die Kompetenz besitzen, zu beurteilen, wann ihre Erzählung, die Gestalt in ihrem Sinnzusammenhang (vgl. Kallmeyer/Schütze 1977, 162), abgeschlossen ist. Das erzählte Geschehen wird dabei in einen Zusammenhang mit dem Ganzen gestellt, es werden nicht nur einzelne Situationskonstellationen geschildert, sondern auch begonnene Teilerzählungen und Sachverhalte zu Ende erzählt. In den Teilerzählungen enthaltene Kognitive Figuren werden aufgebaut und zuerst abgeschlossen, sonst können übergeordnete Figuren nicht abgeschlossen werden (Kallmeyer/Schütze 1977, 188).

2. Relevanz- und Kondensierungszwang. Im Rahmen der Erzählung muss zur Vermeidung inhaltlicher und zeitlicher Ausuferung eine Verdichtung und Kondensierung selbiger erfolgen. Die Erzählungen sind auf die zentralen Aussagen, auf überschaubare Darstellungen ausgerichtet. Die Ereignisse und Situationen gruppieren sich um diese herum, wobei vieles weggelassen oder global zusammengefasst wird.

3. Detaillierungszwang. Die Frage nach Hintergrundinformationen und nach temporal geordneten Ereignisabfolgen steht im Mittelpunkt. Wenn es nötig ist, muss dabei die Darstellung ins Detail gehen.

Die weiteren Interviewpartner werden im Sinne des theoretical sampling mit erwartbaren, unterschiedlichen Erfahrungen (maximale Kontrastierung) oder ähnlichen Erfahrungen (minimale Kontrastierung) ausgewählt (vgl. Glinka 1998; Rosenthal 2003).

4.2.2 Prozessstrukturen als Analysematrix zur Herausarbeitung von Lern- und Bildungsprozessen

Einen besonderen Stellenwert bei der Rekonstruktion von Lern- und Bildungsprozessen nimmt die kognitive Figur „Prozessstrukturen des Lebens" ein. Dieses biographietheoretische Analyseinstrument ist darauf ausgelegt, die Übergänge von einer Prozessstruktur in die andere zu rekonstruieren.

„Die Frage, wie Subjekte diese qualitativen Übergänge vollziehen, ergibt Aufschluss über den Wechsel der Lernebenen, über den Wechsel der Erfahrungsmodalität sowie über den Wechsel der Zukunftsstruktur des biographischen Entwurfs, gibt also Aufschluss über die Mikrostrukturen von Bildungsprozessen" (Marotzki 1990a, 246).

Prozessstrukturen sind keine statischen Gebilde. Sie können sich im zeitlichen Verlauf ändern und überlagern, wobei unterschiedliche Haltungen zum Vorschein kommen können. Als „Grundphänomene von Lebensläufen" (Schütze 1981, 67) können folgende vier Prozessstrukturen unterschieden werden:

1. Institutionelle Ablaufmuster und Erwartungen des Lebenslaufs
Dies sind gesellschaftlich vordefinierte Phasen und Einschnitte von Lebens- und Familienzyklen. Das Subjekt „sieht sich normativen Erwartungen gegenüber, die sich auf vorgeprägte institutionelle Ablaufmuster der Biographie beziehen" (Schütze 1981, 138). Die normativen Erwartungen bestehen sowohl aufseiten der Biographieträger als auch aufseiten der Interaktionspartner. Entscheidend ist auch ein gegenseitiger ‚Erwartungsfahrplan' zwischen dem Subjekt und den ‚institutionalisierten Mustern des Lebenslaufs'. Es lassen sich drei Gruppen von normativ-institutionalisierten Ablaufmustern unterscheiden:
a. Familienzyklen. Die Gesamterwartung regelmäßiger sequentieller Zusammenhänge des Lebenszyklus ist mit normativer Geltung verbunden, wie die Schulzeit, Berufsausbildung und die Ehe.
b. Ausbildungs- und Berufskarrieren. Die institutionsbereichsspezifische Institutionalisierung von lebensgeschichtlichen Ablaufmustern in den verschiedenen Bereichen der gesellschaftlichen Wirklichkeit in modernen Gesellschaften wird beachtet.
c. Weitere partikulare Institutionalisierungen des Lebenslaufs, welche keinen „normalen Schablonen" (Schütze 1981, 70) entsprechen, wie z.B. Freizeitkarrieren.

2. Handlungsschemata von biographischer Relevanz
Dies sind intentionale, gewissermaßen erwartbare Handlungen. Die Handlungsschemata sind geplant, sie werden innerhalb bestimmter, abgesteckter Handlungsspielräume realisiert, häufig sind es längerfristig ablaufende soziale Prozesse. Wenn sie länger andauern, können sich Diskrepanzen ergeben, da sich Relevanzen und Zielsetzungen ändern können (Schütze 1981, 75), weil „der Betroffene sich ändernden soziohistorischen Alltagseinflüssen ausgesetzt ist, endogenen Reifungs- und Abbauprozessen unterliegt sowie in den Verstrickungen des biographisch relevanten Handlungsschemas völlig neuartigen psychosozialen Impulsen ausgesetzt ist" (Schütze 1981, 74f).
In diesem Zusammenhang sind vier verschiedene biographietheoretische Pha-

sen zu unterscheiden: Interaktionsbezug, Ankündigungsstruktur, Durchführungsstruktur und nach der Konsolidierungsphase der materiellen und sozialen Basis die Evaluation und Ergebnissicherung. Es existieren fünf Grundtypen:

a. Biographischer Entwurf:
   Unterschieden wird z.b., ob individuell formulierten Lebensplänen oder sozial bereits vorgeprägten Ablaufmustern organisierter Karrierestrukturen gefolgt wird.
b. Biographische Initiativen zur Änderung der Lebenssituation:
   Unterschieden wird z.b., ob und wie Personen den Übergang zwischen der bisher verronnenen passiven Zeit und der noch verrinnenden Zeit sowie der aktiv zu nutzenden weiteren Zeit für neue biographische Initiativen verwenden.
c. Episodales Handlungsschema des Erlebens von Neuem mit nachträglicher biographischer Relevanz.
d. Situative Bearbeitungs- und Kontrollschemata von biographischer Relevanz:
   Der Handelnde steht einer auf Problembewältigung drängenden sozialen Situation gegenüber, die für ihn dringend gelöst werden muss, allerdings mit den vorhandenen Routinemitteln nicht gelöst werden kann.
e. Handlungsschemata markierter biographischer Irrelevanz:
   Dies sind Handlungsschemata, die weder Auswirkungen auf die Alltagsexistenz noch auf längerfristige biographische Strukturen haben.

3. Verlaufskurven

Diese werden durch Diskrepanzen zwischen einem Handlungsentwurf und dessen Realisierung ausgelöst. „Wenn in der Durchführungsphase eines Handlungsschemas eingesetzte Kontrollpraktiken versagen, nehmen die Diskrepanzen zu und es kommt zu einem Aufbau eines Verlaufskurvenpotentials" (Schütze 1981, 98). Zumeist werden Ereignisse willkürlich erfahren. In der Folge stellen sich Verlaufskurven des Erleidens ein und eine progressive Destabilisierung der bisher verfolgten, biographisch relevanten Handlungsschemata setzt ein (Schütze 1981, 92). Die Erleidensprozesse, die in sozialen Verlaufskurven – negativer ebenso wie positiver Art – enden können, wirken sich prägend auf den Lebenslauf aus. Negative Verlaufskurven „schränken den Möglichkeitsspielraum für Handlungsaktivitäten und Entwicklungen der sozialen Einheit progressiv im Zuge besonderer Verlaufsformen, der Aufschichtung ‚heteronomer' Aktivitätsbedingungen ein, die vom Betroffenen nicht kontrolliert werden können" (Schütze 1981, 91). Positive Verlaufskurven eröffnen hingegen „durch die Setzung neuer sozialer Positionierungen im Zuge eines progressiven Abbaus heteronomer Aktivitätsbedingungen nach dem Durchlaufen einer bestimmten (…) konditionalen Verkettung von Ereignissen, neue Möglichkeitsspielräume für Handlungsaktivitäten und Entwicklungen der sozialen Einheit" (Schütze 1981, 91).

4. Wandlungsprozesse der Selbstidentität und biographische Gesamtformung

Wandlungsprozesse sind – im Gegensatz zu Handlungsschemata – nicht planbar. Die biographische Gesamtformung beinhaltet die „dominante Ordnungsgestalt, die der Lebenslauf im Verstreichen von Lebenszeit für den Biographieträger, seine signifikanten Interaktionspartner, aber auch für dritte Beobachter allmählich annimmt" (Schütze 1981, 104). Im Zuge von Wandlungsprozessen verändert sich die Identität des Betroffenen.

Ein biographischer Wandlungsprozess ist folgenden Bedingungen unterworfen:

a. „Auslöser sind biographische Problemlagen im Sinne von Handlungshemmungen und das Aufgreifen von grundlegenden Fragestellungen und Gestaltungsmöglichkeiten für rätselhafte Weltausschnitte oder Gesellschaftsprobleme;

b. Haltung der Offenheit, Suche nach dem eigenen Thema und den eigenen Fähigkeiten;

c. Rückzugsmöglichkeiten in Moratorien und Experimentalsituationen;

d. Verständnisvolle „signifikante Andere";

e. Vorhandensein eines gegenständlichen Gestaltungsfeldes;

f. Der soziale Raum muß Veränderungsmöglichkeiten und Alternativen aufweisen" (Blümer 1995, 10; zitiert nach Bartmann 2005, 12).

4.3 Das sequentielle narrationsstrukturelle Auswertungsverfahren

Das sequentielle narrationsstrukturelle Auswertungsverfahren beinhaltet sechs Arbeitsschritte: die formale Textanalyse, die strukturelle Beschreibung, die analytische Abstraktion, die Wissensanalyse, den kontrastiven Vergleich sowie die Konstruktion eines theoretischen Modells (vgl. Glinka 1998).

Im Rahmen der formalen Textanalyse erfolgt eine Segmentierung der Haupterzählung. Leitend sind narrationsstrukturelle Markierer. Solche Markierer sind z.B. Rahmenschaltelemente, die den Beginn einer Erzählung anzeigen („und dann"), zeitliche Schwellen, Pausen. Das Auftreten dieser Elemente ist jedoch nicht zwingend. Neben den Markierern ist die Darstellungseinheit von Relevanz. Erzählsegmente weisen eine Binnenstruktur auf. Zudem sind innerhalb der einzelnen Segmente verschiedene Darstellungseinheiten auffindbar. Dies sind z.B. Erzählgerüstsätze, die den Kern der biographischen Veränderungen und Erfahrungen deutlich machen. Während Detaillierungen der Illustration von Prozessen dienen, tragen Detaillierungsexpansionen zur Ausführlichkeit der Erzählungen bei. Schließlich existieren auch noch Hintergrundkonstruktionen, die überdies in Hintergrunderzählungen, Hintergrundbeschreibungen und Hintergrundargumentationen unterschieden werden können. Alle nichtnarrativen Textpassagen können dadurch ausgeschlossen werden. „Neben den selbständigen Erzählsegmenten (und möglicherweise in sie eingelagerten Seiten- und Hintergrundkonstruktionen) gibt es in autobiographischen Stegreiferzählungen auch noch suprasegmentale Darstellungszusammenhänge, die sich auf übergreifende lebensgeschichtliche Prozeßabläufe beziehen" (Schütze 1984, 91). In der formalen Textanalyse werden aus diesem Grund auch segmentale, suprasegmentale und subsegmentale Erzählzusammenhänge und Erzähleinheiten herausgesucht und hierarchisch geordnet (vgl. Schütze 1984, 113).

Die strukturelle, inhaltliche Beschreibung schließt sich der formalen Textanalyse an. Darstellungsinhalt und Erzählform werden in diesem Schritt konstant aufeinander bezogen und voneinander abgesetzt (Riemann 1987, 57). Die einzelnen Erzählsegmente, die in der Erzähldarstellung repräsentierten Prozesse verschiedenster Art, deren spezifische Rahmenbedingungen, deren spezifisches Zusammenwirken und damit die Entwicklung in der sich aufschichtenden Erfahrungsbildung durch die Person sollen herausgearbeitet werden.

Die analytische Abstraktion zeichnet die Struktur der Lebensgeschichte in ihrer Gesamtgestalt nach. Die vorher abstrahiert gewonnenen Strukturaussagen zu den einzelnen Lebensabschnitten werden systematisch miteinander in Beziehung gesetzt. Dominante Prozessstrukturen, sowohl der einzelnen Lebensabschnitte als auch der gegenwärtigen Situation, werden aus dem Textmaterial herausgearbeitet.

Im Rahmen der Wissensanalyse werden die eigentheoretischen und die argumentativen Bestandteile des Interviews im Ereignisablauf, der Erfahrungsaufschichtung und dem Wechsel der dominanten Ordnungsstrukturen des Lebenslaufs auf seine verschiedenen Funktionen, wie Verdrängung und Deutung, interpretiert (vgl. Schütze 1983, 286f).

Im fünften Schritt, dem kontrastiven Vergleich, werden die einzelnen analysierten Fälle miteinander in Bezug gesetzt. In Anlehnung an den minimalen und maximalen kontrastiven Vergleich nach Glaser und Strauss werden die Interviews miteinander verglichen oder gegenübergestellt.

Der letzte Schritt, die Konstruktion eines theoretischen Modells, ermöglicht das Aufeinander-Beziehen verschiedener Kategorien aus dem gesamten Material heraus. „Es geht jetzt um die Wechselwirkung der eruierten biographisch sozialen Prozesse aufeinander, die zeitlich-sachliche Ablösung der einen durch die anderen und ihren gemeinsamen Beitrag zur biographischen Gesamtformung" (Schütze 1983, 288).

Ausblick und Zusammenfassung

Die lebensgeschichtlichen Erzählungen, die das narrative Verfahren hervorbringen kann, eröffnen den Blick auf individuelle und kollektive Lern- und Bildungsprozesse, die wiederum Identitäts- und Sinnkonstruktionen erkennbar werden lassen. Im Zusammenhang mit biographischen Erfahrungen lassen sich

Prozesse der Identitätsbildung und Identitätsveränderung herausarbeiten. Erziehen als Form pädagogischer Begleitung strukturiert Biographien. Ein weiterer Bezug zur Pädagogik besteht in den Auswirkungen pädagogischer Prozesse und dem Wirken von Erziehungsinstitutionen, die in den Texten sichtbar werden. Das Handeln von Erziehungspersonen ist somit zu beachten, Paradoxien pädagogischen Handelns wie z.B. Differenzen zwischen offiziellen Erziehungszielen und individuellen Lernerfahrungen können sichtbar gemacht werden.

Die von Schütze formulierten Veränderungspotentiale, die durch die Narration biographischer Erfahrungen ausgelöst werden können, sind im Kontext des biographischen Lernens zu betrachten. Schütze geht dabei davon aus, dass allem Stegreiferzählen selbsterlebter Erfahrungen eine autobiographische Komponente inne wohnt (vgl. Schütze 1984, 82). Weiterhin bezieht sich nach Schütze jedes Erzählen selbsterlebter Erfahrungen zumindest partiell auf die Veränderungen des Selbst des Erzählers als Biographieträger. Jedes Stegreiferzählen selbst erlebter Erfahrungen ist „auch das Wiedererinnern dieses mehr oder weniger unmerklichen Veränderungsprozesses" (Schütze 1984, 82).

Rückblickend auf die vorangegangenen Kapitel (vgl. Kapitel 1–3) kann festgehalten werden, dass Biographieforschung als qualitativ-empirische Bildungsforschung am ehesten dem Erfassen der Komplexität erfahrungs- und alltagsbezogenen Lernens gerecht wird. Mithilfe der Biographieforschung können unter Verwendung des narrationsstrukturellen Verfahrens Fragen des Umgangs der Individuen mit gesellschaftlichen Erwartungen wie erhöhter Flexibilität, Mobilität oder auch erhöhter Selbstverantwortung beantwortet werden. In Anbetracht einer gegenwärtig beobachtbaren und zukünftig noch anwachsenden großen Anzahl an nicht gradlinigen Bildungs- und Berufskarrieren sind biographieorientierte Forschungsansätze deshalb erkenntniserhellend, weil sie auch den Blick auf den individuellen Verarbeitungsmodus von Krisen und krisenhaften Ereignissen richtet und analysiert, wie Individuen über die Lebenszeit lernen und auf welche Weise dabei bestimmte Inhalte mit einem bestimmten subjektiven Sinn verknüpft werden.

Lern- und Bildungsprozesse lassen sich beschreiben, Erfahrungsaufschichtungen rekonstruieren, Lernzusammenhänge erfassen, Verknüpfungsmuster freilegen und beeinflussende Faktoren identifizieren. Als Methode hat sich somit für die vorliegende Untersuchung die bildungsbiographische qualitative Forschung als sinnvolles Instrument erwiesen, gerade auch, da sie dem Interpretativen Paradigma verpflichtet ist, d.h. Wirklichkeit als eine zu interpretierende versteht, die sich erst in den Interpretationen der Akteure konstituiert.

Biographieorientierte Studien geben Aufschluss darüber, wie die Subjekte die gesellschaftlichen Deutungskontexte und durchaus auch Lernzumutungen in ihre Prozesse biographischer Arbeit einbinden. Zudem können im biographischen Material Erfahrungs- und Lernaufschichtungen ermittelt werden. Biographieforschung bietet daher die empirische Grundlage, um die vielfältigen Lernzusammenhänge, die im Kontext des Lebenslangen Lernens vor allem programmatisch vertreten werden, aufzuhellen und genauer zu erfassen (vgl. von Felden 2006b, 2009).

Methodisch fiel die Wahl auf das narrative Interview und das narrationsstrukturelle Verfahren, weil im Rahmen von Stegreiferzählungen in der Analyse, wie und was erzählt wird, die subjektiven Lern- und Bildungsprozesse beschrieben werden können.

Das autobiographisch-narrative Interview eignet sich besonders zur Analyse sozialer Phänomene in ihrer Prozesshaftigkeit und vermittelt daher einen Einblick in die Genese sozialer Abläufe.

4.4 Forschungsprozess und Forschungsdesign

4.4.1 Individueller Forschungsprozess – Subjektives Forschungsinteresse und Entwicklung eines Forschungsschwerpunktes

In dem folgenden Kapitel sollen die Motivlagen für die Beschäftigung mit Biographien von Lehrenden im Pflegebereich dargelegt werden. Als Mitglied der Berufsgruppe der Pflege- und Gesundheitsberufe stieß ich in meinem Arbeitsumfeld oft auf Barrieren, oder es wurde mir in meinem Kollegenkreis ein unverhohlenes Desinteresse entgegengebracht, wenn es um die Umsetzung neuer, unkonventioneller Ideen im pädagogischen Wirkungsbereich ging. Es war diese Konfrontation mit den Widerständen von Seiten der Kollegen an der Krankenpflegeschule, die in mir die Frage reifen ließ, wie Erwachsene lernen und mich dazu motivierte darüber nachzudenken, auf welche Weise ich meine Kollegen zu einer offenen, konstruktiven Einstellung gegenüber der Entwicklung von neuen Unterrichtsideen bewegen könnte. Verstärkt wurde diese Interessen- und Motivationslage dadurch, dass kreative Handlungskonzepte und die Erfahrung neuer kultureller Selbst- und Weltsichten, mit denen ich während der im Rahmen des Studiums absolvierten Auslandsaufenthalte in Berührung gekommen war und deren Inhalte ich bei meiner Rückkehr in der Krankenpflegeschule ausprobieren wollte, wiederum auf Gleichgültigkeit, Ablehnung und Desinteresse stießen.

Neben dem handlungspraktischen Interesse an einer Verbesserung der Lehr- und Lernsituation in Krankenpflegeschulen beschäftigte ich mich auch damit, wie mit dem Einsatz didaktischer Theorien und Modelle Lernen und Bildung vermittelt werden kann. (Außerdem entwickelte ich in meiner Zeit als Krankenschwester im Umgang mit Menschen, die mir am Krankenbett ihre Lebensgeschichte erzählten, eine biographische Perspektive.)

Ein Auslöser für die Konkretisierung meines Forschungsvorhabens war die Reform der Krankenpflegeausbildung, die 2004 eine neue Ausbildungsstruktur schuf, um den gesellschaftlichen Transformationsprozessen und den damit einhergehenden Veränderungen auf allen Ebenen im Pflegebereich gerecht zu werden. Die mit dem Krankenpflegegesetz initiierten neuen bundesweiten Ausbildungsbestimmungen leiteten eine große Veränderungswelle ein und muss daher auch als Kritik an der früheren Ausbildung verstanden werden, die in der Metapher der Robert-Bosch-Stiftung ihren Ausdruck fand, Pflege neu zu denken. Mich beschäftigte in dieser Situation die Frage, wie sich dieser Wandel angesichts der in der Berufsgruppe vorherrschenden Ablehnung und Distanz gegenüber konzeptionellen und strukturellen Neuerungen in der Pflegeausbildung vollziehen werde. Auf der Suche nach Antworten beeindruckte mich ein Kongress, der diese Neuentwicklungen und die damit einhergehenden Veränderungen auf den verschiedenen Kompetenzebenen der Sach-, Methoden-, Sozial-, Fach- und Personalebene getrennt voneinander zu beschreiben versuchte. Doch erschien mir das Kompetenzmodell mit seinen Friktionen nur bedingt für eine differenzierte Betrachtung des komplexen Phänomens menschlichen Lernens geeignet. Schließlich führte mir der Satz Wilhelm Diltheys (1974, V, 172): „Die Sachen erklären wir, den Menschen verstehen wir" aus einer Studie über die Bedeutung der personalen Kompetenz im Prozess des Wissenserwerbs nochmals die zentrale Rolle des handelnden Subjekts im Kontext von Lernen und Bildung vor Augen und eröffnete mir erstmals eine biographietheoretische Sicht auf die Entstehung von Haltungen und Entwicklungsprozessen.

Zielte meine erste Forschungsfrage – ausgehend von den gesetzlich eingeleiteten Neuentwicklungen und Veränderungen in der Ausbildungsstruktur der Pflege- und Gesundheitsberufe – (noch) auf den Umgang meiner Kollegen mit den sich daraus ergebenden beruflichen Herausforderungen eines veränderten Lehrens und Lernens, so bot sich mir mit dem Einstieg in die Biographieforschung eine Untersuchungsmethode auf der Subjektebene, deren Fokussierung auf die Prozessstrukturen auch die Entstehung biographischer Motive, Handlungs- und Deutungsmuster offenlegt, die sich im beruflichen Alltag in Form einer pädagogischen Haltung oder eines Aneignungssystems von Wissen zeigen. Diesen Ansatz verfolgend, entwickelte ich das Kernstück meiner Arbeit, deren Ziel es ist, die Entstehung komplexer Lern- und Bildungsprozesse zu untersuchen und die handlungsleitende Erkenntnisfunktion von Bildungsfiguren für den Aufbau komplexer Professions- und Wertestrukturen aufzuzeigen.

Die auf der Grundlage des neuen Krankenpflegegesetzes vorgenommenen Veränderungen in der inhaltlichen Akzentuierung und strukturellen Ausrichtung der Ausbildung in den Pflege- und Gesundheitsberufen bedeuteten auch für die Lehrenden eine Vielzahl neuer beruflicher und didaktischer Anforderungen. Geleitet von einem subjektiven Forschungsinteresse formulierte ich daher die

Annahme, dass beruflich bedingte Veränderungen unweigerlich neue Handlungs- und Deutungsmuster erforderten, deren Ausprägung im beruflichen Kontext zwangsläufig Professionalitätsentwicklungsprozesse in Gang setzen würden. Daher behauptete ich in meiner ersten These, dass diese Professionalitätsentwicklungsprozesse die Entwicklung neuer Bildungsfiguren und Lernmodi auslösen würden. Nach einer ersten Erhebung und Auswertung des Interviewmaterials war ich gezwungen, meine zuvor formulierte Vorannahme zu verifizieren, da die Entwicklung von neuen Handlungs- und Deutungsmustern anhand des vorliegenden Materials nicht rekonstruiert werden konnte. Lern- und Bildungsfiguren dagegen entwickeln sich in einem biographischen Prozess über die Lebenszeit und sind nicht unmittelbar an externe berufliche Herausforderungen gekoppelt. Das Material zeigte mir, wie die Lebensgeschichte Professionswissen erzeugt und in pädagogischen Haltungen zum Ausdruck kommt. Diese biographischen Strukturen waren für mich von besonderem Erkenntnisinteresse, weil sich kreative Problemlösungsprozesse und Wertestrukturen in den biographischen Erzählungen zeigten. Ich begann zu verstehen, was mir das Material erzählte. Während biographische Sinnfiguren, die innerhalb der Professionalitätsentwicklung eine wichtige Rolle spielen, der Orientierung dienen, kommen biographische Ressourcen als Problemlösungspotential zum Zuge. Die Biographie ist als Konstante der wichtigste Bezugspunkt und ein Stabilisator im Rahmen des persönlichen und beruflichen Transformationsprozesses.

Unter der leitenden Fragestellung, wie Professionswissen biographisch generiert wird, analysierte ich die im Material sichtbar werdenden biographischen Konstitutionsbedingungen von Professionalität und orientierte mich dabei an meinen Forschungsfragen: „Wie lernen Erwachsene und wie gehen sie mit beruflichen Herausforderungen um? „Wie konstituieren sich biographische Vorprägungen, Ressourcen, Motive und welche Bedeutung haben sie für die Entwicklung von pädagogischen Haltungen und den Umgang mit beruflichen Anforderungen?"

Ausgehend von diesen Fragen sollte die wichtige Rolle von biographischen Erfahrungen bei der Herausbildung professioneller Orientierungs-, Deutungs- und Handlungsmuster erörtert und die Biographizität als individuelle Handlungskompetenz gekennzeichnet werden, die es dem Biographieträger ermöglicht, Sinn- und Bedeutungsgehalte herzustellen, ihn zur Selbst- und Weltinterpretation zu befähigen und ihm darüber hinaus zu einer Anschlussfähigkeit biographischer Wissensbestände an die sich verändernden Lebenswelten zu verhelfen. Biographie wird in diesem Zusammenhang als ein Ort begriffen, an dem Momente des Lernens und der Bildung ebenso erfahrbar werden wie Krisen, die entweder neue Entwicklungen einleiten können oder in einer Stagnation münden.

In der vorliegenden Untersuchung werden biographische Vorprägungen in ihren konstitutiven Auswirkungen für die Entwicklung professioneller Orientierungs-, Interpretations- und Handlungsmuster an Einzelfällen rekonstruiert und damit grundlegende Einsichten in die berufsbiographischen Konstitutionsbedingungen von pädagogischer Professionalität und Handlungsstruktur befördert. Ziel dieser Arbeit, die den Titel „Biographische Lern- und Bildungsprozesse am Beispiel der Professionalitätsentwicklung von Lehrenden in Pflege- und Gesundheitsberufen" trägt, ist es, das Verhältnis von biographischen Lern- und Bildungsprozessen und pädagogischer Professionalität im Rahmen des Spannungsfeldes der beruflichen Weiterentwicklungsprozesse zu untersuchen. Berufsbiographien von Lehrenden in Pflege- und Gesundheitsberufen zeichnen sich dadurch aus, dass vor Aufnahme der Lehrtätigkeit in der Regel verschiedene berufliche Stationen mit unterschiedlichen Anforderungsprofilen durchlaufen wurden. Neben der Vermittlung von fachlichen Kenntnissen und Fertigkeiten ist ein wesentliches berufsbiographisches Merkmal des Lehrberufes im Gesundheitswesen die tägliche Begegnung und Auseinandersetzung mit unterschiedlichen, altersgemischten Menschen in besonderen Lebenslagen. Daher ist die Entcodierung menschlicher Bedürfnislagen, die sich unbewusst im interpretativen Prozess vollzieht, ein berufsspezifisches Element dieser Berufsgruppe. In Anbetracht der berufsbiographischen Merkmale und berufsspezifischen Besonderheiten sind die Biographien von Lehrenden in Pflege- und Gesundheitsberufen prädestiniert für die Analyse der im Laufe der beruflichen Sozialisation erworbenen Lebens- und Lernstrategien.

4.4.2 Datenerhebung und Datenauswertung

Mit der Verknüpfung von Datenerhebung- und auswertung folgt die Anlage der vorliegenden Studie der Idee eines Theoretischen Samplings (vgl. Glaser/Strauss 1998, 53ff).
Im Zeitraum von 2007–2008 wurden in zwei Bundesländern zwölf narrative Interviews mit integriertem Leitfadenteil unter Verwendung eines digitalen Aufzeichnungsgeräts durchgeführt. Als ein Erhebungsinstrument für die Biographieforschung hat sich das narrative Interview inzwischen vielfach bewährt. Da die Erhebungsmethode in der Zwischenzeit als bekannt vorausgesetzt werden darf, entfällt an dieser Stelle eine ausführliche Begründung (vgl. grundlegend u.a. Schütze 1983, 1987; einführend z.B. Fuchs-Heinritz 2005; Glinka 1998; Küsters 2006; Lucius-Hoehne/Deppermann 2004; Stelmaszyk 1999; zusammenfassend Griese/Griesehop 2007). Für die vorliegenden Untersuchung wurden die Interviewpartner von ehemaligen Arbeitskollegen und Kontaktpersonen vermittelt. Bei der ersten Kontaktaufnahme wurde den Interviewpartnern in einem telefonischen Vorgespräch das übergeordnete Ziel der Arbeit vorgestellt und der Ablauf des autobiographisch-narrativen Interviews erläutert. Die Ge-

spräche fanden in den Büroräumen der Schulleitung in den Krankenpflegeschulen statt und dauerten zwischen 60 und 120 Minuten.

Bei qualitativen Interviews kommt es nicht auf eine große Anzahl durchgeführter Interviews an, sondern es geht darum, einige typische Fälle systematisch auszuwählen, welche die theoretischen Konzepte des Forschers bestätigen (theoretical sampling). Vor diesem Hintergrund wurden aus den zwölf erhobenen Interviews letztlich drei Gespräche ausgewählt, die den genannten Forderungen des theoretical sampling entsprachen.

Bei der Auswahl der Interviewpartner wurden Schulleitungsmitglieder aus verschiedenen Krankenpflegeschulen in die Untersuchung einbezogen, um von ähnlichen Ausgangsbedingungen im Hinblick auf den gegenwärtigen Verantwortungsbereich des Einzelnen ausgehen zu können. Von besonderer Bedeutung bei der Auswahl war ferner, dass es sich um Schlüsselpositionen eines Berufsfeldes handelt, das großen strukturellen Veränderungsprozessen ausgesetzt ist. Die ausgewählten Interviewpartner sollten bereits über einige Jahre Berufserfahrung in der Rolle als Schulleitungsmitglied einer Krankenpflegeschule verfügen und divergierende berufliche Abschlüsse erzielt sowie unterschiedliche Karrierewege durchlaufen haben, um die Exploration möglichst vielfältiger biographischer Erfahrungen bei den Schulleitungsmitgliedern zu gewährleisten. Um eine große Spannweite der biographischen Erfahrungen zu ermöglichen, wurde bei der Auswahl der Interviewpartner auch auf eine Streuung nach den Merkmalen Alter und Geschlecht geachtet.

Durchführung der Interviews

Da der Fokus der Untersuchung auf die gesamte Lebensgeschichte gerichtet ist, wurde jedes Interview mit einer offenen Eingangsfragestellung eingeleitet, die folgende Formulierung enthielt:

> „Ich interessiere mich für ihre Lebensgeschichte. Bitte erinnern Sie sich zurück an die Zeit, als Sie noch klein waren und erzählen Sie mir ausführlich von da an bis heute ihr Leben. Ich werde sie nicht unterbrechen und höre Ihnen aufmerksam zu."

Dem Interview schloss sich ein exmanenter Nachfrageteil an, der berufsbezogen auf das novellierte Krankenpflegegesetz zielte und das berufliche Selbstverständnis der Interviewpartner unter den Aspekten der Lehrer-Schülerbeziehung und der persönlichen Sichtweise auf Schule und Kollegium näher beleuchtete.

Nach der Durchführung der Interviews wurden Verlaufsprotokolle erstellt, in denen Informationen zu inhaltlichen Aspekten ebenso dokumentiert wurden wie Angaben über den Verlauf des Interviews oder die Gesprächsatmosphäre. Die Grundlage für eine Auswahl von Fällen, die in der späteren Interpretation genauer analysiert werden sollten, bildeten die im Anschluss an die Interviews angefertigten, digitalisierten Gesprächsmemos und Interviewausschnitte. In Zusammenarbeit mit einer kleinen Forschergruppe wurde das aufbereitete Material gesichtet und eine Auswahl getroffen. Schließlich wurden die Interviews von drei Gesprächspartnern, zwei Männern und einer Frau im Alter zwischen 49 und 56 Jahren, als Untersuchungsgegenstand der vorliegenden Studie ausgewählt und vollständig transkribiert.

Datenauswertung: Auswertung der Interviews
Bei der Anonymisierung des Interviewmaterials wurden fiktive Personennamen verwendet und alle Ortsbezeichnungen verändert. Die Auswahl der Orts- und Landschaftsbezeichnungen erfolgte in geografischer Analogie zu den ursprünglichen Nennungen, um die regionale Verortung als Ereignisträger v.a. in einem Interview zu markieren, weshalb auf eine abstrakte Anonymisierung, wie sie mit der Formulierung „Stadt/Mittelgebirge 1, 2 oder 3" ebenfalls möglich gewesen wäre, zugunsten realer Orts- und Landschaftsbezeichnungen verzichtet wurde.

Die ausgewählten Interviews wurden mit Hilfe des narrationsstrukturellen Auswertungsverfahrens nach Schütze (1983,1984) analysiert. Im Rahmen der formalen Textanalyse erfolgte zunächst eine Segmentierung der lebensgeschichtlichen Erzählungen, indem die einzelnen Erzählabschnitte unter besonderer Berücksichtigung formaler, sprachlicher Indikatoren markiert und die Textsorten der Erzählung, Beschreibung und Argumentation voneinander abgegrenzt wurden. An die Segmentierung schloss sich die strukturelle Beschreibung an, mit deren Hilfe die formale Gestaltung und die Darstellungsinhalte der Texte analysiert werden konnten.

Im darauf folgenden Analyseschritt der analytischen Abstraktion wurde die biographische Gesamtformung des Interviews erstellt, wobei sich die Rekonstruktion der Lebensgeschichte der Interviewpartner auf biographische Professionsbildungsprozesse von Lehrenden in den sich in einem grundlegenden strukturellen Wandel befindenden Pflege- und Gesundheitsberufen konzentriert. In diesem Stadium des Analyseprozesses kann mit der Operationalisierung von Dimensionen (biographischen Ressourcen, berufliche Herausforderungssituationen, pädagogische Haltung) die biographische Konstruktion vollständig erfasst und zugleich eine Typenbildung ermöglicht werden.

4.4.3 Instrumente der Reflexivität

Um in schwierigen Arbeitsprozessen die notwendige Offenheit zu bewahren und das Phänomen der Gegenübertragung zu vermeiden, nahm ich an regelmäßigen Treffen einer curricularen Kolloquiumsgruppe teil und kooperierte kontinuierlich in einer kleinen Forschergruppe mit anderen Promovenden, die im gleichen Forschungsgebiet ihre Dissertation verfassten. Es wurde mir in diesen Gruppen ein Forum geboten, in dem ich meine eigenen Forschungsvorhaben konkretisieren konnte. Die von den anderen Teilnehmern entworfenen alternativen, kontrastiven Ideen und Perspektiven forderten mich dazu auf, meinen eigenen Standort klarer zu konturieren und in dieser differenzierteren Wahrnehmung eine Veränderung der eigenen Sicht des Phänomens herbeizuführen, die ein tieferes Verstehen der komplexen Zusammenhänge meiner Forschungsarbeit ermöglichte.

Zur Aneignung und Verfeinerung der Forschungsmethode des narrationsstrukturellen Verfahrens besuchte ich Tagungen und Kongresse, beteiligte mich an der Arbeit in Forschungswerkstätten und verfasste einen Fachartikel. Der Austausch in den Arbeitsgruppen und die gemeinsame Arbeit am Forschungsmaterial diente mir als Reflexionselement im Forschungsprozess und stabilisierte meine persönliche Arbeitsmotivation.

Parallel zur Ausarbeitung der Dissertation legte ich ein Forschertagebuch an, in dem ich mit meiner fiktiven Co-Forscherin Probleme besprach, die im Verlauf des Arbeitsprozesses entstanden waren. Mit der Formulierung und schriftlichen Fixierung von Problemstellungen löste ich mich von meinen geistigen Monologen, in denen die bestehenden Probleme hin und her gewälzt wurden, was zuweilen tief greifende Irritationen oder auch Aggressionen in mir auslöste. Die Verschriftlichung meiner geistigen Konstrukte und Diskussionen versetzten mich in die Lage, meine eigenen Abwehrmechanismen zu reflektieren und zu kontrollieren. Die Dokumentation des Umgangs mit Problemfeldern führte auch zu einem Informations-und Erkenntniswert im Verstehensprozess. Mein Forschertagebuch zeichnet mit den dokumentierten Ideenfragmenten, Barrieren und Umwegen ein genaues Bild des Erkenntnisprozesses- und fortschritts im Verlauf der Dissertation.

Die Unterschiedlichkeit in der sprachlichen und strukturellen Ausgestaltung der Biographischen Gesamtformung der Fälle ist zum einen auf die Teilnahme an verschiedenen Interpretationskolloquien und Forschungswerkstätten zurückzuführen und andererseits dem persönlichen Entwicklungsprozess geschuldet, den ich im Verlauf der Dissertation durchlaufen habe. Eine einheitliche Form der Falldarstellung ergab sich daher erst zum Zeitpunkt der Typenbildung und des Typenvergleichs. Die Unterschiedlichkeit der Falldarstellung kann somit auch als Ergebnis eines Forschungsprozesses betrachtet werden und soll als Eigenwert des Forschungsprozesses erhalten bleiben.

5. Fallstudien und empirische Befunde

5.1 Kurt Burkhardt

5.1.1 Kurzbiographie und Kontextbedingungen

Herr Burkhardt wurde am 11. Juni 1961 in einer Kleinstadt in einer ländlich geprägten Region geboren. Als Sohn einer alleinerziehenden Mutter von drei Kindern wuchs er in ärmlichen Verhältnissen auf. Seine Mutter war mit der Situation überfordert, sodass er ohne Erziehungsinstanzen und Regeln aufwuchs. Alleine und auf sich gestellt, bewegte er sich gerne unter Freunden und nutzte deren Familien als Ersatz. Förderung und Rückhalt erhielt er auch von Lehrer an der Gesamtschule, die ihm Orientierung gaben. Nach dem Realschulabschluss an einer Gesamtschule absolvierte er eine Ausbildung zum Polizeivollzugsbeamten beim Bundesgrenzschutz. Dort blieb er neun Jahre lang. Wesentliches Aufgabengebiet war die Sicherung von Grenzen gefährdeter Objekte (Atomkraftwerke, Wiederaufbereitungsanlagen) in Zeiten der Antiatomkraft- und Friedensbewegung. Die zunehmend schärfer werdenden Konflikte, die er angesichts des autokratischen Berufsgefüges der Polizei und der menschenunwürdigen Art der Berufsausübung einiger seiner Kollegen mit seinem Arbeitgeber austrug, gipfelten in dem Ausstieg aus dem Polizeidienst. Angeregt von Freunden, die in der Krankenpflege tätig waren, entschloss er sich für eine Ausbildung zum Krankenpfleger, weil er darin eine Möglichkeit sah, Menschen würdevoll zu behandeln. Während der Ausbildung wurde die damalige Freundin schwanger, und er heiratete sie. Nachdem er verschiedene Stationen durchlaufen hatte, erkrankte er an einer neurologischen Erbkrankheit und konnte daher den Beruf des Krankenpflegers nicht weiter ausüben. Im Rahmen einer Umschulung absolvierte er die Weiterbildung zum Lehrer für Pflegeberufe. Seitdem arbeitet er an einer Krankenpflegeschule als Lehrer und übernahm 2002 die Position der stellvertretenden Schulleitung. Zum Zeitpunkt des Interviews ist er verheiratet und hat drei Kinder.

Der persönliche Kontakt zum Biographieträger wurde von einem ehemaligen Arbeitskollegen geknüpft, der in seinem neuen Kollegium die Bereitschaft auslotete, sich für ein Interview zur Verfügung zu stellen. Den Interessenten wurde lediglich die Vorinformation gegeben, dass es sich hierbei um eine Studie handelt, die im Rahmen einer Doktorarbeit die Lebensgeschichten von LehrerInnen für Pflegeberufe untersucht. In dem ersten Gespräch mit Kurt Burkhardt, das ich mit ihm am Telefon führte, ging es zunächst darum, mich persönlich vorzustellen und mit einer ersten Erläuterung der Einbettung des Themas in den Forschungsprozess eine Grundlage für ein offenes und vertrauensvolles Interview zu schaffen. Ich informierte ihn darüber, dass ich im Rahmen meiner Doktorarbeit eine qualitative Studie durchführe und mich für die Lern- und Bildungsbiographien von Lehrenden im Pflegebereich interessiere. Ich erklärte ihm, dass es mir in der Studie nicht um formalisierte Bildungsabschlüsse geht, sondern meine Betrachtungsweise die Biographie als Lern- und Bildungsgeschichte eines Individuums begreift. Diese Untersuchung beschäftigt sich damit, was Menschen im und durch das Leben gelernt haben und welche Erfahrungen dabei in ihrem Leben wichtig waren. Abschließend erklärte ich noch kurz die Methode des narrativen Interviews und erbat mir sein Einverständnis einer Tonbandaufnahme des Interviews. Kurt Burkhardt willigte ein und legte mit mir einen zeitnahen Interviewtermin in der Krankenpflegeschule fest, weil er, wie er es ausdrückte, die Dinge immer gleich bewältigen möchte. Obwohl wir um 14.00 Uhr miteinander verabredet waren, traf ich mit einer 50-minütigen Verspätung am verabredeten Treffpunkt ein, weil ich mich in den Weiten des Odenwalds verfahren hatte. Herr Burkhardt wurde von mir jedoch bereits von unterwegs telefonisch über meine Verspätung informiert. Er beruhigte mich mit den Worten, dass er sich bei seinem eigenen Vorstellungsgespräch ebenfalls verspätet habe. Das Gespräch fand in seinem kleinen Büro statt. Er bot mir den vorbereiteten Kaffee an und wir saßen an einem Tisch nebeneinander. In einem kurzen Vorgespräch erläuterte ich ihm die Vorgehensweise des Interviews, der Mitschrift meinerseits, die Versicherung der Anonymität der Daten und erbat die Erlaubnis zur Tonbandaufnahme. Die Durchführung des Interviews dauerte ca. eine Stunde und fünfundvierzig Minuten. Herr Burkhardt redete sehr schnell, atmete bei emotionalen Stellen sehr leise aus und wendete sich in diesen Momenten von mir ab. Ansonsten hielt er Augenkontakt und war mir zugewandt. Die Atmosphäre war sehr vertrauensvoll und offen. Nach Abschluss des Interviews bedankte ich mich sehr für die Bereitschaft, mir seine Lebensgeschichte zu erzählen. Zuletzt unterhielten wir uns über die Arbeit an der Schule und den Kontakt zu meinem ehemaligen Arbeitskollegen.

5.1.2 Biographische Rahmung

Kurt Burkhardt beginnt seine biographische Erzählung mit der Einordnung und Darstellung seiner Familienkonstellation und sozialen Verhältnisse.
Als ein erstes zentrales und prägendes Merkmal seiner biographischen Rahmung benennt er in einer Art Präambel seine alleinerziehende Mutter („Ich bin ähm (.) eins von drei Kindern einer alleinerziehenden Mutter"). Die drei Kin-

der sind sein zwölf Jahre älterer Stiefbruder sowie seine Zwillingsschwester. In seiner Darstellung der Lebensumstände verortet er sich in einer ‚aktiven Außenseiterposition‘ als Einzelgänger, sowohl innerhalb wie auch außerhalb seiner Familie. Seine Position innerhalb des Familiengefüges untermauert er mit der Betonung von Merkmalen, die ihn von seinem Stiefbruder trennen, wobei ihm die verschiedenen Erzeuger und der große Altersunterschied als Hauptargumente der Abgrenzung dienen. In der chronologischen Abfolge der Nennungen seiner ihm familiär nahe stehenden Bezugspersonen entwirft er eine Geschwisterhierarchie, in der seine Zwillingsschwester einen nachgeordneten Rang einnimmt. Dadurch entsteht, auch verbal, eine größere Distanz zwischen ihnen. Die Präambel könnte somit lauten: ‚Die Rahmenbedingungen meines Lebens waren schlecht‘.

5.1.2.1 Soziostrukturelle und familiäre Bedingungen

Die lebensweltlich und milieuspezifische Verortung, „in relativ ärmlichen Verhältnissen aufgewachsen", die Mutter ist alleinerziehend und Sozialhilfeempfängerin, benennt er somit eine grundlegende Ausgangssituation seiner Kindheit. Dabei werden Verhältnisse und Bedingungen von Herrn Burkhardt nicht als feststehend, statisch oder deterministisch konnotiert, sondern in Abhängigkeit von Gestaltungsoptionen unter zeitlicher Relativierung der Gegebenheiten: „wobei das damals nich‘ so dramatisch war, (so) wie wir`s heute von der Schere vielleicht sehen würden". Sozialstrukturelle und familiäre Bedingungen seiner Existenz werden als logische Ereignisabfolge dargelegt, die seinen Möglichkeitsspielraum für Handlungsaktivitäten und Entwicklungen umgrenzen könnten. Die Lebenswelt ist zwar bestimmt durch die ärmlichen Verhältnisse, sie werden jedoch von dem Biographieträger nicht als feststehend und determinierend betrachtet. Seine Selbstsicht, gesehen als Handlungsrahmen, ist dadurch charakterisiert, dass er sich in ärmlichen Verhältnissen bewegt und sie beschreibt: Die Verknüpfung der personalen Parameter „alleinerziehend" und „ärmliche Verhältnisse" und Sozialhilfe empfangend stellt er als Rahmenbedingung seiner Kindheit dar.
Deutlich wird, dass die Mutter und damit die Familie auf staatliche Versorgung angewiesen ist. Die Benennung des sozialen Status „Sozialhilfeempfänger" verdeutlicht die gesellschaftliche Abhängigkeit und den Zustand in „ärmlichen Verhältnissen" aufzuwachsen. Neben den ärmlichen Bedingungen, die struktureller Art sind, sind auch die emotionalen und geistigen Bedingungen eher ‚ärmlicher‘ Natur: Die Mutter ist nur teils als wichtige Bezugsperson und stabiler Beziehungspartner präsent. Aufgrund ihrer geistigen Voraussetzungen und Fähigkeiten spricht er seiner Mutter Kompetenzen einer verantwortungsvollen Lebensgestaltung ab:

„Ähm, von ihren Voraussetzungen her (.), ähm ja, .. fürs Leben zu starten war sie eher, . ähm, ja sagen wir mal so geistig .. nicht unbedingt jemand, der voll auf der Höhe war, sondern eher so naiv und äh (.) gutgläubig, sehr gutmütig, hat immer versucht das Beste zu machen für ihre Kinder, aber ähm (.) ja 'ne Erziehung in dem Sinn war eigentlich kaum (langgezogen gesprochen) (.) von ihrer Seite zu erwarten, weil sie schon ab der fünften Klasse in der Schule mir nicht mehr folgen konnte" (Z. 14–21).

Die Mutter als zentrale Bezugsperson und wichtigste Ressource war somit nicht in der Lage, emotionale und soziale Defizite zu kompensieren oder als Modell aktiv bei der Bewältigung (schwieriger) Lebensverhältnisse zu fungieren. Die Charakterisierung ihres Seins, ihres Interaktions- und Handlungsmodus als einfältig, leichtgläubig, unwissend, vermutlich auch ungebildet, zeichnet das Bild eines Menschen mit einer eingeschränkten Wirklichkeitsverarbeitung- oder wahrnehmung: „naiv und äh (.) gutgläubig, sehr gutmütig". Die Formulierung von Herrn Burkhardt, dass sie „ versucht" habe, „das Beste zu machen für ihre Kinder" deutet darauf hin, dass die Mutter nicht in der Lage war, die Einschränkung ihrer Handlungsmöglichkeiten und auch die ihrer Kinder durch die sozialen Bedingungen zu kompensieren: „Erziehung in dem Sinne war eigentlich kaum (lang gezogen gesprochen) (.) von ihrer Seite zu erwarten". Die Mutter verkörperte somit keine Sozialisations- und Enkulturationsinstanz, die zur Ausbildung seiner Persönlichkeit und Individualität beitragen konnte. Auf dem Feld der schulischen Bildung war sie nicht in der Lage, ihn zu unterstützen, da sie ihm „schon ab der fünften Klasse in der Schule" kognitiv und geistig nicht mehr folgen konnte.

Die vom Ereignisträger geschilderten Entwicklungslinien führen im weiteren Verlauf zu einem Rollenwechsel innerhalb der Familie. Er schildert, wie er die Pflichten und Aufgaben seiner Mutter erfüllte. Ein Beispiel ist, dass die Mutter nur die Sütterlin-Schrift beherrschte, der Sohn füllt für seine Mutter Anträge und Formulare aus und lernt schon als Kind, Verantwortung für die Mutter zu übernehmen. Erschwerend für seine Sozialisation kam vermutlich die geistige Behinderung der Zwillingsschwester hinzu, welche die volle Zuwendung und Aufmerksamkeit der Mutter erforderte. Aus der Sicht von Kurt Burkhardt konnte die Mutter keine berufliche Tätigkeit ausüben, da sie sich als alleinerziehende Mutter um die Kinder kümmern musste. Er erlebt seine Mutter als von „ihren Voraussetzungen her" eher in ihren sozialen Verhältnissen determinierten Menschen, der die Barrieren seines Lebens nicht durchbricht, weil ihre „Voraussetzungen" sehr gering ausgeprägt sind. Neben den geistigen und sozialen Defiziten seiner Mutter ist in seinen Augen ihre mangelnde Bereitschaft zur Weiterentwicklung und die fehlende Motivation, durch Bildung Prozesse der Veränderung einzuleiten, erwähnenswert:

„und hat sich auch nie bemüht das Andere dann .. zu erlernen. ja (.), hat sich wirklich zurückgezogen auf das bisschen, was da (spricht sehr schnell) war, und ähm (.) das hat sie nachher versucht so zu machen wie es ging (.)" (Z. 221-224)

Die bildungsferne Lebenswelt und die damit verbundene intellektuelle und kulturelle Stagnation sind bedeutsame Strukturierungsmerkmale seiner Kindheit. Auch sein weiteres familiäres Umfeld scheint ihm wenige bis keine Zufluchtsmöglichkeiten zu bieten:

„Ansonsten familiäres Umfeld ähm (.): Onkel hat nebenan gewohnt, aber auch eher wenig Kontakt äh .. Familienverhältnisse insgesamt (.) Verwandtschaft (möglichst) verrüttet ähm" (Z. 224-227). „Eigentlich kein Familienzusammenhalt in dem Sinn (leise ausatmend)" (Z. 236).

Somit vermag sein familiäres Umfeld weder den fehlenden Zusammenhalt in der Familie zu kompensieren noch die mangelnden Beziehungserfahrungen auszugleichen. Es wird mit den Adjektiven „kontaktarm", „ablehnend" und „verrüttet" charakterisiert. Streitigkeiten seines Stiefbruders mit den nahe stehenden Angehörigen sowie der von der Großmutter väterlicherseits herbeigeführte Abbruch des familiären Kontakts verstärken aus Sicht des Biographieträgers die Auflösung jeglicher verwandtschaftlicher Bindungen:

„Und zu der Oma ähm (.) kein Kontakt ähm (.), weil die meinen Vater enterbt hatte und ähm (.) als er dann gestorben war, hat sie sogar für uns das Geld (.), was also für die Enkel war (redet schnell) (.), quasi unterschlagen (.) Also ganz seltsame Dinge und ähm (.), ja, (.) interessiert mich nich' (tiefe Stimme)" (Z. 269-273)

Der Vater nimmt einen nachgeordneten Rang ein. Seine Person ist auf die bloße biologische Funktion eines Erzeugers reduziert. Er erweist sich als unzuverlässiger Partner, der die rechtlich verbindliche, institutionelle Eheschließung verweigert und den Kontakt zu seinen Kindern unterbricht. In der Erfahrungsaufschichtung von Kurt Burkhardt zeigt sich, dass der Bruch des Vaters mit seiner Familie die äußeren Lebensbedingungen seiner Kindheit determiniert und die Ereignisverstrickung im Verlauf seiner Kindheit auslöst. Der Vater, sein „lieber Erzeuger", wird bei zwei Besuchen („zweimal in meinem Leben") zur Realität. Als der Biographieträger zwölf oder dreizehn Jahre alt ist kommt er „unverhofft ähm (.) zu Besuch". Später, wann detailliert er nicht, wird er aktiv und besucht den Vater, der mit einer „dämlichen Schallplatte", „die er meinte mir schenken zu müssen", aktiv wird. Die Schallplatte „ flog dann gleich zum Fenster raus". Das ambivalente Verhältnis zu seinem Vater erfährt eine zusätzliche Verstärkung durch das Verhalten der Mutter, die dem Vater die Rolle des Familienoberhauptes zugesteht und „ihn behandelt (.), als wenn er ähm (.) ach so der Halbgott sei, mein Vater (.), begrüß ihn doch mal". Kurt Burkhardt „hatte überhaupt kein Bezug dazu (überschwinglich, schnell) und ähm (.) hab das auch abgelehnt" (Z. 263). Nach Art der Erzählung kann vermutet werden, dass die Ablehnung sowohl in einer Neid- als auch einer Hassproblematik begründet ist. Die Mutter wird als naiv dargestellt. Eine Ambivalenz wird deutlich: Obwohl er seinen Vater scheinbar ablehnt, besucht er ihn später, als dieser „wieder" verheiratet ist. Diese Ehe ist kinderlos, was ihm einer Erwähnung wert scheint. Relativ ausführlich ist die Erzählung von dessen Tod:

„1973, is er (.), beim Verkehrsunfall ums Leben gekommen (leise, hauchend) (.) als Beifahrer (undeutlich) .. der Fahrer war besoffen und er wohl auch (.), is aus dem Auto geschleudert worden (.) vorm Laternenpfahl auf der Stelle tot" (Z. 265–268).

Der Vater als Ereignisträger scheint ein biographisch nicht bearbeitetes Thema. An unterschiedlichen Interviewstellen wird er als Hintergrundfolie sichtbar. Ein Verletzungspotential von Kurt Burkhardt wird deutlich. Er scheint keine Vaterfigur zu kennen oder zu akzeptieren. Zu vermuten ist, dass ihm ein Vater oder eine väterliche Bezugsperson gefehlt hat, er dies aber nicht so benennen kann. Der Besuch und die später von ihm ausgehende Kontaktaufnahme werden negativ bewertet, am Ende steht die Ereignisfeststellung des Biographieträgers, dass der Vater, vermutlich betrunken, als „Beifahrer" „aus dem Auto geschleudert" wurde. Der Tod wird weitergehend relativ detailliert geschildert: „besoffen", „als Beifahrer", „aus dem Auto geschleudert", „vorm Laternenpfahl", „auf der Stelle tot". Es entsteht ein sehr detailliertes, gut vorstellbares Bild des Todes des Vaters, von dem er, als er lebendig war, weniger erzählt hat. Er ist lebendig weniger plastisch als tot. Herr Burkhardt kann, wobei die Frage ob er wollen würde nicht beantwortet werden kann, keinen Abschied nehmen.
Festzuhalten ist somit, dass die sozialstrukturellen und familiären Bedingungen seiner Existenz in der Kindheit durch die Erfahrungen geprägt sind, dass er mit seiner Mutter und den Geschwistern alleine ist und sich auch innerhalb des vorhandenen Familiengefüges keine verlässlichen und fördernden Beziehungen entwickeln. Er übernimmt Verantwortung für die Mutter. Die partiell handlungsfähige Mutter und der Weggang des Vaters bilden die sozio-ökonomischen Rahmenbedingungen seiner Kindheit. Ein funktionierender Familienhintergrund, dessen Mitglieder dem Kind in schwierigen Situationen beistehen und ihn dabei unterstützen, durch selbständige Biographieplanung eine eigene Lebenslinie zu entwickeln, fehlte. Dieses Bedingungsgefüge steckt das Entwick-

lungsfeld ab, innerhalb dessen Grenzen er Anreize und Barrieren für die Entfaltung seiner Handlungsstrukturen vorfindet. In seinem Selbstbild sieht er seine familiäre Situation als familiär isoliert, sozial nicht unterstützt und finanziell benachteiligt. Auf sich alleine gestellt, sieht er sich den übermächtigen Außenbedingungen seiner Kindheit gegenüber. Diese verschiedenen Facetten von Armut führen dazu, dass er sich selbst als Einzelgänger und „Außenseiter" innerhalb von Familie und Gesellschaft verortet. Grundlegende Basisstrategien und Praxisformen im Umgang mit der Welt und die Entwicklung von Deutungsmustern fanden nicht im Rahmen der primären Sozialisation in der Familie statt. Die leidvollen Erfahrungen dienten als tentativer Such- und Wahrnehmungsmodus eines anderen Umgangs mit der Welt. Seine biographische Entwicklungsgestalt zeichnet sich dadurch aus, Defizite innerhalb des primären Bezugssystems Familie wahrzunehmen.

5.1.3 Kindheit: Freiheit und Pflichten

Ein zentrales Lern- und Bildungsmoment in der Verarbeitung und im Umgang mit den sozialen Verhältnissen und den schwierigen familiären Bedingungen war die Schaffung eines Freiraumes. Die Begegnung mit der Außenwelt und die damit verbundene Öffnung des sozialen Milieus waren für ihn Schlüsselerlebnisse. Die Erweiterung des sozialen Lebensraums durch Besuch des Kindergartens und der Schule befähigt ihn durch die Überwindung von Beschränkungen und das Ergreifen von neuen Möglichkeitsräumen, Wandlungs- und Veränderungsprozesse einzuleiten. Das Heraustreten aus den biographisch determinierten Rahmenbedingungen seines Lebens vollzieht er somit auf verschiedenen Ebenen. Die Begegnung mit verschiedenen Außenwelten konfrontiert ihn mit unterschiedlichen Lebensmodellen. Diese Auseinandersetzung eröffnet ihm eine andere Selbst- und Weltsicht, mit deren Hilfe er Orientierungs-, Deutungs- und Handlungsmuster entwickeln kann.

Entwicklung von Freiheitsräumen

„Ich selbst hab mich mehr oder weniger aus der Familie schon von klein auf verabschiedet (.) ähm" (Z. 205–206).

Kurt Burkhardt nimmt sich schon in früher Kindheit als selbstbestimmendes und autonom handelndes Individuum wahr. Die gewählte Ablösung von seiner Herkunftsfamilie begreift er als Handlungsstrategie, um sich von den Begrenzungen seines familiären Daseins zu lösen. Diese Haltung ist das Ergebnis eines Prozesses, der durch die schwierigen Lebensumstände seiner Familie auf verschiedenen Erfahrungsebenen erlernt wird. Die Beschränkungen seiner Lebensumwelt, die Lebens- und Handlungsunfähigkeit seiner Mutter möchte er im Gegensatz zu seinem älteren Bruder abschütteln. Auf der Suche nach anderen Entwicklungsmöglichkeiten und Sinnmustern versucht er, sich aus seinen gesellschaftlichen Verhältnissen zu verabschieden. Das familiäre System, in dem er sich bewegt, eröffnet ihm Freiheiten. Es entsteht ein Gestaltungsraum an vielerlei Möglichkeiten. Er ist auf sich alleine gestellt und muss sich um sich selber kümmern. Diesen entstehenden Freiraum an Handlungskapazitäten füllt er mit Regeln und Normen. Er bestreitet seinen Lebensalltag aktiv und handlungsmächtig. Das Leben alleine zu bewältigen bewirkt nach seinem Selbstbild in ihm eine Ich-Stärke; ich komme zurecht und brauche niemanden:

„Ähm (.) ich war (.) ähm schon mit vier Jahren mehr oder weniger mal aufmüpfig und hab mir eigentlich ähm von nie (.), nie von irgendjemand was sagen lassen (.) Hab dann immer das gemacht, was ich wollte (.) das ging soweit, dass ich ähm (.) aus dem Kindergarten geflogen bin (.), nach zwei Tagen, (.) ähm, weil ich nich dableiben wollte, weil meine Freunde nich da waren (.) Ich bin überm Zaun gestiegen und weggelaufen (.) (schnell) (tiefe Stimmlage, ausatmend) und dann braucht ich nich mehr kommen (seufzt) (.) Na Gott sei Dank (.), (lacht) ähm und ähm (.) ja" (Z. 206–214).

Seine Handlungsaktivität und Eigenmächtigkeit werden in dieser Sequenz exemplarisch sichtbar. Der kleine Kurt Burkhardt beschließt, nicht mehr in den Kindergarten zu gehen. Scheinbar haben weder die Erzieher noch seine Mutter einen normativen Einfluss auf sein Handeln. Die sich so entwickelnde Interaktions- und Handlungsstruktur als ein in seinen Augen autonomes, aufmüpfiges, freies, keine Grenzen und Regeln akzeptierendes Kind ermöglicht es ihm, sich scheinbar handlungsautonom von den ‚Zwängen‘ der Institution Kindergarten zu befreien. Diese Anekdote kann als Beispiel für seine Selbst- und Weltsicht gesehen werden, Herr Burkhardt will über seine Lebensweise selbst und unabhängig bestimmen, sodass Veränderungsprozesse innerhalb gegebener Verhältnisse möglich sind. Er lernt früh, sich Freiheitsräume aufzubauen und diese zu behaupten.

Übernahme elterlicher Pflichten und Verantwortung
Ein zweites prägendes Kennzeichen seiner kindlichen Sozialisation stellt die frühe Übernahme von Verantwortung und Pflichten für seine Mutter dar:

„(.) Also die ganze Kindheit war eigentlich bis zu meinem jugendlichen Dasein (.) geprägt, dass ich viel für meine Mutter machen musste (hebt Stimme)" (Z. 215–217).

Die Überforderung und Unselbständigkeit der Mutter steht somit im kausalen Zusammenhang mit der Entwicklung einer selbstbestimmten Interaktions- und Handlungsstruktur. Die Entwicklung von Eigenständigkeit wird durch den sich vollziehenden Rollenwechsel zwischen Mutter und Sohn gefördert. Entgegen dem kindlichen Entwicklungsschema muss er viele Aufgabenbereiche seiner Mutter übernehmen. Der Vater ist in diesem Kontext nicht präsent. Ob er gegenüber seiner Schwester auch väterliche Pflichten übernommen hat, kann nicht beantwortet werden. Sicher ist jedoch, dass Herr Burkhardt schon in früher Kindheit wichtige Schlüsselkompetenzen lernt, um das Leben selbst aktiv zu bestreiten. Seine Erfahrungen fasst er wie folgt zusammen:

„irgendwie war das alles ganz seltsam erlebt .. mh (lacht abgehackt) (.) Eigentlich kein Familienzusammenhalt in dem Sinn" (Z. 236).

Herr Burkhardt stellt sich selbst folglich als ein Kind dar, das Selbstsicherheit und Lebensstärke besitzt, aber auch eigenwillig ist. Eine Auseinandersetzung mit Erziehungsinstanzen scheint zu fehlen. Die von ihm innerhalb der Familie übernommene Rolle führt zu früher Selbständigkeit. Schilderungen wie die des kurzen Kindergartenbesuchs stellen in den Vordergrund, dass er scheinbar selbst entscheiden kann und schon in einem sehr jungen Alter machen kann, was er möchte. Die fehlende Vaterfigur scheint als bis dato nicht bearbeitetes Thema auf, er konstituiert sich als sich selbst in ärmlichen Verhältnissen groß ziehend.

5.1.4 Schul- und Jugendzeit: Überwindung von Beschränkungen durch das Ergreifen neuer Möglichkeitsräume im sozialen Umfeld

Kompensation der familiären Defizite durch Freunde und deren Familien
Aus den geschilderten ‚seltsamen‘ un-familiären Erfahrungen, den Erfahrungen am „unteren Rand der Gesellschaft" zieht er folgende Konsequenzen:

„und von daher hab ich von klein auf eigentlich dafür gesorgt (.), dass ich das bekomme, ähm (.) was ich brauche, (.) indem ich mir das woanders geholt habe .. Anregung und Erziehung zum Beispiel bei ähm (.) Eltern von ’nem Freund, wo ich jeden Tag war (.) ähm, der äh (.) einen absolut bisschen geistig gefördert hat (.), mit ’ner sieben, acht Jahren Schach spielen und solche Dinge (.), auch so den Horizont erweitert hat für alles Mögliche .. so nach dem Motto mach die Augen weit auf und nimm alles mit, was Du bekommen kannst (.) Und das hat mich schon sehr geprägt (bestimmend) und ähm (.), Aber Erziehung im häuslichen Umfeld eher nein .. Die Lehren daraus gezogen (.), was ähm (.) da so war (.) ja (bestimmend) In dem Sinne hat mich das schon geprägt (...)" (Z. 237–248).

Kurt Burkhardt nimmt seine Familie als eine soziale Struktur wahr, die ihm keine sozialen und kulturellen Angebote, keine (befriedigende) emotionale Zuwendung oder geistige Anregungen offeriert und die sein Spektrum an Entwicklungsmöglichkeiten der eigenen Persönlichkeit in seinen Augen stark reduziert. Diese Bedingungen lösen einen Such- und Orientierungsprozess in dem sich öffnenden sozialen Umfeld aus. Er verlässt zu einem für ein Kind sehr frühen Zeitpunkt das familiäre Umfeld tritt und mit anderen Sozialisationsakteuren in Kontakt. Er sucht das „ich das bekomme, ähm (.) was ich brauche" im Umfeld der Eltern eines Freundes, da er geistige Anregungen, Förderung und Erziehung zu Hause nicht findet „ im häuslichen Umfeld eher nein". Der Interviewte stemmt sich scheinbar aktiv gegen die sozial bedingte Benachteiligung und erschließt sich eigenständig Tätigkeitsfelder, die ihn in seinem Handeln, seiner Suche nach Selbstbestimmung, bestärken. Durch den Kontakt zu Freunden und deren Familien schafft er sich ein Netzwerk an sozialen Strukturen, die ihn, weit mehr als seine Primärfamilie, „schon sehr geprägt" haben. Er orientiert sich an erwachsenen Bezugspersonen aus einem anderen sozialen Milieu, die ihm als Vorbild bei der Ausbildung seines geistig-kulturellen Potentials dienen können und pflegt die Beziehung zu den Eltern, besonders zum Vater, eines Freundes.

Im Gegensatz zu seinem eigenen Vater setzen sich die „ Eltern von 'nem Freund, wo ich jeden Tag war" „einen absolut bisschen geistig gefördert hat", „ den Horizont erweitert hat" mit Kurt Burkhardt auseinander. Er erhält von ihnen das, was er von seinen Eltern nicht erhält, „Anregung" und „Erziehung". In der persönlichen Auseinandersetzung initiiert er diese als Erziehungsinstanzen fungierenden Personen als alternative Entwürfe der Gestaltung und Interpretation von Lebenswirklichkeiten. Auch andere Dinge lernt, ‚erfährt' er nicht innerhalb seiner Primärfamilie, sondern in anderen Familien:

„Wie man mitmenschlich (undeutlich) miteinander umgeht, das hab ich eher so (.), ja, (.) aus anderen Familien erfahren (sehr leise, aushauchend)" (Z. 356–357).

Das Motiv einer teilweisen defizitären Erfahrung familiärer Beziehungen und der daraus resultierende Mangel an emotionaler Sicherheit und Geborgenheit begleiten ihn während seiner Kindheit und schärft seine Wahrnehmung familiärer Umgangsformen in seiner unmittelbaren sozialen Umwelt. Herr Burkhardt ist aufgeschlossen gegenüber (anderen) familiären Umgangsformen, die auf den Prinzipien der Fürsorge und des Gemeinschaftsverständnisses beruhen. Er ist

„in besseren Kreisen zu Gast (.), also in das Reelle aus 'nem Ort, wo die Kinder (.) ganz einfach ähm (.) zu mir immer den Kontakt gesucht haben und ich bei denen halt auch gern gesehen war (leise und zart) .. Millionäre dabei, alles Mögliche und ähm (.) nimmt (verschluckt) 'ne ganze Menge an Eindrücken auf (.) und ähm pff (.) manche Sachen kann man nicht verstehen (.), wie die Menschen so leben, für was Geld ausgeben alles (.) Das prägt einen auch schon .., weil man es nicht hat, (aber is nich wahr) (sarkastisches Lachen) .. Von daher hab ich gelernt mit dem, was ich selbst erreichen kann, auch zufrieden zu sein (leise) .. Ich muss also nicht unbedingt immer mehr haben (noch leiser), (was viele haben), wollt es nich .. Warum auch? (.) Immer diese Raffgiermentalität, liegt mir fern" (Z. 360–371).

Kurt Burkhardt ist einerseits stolz darauf, dass Menschen aus dem Milieu des Besitzbürgertums, aus „besseren Kreisen", „zu mir immer den Kontakt gesucht haben". Er entwickelt einen ausgeprägten Modus der Wahrnehmung, deren Schärfung sowohl auf die unterschiedliche Herkunft als auch auf die Begegnungen mit Familien aus anderen Lebenswelten, „Millionäre dabei, alles Mögliche" zurückgeführt werden kann. In seinen Ausführungen registriert er materielle Besitzstände, über die er nicht verfügt und beobachtet die verschwenderischen Umgangsweisen mit materiellen Gütern. Kritisch erteilt er dem permanenten Streben nach materiellem Glück, einer „Raffgiermentalität", eine Absage, er „muss also nicht unbedingt immer mehr haben", und umschreibt seine Lebensphilosophie damit, zufrieden zu sein mit all jenem, was er selbst aus eigener Kraft erreichen kann. In der vergleichenden Betrachtung zweier gegensätzlicher Lebenswelten akzeptiert Herr Burkhardt somit vermeintlich seine Lebenswirklichkeit und integriert die positiven Handlungs- und Verhaltensmuster des anderen Milieus in seine Deutungsmuster von Welt und Wirklichkeit.

Schule und soziales Umfeld im Wohngebiet als positive Lern- und Sozialisationsinstanzen
Eine weitere wichtige positive Sozialisationsfunktion stellen das soziale Umfeld im Wohngebiet und Freunde aus der Schule dar:

„das waren eigentlich so im ganzen Umfeld (.), ähm in unserem Wohngebiet (.) und halt Freunde (.) äh aus der Schule (.) ähm oder Jungs und Mädels, wo ich von klein auf mit denen zusammen war (.) und wo ich halt ganz einfach gern gesehen war .. und ähm (.) da hab ich eigentlich auch all das bekommen, (schnell) auch so Aufmerksamkeit (leise, ausatmend) (.) Und ähm (.), ja, Liebe nicht unbedingt, aber ganz einfach, da is jemand, da kannste hinkommen (redet sehr schnell), kein Problem, wenn Du irgendwie Schwierigkeiten hast (.), ähm kannst einfach den Mund aufmachen (und dann sagste das) (.) und ähm (.) Ja aber so dieses Umgehen, wie man miteinander umgeht (.), und das ist eigentlich so alles aus meinem Umfeld heraus" (Z. 342–353).

Neben der Gemeinschaft der Freunde und der Nachbarn lernt er Umgangs- und Kommunikationsformen in anderen sozialen Milieus kennen. Er beschreibt, dass er erlernt, „wie man miteinander umgeht", lernt Werte und Normen des menschlichen Umgangs kennen. Dieser mitmenschliche Duktus, das „Umgehen", wie „man miteinander umgeht", Probleme bespricht, Schwierigkeiten thematisieren kann, scheint für Kurt Burkhardt einen Kontrast zu seinen bisher erlernten Verhaltens- und Kommunikationsmustern zu bilden, denen er bislang in seiner Familie begegnet ist. In diesem Zusammenhang verweist er darauf, dass es sich bei dieser Form der Anerkennung „nicht unbedingt" um Liebe, sondern um Akzeptanz und Wertschätzung, Zuhören und Helfen handelt. Diese unmittelbare Anerkennung und Bestätigung durch das soziale Umfeld der Freunde und Nachbarn hilft ihm, mit den sozialen, materiellen und familiären Mängeln und seinen Folgeerscheinungen umzugehen.

Diese familiären Mangelerfahrungen bewirken weiterhin, dass er „in den ersten Schuljahren immer so das Gefühl (hat), äh (.), du bist immer irgendwie so Außenseiter …". Nach der Grundschule erweitert sich jedoch im Rahmen der neuen Lebenswelt „Gesamtschule" sein sozialer Lebens- und Lernraum:

„ja so Leute (.) die durch Willi Brandt (leise bewegt) geprägt waren als Persönlichkeit mhm (.) politische Einstellung und ähm (.) im Bereich soziale Förderung (.) ganz einfach auch 'nen Augenmerk auf die gerichtet haben (.), die äh (.) äh (.) eher vom unteren Rand (leise) der Gesellschaft kamen (.) und ähm (.) die halt ganz einfach meinten ähm (.) Du kannst (verschluckt) das (.), Du hast die Intelligenz dazu (.), also mach .." (Z. 283–290)
„Lehrer, (.) die ich äh (.) an der Gesamtschule kennen gelernt habe, . die ähm (.) ganz einfach erst mal jeden positiv annehmen (zart und leise), wie er ist .. ohne dass von vornherein irgendein Urteil darüber gefällt wird (.) War also nicht dieses typische Schubladendenken (.) gegenüber irgendwelchen Leuten ähm" (Z. 625–629).

Auch hier steht, wie bei dem Schließen von Freundschaften und dem Bewegen in anderen sozialen Milieus, der eventuelle Ausstieg aus der Armut – für ihn eventuell synonym mit einem Ausstieg aus seiner Herkunftsfamilie –, dem „unteren Rand der Gesellschaft", im Mittelpunkt. Neben Eltern von Freunden gibt es weitere Erwachsene wie z.B. Lehrer, die ihn unterstützen. Nachdem die vorher geschilderte Unterstützung besonders im emotionalen und sozialen Bereich angesiedelt war, wird jetzt der kognitive Bereich, die „Intelligenz", aufgegriffen. Er scheint intelligent zu sein, denn die Lehrer richten ein „Augenmerk" auf ihn und unterstützen ihn, der dem „unteren Rand der Gesellschaft" angehört, im Sinne von Integrationsakteuren vorurteilsfrei allein aufgrund seiner kognitiven Qualitäten. Ermöglicht wurde ihm das durch „Willi Brandt", dessen Politik und Einführung der Ganztagsschule ihm, einem Kind aus einfachsten Verhältnissen, einen „Bereich der sozialen Förderung" ermöglichte. Er kann eine sequentielle Veränderung seiner Lebenswelt einleiten. Ermutigt wird er dazu von Lehrern, die sein intellektuelles Potential erkannt haben. Die appellative Schlussfolgerung ist: „also mach". Eine besondere Bedeutung im Entwicklungsprozess haben für Kurt Burkhardt folglich die Lehrer an der Gesamtschule, die zu wichtigen Identifikations- und Bezugspersonen wurden. Ganz im Gegensatz zu den Bezugspersonen innerhalb seiner Familie trifft er auf Lehrer, die sein Potential erkannten, an ihn glaubten, ihn stärkten und ihn aktiv motivierten, seine Fähigkeiten weiterzuentwickeln. Trotz der problematischen Sozialisationsbedingungen im Elternhaus gelingt ihm durch die Förderung und Unterstützung der Lehrer somit der Einstieg in die gymnasiale Schullaufbahn. Die so erfahrene Aufmerksamkeit und Partizipation durch die Lehrer kompensiert wichtige Defizite seiner Entwicklungsmöglichkeiten innerhalb der Familie. Sie geben ihm außerdem den emotionalen Rückhalt zur Entfaltung seiner Persönlichkeit. Die damit erfahrene Wertschätzung und Akzeptanz eines Menschen, der aufgrund des sozialen Bedingungsgefüges im „typische(n) Schubladendenken" zum Außenseiter abgestempelt worden ist, vermittelt ihm aus der heutigen Perspektive den Ansatz eines (vorurteilsfreien, respektvollen) wertbezogenen und menschenwürdigen Umgangs. Die Bildungskultur der Lehrer, die von den Idealen Willi Brandts motiviert und geprägt ist, „erst mal jeden positiv annehmen", stellt für den Biographieträger eine wichtige soziale Grundeinstellung seiner Lehrer als Erzeugungsprinzip für Identitäts- und Persönlichkeitsbildungsprozesse dar.

Während der Schulzeit, am ersten Schultag in der weiterführenden Schule, passiert ihm jedoch ein „Unfall". Es treten Komplikationen innerhalb seiner Bildungskarriere auf: „bin dann aufgrund von nem Unfall gleich am ersten Schultag mehr oder weniger an meiner schulischen Laufbahn gehindert (hohe Tonlage) worden". Der Unfall, als ein von außen hervorgerufener, nicht beeinflussbarer Umstand, führt zu umfassenden, monatelangen medizinischen Behandlungen, die einen kontinuierlichen Unterrichtsbesuch zeitlich und inhaltlich nicht zulassen. Sarkastisch konstatiert er:

„und hab dann immer die nettesten Fächer verpasst (sarkastisch), die man so eigentlich regelmäßig besuchen soll, damit man gute Noten hinbekommt (hebt die Stimme), wobei dann der Abstieg eigentlich vorprogrammiert (redet schnell)" (Z. 50–54).

Die Perspektive des Biographieträgers führt somit von außen eine Ereignisket-

te zur Beendigung seiner Bildungskarriere auf. Eingebettet in den ausschlaggebenden Konstitutionsrahmen seiner bisherigen Lebensgeschichte entsteht eine
Eigendynamik, welche die Bildungsbestrebungen zum Stillstand bringt. In einer zusammenhängenden Erzählung schildert Herr Burkhardt die entstehende
Kausalkette, von dem Auslöser des Unfalls bis zu der von ihm eingenommenen
Handlungs- und Lösungsstrategie, die durch diese Zäsur ausgelöst wird. Seine
kritisch-ironische Erzählperspektive ist auf die Wechselwirkung zwischen persönlichen Charaktereigenschaften „war auch zu faul, um das zu machen", der
mangelnden Stabilität und Stärkung durch die Familie „weil keiner da war,
der gesagt hat, mach weiter, geh aufs Gymnasium weiter" und einer eigenwilli-
gen Verarbeitung seiner Persönlichkeitsstruktur „sondern ich war einfach von
selbst der Überzeugung, ach ne, muss' de nicht haben" zurückzuführen. Er beendet die Schule schließlich mit einem Realschulabschluss.

Kurt Burkhardt ringt in seiner Erzählperspektive mit zwei konkurrierenden
Strukturen. Auf der einen Seite steht der jugendliche Biographieträger, der sich
selbstbewusst in einer normalen institutionalisierten Ablaufstruktur durch die
Schulzeit bewegt, aber dann durch einen Unfall einen Bruch erfährt. Es scheint
eine äußere Begebenheit zu sein, die ihm seinen eingeschlagenen Weg des Abi-
turs durchbricht und zu einer Bedeutungsfigur wird. Eine Bedeutungsfigur, die
er im Laufe seiner Erzählung immer wieder im Sinne eines nicht bearbeiteten
biographischen Musters aufgreift. Die verpasste, die verlorene Bildungschance,
scheint leitmotivisch immer wieder als Erzählfaden, bearbeitet (argumentativ)
durch und in unterschiedlichen Situationsbeschreibungen, auf. Auf der anderen Seite entwickelt Kurt Burkhardt das biographische Konzept der Idee einer
Bildungslaufbahn. Initiiert durch das Konzept der Gesamtschule erzeugt er
ein retrospektives Selbst- oder auch Fremdbild, innerhalb dessen Kindern aus
sozial schwachen Milieus der Entwicklungsraum für Chancengleichheit und
Bildungschancen ermöglicht werden soll. Dieses normative Sinnbild als Argu-
mentationsfigur enthält eigentheoretische Prämissen: Durch die Einführung
der Gesamtschule sollte der Unterricht so gestaltet werden, dass, im Sinne der
Chancengleichheit, alle Kinder alles lernen können und im Rahmen des gemeinsamen Lernens die sozial bedingten, ungleichen Bildungschancen ausgli-
chen werden. Die pädagogischen Grundprämissen zielen auf eine Erweiterung
des schulischen Bildungsauftrags ab und betonen die zukünftige Bedeutung
von Erziehungsfragen. Die Schule als Institution soll in diesem Kontext auch
Erziehungsaufgaben übernehmen, die bislang in den Bereich der Primärfamilie fielen, um insbesondere Kinder aus einkommensschwachen und/oder sozial
verwahrlosten Familien zu stützen. Der Bildungsbegriff wird somit als ganz-
heitlicher Prozess verstanden, der es dem Schüler ermöglicht, Vorstellungen und
Einstellungen, Fähigkeiten, Kenntnisse und Gewohnheiten zu entwickeln, um
seine Welt selbstbestimmt und (eigen)verantwortlich (mit) zu gestalten.

Diese Hintergrunderzählungen konterkarieren allerdings diese Sicht, in der er Zuspruch und Rückhalt durch Lehrer erfährt, der Unfall jedoch die Bildungskarriere unterbricht. Die unterschiedlichen Perspektiven verweisen auf Inkonsistenzen, die auf der einen Seite die biographische Erfahrungsbearbeitung einer Schullaufbahn als nicht bearbeitetes Handlungsschema mit biographischer Relevanz enthält. Auf der anderen Seite sind das Erreichen eines höheren Bildungsabschlusses und gute Leistungen für den Biographieträger gleichbedeutend mit der Loslösung vom sozialen Bedingungsgefüge seiner Kindheit und der Überwindung des von ihm empfundenen gesellschaftlichen Makels. Deutlich wird, dass die Themengebiete ‚Bildung‘ und ‚Förderung‘ in dieser Phase hohe biographische Relevanz haben. Auch während seiner Erzählung der Schulzeit steht leitmotivisch sein Aufwachsen innerhalb ärmlicher Verhältnisse im Vordergrund. Er erfährt wiederum von außen stehenden Personen Aufmerksamkeit und Förderung.

5.1.5 Widerstand gegen das institutionelle Ablauf- und Erwartungsmuster im Polizeidienst

Phase der Berufsfindung, Bewerbungen und Berufswahl
Herr Burkhardt durchläuft eine Phase der Berufsfindung. Eine im mathematischen Bereich nicht bestandene Aufnahmeprüfung hindert ihn daran, seinen Wunschberuf erlernen zu können und zwingt ihn, Handlungsalternativen in Erwägung zu ziehen. Das Bedürfnis nach materieller Selbständigkeit und Sicherheit und das Bestreben nach Normalität und gesellschaftlicher Anerkennung ist für ihn der ausschlaggebende Grund, die Zusage der Ausbildungsstelle durch den Bundesgrenzschutz anzunehmen. So trifft er die Entscheidung für die Berufswahl aus rein finanziellen Motiven, um die persönlichen und sozialen Lebensbedingungen zu verbessern.

> „ähm (.) Ich hab, .. wie gesagt (.), in ärmlichen Verhältnissen (Stimme wird plötzlich ganz leise) aufgewachsen, nie (betont) nen Taschengeld oder zum Schluss Geld (undeutlich) selbst verdient mit Zeitung austragen (.) während der Schulzeit (.) und ähm .. Dann war dann die Entscheidung für den Grenzschutz ganz einfach die Knete (.), rund tausend Mark im Monat verdient und hat die ganz für sich (betroffen) und hatte vorher nichts (.) Dann ist das ’nen gutes Argument .. ähm, hat dann aber nicht so allzu lang gezogen (lacht, he)“ (Z. 106-113).

Dann berichtet er über die neun Jahre Ausbildungs- und Berufstätigkeit, die wiederum in verschiedene Phasen gegliedert sind. Die Ausbildungsphase, die er nach einem institutionellen Ablaufmuster durchläuft, charakterisiert er anhand verschiedener Ausbildungsorte und -zeiten.

> „und da war ich neun Jahre (betont) lang .. ähm von 1977 an bis 1986.. in unterschiedlichen Einsatzorten (.) Grundausbildung ähm an drei verschiedenen Orten (.), hab dann mal in (Stadt), (Königshausen), das ist bei Schönstein, (.), dann ähm in Bad Sobernheim (im zweiten Dienstjahr) (.) und im dritten Ausbildungsjahr dann wieder in (Stadt) Königshausen und (.) danach bin ich von dort nach Pluwig als Polizeivollzugsbeamter zum Bundesgrenzschutz (spricht schnell und verschluckt die Wörter)" (Z. 68–75).

Polizeitätigkeit in Zeiten der Friedens- und Antiatomkraftbewegung
Letztendlich bedeutsam wird für Kurt Burkhardt Anfang der 1980er Jahre der Einsatz an verschiedenen Brennpunkten zu Zeiten der Antiatomkraft- und Friedensbewegung:

> „ja .. Anfang 1980 und da war ich dann bis 1986, (.) hab dann mehr oder weniger (.) dann alles Mögliche mitgemacht, (.) ähm Ort 1, Ort 2, Ort 3 (zählt Einsatzorte der Antiatomkraftbewegung auf) ähm (.), ähm (.) alles mehr oder weniger widerwillig (.) Nicht widerwillig, sondern eher mit 'ner anderen Einstellung als die meisten anderen meiner Kollegen (.) und hab dann Dinge erlebt, die mich mehr oder weniger an dem Job ham zweifeln lassen, (.) nicht unbedingt an dem Job und nich an der Grundvoraussetzung der Einstellung zum Staat, sondern eher (.) also an meinen Mitkollegen" (Z. 76–84).

Die persönliche Auseinandersetzung mit politischen Konflikten auf gesellschaftlicher Ebene setzt bei Kurt Burkhardt zu einer Zeit ein, als in der Bundesrepublik Deutschland ein Protestzyklus in den späten 1970er und frühen 80er Jahren kulminierte, der durch einen ökonomischen, politischen und sozio-kulturellen Modernisierungsschub der bundesrepublikanischen Gesellschaft eingeleitet wird. Er solidarisiert sich mit den politischen Zielen der Friedensbewegung und sympathisiert mit den Ideen der Antiatomkraftbewegung. Auf Kurt Burkhardt wirkt sich der bundesrepublikanische politische Paradigmenwechsel in mehrfacher Hinsicht aus und beeinflusst nachhaltig dessen persönliche und berufliche Entwicklung. Er positioniert sich im gesellschaftspolitischen Diskurs und reflektiert seine persönliche Einstellung zu politischen Fragen. Die Idee, gemeinsam mit anderen Gleichgesinnten pazifistische und ökologische Ideale zu verwirklichen, fasziniert ihn ebenso wie der Austragungsmodus, mit dem der mündige Bürger seinen politischen Willen frei und unabhängig zum Ausdruck bringt.
Beruflich vertritt Herr Burkhardt als Polizist den Staat und hatte den Auftrag,

ein Atomkraftwerk, ein atomares Zwischenlager und ein atomares Wiederaufbereitungslager gegenüber Widerstandsaktionen von Protestgruppen aus der Antiatomkraftbewegung zu schützen. Obwohl er mit der Ausübung seines Dienstes die eigenen politischen Überzeugungen konterkariert („mehr oder weniger widerwillig"), deutet er diesen Widerspruch nicht als ein unauflösliches Dilemma, da er sich in seinem Beruf auch als Instanz für die Wahrung von Grundrechten begreift und der Staat für ihn mit sozialem Rückhalt und finanzieller Lebenssicherung konnotiert ist.

Es sind nicht die objektiven Widersprüche zwischen persönlicher und politischer Überzeugung und beruflichen Anforderungen, die erste Zweifel an seinem Beruf wecken, sondern eine von ihm wahrgenommene Diskrepanz zwischen den wertgebundenen Deutungsmustern und Handlungsweisen seiner Kollegen und seinen eigenen Einstellungen und Haltungen.

> „Die lieben Kollegen (.), die teilweise sehr rechtsradikales Gedankengut an den Tag gelegt hatten (.) (leise) und das auch eindeutig geäußert haben (.) gegenüber Demonstranten und ähm (.) ja (.) Dinge erlebt (.) ähm (.), wo einem schlecht wird (.), wo ich von einem Mitkollegen daran gehindert wurde, einen Vorgesetzten zu verprügeln (.), der ähm Kinder mit 'ner chemischen Keule ins Gesicht gespritzt hat (.), einfach so (betroffen), nur um seinen lieben Untergebenen zu zeigen, wie man das macht (.) Und solche Dinge, die haben mich da sehr geprägt" (Z. 393–401).

Seine Kritik zielt einerseits auf das Kommunikations- und Interaktionsverhalten der Kollegen und Vorgesetzten, das von einem hierarchischen Befehls- und Gehorsamsgefüge bestimmt ist, ab. Herr Burkhardt bezieht sich aber auch auf den intoleranten, diskriminierenden und die persönliche Integrität verletzenden Umgang mit politisch anders, nicht „rechtsradikal" denkenden Menschen. Weiterhin äußert er sich kritisch gegenüber Übergriffen „eines Vorgesetzen", der Kindern „einfach so" eine chemische „Keule ins Gesicht gespritzt hat". Fassungslos steht er dieser Selbstjustiz und Ungerechtigkeit gegenüber und äußert, dass es „einem schlecht werden" kann. Sein Bestreben, darauf spontan mit Gegengewalt zu reagieren, wird von einem Arbeitskollegen unterbunden, der ihn davor zurück hält. Deutlich ist, dass seine Einstellung, die ihn von den Arbeitskollegen unterscheidet, auf unterschiedlichen Kommunikations- und Wahrnehmungsmechanismen beruhen. Die unterschiedlichen Wahrnehmungs- und Interaktionsformen sind auch in seiner Biographie begründet: Aufgewachsen ohne gesetzte Regeln oder formalisierte Abläufe findet sich der individualistische Autodidakt Kurt Burkhardt in einer hierarchisch gegliederten und bürokratisch-formalisierten Institution wieder. Die formelle Berufsstruktur der Polizei sieht es vor, die Anweisungen der Vorgesetzten pflichtgemäß und unter

Einschränkung der eigenen kritischen Meinung auszuführen. Diese Reduktion des verantwortungsbewussten und verfassungstreuen Polizeibeamten auf
ein bloßes Vollzugsorgan, das im Rahmen eines hierarchiegeprägten Interaktionsmodus seine beruflichen Aufgaben bewältigt, kollidiert zunehmend mit der
Persönlichkeitsstruktur und dem Interaktionsmodus des Biographieträgers. In
dem durch Unterwerfung und Gehorsam geprägten Kommunikationsstil seiner Kollegen spiegelt sich ein biographisches Muster und Interaktionsverhalten wieder, das er ablehnt: Anweisungen werden nicht hinterfragt und passiv
übernommen, seine Kollegen lassen sich durch das autokratische Hierarchiege-
füge der Polizei unreflektiert leiten, sie unterwerfen sich opportunistisch den
dienstlichen Vorgaben. Im Gegensatz zu seinen Kollegen, die zu allem „Ja und
Amen" sagen, betrachtet er den Berufsalltag nun als einen Widerspruch zu seinem eigenen Lebensentwurf und zu seinen Persönlichkeitsmerkmalen, die er in
einer sozialen Umwelt ohne Hierarchie, Unterordnung und Vaterfigur entwickelt hat.

„Ich denke, dass grundsätzlich jeder ähm (.) in einer Demokratie ähm (.) seinen Mund aufmachen darf (.) und ähm (.) sagen sollte oder auch dürfte, was
er (.) denkt und dass man das auch als Beamter darf (.) Und das ist das, was
halt bei vielen der damaligen Mitkollegen ähm (.) einfach ganz anders waren (.) Man hat keine eigene Meinung gehabt zu haben (.), ja (.), also man
sollte keine eigene Meinung haben, sondern (.) man hat immer das hinzu-
nehmen, was man von denen bekommt (.) ohne darüber nachzudenken, was
alles wichtig ist (.), wie es denn ist (leise) (.) Und der Auffassung war ich nicht
(sehr bestimmt und schnell) .. Ich war grundsätzlich der Meinung, dass man
alles anzweifeln darf (.) ähm (.), was einem vorgebetet wird (.) und ähm (.)
dass man alles, was man vorgesetzt bekommt auch hinterfragen darf .. und
in Zweifel ziehen darf, ob das so richtig ist (.) Warum muss ich das eigentlich tun, was ich jetzt hier tue (schnell und leise) (.) Für wen mach ich das
eigentlich .? Na, (.) und da halt bei vielen ähm (.) es so war, dass es nicht so
war .. Für die war es normal, dass man ähm (.) zu allem Ja und Amen sagt, .
die hatten Zusammenhalt und (.) jawohl sagt (.) und das macht, was der Vorgesetzte sagt (leise).. Und das sehe ich grundsätzlich anders (sehr leise)" (Z.
598–616).

Diese gegensätzlichen und sich widersprechenden Handlungs- und Interaktionsstrukturen setzen bei Kurt Burkhardt einen Aushandlungsprozess zwischen
konträren Berufseinstellungen und Kommunikationsverhalten in Gang, der in
der Schaffung einer eigenständigen Kommunikationsstruktur und Gegenpositi-
onierung mündet. Ausgehend von seinen Kommunikations- und Interaktionsstrukturen, die auf einer freien Meinungsäußerung, artikulierter Kritik an be-

stehenden Verhältnissen und geäußerten Zweifeln an als von anderen gegeben betrachteten Normen fußen, entwickelt er für die Struktur seines (beruflichen) Handelns ein Demokratieverständnis, das den Emanzipations- und Befreiungsgedanken in den Mittelpunkt rückt. Mit seiner freien, unabhängigen und bisweilen provokanten Art innerhalb des Autoritätsgefüges der Polizei positioniert der Biographieträger sich als Außenseiter, der vorherrschende Denk- und Wahrnehmungsstrukturen in Frage stellt und aus seiner Sicht in einem diametralen Gegensatz zur Gruppe der gehorsamen, passiven und unkritischen Kollegen steht. Dieses ‚Außenseitertum‘, welches sich auch leitmotivisch durch seine Biographie zieht, hat, wie auch zu Beginn der Schulzeit, wiederum zur Konsequenz, dass er nicht Teil der Gemeinschaft ist. Die kritische Auseinandersetzung mit gesellschaftlichen Werten und Forderungen der Antiatomkraft- und Friedensbewegung hilft Kurt Burkhardt dabei, gegensätzliche Positionen innerhalb seiner Rolle als Polizeivollzugsbeamter mit seiner persönlichen Position zu verbinden. Als Ergebnis dieses Prozesses steht eine wichtige berufliche und persönliche Identifikation, die es ihm ermöglicht, in seiner beruflichen Rolle in unterschiedlichen Welten zu leben.

Aktive demokratische, politische und berufsethische Positionierung
Der Biographieträger zieht seine Schlussfolgerungen aus dem Gesagten und vollzieht den Sprung von einer passiven oppositionellen Haltung innerhalb seiner beruflichen Tätigkeit als Polizeivollzugsbeamter hin zu einer aktiven politischen Positionierung innerhalb der Gesellschaft.

„Mhm, (.) sagen wir mal so ähm (.), ich war so von meiner politischen Einstellung (fließend, ruhig) her (.) eher jemand, der zur Friedensbewegung und zur Antiatomkraftbewegung gehört hat (.) und das auch geäußert hat (.) Der ähm (.) zum Beispiel gerne einen Aufkleber hinten aufs Auto gepappt hat, drauf geklebt hat (.), mit den Worten Grüß Gott Herr Strauss, ich bin eine Ratte (.) ähm und solche Dinge mhm (lacht schmunzelnd) Was man halt so macht in der Jugendzeit (.) (lacht) ähm und hab das auch offensiv vertreten gegenüber Kollegen (.) und war von daher (.) ähm in diesen ja doch sehr militärischen und äh (.) durch Uniform und Gehorsam, Befehls- und Unterstellungsverhältnis (undeutlich, schnell) geprägten Gefüge ein Außenseiter .. ganz schlicht und ergreifend (.) Hab mich aber selbst mit meiner Einstellung mehr auf den Boden des Grundgesetzes gesehen als die meisten anderen meiner lieben Kollegen (.), (…) So das Sicherheitsrisiko (.), das kam ja auch nicht von ungefähr Ich ähm (.) hab damals ähm ganz offensiv für die Friedensbewegung geworben und ähm (.) war von daher nicht unbedingt gerade gut gelitten (sehr leise) in dem Verein .. Wurde auch ähm (.) nie gefördert durch Vorgesetzten" (Z. 379–406).

Diese Veränderung nahm ihren Ausgang von den Erlebnissen Kurt Burkhardts während der Einsätze zum Schutz der Atomkraftwerke vor Übergriffen von Demonstranten der Antiatomkraftbewegung, zu denen er in seiner Dienstzeit verpflichtet worden war. Er befindet sich in einem Dilemma, weil er als Polizist den Staat verkörpert, der die Demonstranten an ihrem Vorgehen hindern muss, obwohl er deren politische Ziele grundsätzlich unterstützt.

Während der Demonstrationen kommt es zu gewalttätigen Ausschreitungen, in deren Verlauf die Polizei nicht zimperlich agiert. Für Kurt Burkhardt bedeutet das brutale und unmenschliche Verhalten und Vorgehen einiger seiner Kollegen gegen Demonstranten und Kinder einen Bruch mit den berufsethischen Grundsätzen der Polizeiarbeit und seine eigenen, persönlichen ‚code of ethics'. Er kritisiert das insbesondere im Kontext von Demonstrationen immer wieder aufscheinende rechtsradikale Gedankengut einiger Kollegen und prangert deren Brutalität bei der Dienstausübung an. Unverständlich und nicht nachvollziehbar ist für ihn die Tatsache, dass Repräsentanten und Schützer des Staates mit ihrer gewalttätigen Vorgehensweise nicht mehr auf dem Boden des Grundgesetzes agieren und die Bürger- und Menschenrechte schützen, sondern ihre Macht und deren Ausübung scheinbar missbrauchen. In provozierender Art und Weise vertieft er mit dem Bekenntnis seiner politischen Einstellung und der Sympathiebekundung für die Demonstranten der Friedens- und Antiatomkraftbewegung den Graben zwischen sich und seinen Berufskollegen. Er stellt dabei fest, dass die autoritären Strukturbedingungen im Interaktions- und Handlungsgefüge seiner Kollegen nicht verändert werden können und verändert daher die Beziehung zu diesen Bedingungen. Öffentlich bekundet er seine Sympathie und Solidarität mit den Demonstranten der Friedens- und Antiatomkraftbewegung. Innerhalb des Polizeiapparates erzeugt Kurt Burkhardt somit mit seiner offensiv formulierten Betonung demokratischer Grundwerte, die innerhalb seiner Abteilung offensichtlich nicht mehrheitsfähig war, und dem ostentativen Festhalten an seiner persönlichen Berufsethik Widerstände innerhalb der sich unterordnenden Gemeinschaft seiner Berufskollegen und zementiert seine Rolle als Außenseiter. Sukzessive schöpft er die eigenen Handlungsmöglichkeiten innerhalb der Bedingungen und Strukturen aus. Die deutliche Positionierung verhindert in der Folge auch seine berufliche (Be-)Förderung und verwehrt ihm die Unterstützung durch Vorgesetzte. Rekurrierend auf die in seiner frühen Kindheit unterbliebene Förderung seiner sozialen, kognitiven und emotionalen Kompetenzen wiederholen sich damit gewissermaßen bedeutsame Elemente seines biographischen Lebensweges und schüren ihrerseits die Verletzungsdisposition.

Eine weitere Verschärfung erfährt seine berufliche Situation, als er Friedenspapiere unterzeichnet und die Beamten durch Aufkleber mit der Aufschrift: „Grüß Gott Herr Strauss, Sie sind eine Ratte" provoziert. Er bekennt sich erstmals öffentlich zu seiner kritischen Meinung gegenüber dem System der Staatsgewalt. Auf diesen Vorgang reagiert die Institution Polizei, indem sie ihn als Sicherheitsrisiko einstuft. Ab sofort unterliegt er einer kritischen Beobachtung durch die überwachenden Instanzen. Einige wenige Faktoren waren ausschlaggebend dafür, dass er nicht den Beruf wechselt:

„Es gab einen, der hat das toleriert ähm (.) und dem hat das nichts ausgemacht, (dass) ich meine Meinung gesagt hab, (.) weil er ganz einfach gesagt hat, ich kann ähm (.) deine Meinung einfach akzeptieren (.), so hinnehmen wie sie ist (spricht sehr schnell) Ich muss sie nich teilen, aber ich muss dich deswegen nicht angreifen (leise) (.) und mit dem bin ich eigentlich ganz gut ausgekommen die ganzen Jahre, ähm" (Z. 409–413).

Kurt Burkhardt findet somit trotz dieser schwierigen Arbeitsbedingungen innerhalb des sozialen Gefüges der Polizei einen Platz. Ein Vorgesetzter ermöglicht ihm eine Nische, er „kann" seine Meinung „akzeptieren", „so hinnehmen" und tolerieren. Der Vorgesetzte ist bereit, die politischen Meinungen und Einstellungen des Herrn Burkhardt als konträre Position gelten zu lassen. Er steht dem Biographieträger als verlässlicher Partner zur Seite und „nimmt ihn" in seiner Außenseiterposition in diesem System hin. Dieser Modus des Hinnehmens und das Ausschöpfen der eigenen Handlungsmöglichkeiten, das Finden von Nischen innerhalb der Bedingungen und Strukturen wird für Kurt Burkhardt zur biographischen Überlebensstrategie. Sie trägt grundlegend dazu bei, dass er sich zum Verbleib bei der Polizei entscheidet. Zusätzliche Stärke beim Umgang mit schwierigen Lebenssituationen verleiht ihm das biographische Potential seiner Kindheit und Jugendzeit. Schon früh hat er gelernt, als Außenseiter in Gemeinschaften zu bestehen und aus diesen Erfahrungen eine autonome Ich-Stärke auszubilden. Zu vermuten bleibt, dass sich der Leidensdruck in Grenzen hält. Es ist zwar ein negatives Verlaufskurvenpotential gegeben, das jedoch nicht allzu hoch ist. In Analogie zur Schulzeit muss man ihn „nicht unbedingt" lieben. Offenbar ist ihm „dieses Umgehen" und sein Modus wichtig.
Es kommt zum Bruch, als die Handlungsspielräume durch den Wechsel des Vorgesetzten wegfallen. Diese Phase ist gekennzeichnet durch erhebliche Diskrepanzen zwischen dem neuen Vorgesetzten, der sich durch autoritären Umgang und sportliche (Straf-)Maßnahmen auszeichnet, und Herrn Burkhardt, der seinerseits mit ironischen und provokativen Verhaltensweisen aufwartet, die in seinem Selbstbild seinen enormen Willen und die Freiheit im Denken und Handeln demonstrieren. Die verschiedenen Formen der Arbeitsverweigerung weisen Parallelen zu seiner eigendynamischen Kindheitsentwicklung auf, die er in dieser Beziehung nochmals auslebt. Aus dem Kindergarten ist er nach zwei Tagen „geflogen", er ist „überm Zaun gestiegen und weggelaufen", um zu seinen Freunden zu gehen. Bei der Polizei bleibt er, trotz ‚erheblicher Diskre-

panzen', länger, auch wenn er „aufsässig" ist" und auf eine subtile Art und Weise seine Meinung äußert

„Und ich hab mir halt wirklich nichts gefallen lassen (sehr leise) (.) das fing mit Marsch schon an (.) Ohrringe, die ich getragen habe, die ich angezogen hab (.) und ging über die Verweigerung von sportlichen Leistungen hin (atmet tief ein) und ähm (.) zu allen möglichen Dingen .. Es ging ganz einfach nicht, mhm (sarkastisches Lachen) .. war halt ziemlich aufsässig mhm (lacht), .. ja (.) Wenn man von klein auf sein Weg selbst beschreitet, dann äh (.) will man nicht von einem äh (.) Dahergelaufenen, der meint, der müsste alles anders machen als es vorher war (.), einfach alles gefallen lassen (sehr leise) .. Und von daher hab ich schon ähm (.), hab dann auch die Konsequenz gezogen (sehr leise, berührt) .. Jahrhundertschaftsführer konnte das nicht verstehen (schnell), is aus allen Wolken gefallen, als ich gesagt habe, ich kündige (.), übermorgen höre ich auf, ähm (.) schlupp he he (lacht) pfff" (Z. 426–439).

Schließlich kündigt er seinen Arbeitsplatz, als er sieht, dass seine Autonomie durch einen Vorgesetzten beschnitten und seine Auflehnung gegen diesen autoritären Duktus mit Mitteln persönlicher Diskriminierung sanktioniert wird. In der Folge startet er einen beruflichen Neuanfang und beginnt eine Berufsausbildung, der, wie auch der Wahl des Polizeiberufes, die Motivation der Arbeit „auch an Menschen, was ich vorher eigentlich auch wollte" zugrunde liegt. Die Kündigung des sicheren Arbeitsplatzes und die Entscheidung für eine neue berufliche Option speist sich aus dem Zuspruch aus seinem sozialen Umfeld (Freunde, Bekannte). Diese Phase mündet in der Prozessstruktur des biographischen Handlungsmusters. Motiviert von seinem sozialen Umfeld als signifikante Andere entwickelt er Pläne und Handlungsalternativen, die zu dem Entschluss führen, eine Veränderung seiner Lebenssituation durch eine neue Berufsausbildung vorzunehmen. Kurt Burkhardt strebt durch den Wechsel in ein neues Berufsfeld eine neue Phase im Leben an, nachdem er sich der Verstrickung in eine komplizierte Situation bewusst geworden ist. Er durchbricht das mögliche, aufscheinende negative Verlaufskurvenpotential und wird nach einiger Zeit des ‚Abwartens' handlungsaktiv, wodurch sich ein neues berufsbiographisches Handlungsschema andeutet.

5.1.6 Berufswechsel und Einstieg in das Berufsfeld Pflege: Biographische Initiative zur Veränderung der Lebenssituation

„Die Idee in die Richtung zu gehen, die kam dann eigentlich so durch meinen ganzen Bekanntenkreis, .. ähm mein ganzes Umfeld, (.) Freundinnen und ähm ja (.) Kumpels, die waren also teilweise in der Pflege tätig, (.) wobei das überwiegend halt alles Mädels waren, (.) die ich kennengelernt hatte in den letzten Jahren während der Zeit beim Grenzschutz .. und (halt) (unverständlich) Krankenpflege, (.) Das könnteste dir auch halt vorstellen (.), arbeitste auch an Menschen, was ich vorher eigentlich auch wollte" (Z. 97–104).

Signifikante Andere wie Bekannte, Freundinnen und Kumpels sowie die damalige Freundin, die in der Krankenpflege tätig ist, bringen ihn auf die „Idee", beruflich eine ganz andere Richtung einzuschlagen. Der Berufswechsel ist somit selbstbestimmt, denn die Vorstellung, mit Menschen zu arbeiten und einen würdevollen und menschlichen Umgang zu pflegen, ist Motivation und Grundlage für die Entscheidung, eine Pflegeausbildung zu absolvieren. Damit knüpfen die berufsimmanenten Werte der Krankenpflege an wichtige ethische Grundsätze seines Handelns an, die aus seinen eigenen biographischen Erfahrungen resultieren. Es handelt sich dabei um die Entwicklung eines biographischen Entwurfs, dessen Ankündigungsstruktur letztendlich umgesetzt wird. Diese Entwicklungsphase mündet in die Prozessstruktur des biographischen Handlungsschemas als biographische Initiative zur Änderung der Lebenssituation ein.

„Hatte zwei Bewerbungen für die Ausbildung (.), einmal bei uns im Ort in Felixburgen im Kreiskrankenhaus (.) Da hat man mich abgelehnt, weil man sich das nicht vorstellen konnte, dass ‚en Polizeivollzugsbeamter, der aus 'nem gesicherten Verhältnis heraus kommt (.) äh auf einmal in die Krankenpflege will .. ähm und hat dann auch so richtig auf dem Vorstellungsgespräch darauf rumgehackt (.), und da hab ich gedacht, ok (.), das wars (.), hier wirst Du nicht genommen (.), ähm. hast ja noch 'ne Chance . ähm in den städtischen Kliniken ähm.. zum Vorstellungsgespräch, wo ich gedacht habe, dass ich überhaupt keine Chance habe, weil da waren 2100 Bewerbungen auf 32 Stellen (.) in der damaligen Zeit, weil unwahrscheinlich viele Leute in die Pflege wollten .. ähm war halt schlechte Ausbildungszeit insgesamt .. und da war die Perspektive Pflege etwas Sicheres, da wollten halt sehr viele rein (leise) .. und ähm (.), dann hat man von diesen 2100 dann 1200 zum Vorstellungs// (bricht ab) ähm zum Einstellungstest ähm geholt .. ähm (.) An drei Tagen, also, da saßen da über 400 Leute (spricht schnell) im großen Saal, mussten dann sechs Stunden Test über sich ergehen lassen, (.) Also dann hab ich gesagt, oh Gott, hier hast Du gar keine Chance (.), hab mich da, äh, irgendwie so durchlaviert (.) ähm und war dann bei den 96, die man eingestellt// vorgeladen hat dazu, (spricht schnell) (.) ähm zum Vorstellungsgespräch, und ähm (.) von denen 96 hat man dann 32 genommen und da war ich dabei (Stimme gedämpft),... Ja, (.) äh, das war dann so der Einstieg in die Pflege" (Z. 118–141).

Der Verzicht der sicheren und nahezu unkündbaren Beamtenstelle im Polizeidienst zugunsten eines körperlich und psychisch aufreibenden Arbeitsplatzes in
der Krankenpflege bedeutet für den Biographieträger eine persönliche Herausforderung, auch die ihm entgegengebrachten Vorurteile zu überwinden.
Analog zu den Engpässen in anderen Berufssparten übersteigt auch im Kran-
kenpflegewesen in den 80er Jahren die Nachfrage nach Ausbildungsplätzen das
von den Krankenhäusern offerierte Angebot um ein Vielfaches, sodass sich die
Kliniken zu selektiven Verfahren gezwungen sahen. Trotz dieser Hindernisse
hält er an dem eingeschlagenen Weg einer beabsichtigten Ausbildung in der
Krankenpflege fest und betrachtet die Bewerbungsverfahren, die er durchläuft,
als einen Prozess der gesellschaftlichen Anerkennung eines Außenseiters. Herr
Burkhardt erhält nach erfolgreich bestandenem Einstellungstest und einem
Vorstellungsgespräch unter 2100 Bewerbern einen Ausbildungsplatz an der
Krankenpflegeschule.

5.1.6.1 Ausbildung, Schwangerschaft der Freundin und Betreuung des kranken Kindes

„Ja, dann (.) während meiner Ausbildung ist dann meine damalige Freundin
schwanger geworden (lacht und schmunzelt) .. ähm So in .. 86 hab ich angefangen und in 88 ist unser Sohn geboren (hebt Stimme), (.) 87 haben wir
geheiratet" (Z. 141–144).

Im Gegensatz zu seinem leiblichen Vater wählt Herr Burkhardt einen anderen
Weg im Umgang mit der Schwangerschaft seiner Freundin während der Ausbildung. Denn anders als dieser, der die Familie nach der Geburt des Biographieträgers und seiner Zwillingsschwester „verlies als es galt zu heiraten" und
damit die soziale Spirale seines Lebens initiierte, heiratet er seine Freundin.
Diese Entscheidung, der Freundin den gesellschaftlichen Status einer Ehefrau
zu gewähren und damit auch den Sohn anzuerkennen, signalisiert die Anerkennung und Bereitschaft, Verantwortung für seine Familie zu übernehmen und
kann als eine Form der Verarbeitung seiner eigenen Lebensgeschichte gesehen
werden. Trotz der schwierigen Ausbildungssituation und der Belastung durch
die Schichtarbeit ist er für seine Familie da, und sie entwickeln innerhalb der
Familie einen eigenen Sinnhorizont. Die familiären Belastungen schränken
gleichzeitig den zeitlichen Spielraum der schulischen Ausbildung ein. Keinerlei Schwierigkeiten bereiten ihm die in der Krankenpflegeschule dargebotenen
theoretischen Lernpensen, die er sich en passent „durch Sehen und durch Zuhören", „mal so 'nen paar ähm (.) Fächer durchgelesen", „ich hab nicht (.) wirklich
richtig gelernt", aneignet. Die ironische Betonung einer Überlegenheit gegen-

über dem statushöheren Schulabschluss der ebenfalls in der Krankenpflegeausbildung sich befindenden Abiturienten, dient der Vergewisserung und Bestätigung seines Selbstbildes. Während andere Schüler bei einer Klausur „Seite für Seite" schreiben, gibt er erfolgreich nach 20 Minuten ab:

„wir waren (.), von den 32 waren, glaub ich, achtzehn Abiturienten und äh (.) Von daher, die ganzen Abiturienten (tief rauchig) hab ich in der Theorie gesteckt (.), die (.) Da war eine dabei, die hat das nicht verstanden (.), Anatomiearbeiten (.) Sie hat (Kaffeetasse klappert).. Seiten um Seiten geschrieben und ich hab nach zwanzig Minuten abgegeben und ähm (.) hab dann stichpunktartig alles Mögliche beantwortet und hab dann immer noch mehr Punkte gehabt als sie (.) Das konnte sie nicht verstehen hm hm (lacht) ähm (.), es ging irgendwie nicht in sie rein, von daher (.) fiel mir das wirklich leicht (.), weil die theoretische Ausbildung war geschenkt" (Z. 482-491).

Formale Lern- und Bildungsprozesse wie Auswendiglernen wurden durch informelle Lern- und Verarbeitungsstrategien, die sich der Biographieträger im Laufe seiner Kindheit angeeignet hat, ersetzt. Die familiären Defizite zwingen ihn zur Ausbildung von Lernstrategien der Beobachtung und des aufmerksamen Zuhörens und Wahrnehmens. Darüber hinaus erwirbt er sich ein großes Maß an Lebens- und Alltagskompetenz mit der Übernahme von Aufgaben, die normalerweise der Mutter vorbehalten sind. Außerdem gelingt es ihm, die Unterschiedlichkeit der sozialen Welten zu durchdringen, um dann dialektisch seine eigene Position der Selbst- und Weltaneignung zu konzipieren. Diese biographische Basisdisposition erweist sich als universale Lernstrategie, um sich alles selbst und eigenständig erarbeiten zu können. Jener Lernmodus macht ihn unabhängig und kommt ihm jetzt, da er bei der Erarbeitung der Ausbildungsinhalte Sachverhalte und Verstehensprozesse logisch durchdringen muss, zugute.

„Bin mit 26 in die Ausbildung gegangen (.) ähm und mit 29 dann fertig (.) ähm Auch da ist mir alles leicht gefallen (.) Ich hab nicht zu denen gehört, die (ruhig, fließend) in drei Jahren Ausbildung gelernt haben ähm (.) Ich hab im ersten Jahr gelernt die Anatomie (.) und der Rest ist mir alles zugefallen (leise) (.) Es ging einfach durch Zuhören (.) und ähm (.) alle anderen haben sich verrückt gemacht und (.) hab mir zum Schluss für die äh (.) Schriftliche hab ich mir noch mal so 'nen paar ähm (.) Fächer durchgelesen, Innere, Chirurgie, Gynäkologie ähm (.), ja und das war's .. Also ich hab nicht (.) wirklich richtig gelernt (.) Das ging auch während der Zeit mit dem ähm (.) unserem Kleinen auch gar nicht (.) Da war man abends einfach zu müde, ich hab gegen meine Frau geschichtet (.), die hat dann voll weitergearbeitet und] ähm (.) wir hatten in der Mittagszeit äh (.) 'nen Babysitter für unseren Junior und ähm (.) na wenn man dann nachmittags nach Hause gekommen ist, dann war der Kleine erst mal (schnell und leise) da (.) und dann war eh nichts mit Lernen und abends (.) war (.), wenn man schon am frühen Morgen um fünf Uhr losgefahren is ähm (.) kaputt (.) Dann is man abends um neun ins Bett, um zehn, bis morgens (.) Frühdienst und dann raus (.), von daher war mit Lernen nicht viel .. Ich brauch das auch nich (rauchig) .. ich brauch das nich für mich (.) (lacht) Ja, .. kann nix dafür he he he (lacht) … Ich hab mir unwahrscheinlich so viel aneignen können durch Sehen und durch Zuhören (.)" (Z. 451–475).

Aus den Schilderungen werden neben der Feststellung, dass ihm der schulische Teil der Ausbildung „zugefallen" sei, aber auch die Schwierigkeiten der Organisation des familiären Alltags deutlich. Quasi leitmotivisch erwähnt Kurt Burkhardt in seinen Ausführungen wiederum Probleme mit seinen Mitauszubildenden und neuen Kollegen. Vor allem zu Beginn seiner Ausbildung sammelt er negative Erfahrungen mit jüngeren Schwestern, die ihn mit unangenehmen Situationen im Krankenhausalltag konfrontierten und ihn bei jeder Gelegenheit ins offene Messer laufen lassen.

„relativ 'nen Dorn im Auge ähm (.) Hat ich so den Eindruck (.), ich würde mehr oder weniger nur zu Leuten geschickt, wo keiner mehr hin wollte (.) Schwerstkranke (.), das hat mir nichts ausgemacht (.) Sterbende zu begleiten ähm (.) Ja .. und dann wurd ich bei passender Gelegenheit mal abgesaut (sehr leise) wegen irgendwelchen Kleinigkeiten (.), wo ich es einfach nicht wusste, ja (.), und wo ich mir heute sage, so würde man mit Schülern niemals umgehen (.) und so würde ich das auch in der Praxis nie machen (.) Hab ich dann auch nich (sehr leise) (.) ähm (.) Da hab ich allerdings gelernt, dass man ganz einfach mit Schülern so umgehen muss, als wenn sie gar nichts wissen (.) und ähm (.) , ihnen die Möglichkeit zur Erklärung lassen (.) und erklären müssen warum (.) Das hab ich mir dann auch angeeignet während meiner Tätigkeit als Krankenpfleger (.), nachdem ich dann im Haus 'ne Stelle hatte (.) und dann da kam schnell irgendwie (sehr sehr leise), du kannst doch eigentlich auch Lehrer für Pflegeberufe werden (.) (schnell und leise) Der Gedanke war aber nicht da (.), der kam dann erst mit der Umschulung .., kann den ganzen Tag nich nur da rumsitzen (Krankheit)" (Z. 494–511).

Diese Erfahrungen verdeutlichen ihm, dass es im Sinne eines Lernfortschritts höchst verwerflich ist, Schüler absichtlich einer erniedrigenden und frustrierenden Situation im Berufsalltag auszusetzen. Im Gegensatz zu der sarkastischen Erfahrungsverarbeitung mit persönlichen Konflikten bei der Polizei setzt diese negative Praxiserfahrung neue Entwicklungsmechanismen frei. Die biographische Reflexion der negativen Situation wird in eine positive Verhaltens- und Wertestruktur sowie in ein positives Handlungsschema umgewandelt und als handlungsweisende Berufshaltung in didaktischen Prozessen operationalisiert. Sein pädagogisches Credo lautet daher, den Lernenden die Möglichkeit einer eigenen Erklärung neuer beruflicher Fragen einzuräumen und eine Begründung für diese Erklärung einzufordern, „niemals" die Schüler ‚abzusauen'. An diesen Grundsatz hält er sich während seiner Tätigkeit als Pfleger auch. Nach seiner Ausbildung nimmt Herr Burkhardt seine Berufstätigkeit im neuen Berufsfeld zunächst als Schichtleitung auf einer Inneren Station auf und übernimmt später auf einer anderen Station die stellvertretende Stationsleitung.

Seine größere Lebenserfahrung erleichtert ihm im Gegensatz zu seinen jüngeren Mitschülern den Kontakt zu den Patienten im Krankenhaus: „Dann ähm (.) ähm .. der menschliche Kontakt mit den Patienten (.) fiel mir sowieso schon leichter, weil ich ganz einfach älter war und reifer (.) ähm (.) In der Klasse hab mit ich zu den (sechs Ältesten) gehört (sehr leise) mit den 26, da waren noch (.) zwei (.), zwei, die älter waren." Außer dem Altersunterschied sind es aus Sicht von Herrn Burkhardt insbesondere seine Erfahrungen im Umgang mit Menschen während seiner Polizeitätigkeit, die durch vielfältige soziale Herausforderungen, schwierige Interaktionssituationen und die Entwicklung seiner Persönlichkeit gekennzeichnet waren und ihm einen großen Vorteil bei der Betreuung von Patienten gegenüber seinen Kollegen in der Ausbildung verschaffen. Auch hier verfolgt er in seiner Selbstwahrnehmung den Modus der Abgrenzung gegenüber Anderen.

Bewältigung von familiären Schwierigkeiten
In dieser Zeit wächst die Familie allmählich an. Von den beiden jüngeren Kindern ist das Letztgeborene ein Frühchen, das einer besonderen psychischen und physischen Betreuung und Förderung bedarf. Zusammen mit seiner Frau kümmert er sich intensiv um sein jüngstes Kind. Er legt dabei viel Wert auf Fürsorge und Förderung. Als eine Lungenentzündung des Kindes im Krankenhaus nicht behandelt wird, pflegen seine Frau und er es zu Hause. Dieses Handlungsschema, Familienbeziehungen zu gestalten und gemeinsam mit der Ehefrau das benachteiligte Kind intensiv zu fördern, sind als Ausdruck der sich während seiner biographischen Entwicklung vollziehenden Transformationen zu sehen. Es gelingt ihm, durch biographische Selbstreflexion eigener leidvoller Erfahrungen seiner Kindheit und Jugend ein Handlungsschema zu entwerfen, das die gemeinsame Bewältigung von Problemen und Schwierigkeiten vorsieht und darauf ausgerichtet ist, im gemeinsamen Handeln positive Erfahrungen entstehen zu lassen. Im Kontrast zu seinen eigenen prägenden, biographischen Erfahrungen in Kindheit und Jugend, die sich dadurch auszeichneten, dass Herr Burkhardt immer auf sich alleine gestellt war, „ich für mich selbst sorgen musste",

„auch so von klein auf", „das prägt einen" „ ganz erheblich", stellt das Zusammenleben und gemeinsame Ausgestalten von Partnerschaft und Kindererziehung eine neue, von Lernprozessen geprägte Erfahrung dar: „mit dem Hintergrund (.) (langsam, betont) Da muss sich der andere erst mal drauf einlassen können". Er scheint zu verstehen, dass aufgrund seiner Primärsozialisation das Zusammenleben mit ihm nicht immer „ganz leicht" ist. Gleichzeitig wird auch seine Stärke sichtbar, die darin besteht, reflexiv zu handeln und sich ändern zu können, nicht auf seinem Recht zu bestehen, sondern auf die Bedürfnisse der Anderen einzugehen. Deshalb ist auch trotz einer Ehekrise, die durch die berufliche Doppelbelastung beider Ehepartner und eine lange andauernde, pflegeintensive Betreuung des jüngsten Kindes ausgelöst wird, eine Lösung ihrer Probleme im Rahmen einer Paartherapie möglich. Die biographische Reflexion seiner Lebensgeschichte ermöglicht es Herrn Burkhardt, die Auswirkungen fehlender familiärer Beziehungsmuster und die emotionale Verletzung durch die Herkunftsfamilie zu verstehen. Somit hilft ihm die erkenntnisgenerierende Haltung, immer wieder über sich selbst und sein Leben nachzudenken, um die Beziehungsprobleme, die seine Frau mit ihm als familiär aufgewachsenem Einzelgänger hat, zu erkennen und zu ändern. Ebenfalls bewusst ist ihm innerhalb seiner Rolle als Familienvater die fehlende väterliche Identifikationsfigur, die er aber mit kreativen und intuitiven Handlungs- und Deutungsmustern zu füllen weiß. Er ist sich der ‚fehlenden Vaterfigur' und der damit möglicherweise verbundenen Grenzen in seinem Leben bewusst, meint, dass er nicht der ‚typische Papa' sei und unternimmt aus seiner Sicht andere Aktivitäten mit seinen Kindern.

„so generell 'nen ganz anderer Typ als die meisten klassischen Väter (.), denk ich .. Ich hab von klein auf von zu Hause 'ne ganze Menge im häuslichen Bereich machen können (.) Ich kann eigentlich alles (leise) .. Es gibt auch nichts, was ich mir nicht zutraue, .. muss man ganz einfach mal ausprobieren und dann klappt das (leise und vorsichtig) und so gehe ich durchs Leben .. Sachen, die kann ich nicht (.), gibt es nicht … Bei den meisten Sachen, (.) nicht bei allen (tiefe Stimme) (atmet tief ein)" (Z. 682–689).

5.1.6.2 Krankheit und Weiterbildung zum Lehrer für Pflegeberufe

„1992 war es so, dass ich äh (.) aufgrund körperlicher Probleme (.) kaum noch arbeiten konnte (.) ähm (.) Hab auf einmal so Kribbeln bis runter in die Füße (.) und Ausfallerscheinungen im neurologischen Bereich (betroffen und leise) gehabt, ja,.. der mich dann dazu bewogen hat, (   ) bzw. (zu 'ner) Umschulung zu kommen (leise und undeutlich) und aus der Pflege herauszugehen, weil es ganz einfach immer so war: (.) Als Kerl bist Du immer gerufen worden,

(.) heb, (.) mach mal (.), kannste mal (.) und wenn du einfach gesagt (   ), ich kann nicht, mir tut's Kreuz weh (.), dann haben se halt immer mal blöd geguckt, dann hat man halt immer mal gemacht .. ähm Ich hab allerdings 'ne angeborene Spongolesthese, .. ähm (.) von der ich nichts gewusst hatte" (Z. 151–161).

Anhaltende körperliche Probleme beeinträchtigen in der Folgezeit seine Arbeitskraft und nehmen Einfluss auf seinen beruflichen Werdegang und die persönliche Weiterentwicklung. Seit seiner Geburt leidet Herr Burkhart an einer Spondylolisthesis, einer Instabilität der Wirbelsäule, die sich als Ausfallerscheinungen im neurologischen Bereich bemerkbar macht. Dieses chronische Leiden verschlimmerte sich zunehmend, sodass seine Bewegungsbeeinträchtigungen und Schmerzzustände nur noch körperlich leichte Arbeiten zuließen. Aufgrund der genetischen Erkrankung stellt sich für ihn eine Herausforderungs- und Umbruchssituation dar. Es ist ihm unmöglich, in seinem Beruf zu verbleiben. Sein berufliches Umfeld ignoriert die eingeschränkte Arbeitsfähigkeit und zieht ihn ohne Rücksichtnahme zu schwerer körperlicher Arbeit am Patienten heran. Schließlich wird er 1993 ein halbes Jahr krankgeschrieben. Er versucht der Krankheit mit sportlichen Aktivitäten und einer Gewichtsreduktion, er „hat massivst abgespeckt", entgegenzuwirken. Die Antwort auf die Nachfrage nach der Krankheit illustriert den Versuch von Herrn Burkhardt, die Krankheit kognitiv zu durchdringen. Mit einer distanzierten Haltung zu sich selbst beschreibt er ausführlich die Symptome, Auswirkungen und Folgeerscheinungen der Krankheit, die in einer absoluten Bewegungsunfähigkeit enden kann. In dem Maße, in dem er die objektiven Bedingungen seiner Beeinträchtigung kognitiv verarbeitet, erkennt er, dass er zwar diese nicht veränderbare Lebensvariable akzeptieren muss, aber es selbst in der Hand hat, seine berufliche Situation zu verändern. Das bereits während des Polizeidienstes aufscheinende Lernmuster wird wieder aktiviert: Wenn er, wie in diesem Fall, die Bedingung der Krankheit nicht verändern kann, verändert er sich selbst zu den Bedingungen, indem er sich weiterentwickelt und andere Möglichkeiten und Chancen ergreift. Aktiv handelnd entschließt er sich zu einer weiteren beruflichen Neuorientierung, um diese seine Freiheit einschränkenden Lebensbedingung zu verändern. In seiner Entwicklung von Handlungsalternativen wird wiederum ein großes Weiterentwicklungspotential sichtbar. Allerdings scheitert der Versuch, am eigenen Krankenhaus eine Umschulung als Lehrer für Pflegeberufe zu absolvieren, dort „als Unterrichtspfleger reinzurutschen", an der Bevorzugung einer anderen Person, die zugleich seine Stationsleitung ist.
Trotz der Ablehnung, die biographisch die Erinnerung an unzureichende Förderung wieder wachruft, überwindet er das Hindernis der erneuten Zurücksetzung und arbeitet an der Verwirklichung seines selbstbestimmten und zielge-

richteten Lebensentwurfs. So beantragt er eine durch das Arbeitsamt geförderte Umschulung und unterzieht sich wieder verschiedenen Testverfahren. Der biographische Zirkel schließt sich, als ihm vom Arbeitsamt eine Umschulung zum Kaufmann wegen seiner überragenden Kenntnisse im mathematischen Bereich empfohlen wird. Letztlich erfüllt er durch diese Empfehlung formal die fehlende Zugangsvoraussetzung für die Ausübung seines früheren Berufswunsches im technischen Bereich, was ihn zu der sarkastischen Haltung veranlasst, dass institutionelle und formelle Leistungstests keine Aussagekraft über die Qualität einer Person enthalten und alles doch relativ sei. Bewusst entscheidet er sich in dem Berufsfeld Pflege zu bleiben und wählt den Beruf des Lehrers für Pflegeberufe, weil in dessen Instrumentarium die biographisch bedingte Interpretation von Interaktions- und Handlungmodi des Biographieträgers zum Tragen kommen. Von Bedeutung ist dabei auch die 1994 beginnende zweijährige Umschulung zum Lehrer für Pflegeberufe in einer Institution der Gewerkschaft ÖTV, da deren sozialpolitische Ausrichtung und die Identifikation mit seiner Art zu denken und zu leben übereinstimmt.

Als Lehrer für Pflegeberufe ist er jetzt in der Lage, aus dieser Lebenshaltung eine pädagogische Grundhaltung zu konstruieren. Die Sinn- und Deutungsmuster zeigen sich in der Prozessstruktur des Pädagogen und bilden die handlungsleitende Maxime in den Bereichen, die von der menschlichen Grundeinstellung über die Didaktik von Lernprozessen reichen und neben den Anforderungen und Erwartungen an die Schüler auch die Prozessorientierung in der Leistungsmessung an die Schüler umfassen. Schließlich übernimmt er die Verantwortung für eine Krankenpflegeschule als stellvertretende Schulleitung und gestaltet seitdem aktiv Schulkultur und Schulentwicklungsprozess mit.

5.1.7 Zusammenfassung: Biographische Gesamtformung

Biographisch im Vordergrund steht das Bedürfnis nach Selbstbestimmung. Er entwickelt eine Selbstsicherheit und ein Selbstvertrauen, das auf der Überzeugung gründet, sich nur auf sich selbst verlassen zu können und für sich selbst verantwortlich zu sein. Die Übernahme mütterlicher Aufgaben, eventuell auch die Rollenübernahme aufgrund ihrer eher regressiven Persönlichkeitsstruktur, fehlende Deutungsmuster und Bezugspersonen wie z.B. das Fehlen des Vaters als Sozialisationsinstanz münden in einem bestimmten Bewältigungsmuster des Biographieträgers. Das Erlernen von sozialer Realität beginnt nach Berger/ Luckmann (2003) in der Kernfamilie. Das Fehlen von Reflexionsinstanzen führt zu der Entwicklung eines Eigensinns und der Wahrnehmung eigener Normen und Regeln durch fehlenden normativen Austausch in den Sozialisationsinstanzen. Hingegen sucht er den Austausch in Peergroups und deren Familien, in denen ein passiver Modus der Beobachtung zugrunde liegt. Er entwickelt gleichzeitig eine Lebensstärke, mit der er sein Leben aktiver und selbständiger als andere Kinder seines Alters gestaltet. Auch darauf fußt seine Außenseiterrolle. Eigentheoretisch erklärt er sein Leben mit den schlechten Ausgangsbedingungen und seinen Versuchen, diesen ‚zu entkommen', ohne sich selber zu verraten. Dies gelingt, solange alles ‚normal' verläuft. Aufgrund fehlender Dispositionen werfen ihn jedoch Schwierigkeiten in Kindheit und Jugend schnell zurück. So verhindert eine Krankheit und die mangelnde (familiäre) Unterstützung einen hohen schulischen Bildungsabschluss. Er gibt an, Fähigkeiten und Fertigkeiten zu besitzen, die jedoch aufgrund externer Umstände wie mangelnder Förderung und Unterstützung nicht zum Tragen kommen. Eine Verstärkung der Bezugnahme auf die eigene Person erfolgt, da er sich scheinbar nicht in aktive Auseinandersetzungen mit anderen begibt, die einen Beziehungsaufbau unterstützen. Auch dies endet wieder im biographischen Muster „Ich und die Anderen". Diese Form der Selbstmündigkeit öffnet nur eine sehr begrenzte Entgrenzung auf sich selbst. Er hat zwar durch Beobachtung verschiedener Milieus seine Möglichkeitsräume erweitert, dadurch auch einen Perspektivwechsel vorgenommen und eine Erweiterung seiner Welt und der damit verbundenen Deutungsmuster vollzogen, bleibt aber nur bei sich selber und zieht aus dieser einseitigen Position die Lehren für sich und sein Leben. Herr Burkhardt entwirft somit das Bild eines bis zum Zeitpunkt der Heirat und Geburt des ersten Kindes auf sich selbst gestellten Kämpfers, der seine Welt selbst konstruieren muss. Daraus resultiert eine dominante Ich-Identität. Er hat gelernt, wie er am besten durch das Leben kommt. Diese Ich-Identität wird jedoch im Rahmen einer langfristig ausgelegten Beziehung scheinbar positiv zum Teil dekonstruiert. Die eingeschränkte Reflexivität auf die Wechselwirkung von Selbst und Welt wird damit eventuell zum Teil aufgehoben. Eine weitere Stärke scheint zu sein, das er schon in Kindheit und Jugend die Disposition entwickelt, sich dort, wo er sich geborgen fühlt, bei Freunden und deren Eltern, Probleme zu thematisieren.

Bezogen auf Lern- und Bildungsprozesse ist somit zu konstatieren, dass bei Herrn Burkhardt Selbstbewusstsein und Selbststärke als Potentiale für Lern- und Entwicklungsprozesse gesehen werden können. Seine Selbstsicherheit und die Konzentration auf die eigenen Fähigkeiten können jedoch als eine Behinderung, als Selbstbegrenzungsmodus hin zum Nicht-Lernen gesehen werden. Die Thematisierung der verlorenen Bildungschance tritt in verschiedenen Entwicklungsstufen als biographisches Thema auf, sei es, dass er die Modi der Bewerbungsverfahren biographisiert oder sich in den Vergleich mit anderen Schülern im Krankenpflegeunterricht setzt, die einen höheren Bildungsabschluss haben und er trotzdem mit deren schulischen Fähigkeiten konkurriert – und offenbar konkurrieren kann. Die Idee der verlorenen Bildungslaufbahn vergleicht er mit den beruflichen Stationen des Lebens und zeigt das Potential des ungelebten Lebens auf. Er vergleicht die von ihm subjektiv erreichten Bedingungen. Demgegenüber entwickelt der Biographieträger aus der gegenwärtigen Perspektive und der Frage nach beruflicher Weiterentwicklung eine Haltung, die sich für mehr Zeit mit der Familie ausspricht und nicht die Auseinandersetzung mit verlorenen Bildungschancen thematisiert. Trotz der Veränderung der Ausbildungsanforderungen (z.B. Frage nach Akademisierung der Schulleitung) thematisiert er die Stabilität innerhalb der Position seines Berufes aus der Perspektive von Kontinuität, Stabilität und Sicherheit. Er entwickelt einen Lernmodus, in dem Verben wie *sehen, hören, wahrnehmen, denken, hinterfragen, zweifeln, begründen, Ironie, Sarkasmus, sich selbst nicht so ernst nehmen, ruhig, gelassen, selbstbewusst* und *stark* zentral sind. Erfahrungen durchdringt er häufig dialektisch. Seine Lernstrategie sowie seine Verarbeitungsstrategie bestehen darin, sich von Bedingungen zu distanzieren und sich nicht von ihnen beherrschen zu lassen. Aus negativen Erfahrungen erwachsen für ihn Lernerfahrungen, die einen Strukturwandel oder persönliche Weiterentwicklungsprozesse auslösen.

5.1.8 Pädagogische Grundhaltung

Die pädagogischen Grundmaximen von Kurt Burkhardt orientierten sich am biographischen Handlungsmodus des eigenständigen Engagements, der „Eigenhandlung". Dies kommt in der Metapher „bin nich Dompteur oder Zuchtmeister, bin nicht Mama oder Papa" gut zum Ausdruck. Diese pädagogische Prämisse kann mit biographischen Dispositionen verknüpft werden, denen er im Laufe seines Lebens ausgesetzt war.

> „sondern ich wollte erst immer mal wissen, was das heißt (.) und hab es mir dann selbst herausgesucht, ohne dass ich fragen musste (sehr leise) .. und da bleibt wesentlich mehr von hängen, als wenn ich da von irgendeinem irgendeine Erklärung bekomme . Ja (haucht) (.) und hier erwarte ich von den Schüler einfach mehr . Eigenhandlung" (Z. 723–728).

Ähnlich wie die Metapher „bin nich Mama, nich Papa" als pädagogisches Fazit zeigt auch dieses Zitat die nicht biographisch verarbeiteten Erfahrungsfelder seiner Kindheit. Er musste sich um sich selbst kümmern und hat sich seine Fähigkeiten selbst erarbeitet. Dieses Muster überträgt er jetzt innerhalb seiner pädagogischen Grundhaltung auf die Anforderung an die Schüler. Der Schüler ist für sich selbst verantwortlich und muss motiviert und eigenständig sein. Gleichwohl ist er als Pädagoge bereit, den Schülern zu helfen, wenn die Initiative von ihnen ausgeht. Die wichtigste pädagogische Lernhaltung ist für ihn die Motivation und Eigenständigkeit der Schüler. Ohne pädagogische Anleitung sollen sie sich Dinge selbst aneignen, indem sie selber Begründungen finden und die Dinge eigenständig durchdringen. Er selbst definiert seine Rolle wie folgt: die Schüler selber machen lassen, nicht so viel sprechen und die Schüler nach Lösungen suchen lassen. Die Perspektive, dass die Lernvoraussetzungen zum selbstständigen Lernen auch durch pädagogische Intervention und Methoden verbessert werden können, blendet er innerhalb dieser Diskussion aus. Erklärungsmodelle, wie die Voraussetzungen des eigenständigen Lernens funktionieren, erschließen sich für Herrn Burkhardt aus dem Prinzip der Logik. Aus dieser Perspektive fehlt der Reflexionsmodus, der über die positiven Prämissen hinaus die Lernstrukturen der Schüler nimmt und diese verarbeitet. Voraussetzungen und Grundmotor für das Lernen ist aus der Sicht von Herrn Burkhardt die Eigenständigkeit, Eigenhandlung und Motivation, die er aber als Disposition voraussetzt: „Eigenmotivation, das ist was ganz Wichtiges (leise) Wer nicht motiviert ist (.), dem zeig ich auch . auch vor der Klasse ähm . Und dann kommen ganz böse Aussagen (.) Wenn du kein Interesse hast, kannst Du nach Hause gehen". Initiative dient als allgemeine Prämisse des Verständnisses von Lernen. Somit ist diese gebildete Selbstkonstruktion von Selbst- und Welt eine Begrenzung auch seiner Schüler:

> „ich erkläre nicht jedem alles, was (vorgeschlagenes Zeug is) . Könnt ich vielleicht, aber mach ich nicht (sehr leise), will ich nicht (lacht) mhm (.) mhm (.) So schon schlimm genug (lacht) . Böse Zungen verraten, ich würde nicht gerne reden, .. kann sein (.), manchmal ja (lacht), nein" (Z. 743–747).

Diese Sicht vom eigenständigen Lernen verliert den Blick auf das Gegenüber. Herr Burkhardt untermauert diese Sichtweise an verschiedenen Stellen, wenn er z.B. die Schüler als unselbstständig beschreibt und das Dilemmata der fehlenden Selbstreflexion durch die Schüler anführt bzw. deren fehlende Motivation bemängelt, Situationen selbst zu durchdringen. Als Erklärungsmodell fungiert für ihn die allgemeine Fähigkeit, sich Dinge durch Kognition selbst aneignen zu können. „Auswendiglernen" stellt für ihn kein Verstehen dar: „zieht also nur 'ne Schublade auf und holt was heraus, aber weiß nicht warum."
Herr Burkhardt entwickelt dabei auch einen Blick auf den individuellen Schüler. Beim Versuch, Stereotypen, z.B. bei Klausuren und Leistungsüberprüfung, zu vermeiden, stellt er das Beschreiben von Eigenschaften der Schüler in den Ausgangspunkt seiner pädagogischen Betrachtung. Schüler zum Lernen zu ermutigen ist aus seiner Sicht nicht damit verbunden Leistungen durch Klausuren zu erbringen.

> „dieses Notenspektrum, was bei uns halt herrscht, das ist so dermaßen .. daneben (langsam) (.), dass es eigentlich für mich keine Aussagekraft hat (.), überhaupt nicht (.) Wenn ich 'ne Schulform wählen könnte (.), dann gäbe es

keine Noten, .. Leistungen beschreiben, (.) ja auch Eigenschaften, die jemand hat, .. ok (.), aber Noten, (.) nein (.) Aber ich muss mich halt anpassen (.) und von daher muss ich mit dem, wie es halt is auch leben (.) Kann das auch (leise) .. hm (lacht) (.), bin dann bei der Bewertung einer der Strengsten überhaupt (lacht mehrmals)" (Z. 656–663).

Auch innerhalb der von außen auferlegten Ausbildungsbestimmungen durch das Schulgesetz sucht er sich somit persönlich auslegbare Nischen. Er favorisiert die Erfassung von Eigenschaften und die Beantwortung von Fragen durch den Schüler:

„sondern, wenn ich 'ne Frage stelle (.), ich erwart halt 'ne Antwort und … ich erwarte eine ganze Menge von den Schülern selber"

Auch greift er sein Prinzip der ‚Eigeninitiative' wieder auf und spezifiziert, was er darunter versteht:

„die, die Leistung bringen (.), die unterstütze ich (.) auch Schwächeren äh, (.) die Leistung zeigen (.), denen helfe ich auch (.), klar (.) Aber die, die keine Leistung bringen wollen und ähm (.) oder nicht in der Lage sind, etwas zu bringen (.), weil es andere Sachen gibt, die viel wichtiger sind (.), dann, (.) tja" (Z. 667–671).

Kurt Burkhardt verknüpft seine Sicht auf Schüler mit der biographischen Bedeutung seiner Lehrer an der Gesamtschule, die ihn „vorurteilsfrei" und mit „Wertschätzung" behandelt haben. Des Weiteren stellt für ihn die Beziehung des Vaters eines Jugendfreundes, der sich um ihn gekümmert hat, eine biographisch relevante Evaluation dar. Die Beziehung zu diesen Personen, die sich auf die Perspektive „erklären wie die Welt funktioniert" oder „Sachverhalte durchdringen" beschränkt, findet auch in seinen professionstheoretischen Vorstellungen, wie Lernen zu funktionieren hat, seinen Platz. Ausgehend von der biographischen Erzähllinie seiner Begegnung mit wichtigen Sozialisationsträgern resümiert Herr Burkhardt nochmals die von ihm dargelegten Prämissen: „ja, Grundhaltung, .. selbst erlernen, selbst handeln (.) ähm das ist schon was ganz Wichtiges, ähm .. Mir den Stoff selbst erarbeiten." Seine eigenen Vorstellungen konterkarieren mit der Unterrichtsrealität und der Lernkonsumentenhaltung, der ‚Vorverbildung' (im Gegensatz zu einer ‚Vorbildung') seiner Schüler. Die Interaktionen zwischen Schülern und Lehrer oszillieren zwischen den beiden Haltungen. Auf der einen Seite erlebt er die Schüler, die

„ wollen 'ne Erklärung haben, was heißt denn das und wie heißt der Begriff

. Es gibt Lexika, die kann man nehmen und da kann man nachschlagen (.), was sich erarbeiten (.) Aber da stehen sie schon wieder vor der Tür (.), ja, und so kommt man dann irgendwann mal... keine Zusammenhänge erkennen und denken (.) Find ich jedenfalls und ähm (.).., ja, . ich erkläre nicht jedem alles, was (vorgeschlagenes Zeug is) . Könnt ich vielleicht, aber mach ich nicht (sehr leise), will ich nicht" (Z. 737–744).

Dieser Interaktionshaltung der Schüler begegnet er abwartend und abweisend. Seine eigentheoretische Auffassung von Lernen sieht den Schüler in der aktiven Rolle, der sich eigenständig die Erklärungen erarbeitet und Schwierigkeiten durch Nachdenken überwindet. Diese auch mit Anteilen an laissez-faire ausgerichtete Haltung blendet die Lehrerrolle aus, die eigenständiges Lernen innerhalb eines Kontextes institutionalisiert und Bedingungen anbietet, die Vorraussetzungen schafft, damit die Schüler in der Lage sind, selbstständig zu arbeiten. Er kritisiert weiterhin „die meisten sind extrem vorverbildet und sie meinen, sie können alles (.), sie wissen alles (.) und hören gar nicht mehr richtig zu, . was man sagt (.) Äh, da kommt dieses typische Schubladenverhalten (schnell) (.), die Schaltplatte kenne ich (.), abschalten." Dabei findet er auch wieder Anschluss an biographische Stationen und reflektiert indirekt das ehemalige Verhalten seiner Polizeikollegen, die ohne nachzudenken Befehle ausführen.

5.1.9 Beharrungstendenz und eigentheoretische Interpretation im Umgang mit beruflichen Herausforderungssituationen

Die Thematisierung des neuen Krankenpflegegesetzes versetzt Herrn Burkhardt in eine Auseinandersetzung, die zwischen der von ihm entwickelten Auffassung von Lernen, den Anforderungen durch das Gesetz und der Berufsrealität durch die Krankenpflegeschüler oszilliert. Aus der jetzigen Perspektive zeigt Herr Burkhardt ein Feld von Diskrepanzen und Antinomien auf, die sich aus den Herausforderungssituationen ergeben. Er argumentiert dabei aus der Sichtweise der stellvertretenden Schulleitung. Biographisch eingebettet zeigt er die verschiedenen Felder auf, indem er die aus seiner Sicht zu hohen Anforderungen mit dem Ist-Zustand konfrontiert. Die Prüfungsmodalitäten bewertet er als ungerecht, wenngleich an seiner Krankenpflegeschule noch keine Prüfung nach den neuen Gesetzesbedingungen durchgeführt wurde. Die Erhöhung des theoretischen Ausbildungsanteiles geht für ihn zu Lasten des praktischen Ausbildungsberufs. Er kennzeichnet die Sicht als seine eigene und erklärt, dass der Beruf durch die Gesetzesbestimmungen irreparable Schäden nehmen könne. Die Lehrpläne seien überfüllt und die Struktur der Pflegeausbildung würde sich jetzt orientieren an

„. Und vor allem dieses Auseinandernehmen in Pflegephänomenen ähm (.)
ohne äh (.) Logik und ohne Verstand (.), sondern einfach nur auseinanderrei-
ßen ähm (.) in irgendwelche Einzelbereiche ähm (.) führt dazu, dass man so
die Zusammenhänge gar nicht mehr hat ähm (.)" (Z. 938–942).

Als Begründung fügt er u.a. die Unterrichtsübernahme durch Fremddozenten
an. Die durch das Gesetz eingeleitete Akademisierung der Lehrkräfte konnotiert er mit „profilierungssüchtig". Er stellt die These auf, dass innerhalb eines
Studiums der für ihn bedeutungsvolle „würdevolle" Umgang mit Menschen
nicht im Laufe von Praktika erlernt werden könne. Dabei hebt er die Vorteile
der Lehrerausbildung durch die klassische Weiterbildung hervor und verweist
auf den Wert der praktischen Ausbildungserfahrungen, die den Schülern Kompetenzen in einem Maß vermitteln, das durch ein institutionalisiertes Studiums
nicht gegeben sei. Er setzt die Akademisierung des Mediziners zu der eines Pflegepädagogen in Beziehung, was aus seiner Sicht niemals als gleichwertig angesehen werden kann. Die damit verbundene Nachqualifizierung thematisiert er
indirekt. Es erfolgt eine Verschiebung des Themas auf eine inhaltliche Betrachtung im Umgang mit kranken Menschen. Herr Burkhardt verweist dabei u.a.
auf die Diskrepanzen zwischen den Leistungsanforderungen im Beruf und der
geringen finanziellen Vergütung. Er bemängelt, dass gerade die geringe Bezah-
lung den Nachwuchs eines leistungsstarken Schülerklientels blockiert und kritisiert zugleich die vielen lernschwachen Schüler, denen „Grundvoraussetzungen"
für den Beruf fehlen würden. Außerdem benennt er in einem eher distanzierten
Grundton weitere, durch die Gesetzesbedingungen entstehenden Dilemmata,
wie z.B. die mögliche Schließung der Pflegeschulen, die auch seine Existenz-
grundlage bedrohen könnte. Ein damit verbundener Existenzverlust wird insofern geäußert, da er seine Bildungskarriere mit dem höheren Bildungsgang vergleicht und zu dem Ergebnis kommt:

„Und ich komme mir mit dem Krankenpflegegesetz als Lehrer zweiter Klasse
vor (schnell), der irgendwann mal aussortiert wird . , weil ich nicht studiert
habe und ähm (.) werde dann ähm (.) am Arbeitsmarkt, . , wenn ich denn mal
freigesetzt werde (.) , was natürlich durchaus möglich ist (sehr schnell), benachteiligt werden (.) Das ist aus meiner Sicht 'nen Unding . Ich glaube, dass
ich ähm (.) fast jeden ähm (.), der so 'nen Pflegestudiengang (.) oder Pflegepädagogik studiert hat und vorher nicht in der Pflege gearbeitet hat, ganz klar
in die Tasche stecken . , ganz locker . und fühl ich mich da dementsprechend
benachteiligt" (Z. 1019–1028).

Auch hier wird in Form des Verlustes der Bildungsmöglichkeiten ein biographisches Themengebiet berührt, das auch den damit verbundenen Konkur-

renzgedanken der intellektuellen Gleichwertigkeit einschließt. Als Ergebnis dieser beruflichen Herausforderungsperspektive kommt Herr Burkhardt zu dem Ergebnis, ein eigenfinanziertes Studium abzulehnen, wenngleich ihm eine mögliche Schließung seiner Krankenpflegeschule als Folge bewusst ist. Der Biographieträger analysiert die mit dem Gesetz verbundenen Bedingungen, Problembereiche und auch mögliche persönliche Dilemmata in einem distanzierten Modus. Er kann mit den Bedingungen leben und bewegt sich darin. Herr Burkhardt thematisiert relevante biographische Themengebiete wie die Konkurrenz zwischen den verschiedenen Bildungsmöglichkeiten und einen würdevollen Umgang mit Menschen. Sein biographisches Potential „komme überall hin und überall durch" versetzt ihn in Zeiten von Umbruchs- und Veränderungsprozessen als biographische Rahmung in den Modus des Ausharrens und der biographischen Stabilisierung. Seine Ausrichtung gilt der Analyse der Bedingungen, die er nicht in Beziehung setzt zu Dingen, die er als stellvertretender Schulleiter positiv bewältigen könnte oder die persönliche Konsequenzen nach sich ziehen könnten. Er erläutert ein Dilemma, welches aus seiner Sicht darin mündet, dass dieses Gesetz einen Kompromiss darstellt. Erst auf Nachfrage reagiert der Biographieträger auf mögliche Folgen, er bezieht sich dabei auf die Nachteile. Das Ergebnis dieser kognitiven und sarkastischen Auseinandersetzungen mit den neuen Ausbildungsbedingungen ist eine ethnozentristische Sichtweise:

„ Aber so wie es jetzt ist ähm (.), ist das eine Totgeburt , .. ganz schlicht und einfach eine Totgeburt (.) Man muss irgendwann mal in den nächsten zehn (.), fünf bis zehn Jahren ähm (.) wahrscheinlich das ganze Gesetz wieder in die Tonne kloppen (.) und muss dann endlich mal was auf den Weg bringen, was richtig funktioniert, .. so wie's jetzt is, funktioniert es nich (.)" (Z. 960–967).

Diese eigentheoretische Sichtweise wiederholend, formuliert er als Endergebnis: „äh ja (.) so wie es jetzt läuft (.), das is weder Fisch noch Fleisch, .. is meine Meinung (lacht), he he."

5.2 Susanne Christmanns

5.2.1 Kurzbiographie und Kontextbedingungen

Frau Christmanns ist zum Zeitpunkt des Interviews 55 Jahre alt. Frau Christmanns lebt zunächst, regional verwurzelt, mit ihren Eltern auf einem Bauernhof innerhalb dörflicher Strukturen und besucht die ortsansässige evangelische Volksschule. Der Kauf eines Aussiedlerbauernhofs ihrer Eltern zieht einen

Schulwechsel nach sich. In der Zwergschule, die sie nun besucht, werden die Kinder jahrgangsübergreifend in einer Klasse gemeinsam unterrichtet. Zusammen mit ihren Eltern, dem zehn Jahre jüngeren Bruder und ihren Großeltern ist sie eingebunden in die Aufgaben der bäuerlichen Selbstversorgung und muss lange Schul- und Einkaufswege auf sich nehmen. Nach Beendigung der Volksschule 1965 besucht Frau Christmanns ein Jahr lang eine Hauswirtschaftsschule, die sie wegen des langen Schulwegs allerdings wieder verlassen muss. Daher besucht sie darauf bis zum Jahr 1969 ein evangelisches Mädcheninternat, das sie dann mit der Fachhochschulreife verlässt. Ein Praktikum im Krankenhaus übt auf Frau Christmanns einen nachhaltigen Eindruck aus, der sie dazu bewegt, sich für den Beruf der Krankenschwester zu entscheiden. Ihre Pflegeausbildung absolviert Frau Christmanns in einer Stadt innerhalb eines großen Klinikums von 1969 bis 1972. Dort wird sie wegen der Erkrankung eines Mitarbeiters überwiegend in der OP-Abteilung alleine eingesetzt, obwohl sie sich noch in der Ausbildung befindet. Nach der Ausbildung wechselt sie die Klinik. An ihrem neuen Arbeitsplatz ist sie zunächst wieder im OP tätig. Aufgrund des fehlenden Kontakts mit den Patienten lässt sie sich allerdings kurze Zeit später auf die Intensivstation versetzen. Nebenberuflich qualifiziert sie sich im Rahmen einer Fachweiterausbildung in einem Zeitraum von zwei Jahren zur Intensivfachkrankenschwester weiter und übernimmt später auch die Stationsleitung. In diesem Arbeitskontext kümmert sich Frau Christmanns um die praktische Ausbildung der Schüler auf ihrer Station. 1979 arbeitet sie als Schulassistentin an einer dort ansässigen Krankenpflegeschule, bevor sie die Weiterbildung zur Lehrerin für Pflegeberufe erfolgreich beendet. 1980 heiratet sie und wechselt aus Gründen, die mit der Heirat in Verbindung standen, den Arbeitsplatz. Sie zieht in die Hunsrückregion und arbeitet dort von 1981 bis 1988 als stellvertretende Schulleitung in einem kirchlichen Krankenhaus. Nach der Geburt der Tochter 1985 wechselt sie in ein anderes Krankenhaus, da ihr dort die Möglichkeit einer Halbtagsstelle geboten wird. Nach einem abermaligen Arbeitsplatzwechsel im Jahre 1994, der auch wiederum mit einem Ortswechsel verbunden ist, übernimmt sie an der neuen Krankenpflegeschule im darauffolgenden Jahr die Schulleitung.

Als der Ehemann sie betrügt und sich 2003 von ihr scheiden lässt, gerät sie durch den Verlust der Häuser in eine finanzielle Notlage. Dieser materielle Abstieg in Kombination mit den psychischen Folgen der Scheidung mündet aus Sicht von Frau Christmanns in die Krebserkrankung. Dennoch arbeitet sie, abgesehen von einem halben Jahr, in dem sie aufgrund der Chemotherapie aussetzen muss, an der Krankenpflegeschule weiter. Die gemeinsame Tochter lebt bei ihrer Mutter. Zum Zeitpunkt des Interviews steht ein aktueller Befund der Krebserkrankung noch aus. Ihr Wunsch ist es, später wieder auf dem Bauernhof ihrer Eltern zu leben und für Menschen der Region Volkshochschulkurse anzubieten oder in einer ehrenamtlichen Funktion „Gedächtnistrainings" durchzuführen.

Der Kontakt zur Inteviewpartnerin wurde telefonisch hergestellt. Ich stellte mich als Diplom-Pflegepädagogin (FH) vor, die an der Universität ein Forschungsprojekt über Lehrerinnenbiographien im Pflegebereich im Rahmen einer Promotionsarbeit durchführt und Interviewpartnerinnen sucht, die bereit sind, ihre Lebensgeschichte zu erzählen. Mein Forscherinteresse fokussiere auf das Leben als Lern- und Bildungsgeschichte und untersuche, was Menschen in und durch ihr Leben gelernt haben. Als Zusatzinformation erklärte ich ihr, dass für mein Dissertationsprojekt im Rahmen der beruflichen Umbruchsituation auch die Lern- und Bildungsgeschichte von Lehrenden im Gesundheitsbereich von Interesse sei. In diesem Kontext führte ich auch die neue Ausbildungs- und Prüfungsverordnung als Indikator für die Umwandlungs- und Veränderungsprozesse in der Pflege an, die gerade den Pädagogen betreffen. Abschließend erklärte ich ihr die Form des Interviews, verwies auf die Einhaltung von ethischen Kodexregeln und sicherte ihr die Anonymisierung sämtlicher Daten zu. Spontan erklärte Frau Christmanns sich bereit, mit einem Interview zu helfen. Wir vereinbarten einen Interviewtermin in vier Wochen.

Das Interview fand in ihren Büroräumen in der Krankenpflegeschule statt und dauerte drei Stunden. Thema des einleitenden Vorgesprächs war die Technik des narrativen Interviews und der Hinweis auf die Verfassung einer Mitschrift, die sich aus den Nachfragen ergebe. Dieses Gespräch berührte nicht den Forschungskontext. Außerdem wurde nochmals das Einverständnis der Tonbandaufnahme von der Interviewpartnerin eingeholt und auf die Anonymisierung der Daten hingewiesen. Während des Interviews kam es zu drei kurzen Unterbrechungen, einmal wegen einer zu leistenden Unterschrift, ein anderes Mal, weil eine Kollegin uns mit Kaffee versorgte und ein letztes Mal wegen eines Tonbandwechsels. Dabei knüpfte Frau Christmanns an ihren eigenen Erzählfaden wieder an und redete weiter, als ob es keine Unterbrechung gegeben hätte. Die Interviewatmosphäre war sehr entspannt und Frau Christmanns vermittelte den Eindruck, dass sie mir gerne ihre Lebensgeschichte erzählte. Nach dem Interview zeigte Frau Christmanns das Bild des Aussiedlerhofs ihrer Eltern, das aus einer Vogelperspektive den Bauernhof im tiefsten Wald zeigt. Außerdem deutete sie auf das DIN A4-Blatt ihres Lehrplans, das sie in Anlehnung an den Volksschullehrer übernommen hatte und das heute direkt neben ihrer Bürotür im Flur sichtbar hängt. Zum Abschluss führte sie mich durch die Räume der Krankenpflegeschule und stellte mich ihren Kollegen vor. Beim Abschied äußerte Frau Christmanns die Hoffnung, dass der noch ausstehende Krebsbefund negativ ausfallen möge und sie bald wieder gesund werden würde. Sie ermunterte mich bei eventuellen Fragen nochmals auf sie zurückzukommen. Meinerseits dankte ich ihr für das Interview und wünschte ihr alles Gute.

5.2.2 Biographische Rahmung

5.2.2.1 Institutionelles Ablauf- und Erwartungsmuster der Familie als Selbstversorger

Als zentralen Bezugspunkt und konzentrischen Kreis ihrer biographischen Verortung kennzeichnet die Biographieträgerin die dörflichen, regionalen und familiären Strukturen, innerhalb derer sie sozialisiert wurde. Die Primärfamilie charakterisiert sie im Verlauf des Interviews stets als wichtige Säule. Aufgewachsen in einer ländlichen Region, lebte sie zusammen mit ihren Eltern, dem zehn Jahre jüngeren Bruder und ihren Großeltern zunächst in einem kleinen Dorf, bis die gesamte Familie dann 1959 auf einen Aussiedlerhof zog, der räumlich von den nächstgelegenen Dörfern isoliert inmitten der Natur gelegen war.

„Mhm .. gut, also ich bin geboren 1951, . äh in Gronau im Landkreis Bergstraße. .. Das ist in Südhessen, . im Odenwald, .. bin, äh, aufgewachsen in sehr dörflichen Region" (Z. 7–10) „Und dann sind wir neunzehnhundertneunundfünfzig auf einen ehemaligen Bauernhof gezogen . ähm. Dieser ehemalige Bauernhof bestand aus zwei Gebäuden, Häusern und ringsherum nur Natur ... Ja, da bin ich aufgewachsen" (Z. 16–20).

5.2.3 Kindheit: Zwischen familiären Verpflichtungen und Naturerfahrungen

Es ist dieser inmitten der Natur gelegene Bauernhof, der für die Biographieträgerin als biographische Rahmung fungiert. Sprachlich markiert sie die biographische Erlebnisstruktur der Einbettung des Familien- und Arbeitslebens in das Selbstversorgertum. Da die Eltern als Selbstversorger gemeinsam mit dem zehn Jahre jüngeren Bruder und den Großeltern auf dem Bauernhof lebten und der Vater darüber hinaus als Metzger berufsbedingt einen großen Teil seiner Zeit außerhalb des Wohnortes verbrachte, war das familiäre Leben geprägt von festgelegten Aufgaben im Tagesablauf und einer klaren Rollenverteilung der einzelnen Familienmitglieder.

"ja gut, . äh, es kam also, wenn wir nicht eingeschneit waren im Winter, kam also immer einmal die Woche so nen Auto, ähnlich wie in dem Hunsrück, der Heiko, da wurde dann eingekauft .. Und ansonsten kam der nur bis ins Nachbardorf und dann hab ich immer, dann hat mich meine Mutter geschickt, die hatte dann entweder bei denen angerufen oder ein Zettel, hatte bestellt und einmal in der Woche fuhren meine Mutter, meine Großmutter zum Wochenmarkt" (Z. 700–707).

Diese Einbindung in die täglichen Aufgaben und Pflichten innerhalb der familiären Strukturen förderte aus der Sicht der Biographieträgerin schon früh ihre Selbstständigkeit. Sie fängt an zu beschreiben, wie sie groß geworden ist und illustriert dem Leser das von geregelten Abläufen geprägte Bild ihrer Sozialisation. In Erzählungen und detailreichen Beschreibungen charakterisiert die Biographieträgerin das Leben auf dem Aussiedlerbauernhof als eine Einheit, in der die Trennung von Leben und der dem Selbstversorgertum geschuldeten Arbeit aufgehoben ist.

„Wir haben eigentlich so gelebt, . äh .. ich sag mal, .. ja wie man heute so sagt . Selbstversorger und ziemlich idyllisch, .. ziemlich idyllisch ... Und, ähm .. ja, . und da oben jetzt groß geworden, was gab es so an Sozialisation . Wir haben, . ähm, da das sehr einsam war, wir haben, ähm, .. wir hatten Garten, .. wir haben Obstbäume gehabt, . wir haben immer Kleinvieh gehabt, da war man als Kind mit eingebunden . ne (betont) Ich sag mal, wenn ich mittags aus der Schule nach Hause kam, dann stand da in der Sommerzeit zumindest mal immer zwei Eimer mit Obst vor der Tür, die nachmittags . ne (betont) nach den Hausaufgaben geputzt werden mussten oder Gemüse oder Bohnen oder so was (lacht)“ (Z. 668–683).

Biographische Handlungsschemata innerhalb von Naturerfahrungen
Neben dieser Übernahme von Verantwortung für notwendige Arbeiten innerhalb einer Selbstversorgerfamilie, die auf klaren Zuständigkeiten und festgelegten Abläufen basierte, schildert sie ihre kindliche Sozialisation auf dem abgelegenen Bauernhof gleichzeitig auch als eine Idylle, die ihr einen Raum für intensive Naturerfahrungen und einer damit verbundenen Kreativitätsentfaltung bot.

Also, ganz intensive Beziehung zur Natur, ja . ne (betont) und ähm . ich hab also, konnte mich dann sehr gut auch alleine beschäftigen, wir hatten dann so nen kleinen Teich, da hab ich also dann nen bei dieser Jahreszeit is Froschlaisch beobachtet, wie sich das dann weiterentwickelt hat über den Zeitraum, bis dass die Kaulquappen schlüpften . oder auch andere Sachen . ne . So, .ähm, . man hat sich mehr, . ich hab mich also intensiv mit der Natur, mit Pflanzen oder Beobachtung mit Tieren beschäftigt, ne (betont), gelesen immer viel, ..sehr viel gelesen, dann hatte ich nen Hund, also mein Bruder ist zehn Jahre später, jünger als ich Dann is dann nich so .ähm und dann bin ich ja auch bald mit vierzehn, fünfzehn Jahren dann weg .. ins Internat . En Hund hatte ich,, nen Boxer, .. Boxerhündin, meine große Liebe heute noch, .. äh . ganz treue Hunde sind das, . ganz tolle Familienhunde auch .. und verteidigen auch ihre Sippe ne (betont)“ (Z. 723–740).

Das Leben und die Einsamkeit des Bauernhofes wurden von der Biographieträgerin nicht als Begrenzung erfahren, sondern als Zeit- und Erfahrungsraum geschildert, der eine vielseitige Entfaltung individueller und gemeinschaftlicher Kompetenzen und Erlebnisse durch Aktivitäten und Tätigkeitsbereiche eröffnete. Die Freizeitgestaltung war auf die Aktivitäten, die in der Familie auf dem Bauernhof betrieben wurden, ausgerichtet und standen im Einklang mit der Jahreszeit.

„und ähm wir haben also im Winter abends immer da gesessen und haben so Mensch-ärger-Dich nicht oder .. äh Elferraus (unverständlich und leise) Zu der Zeit . so ne Spielsammlung . ne . Dann, .. ähm, war ich so, Stricken war angesagt, Handarbeiten . ne (betont) Also meine Mutter hat dann Socken, Pullover für uns gemacht .. und als Kind habe ich dann mit meinem Baumwolllappen daneben gehäkelt .. ne (betont), im Winter dann auch viel draußen, da richtig viel Schnee, es wurde auch kein Schnee (spricht schnell) geschoben . ne, sondern . äh Schlittenfahren nen ganzen Nachmittag bis zum Dunkelwerden . ne." (Z. 688–699).

Am Rande beschreibt die Biographieträgerin den sozialen Kontakt zu anderen Kindern, der wegen der abgelegenen Lage des Bauernhofs sich auf einen bestimmten Modus beschränkte.

„So soziale Anbindung mit anderen Kindern entweder in der Schule oder aber . äh . Ich bin dann . äh ins Nachbardorf gegangen, zu Klassenkameradinnen oder die kamen zu uns, .. ne, oder dann war's aber auch Usus, dass ähm bei uns zu Hause, . äh . sag ich mal, zwei, drei Kinder am Wochenende genächtigt haben ne (betont) .. und tagsüber dat war gespielt, .. ja, also sehr naturnah" (Z. 711–721).

Als Ersatz für den kontinuierlichen Kontakt zu Gleichaltrigen diente eine Boxerhündin, die sie als Ereignisträger benennt. Die Biographieträgerin liest viel und ist in der Lage, sich mit sich selbst zu beschäftigen. Aus den Interviewsequenzen wird deutlich, dass die Biographieträgerin eine genaue Vorstellung von den Dingen hat, wie sie sind und sein müssen. Das Selbstversorgertum ihrer Familie wies ihr Pflichten und Aufgaben zu, die sie selbstständig handelnd wahrnahm und ihr zugleich die Bedeutung der Übernahme von Verantwortung im Arbeitsprozess spiegelte. Dies schloss auch ein, Arbeit und Leben auf dem Bauernhof nicht voneinander zu trennen und Freizeitaktivitäten den familiären Bedürfnissen und Naturzyklen anzupassen.

5.2.4 Schulzeit und Jugend

5.2.4.1 Zwergschule und das gemeinsame, eigenständige und disziplinierte Lernen

Eine besondere Sinnfigur innerhalb der Schilderung ihrer biographischen Sozialisation erhält die Zwergschule und der sie dort unterrichtende Lehrer. Im Hauptterzählstrang räumt die Biographieträgerin der Zwergschule daher einen großen Raum ein. Detailliert skizziert sie in ihren Beschreibungen das in dieser Schule vorherrschende Schulmilieu mit der dazugehörigen Lern- und Lehrkultur und der praktizierten Sozialdisziplin. In einer bildhaften Art und Weise geben ihre Erzählungen dem Zuhörer die Möglichkeit sich in den Klassenraum und in die Abläufe des täglichen Unterrichts hineinzuversetzen. Es ist ihr wichtig, dass der Leser ein klares Bild von den Arbeitsformen und Lernarrangements in der Schule erhält, das Unzweideutigkeiten ausschließt und gleichzeitig begründend und erklärend Orientierung schafft. Dabei springt sie in ihren Erzählungen zwischen den Zeitebenen der Vergangenheit und der Gegenwart, stellt Vergleiche zwischen den Lernhaltungen der Schülergenerationen an und markiert in ihrem Erzählstrom wichtige biographische Sinnfiguren, die für die Entwicklung ihres Professionsverständnisses von ausschlaggebender Bedeutung sind.

„ähm, zu dieser Schule muss ich sagen, die war einklassig ..das gibt's heute auch nicht mehr, .. ne einklassige Zwergschule . Da waren also (lacht) zu meiner Zeit elf Schüler in acht Klassen . und von der Sozialform her, würd ich sagen, is es genau das , was heute angestrebt wird, . nämlich selbstständiges Arbeiten in Kleingruppen.. ja" (Z. 31–36).

Die Zwergschule, für deren Erreichen sie täglich einen langen Schulweg durch den Wald auf sich nehmen musste und aus diesem Grund auch eine Bezugsform zu dieser Zeit für sie darstellt, dient ihr als Metapher für idealtypische Lehr- und Lernprozesse mit klaren Abläufen innerhalb hierarchischer Strukturen unter Einhaltung von gesetzten und verinnerlichten Sozialverhaltensformen. Das didaktische Grundmodell des selbstständigen Arbeitens ist für sie unmittelbar an die Einzügigkeit der Zwergschule gekoppelt. Dort lernten Schülerinnen und Schüler verschiedener Jahrgänge in einer einzigen, zahlenmäßig relativ kleinen Klasse gemeinsam miteinander. Sie beschreibt, wie in altersgemischten kleineren Gruppen ein Thema selbstständig anhand der vom Lehrer gestellten Arbeitsaufträge erarbeitet wurde, formuliert als pädagogische Vorstellung die übergeordnete Bedeutung des gemeinsamen Lernens durch Austausch gewonnener Erkenntnisse der Lernenden untereinander und kennzeichnet die Zwergschule als ein wünschenswertes Vergesellschaftungsprinzip.

Um allerdings die Voraussetzung dafür zu schaffen, dass innerhalb eines sozialen Systems sich Schüler gegenseitig helfen und voneinander lernen konnten, ist jedoch eine rigide Ordnungsstruktur und die konsequente Einhaltung einer Sozialdisziplin von Seiten der Schüler aus notwendig.

„ne einklassige Zwergschule . Da waren also (lacht) zu meiner Zeit elf Schüler in acht Klassen . und von der Sozialform her, würd ich sagen, is es genau das , was heute angestrebt wird, . nämlich selbstständiges Arbeiten in Kleingruppen.. ja (betont), . das war da so und dieser Lehrer, . der hat das so durchorganisiert, . äh, dass wir (lang gezogen), äh. auch uns immer selbstständig beschäftigen konnten . Ne, da gab's en Arbeitsplan, en Wochenarbeitsplan, der hing vorne im Schulraum . an der Wand und da hatte jede Klasse, . äh, von der Zeiteinteilung .waren identisch, aber jede Klasse hatte, äh, für ihren inhaltlich, .äh, festgelegt, auch dann die Themen (betont) .ne.. Und da war es eben üblich, dass wir . wir haben völlig selbstständig (betont) dann gearbeitet. Ne ..und er ist also rund gegangen, so ähnlich wie wir das heute in Gruppenarbeiten machen und sagen, läuft denn alles, ist alles klar und habt ihr irgendwo Fragen . Oder ein Bestandteil dieses Unterrichts war auch, . äh, .. er hat dann nachmittags Unterrichtsvorbereitung am Tonband gemacht .. und das haben wir uns auch ganz brav angehört, und anschließend bekamen wir ein sogenanntes Arbeitsprogramm . Da waren dann zu diesem Thema, . was weiß ich, zehn, fünfzehn, zwanzig Fragen (betont). und die hatten wir dann selbstständig zu erarbeiten … ne" (Z. 32–52).

Die Biographieträgerin machte die Erfahrung, dass erst durch die Einhaltung fester Sozialverhaltensregeln mit der damit verbundenen Arbeitsdisziplin innerhalb der Gruppe eine erfolgreiche Bewältigung der Arbeitsaufträge im Sinne einer selbstständigen Arbeitsform ermöglicht wird. Selbstständiges Lernen wurde in dieser Schule mit sozialem Lernen verknüpft. indem die unterschiedlichen Fähigkeiten und Interessen der einzelnen Gruppenmitglieder eingebracht und daraus ein soziales Gefüge des Miteinander erzeugt wurde.
Im weiteren Verlauf des Interviews überträgt sie dieses didaktische Grundmodell des selbstständigen Arbeitens auf das eigene Professionsverständnis und verleiht ihm einen Modellcharakter im Rahmen ihrer Lehrtätigkeit. Die Aufgabe des Lehrers bestand darin, einen Wochenarbeitsplan für die Schüler auszuarbeiten, den diese in zeitlich durchstrukturierten Arbeitstagen selbstständig bearbeiteten. Während des Arbeits- und Lernprozesses in den Gruppen begleitete er die Schüler und kontrollierte die Arbeitsergebnisse.
Die Lehrerfigur wird von ihr als autoritär beschrieben, die bei Nichteinhaltung der Sozial- oder Arbeitsdisziplin auch negativ sanktioniert.

„es war so von der Führung her 'ne autoritäre Schule (betont) .. Da gab's auch mal selbst Mädchen, .. ähm, würd ich sagen, . ja, die bekamen dann mal Ärger, . wenn's nicht so lief ... äh, dann was auch noch (lang gezogen) . wichtig ist, wir hatten so soziale Dinge zu erledigen . ne äh. Und, äh, .. das ging also, . dass wir morgens die Klasse zu organisieren hatten (spricht schnell). Wir hatten en Wetterbuch zu führen . Wir hatten ne kleine Andacht vorzubereiten .. äh, wir hatten einmal im Monat nen sogenannten Naturkundegang gemacht, das war also eineinhalb Stunden immer ein und derselbe Rundgang (spricht schnell)..Und dann waren bestimmte Stationen, an denen haben wir dann die Natur beobachtet, ... was weiß ich, Entwicklung von Knospen oder Jahresringe gezählt von gefällten Bäumen oder, .äh, jetzt im Frühjahr, irgendwie Frösche, Pflanzen oder so .. Und dann wurde natürlich auch darüber ein Referat geschrieben" (Z. 52–66; ähnliche Zitatstelle im Nachfrageteil, Z. 855–886).

Die Realisierung von besonderen extracurriculären Aufgaben, die in Form von Projekten oder kontinuierlichen Angeboten durchgeführt wurden, war eine weitere Erfahrung und besonderes Merkmal jener Zeit, die die Biographieträgerin während ihrer Schulzeit in der Zwergschule erlebte. In ihren Erzählungen nennt sie als Beispiele die Beschäftigung mit einer langfristigen und naturverbundenen Projektaufgabe oder die kontinuierliche Organisation und Durchführung von Gottesdiensten.

Aus ihrer gegenwärtigen Perspektive als Lehrerin spielt diese projektorientierte Aufgabenstruktur, die ein kontinuierliches, selbstständiges Arbeitspensum voraussetzt, auch in ihrer derzeitigen Arbeit bei der Planung von Unterricht und Wochenaufgaben an der Krankenpflegeschule eine wichtige Rolle.

5.2.4.2 Bedeutende Sinnfigur des Lehrers – Einleitung einer Wandlungsbiographie

In der Erinnerung an ihre Kindheit wird vor allem die Figur des von ihr bewunderten und positiv konnotierten, autoritären Lehrers der Zwergschule „der musste auch ne Linie haben" (Z. 1568) lebendig, der ihr Potential erkannte und ihren Eltern eine Lern- und Bildungsberatung angedeihen ließ. Der Lehrer wird von der Biographieträgerin in der Haupterzählung wiederholt mit wörtlicher Rede zitiert. So gibt sie auf unprätentiöse Weise, aber durchaus selbstbewusst Teile eines Gespräches wieder, das der Lehrer bei einem seiner regelmäßigen Besuche auf dem Bauernhof mit den Eltern führte, um mit ihnen über den weiteren Bildungsgang ihrer Tochter zu sprechen: „... die ist klug und das wäre zu schade, wenn sie versauern würde" (Z. 29–31). Sie beschreibt, dass es der Lehrer war, der die Dinge erkannte und ihren Bildungsprozess förderte, um sie schließlich in die Community der professionellen Lehrer zu integrieren.

Diese Suche nach Wirkungsmöglichkeiten, die ihr gemäß sind und die sie unter anderen Rahmenbedingungen wirksam entfalten kann, ist eine wichtige Prozessstruktur. Sie sieht sich in der Tradition des Lehrers, der Wandlungsprozesse in ihr angestoßen hatte, indem er Fähigkeiten freilegte, für die sie Anerkennung erhielt. Ihrerseits sucht sie sich nun Arenen, in denen sie ihre eigenen Schüler prägen kann. Dies überträgt sie auch in ihr Professionsverständnis, indem sie ihre eigene Krankenpflegeschule in die Metapher der schönen kleinen Schule hüllt. Die Sinnfigur des Lehrers ist der Biographieträgerin immer noch präsent und dient ihr als Habitusmodell. Er taucht mit seiner pädagogischen Einstellung sowie der von ihm vermittelten Akzentuierung geregelter Abläufe und der Priorisierung einer Sozial- und Arbeitsdisziplin im Interview an unterschiedlichen Stellen als wichtiger biographischer Berater und Entwicklungshelfer in verschiedenen biographischen und beruflichen Situationen auf und fungiert somit als Vorbild innerhalb ihrer beruflichen und persönlichen Entwicklung. Innerhalb der Erzählcoda nimmt die Biographieträgerin eine Perspektive ein, die den Erlebnissen der Vergangenheit plastisch einen unmittelbaren Platz in der Gegenwart zuweist und deren biographische Bedeutung für den Aufbau ihres Professionsverständnisses erkennbar markiert. Die positive Relevanz dieser Erfahrungen, die sie mit dem Schulmilieu und der Lernkultur der Zwergschule verbindet, zeigt sich in den Passagen des Interviews, in denen die Desiderate dieser Erfahrungen in ihrer Erwartungshaltung gegenüber ihren eigenen Schülern sichtbar werden.

Die Zwergschule war in ihrem eigenen Erleben der Ort für sie, an dem nach klaren Abläufen, Regeln und Mustern elementare soziale Fähigkeiten des Kümmerns und der Übernahme von Verantwortung eingeübt wurden. In ihren Erzählungen betont sie, dass Sozialdisziplin und Regelhaftigkeit zur Voraussetzung für eine selbstständige Beschäftigung mit dem Lerngegenstand für sie wurden und das Lernen erst durch den eigenständigen Beitrag der Schüler zur sozialen Ordnung möglich war, auf den sich auch der Lehrer verlassen konnte und musste. Das ist ihr Modell von Partizipation, in dem in einem strukturierten und thematisch ganzheitlich orientierten Lernen und Arbeiten Chancen (für alle) eröffnet werden und das sie, so beschreibt sie dies im Interview, in einer positiven Weise geprägt hat.

Zu dem positiv konnotierten Schulmilieu gehört auch das Erleben des Autoritären, dem die Biographieträgerin in der Zwergschule und später auch im Internat begegnet. Diese Autorität kommt in ihren Erzählungen sowohl in einer vorgegebenen Arbeitsstruktur als Voraussetzung für das selbstständige Arbeiten zum Ausdruck als auch in der Persönlichkeit des Lehrers. Weil sie das autoritäre Element als (geradezu natürlichen) Zwang mit positiver Folgewirkung für ihre persönliche Lern- und Bildungsentwicklung erlebt, werden von ihr weder diese Arbeitsform noch die autoritäre Haltung des Lehrers in Frage gestellt, sondern als wichtiger biographischer Baustein in ihrem Professionsverständnis verankert. Am Beispiel der Beschreibung der fehlenden Körperhaltung heutiger Jugendlicher wird die positiv konnotierte Inkorporierung autoritärer, nicht hinterfragter Haltungen deutlich, die aus der gegenwärtigen Perspektive der Biographieträgerin gut für sie waren und sind.

Ihre Aufgabe als Lehrerin definiert sie darin, die Stärken und Schwächen der Schüler zu erkennen und auf den Lernetappen dafür zu sorgen, dass die Schüler an „ die Hand genommen werden". Diese Formulierung spiegelt ihre eigentheoretisch pädagogische Prämisse, da sie als Lehrperson bestimmt, was gut für die Schüler ist. Aus dieser Perspektive müssen Dinge aus Schülersicht einfach auch getan werden, ohne dass ihnen bereits zu diesem Zeitpunkt der direkte Zielhorizont deutlich wird, weil der Sinn erst in einer späteren Entwicklungsstufe erfasst werden kann.

5.2.4.3 Schulische Sozialisation: Erziehung als Weg durch konfessionelle Institutionen

Nach der Volksschule besuchte sie eine einjährige Hauswirtschaftsschule, die sie jedoch wegen des langen Schulweges, den sie täglich auf sich nehmen musste, vorzeitig abbrach, um auf ein evangelisches Internat mit der Option auf den Erwerb eines höheren Bildungsabschlusses zu wechseln. Zu dieser Entscheidung trug aber nicht nur die räumliche Distanz zwischen dem Wohnort und der Schule bei, sondern ihr war auch ein Aushandlungsprozess zwischen dem Lehrer der Zwergschule und ihren Eltern vorausgegangen, der sie in der von ihr auch angestrebten (qualitativen) Entwicklung ihres Bildungsweges bestärkte und ein biographisches Handlungsschema markiert.

> „Und, .ähm, dann haben wir uns aber innerhalb der Familie zu ner anderen Lösung entschieden, .. weil der Schulweg einfach so weit war, also, . ne .. Und dann war ich also in nem Internat, .. drei Jahre, ... 'ne evangelische Schule" (Z. 83–86).

Für ihre Eltern war der Bildungsgang ihrer Tochter der Wahl des Wohnarrangements untergeordnet, sodass die isolierte Wohnsituation den Besuch einer weiterführenden Schule schlichtweg nicht zuließ und somit auch die Perspektive eines Bildungsaufstiegs überhaupt nicht in den Blick genommen wurde. Es bedurfte des Anstoßes des Lehrers, um die Eltern auf das Potential ihrer Tochter aufmerksam zu machen und den Blick auf mögliche Bildungsperspektiven zu erweitern, die für sie zunächst nicht angedacht waren. Die beharrliche Beratungen durch den Lehrer zerstreuten die Bedenken der Eltern und bestärkten sie in ihrer liberalen Haltung gemeinsam die Entscheidung der Tochter für den Besuch des evangelischen Internats zu unterstützen.

> „ und dann kriegte der auch ne Tasse Kaffee . ne „ach kommen se doch rein"
> .. ne, und also mein Vater und er haben sich geduzt „ach komm doch rein"
> .. „ja, und was ist denn und so" „Ja (betont)" . Und dann wurden eben auch solche Dinge besprochen „hör mal, also Mensch, eure Tochter, die .. lass die bloß (lang gezogen) nich, nich nur Verkäuferin lernen oder so was . ne (betont) und dann, ich würd schon sagen, dann dass der irgendwie die treibende Kraft war, weniger dann, .. äh, so die Eltern .. ne, denn die hätten viel lieber gesehen, wenn ich, . äh irgendwo zu Hause dann och geblieben wäre" (Z. 802–810).

Internatszeit als Institutionelles Ablauf- und Erwartungsmuster im konfesssionellen Kollektiv
Die Beschreibungen ihrer Internatszeit zeichnen das Bild von stark kollektiv geprägten und konfessionell bestimmten Lebens- und Arbeitsformen, die in ihren geregelten Ablaufmustern, der praktizierten Sozialdisziplin und Übernahme von Verantwortung sowie dem autoritären Erziehungsstil an die Sozialisationserfahrungen der Biographieträgerin in der Volksschule anknüpften.

> „ Der Tag war auch genau eingeteilt . ähm, er begann morgens um sieben Uhr mit ner Kurzandacht, ... äh... Dann war von acht bis um halb zehn Unterricht . Dann gab's noch nen zweites Frühstück, . Dann war wieder ne Unterrichtseinheit, . Dann gab es Mittagessen, . Dann war Mittagsruhe, die war ganz strikte eingehalten, . bis fünfzehn Uhr, und dann war mal wieder Unterricht .. und, äh, abends dann so 'nen bisschen Freizeit . Und dann aber um zwanzig Uhr dreißig war Nachtruhe .. Das war auch bei denen sehr, . ähm, sag ich mal, durchorganisiert .. Und, äh, da war auch ziemlich, . ja sag ich mal, strenge Regeln (betont) ...So, ich würd mal sagen, so en bisschen auch . Es ist zwar jetzt katholisch, aber auch so bisschen klösterliche Richtung, . also jeden Tag Religionsunterricht, . abends dann noch mal en Abendgebet ..." (Z. 91–103).

Wie schon bei der Schilderung der Zwergschule gewährt sie dem Zuhörer mit ihren bildhaften Beschreibungen einen detaillierten Einblick in die zeitlichen, inhaltlichen und organisatorischen Abläufe des Internatslebens. Die Entwicklung schulischer Sozialisation beschreibt sie im erfolgreichen Durchlaufen von institutionalisierten, schulischen Ablauf- und Erwartungsmustern. Den Gegensatz zu den festgelegten Strukturvorgaben, die erfüllt werden mussten, bildet die zweimal im Interview erwähnte gemeinschaftlich ausgerichtete Vermittlung der ästhetischen Bildung durch gemeinsame Besuche von Theateraufführungen und Konzerten oder über das kollektive Hören von Musik innerhalb des Internats (Z. 120-124). Im Nachfrageteil chronologisiert sie die verschiedenen Kulturbesuche in ihrer Sozialisation und kennzeichnet sie als Ausgangspunkt und Motivationsquelle ihrer Kreativität.

Auf Nachfrage konnotiert die Biographieträgerin das Internat als christliche Prägungsstätte, deren Wirkung sich aber weniger auf der Grundlage des regelmäßigen Kirchengangs entwickeln konnte, sondern vielmehr auf die in der Familie tradierten christlichen Werte und Normen zurückzuführen waren. Dabei vermittelt Sie dem Zuhörer die von ihr gebildeten Eigentheorien im Duktus einer Mission.

5.2.5 Berufsbiographische Handlungsschemata in der Pflegeausbildung und die Entwicklung von biographischen Werteorientierungen

Im Rahmen der Internatszeit sammelt sie in mehreren Praktika Erfahrungen in verschiedenen pflegerischen Bereichen. Diese Praktika absolviert sie ausschließlich in konfessionsgebundenen Krankenhäusern und bewertet die Auswahl der durchweg kirchlichen Institutionen als positiv. Die Biographieträgerin deutet retrospektiv die christlich und sozial orientierte Rahmung des Praktikums als normative Grundausrichtung, deren Gerüst bereits in ihrem „Erziehungsweg" (Z. 146) angelegt worden war. Selbstbestimmt entscheidet sie sich für den Pflegeberuf.

5.2.5.1 Professionalitätsinstanz der Ordensschwester

Eine biographisch relevante Etappe für ihren weiteren pflegerischen Berufsweg ist dabei die im Verlauf eines dreiwöchigen Praktikums erfolgte Begegnung mit einer Ordensschwester, an deren Namen sie sich erinnert. Im Nachfrageteil führt sie diese Begegnung in einen Erlebnisstrom zurück und spickt die Erzählung der nun wieder lebendig gewordenen Situation aus längst vergangenen Zeiten mit wörtlichen Redewendungen, die sie wiederholt. Im Verlauf des Interviews dient die zeitliche Versetzung dieser Begegnung (von der Vergangenheit in die Gegenwart) an unterschiedlichen Stellen als ein biographisch relevanter Wertmaßstab für ihr Verständnis von empathisch guter Pflege.

Diese Perspektive findet sich an unterschiedlichen Interviewstellen wieder, in denen Pflegesituationen aus diesem Blickwinkel analysiert und Situationen als positiv oder negativ bewertet werden.

Die Ordensschwester ist für die Biographieträgerin somit ein Synonym für eine Wertigkeit von Pflege. Neben der Setzung eines Wertmaßstabes für eine gute, professionelle Pflege entfaltet das Erlebnis dieser persönlichen Begegnung mit der Ordensschwester auch einen biographischen Konstitutionscharakter, da ihr die Persönlichkeit dieser Schwester als Vorbild und professionelle Sinnfigur dient. In lupenhafter Vergrößerung und Sehschärfe wird vor ihrem inneren Auge die menschliche und würdevolle Weise der alten Diakonissenschwester im Umgang mit den Patienten wieder lebendig und spiegelt sich in ihren Erzählungen. Die dargelegte Sicht- und Erzählweise bringt den bedeutsamen biographischen und pflegerelevanten Stellenwert dieser Begegnung zum Ausdruck.

Im Gegensatz zu anderen Interviewsequenzen, die durch Beschreibungen von Abläufen gekennzeichnet sind, bezieht sich diese Interviewstelle auf eine der wenigen interaktiven Sequenzen mit einer Person. In dieser Schlüsselszene, in der sie von der Ordensschwester dabei beobachtet wird, wie sie einer Frau die langen Haare kämmt, offenbaren sich die eigentheoretischen Wertvorstellungen der Biographieträgerin über das Wesen professioneller Pflege.

„Da, das ist ganz simples Beispiel, die . äh . Das war auf so ner Internistischen Frauenstation . Da lagen wirklich nur Pflegefälle (leise) .. (holt Luft) und . es ging um Haare kämmen, .. lange Haare . Die Frauen hatten ja viel lange Haare und Zopf/Zöpfe flechten .. und dann hat die mich dabei beobachtet und gesacht (sehr leise) . „Kind, komm mal her . ich zeich dir mal, wie man lange Haare kämmt (sehr leise)" . Das hab ich nie vergessen (betont) . das hab ich hinterher immer noch im Unterricht gemacht . ne (betont), .. intuitiv . Man hat ja den Ansatz, oben mit der Bürste und dann runter, hat sie gesagt, „komm Kind, ich zeich Dir mal, wie das geht (zart)", so kleine Helden (betont)…Also, ich bin jetzt Mitte fünfzig und das is, . das is ja (sehr leise), . dat is ja vierzig Jahre her .. und ich erinner mich, ich seh die noch genau vor mir stehen und hat gesagt „Komm", hat mich ganz ruhig an die Hand genommen „Komm Kind, ich zeich dir dat mal (zart und leise)" .. „Du tust der Frau weh"…Du tust der Frau hier sehr weh, ich zeich dir das mal, wie man das macht" . Und da denk ich, dat is . mir immer, immer im Kopf geblieben . Ich könnte Ihnen heute noch sagen, in welchem Patientenzimmer das war, .. so hat mich das irgendwie (lang gezogen) . Ich war total beeindruckt . ne (leise) . . mit welcher Ruhe und mit welcher Geduld die mir diese kleine Arbeit gezeicht hat, . die ja nun wirklich nichts Großartiges, Verantworliches (undeutlich und schnell) oder sonst was, … ja . Aber so die Geduld (betont), . ja . mhm, . war schon toll .." (Z. 1616–1645).

Bereits an einer früheren Interviewstelle wird dem Praktikum eine Schlüsselposition zugewiesen, da Frau Christmanns sich aufgrund der damaligen Erlebnisse und Erfahrungen für den Beruf der Krankenschwester entscheidet. Die Situation mit der Ordensschwester und deren Umgangsweisen mit den ihr anvertrauten Patienten erscheint Frau Christmanns als richtungsweisend für ihr (zukünftiges) Pflegeverständnis und stellt für sie fortan eine handlungsleitende Prämisse im Umgang mit alten, kranken Menschen dar. Ihre normativen Bezüge sind ausgerichtet auf zwischenmenschliche Verhaltensweisen, in deren Spannungsfeld – veranschaulicht durch das oben zitierte Beispiel des Kämmens der Haare – sich aus ihrer Sicht sowohl das Gelingen als auch das Scheitern guter Pflege vollzieht. Die Ordensschwester zeigt dem jungen Mädchen die Bedeutsamkeit des zwischenmenschlichen Umgangs mit Patienten und sensibilisiert sie für den Perspektivwechsel, den jede Pflegesituation zu einer einzigartigen Besonderheit werden lässt.

Die Biographieträgerin überträgt dieses Erlebnis auch als Pädagogin auf ihren Unterricht und verbindet damit verschiedene Wahrnehmungsleistungen, die diese Situation transportiert. Neben dem Gefühl des Ausgeliefertseins führt sie in diesem Zusammenhang das Spannungsfeld zwischen Handlung und Interaktion innerhalb einer Pflegesituation als Beispiel an. Anknüpfend an ihre eigene, biographisch bedeutsame Pflegesituation mit der Ordensschwester betont sie, dass eine befriedigende Bewältigung der Pflegesituation vom Grad der Einfühlsamkeit und Geduld mit der eine Handlung ausgeführt wird, abhängig ist. Dieses Moment stellt für Frau Christmanns eine Basisdisposition im Umgang mit anvertrauten Patienten dar.

Institutionelles Ablauf- und Erwartungsmuster der Krankenpflegeausbildung
Die Ausbildung zur Krankenschwester bedeutete für die Biographieträgerin einen Einschnitt, den sie in der Haupterzähllinie ausführt. Mit dem Umzug vom Land in die Stadt, „schnuppern der Großstadtwelt" (Z. 158) und dem damit verbundenen Wechsel von einer kleinen Internatsschule in ein großes Krankenhaus wird ein erster biographischer Veränderungspunkt markiert. Die Ausbildung mit den schulischen Anforderungen und den Stationseinsätzen war eingebettet in institutionelle Ablaufmuster. Aber dann sammelte sie im Verlauf ihrer Ausbildung im städtischen Universitätsklinikum viele negative Erfahrungen, auf die sie keinen Einfluss nehmen konnte und die zu den berufsbiographischen Handlungs- und Deutungsmustern einer guten Pflege völlig im Widerspruch standen.

„Mir sind also viele Pflegekräfte da begegnet . , wo ich also Zweifel an deren Qualität hatte .. ne" (Z. 164–165) „oder viel unqualifiziertes Hilfspersonal, . das war die Uniklinik" (Z. 975–976)".

Neben der Beobachtung des unqualifizierten Pflegepersonals beschreibt die Biographieträgerin auch die in diesem Krankenhaus praktizierten rohen Umgangsformen mit Sterbenden und Verstorbenen, die sie ablehnte und bei ihr zu einer großen Verunsicherung führte. Weiterhin bemängelte sie, dass sie in einer bestimmten Phase ihrer Ausbildung die erkrankte examinierte Fachkraft vertreten musste und alleine ohne Begleitung Aufgaben im OP übernahm, die sie eigentlich aus der jetzigen Sicht nie als Pflegeschülerin hätte ausführen dürfen.

„Ich war teilweise total geschockt, obwohl ich war der Kursbeste, ich war . äh gerade mal anderthalb Jahre auf Normalstation und ansonsten haben die mich immer eingesetzt da, irgendwo . Ich war als Mittelkursschülerin alleine in de Anästhesie, .. weil der Anästhesiepfleger langzeitkrank war .. Zweite Hälfte Mittelkurs .. und da waren sechs Säle ... mhm, aber das war mir z.B. gar nicht so klar . Dann war es, wo sie mich gerade hingeschickt hatten, . das is irgendwie so, das is ein" (Z. 963–970).

Anders als bei der Ordensschwester erlebte sie Situationen und begegnete Pflegekräften, die Kontrastfälle zu ihrer bis zu diesem Zeitpunkt durchlaufenen beruflichen Sozialisation in konfessionell-geprägten Institutionen darstellen.

5.2.5.2 Konfessionelle Rahmung des Pflegeberufs

Die konfessionelle Rahmung ihrer Arbeit ist für die Biographieträgerin wichtig. Sie weist einer aus christlichem Selbstverständnis praktizierten qualitativen, sensiblen und menschlichen Pflege einen großen Stellenwert zu. Am Beispiel der Entwicklung und des Verfalls der Universitätsklinik, die zunächst von Agnes-Karl Schwestern aufgebaut und später von Seelendörfer Schwestern weitergeführt wurde, verdeutlicht sie die Bedeutung des christlichen Glaubens für die Wahrung von Menschlichkeit und Menschenwürde in der Pflege. Mit dem Weggang der Schwestern und der Eingliederung des Krankenhauses in die kommunale Zuständigkeit der Stadt hatte aus Sicht der Biographieträgerin den Zerfall der Wertestruktur des Hauses zur Folge.

„ ja, nur nach der Ausbildung hab ich gedacht, ich werde künftig darauf achten, immer in nem konfessionellen Betrieb zu arbeiten, weil ich da über viele ethische Dinge gestolpert bin (lang gezogen), wo ich gesagt hab, das kann nicht in Ordnung sein . z.B. Umgang mit Sterbenden, Umgang mit Verstorbenen" (Z. 942–947).

Die von ihr beobachteten Strukturen einer mangelhaften Pflege, des lieblosen Verhalten der Pflegefachkräfte gegenüber Patienten und der Inkompetenz des Personals konnotiert die Biographieträgerin mit weltlichen Institutionen. Ihre

Evaluation der Ausbildungszeit stellt eine Perspektive dar, die darauf ausgerichtet ist, alles, was sich im Laufe ihrer Ausbildung nicht in einem geordneten Rahmen und in strukturierten Abläufen vollzog, herauszustellen und es als schlechte Pflege zu kennzeichnen.

> „sondern ich hab immer gedacht, wie stümperhaft arbeiten die .. Das kann`s ja wohl nicht sein . In der Schule erzählen die uns . „das müsst ihr so und so und so machen" und das war für mich verbindlich" (Z. 990–993).

Sie internalisiert für ihr späteres Professionsverständnis Kriterien, die für ihre weitere berufliche Entwicklung als biographisches Themengebiet immer im Mittelpunkt stehen. Neben der kleinen Schule, die sie als Subkultur und Vergesellschaftungsprinzip erfahren hat und dementsprechend positiv deutet, ist es das Lernen, das sie als Aktion gegen Stillstand und Absicherung vor Verlust von Qualität und Qualitätssicherung begreift (Z. 169). In auffälligem Kontrast zu der praktischen Arbeit auf den Stationen steht die durchweg positive Schilderung der Krankenpflegeschule, in der sie gut mit dem Lernstoff zurecht kam und retrospektiv erkennt, dass sie aufgrund ihrer dort erworbenen Kenntnisse berechtigterweise für die Arbeit im OP ausgewählt wurde.

5.2.6 Berufsrelevantes biographisches Handlungsschema der Berufstätigkeit und Weiterbildung

Frau Christmanns zog nach ihrem Examen in eine andere Stadt und arbeitete dort in einem konfessionellen Krankenhaus, wo sie zunächst im OP-Bereich tätig war, den sie jedoch nach neun Monaten wegen des fehlenden Patientenkontakts – „Dann irgendwie haben mir die Menschen gefehlt, ne (verstärkend)" (Z. 185–187) – wieder verließ und schließlich auf die Intensivstation wechselte. In der Entscheidung der Biographieträgerin für die Intensivstation und der klaren Präferierung eines patientenbezogeneren Arbeitens zeigen sich ein biographisches Handlungsschea, das sich nicht einem institutionellen Ablaufmuster unterordnet. Eigene Bedürfnisse werden nicht zugunsten eines institutionellen Ablaufmusters zurückgestellt, sondern einer Prüfung im Sinne einer Interessenabwägung unterzogen, die letztlich dazu führt, dass sie den eingeschlagenen Weg verändert. Das Professionsverständnis der Biographieträgerin wird auf dieser beruflichen Etappe davon geprägt, dass die Evaluation eines eingeschlagenen Weges zunächst eine Veränderung einleitet, die durch neue Handlungsinitiativen verstärkt und anschließend interessengeleitet weiterentwickelt werden.

5.2.6.1 Intensivstation: Moratorium der beruflichen Entfaltungsmöglichkeiten

Die Tätigkeitsspanne auf der Intensivstation war eine berufsbiographisch relevante Zeit, da die Biographieträgerin dort ein Moratorium der Entwicklung durchlief und sie somit ihr Potential entfalten konnte. Bestärkt von der positiven Rückkoppelung, die sie durch den Patientenkontakt und die Angehörigenbetreuung – „ich sehr gute ... Rückmeldungen hatte von diesen Patienten, . von den Angehörigen" (Z. 193–194) – erfuhr, war es ihr möglich, die Pflegesituation, die sie während ihrer Ausbildungszeit erlebt hatte, umzukehren und pflegerelevante Bedeutungshorizonte umzusetzen. Ebenfalls positiv bewertet die Biographieträgerin die Akzeptanz innerhalb eines Teams mit unterschiedlichen Hierarchieebenen und Positionen, wobei sie die vom Chef der Intensivstation initiierte Zusammenarbeit zwischen Medizin und Pflege hervorhebt: „der legte da auch sehr viel Wert drauf, auf ne gute Zusammenarbeit". Diese positiven Erfahrungen auf verschiedenen Ebenen und die Möglichkeit biographische Handlungsschemata zu realisieren waren dann Motiv und Auslöser sich weiterzubilden und wieder in ein institutionalisiertes Ablauf- und Erwartungsmuster der beruflichen Weiterbildung einzutreten.

In ihrem Professionsverständnis wirkt die positive Rahmung einer gewonnenen Berufserfahrung als Weiterentwicklungsmodus. Der Antrieb zur Fachausbildung für Anästhesie/-Intensivmedizin erfolgt aus eigener Motivation. Sie überwindet eigene Barrieren und setzt in dieser Phase ihres beruflichen Werdeganges die Priorität auf die Weiterbildung, was bedeutet, dass sie sich wieder in ein institutionelles Ablauf- und Erwartungsmuster begibt und damit biographische Lebensarrangements zurückstellt.

Durch die Weiterbildung als Fachkrankenschwester entwickelte sie neue Sichtweisen innerhalb ihrer Berufstätigkeit und entdeckte mit der Übernahme der Stationsleitung in der Schülerbegleitung- und betreuung ein neues professionelles Feld, das mit dem Verantwortungszuwachs einher ging.

„Ja, . äh, . dann Intensivzeit is .. oder . für mich, . ich sag mal so, die Schüler (betont),. ähm, . die Schülerentwicklung . war dann für mich und die Schülerbegleitung und Betreuung . Und dass die Schüler auch eben gesagt haben, . Mensch, bei Ihnen haben wir jetzt soviel gelernt . und so en Erfolgserlebnis . und Zusammenhänge haben wir denen beigebracht . und, äh, wirklich auch, mhm, . ja diese Schwere der Intensivpflegepatienten, .. da haben wir die also gut auch miteinbezogen, . dass . so dass also nur ganz wenige gesagt haben . ne, da wollen wir nicht hin .oder so . Es war auch irgendwie so entscheidend für die Richtung weiterzumachen ... ne" (Z. 215–224).

Es war ihr wichtig, sich um die Schüler zu kümmern und sie an den pflegeintensiven und innerhalb der Ausbildung als anspruchsvoll geltenden Bereich der Intensivmedizin heranzuführen, indem sie die Vorgänge erklärte und die Schüler dabei einbezog. Dabei beobachtete Sie die Entwicklung ihrer Schüler als einen Prozess des Vorher und Nachher, der sich im Ergebnis in einer positiven Anbindung an den Beruf und an das Feld der Intensivpflegepatienten niederschlug. Neben dieser berufspolitischen Legitimation der Schülerbegleitung , war es ihr vor allem wichtig, auf die Entwicklungsprozesse von Schülern Einfluss zu nehmen und die Fähigkeiten der Schüler in aus ihrer Sicht wichtige Bahnen, wie beispielsweise den Aufbau eines positiven Pflegeverständnisses, die Freude am Beruf oder die Freisetzung von neuer Motivation, zu lenken. Sie betrachtet sich gleichsam als einen Vorbildmodus für ihre Schüler mit dem Ziel Schüler zu begeistern und inhaltlich weiterzubilden.

5.2.6.2 Berufliche Weiterentwicklung zur Lehrerin für Pflegeberufe

Die Einleitung von positiven Veränderungsprozessen setzen in Frau Christmanns Synergieeffekte frei, die ihre Bereitschaft zur eigenen Weiterentwicklung positiv beeinflussen und ihr das neue Tätigkeitsfeld des Unterrichtens eröffnen. Obwohl das Anleiten und Unterrichten kein fester Bestandteil der Intensivmedizin ist, entwickelte die Biographieträgerin in ihrer Funktion als verantwortliche Stationsleitung diese Tätigkeit aus dem täglichen Kontakt zu den Schülern in der Pflegesituation.
In einer ersten Phase erschließt sie sich dieses neue Erfahrungsfeld des Unterrichtens durch ein vorsichtiges Ausprobieren und Herantasten. Zunächst arbeitet Frau Christmanns als Schulassistentin, um das Berufsfeld und die damit verbundenen Anforderungen einer eingehenden Prüfung zu unterziehen. Selbstkritisch hinterfragt sie auch, ob sie persönlich und fachlich den Anforderungen an Unterricht gewachsen sei „wie ist das überhaupt, wenn man vor 'ner Klasse steht, . wie muss ich überhaupt Unterricht entwickeln, . damit das was wird" (Z. 268–270). Am Ende dieses intensiven Prüfprozesses entschied sie sich, zur Lehrerin für Pflegeberufe weiterbilden zu lassen und absolvierte diese Weiterbildung am gleichen Institut, an dem sie auch schon die Weiterbildung zur Intensivfachkrankenschwester durchlaufen hatte.
Unterschiedliche Prozessstrukturen prägen das Professionsverständnis an den verschiedenen Stationen ihrer beruflichen Laufbahn. Die beruflichen Situationen, die sie in der Anästhesie erlebt hat, erschienen ihr verengt. Aus diesem Grund schuf sie sich mit der Weiterbildung in der Intensivpflege und dem damit verbundenen Lernen neuer Inhalte eine neue Perspektive. In der Pflegepädagogik hat sie einen Bereich entdeckt, in dem sie Schüler für das Berufsfeld motivieren und ihnen etwas vermitteln kann. Ausgehend von ihren Erfahrungen,

die sie während der Praktika und in ihrer Berufstätigkeit im Umgang mit Patienten sammelte, ist es ihr wichtig Pflegeschüler zu prägen und deren Entwicklungsprozesse begleiten zu können. Es sind vor allem die negativen Erfahrungen der rohen Umgangsformen mit Patienten, denen sie auf der Station eines städtischen Krankenhauses begegnete, die sie dazu veranlassten, den Lehrberuf zu ergreifen und auf diesem Weg ihren Beitrag zur Verbesserung dieser Situation zu leisten.

5.2.7 Berufliche Station als Lehrerin für Pflegeberufe und der Entwurf einer idealisierten Modellschule

Die Biographieträgerin gibt zunächst einen kurzen Überblick über die Orte, an denen sie ihre Tätigkeit als Lehrerin für Pflegeberufe ausübte. In diesem Zusammenhang charakterisiert sie die Krankenpflegeschulen, indem sie die Vor- und Nachteile der jeweiligen Schulen beschreibt und ihr Modell einer idealtypischen Schule an den vorgefundenen Strukturen ihres derzeitigen Arbeitsortes illustriert, dessen Verwirklichung jedoch – und damit schwenkt sie in die Gegenwart zurück – angesichts administrativer Vorgaben und der fehlenden Anstrengungs- und Begeisterungsbereitschaft ihrer Schüler zu scheitern droht. In ihrer Erzählung markiert sie biographisch markante Bezugspersonen, denen sie an diesen Orten begegnete.

An der einem konfessionellen Krankenhaus angeschlossenen Krankenpflegeschule im ländlichen Hunsrück (Ort 1), wohin sie mit ihrem an dieser Stelle erstmals genannten Ehemann aus der Stadt zog, traf sie auf eine konservative Ordensschwester, deren starre hierarchische Vorstellungen und Resistenzen gegenüber strukturellen Neuerungen sie als rückständig konnotiert – „so irgendetwas bewegen, in 'ne offenere Richtung hinein oder irgendetwas mal neu zu probieren, . das funktionierte also absolut nicht" (Z. 329–331) – und die in ihrer Funktion als Schulleiterin zugleich unangemessene Anforderungen an die Biographieträgerin stellte. Exemplarisch führt sie die ihr aufgetragene, nicht von ihr selbst gewählte Vermittlung eines Lehrstoffes an, der ihr selbst wenig vertraut war und sie unter Druck setzte.

„und dann war ich dann also 'ne Doppelstunde den Schülern im voraus, (lacht) . aber die haben das gar nicht so sehr gemerkt, . haben mir die hinterher gesagt . Die (lacht) haben gemeint, ich hätte 'ne Menge Ahnung (lacht, lacht, lacht)" (Z. 316–320).

In dieser beruflichen Phase konkurrierten zwei Prozessstrukturen miteinander. Ihrer Haltung, die einerseits neuen Wegen gegenüber aufgeschlossen erscheint

178

(Z. 328–329), liegt ein biographisches Handlungsschema zugrunde, das sie andererseits dem institutionellen Erwartungs- und Ablaufmuster widerstrebend unterordnet (Z. 315).

Mit der Geburt ihrer Tochter war sie nun auch in die Ablauf- und Erwartungsmuster einer Familie eingebunden, die mit ihrem bisherigen Berufsarrangement nicht kompatibel waren, und nahm daher eine Halbtagsstelle in Kastellaun an. Die fehlende Integration im Team und das Gefühl, nichts anstoßen und bewirken zu können, ließ in ihr den Entschluss reifen, abermals die Stelle zu wechseln und wieder ganztags zu arbeiten.

Biographische Handlungsschemata der Gestaltungs- und Entwicklungsmöglichkeit innerhalb ihrer Funktion als Schulleitung
Im Schwesternkrankenhaus in Bad Ems fand sie eine Stelle als Lehrerin an der Krankenpflegeschule, wo sie bis heute arbeitet. An der dortigen kleinen Schule findet sie den Ort, an dem sie sich wohl fühlt und der ihr in einem strukturierten Rahmen jene Gestaltungsmöglichkeiten bietet, die sie für die Entwicklung und Entfaltung ihrer Ideen benötigt. Die zwischenmenschliche Wertschätzung ihrer Arbeit und das offene, kooperative Arbeitsklima an der Schule verbindet die Biographieträgerin eng mit der Ordensschwester Sarah „Ich sag ihnen einfach mal so meine Gefühle, ..äh,. das war irgendwas, .. äh., wo ich mich sofort wohlgefühlt hab . ne (leise, betont).. Schwester Sarah also . super, ne (betont)" (Z. 358–365). „Zu Hause fühlen" ist eine Methaper, die ausdrückt, dass es Bedingungen, Konstellationen, Beziehungs- und Kommunikationsstrukturen gibt, die diesen Zustand des Wohlbefindens und der guten Arbeitsbedingungen mit einer Rahmung versehen. Im Verlauf des Interviews ist die Ordensschwester die zweite Bezugsperson, die ähnliche Bedingungen für die Entfaltung ihrer persönlichen und beruflichen Fähigkeiten wie der Lehrer der Volksschule schafft.

Im Gegensatz zu ihrer Jugendzeit weiß sie jetzt um ihre Fähigkeiten und kann in diesem von Vertrauen und Mitmenschlichkeit geprägten Raum verschiedene Aktivitäten entfalten. Angefangen von einem neuen, hausinternen Curriculum, das sie in der Zusammenarbeit mit einer Kollegin entwickelte und in der Schule bis zum praktischen Einsatz neuer Pflegekonzepte anwandte, die sie im Rahmen von Weiterbildungen kennen gelernt hatte, war dies beruflich eine sehr kreative und professionsprägende Phase desbiographischen Handlungsschemas (Z. 379–398). Die Institution bildete den Rahmen, in dem sie ihre eigenen Ideen und curricularen Vorstellungen in die Berufsausbildung einbrachte, die sie an ihren biographisch relevanten Berufskriterien ausrichtete. Die Curriculumsentwicklung löste einen Entwicklungsschub aus, innerhalb dessen sie ihre Professionaliät tentativ in einem gemeinsamen Prozess mit Schülern und der Kollegin weiterentwickelte „Und dann haben wir ganz plötzlich viele . , ham wir dat machen wir jetzt so, das machen wir jetzt und dann is da ne ganz tolle Sache entstanden" (Z. 1252–1254). Dieser Entfaltungs- und Kreativitätsschub war nicht zielgerichtet, sondern entwickelte sich in in einem gemeinsam mit den Schülern vollzogenen, oszillierenden Prozess der Adaptation von neuen und unbekannten Feldern (Z. 1229–1265).

Die berufliche Lokalisierung innerhalb institutioneller Abläufe und Erwartungsmuster, in deren Rahmen bestimmte Funktionen und Abläufe abgearbeitet werden können, verleihen der Biographieträgerin Sicherheit und ein Kontinuitätsgefühl. Allerdings müssen Freiräume möglich sein, die zur eigenständigen Ausgestaltung und Entwicklung zur Verfügung stehen. Aus dem Blickwinkel der Biographieträgerin fungiert die Ordensschwester in Simmern mit ihren starren Regelungen und kurzfristig gestellten Arbeitsaufträgen als negatives Beispiel für eine berufliche Weiterentwicklung, die nicht mit ihren Vorstellungen von klaren Abläufen übereinstimmten und sie daher verunsicherte.

In ihrer beruflichen Entwicklung übernahm sie immer verantwortliche Positionen und betrachtete neue Tätigkeitsfelder als inneren Anreiz einer neuen Entwicklungsmöglichkeit. Sie weiß, was sie will und kann ihre Fähigkeiten in den Arbeitsprozess einbringen, wenn sie Bedingungen vorfindet, in denen die Komponenten der Zwischenmenschlichkeit, des Teamgedankens und der guten Pflege einen herausragenden Stellenwert haben. Diese Bedingungen prägen als grundlegende Handlungs- und Deutungsapriori ihre Wahrnehmung von Selbst- und Welt. Sowohl die Schulen in Simmern als auch in Kastellaun konnten ihr diese Bedingungen nicht bieten. Folglich waren die dort formulierten Erwartungen an Unterricht nicht mit ihrer normativen Vorstellung, wie etwas zu sein hat, in Übereinstimmung zu bringen.

Problemfeld Landeslehrplan als Gegenentwurf zur eigenen Modellschule
Im Verlauf des Interviews greift sie das Thema der Curriculumsentwicklung ein zweites Mal auf und kontrastiert den auf der Grundlage einer Evaluation ihrer kleinen Schule gemeinsam mit ihrer Kollegin erstellten und auf die Bedürfnisse ihrer Schüler zugeschnittenen Lehrplan mit dem von der Landesregierung entwickelten Landeslehrplan, der von außen vorschreibt, wie Lehrpläne, Abläufe und Unterricht an den Krankenpflegeschulen zu gestalten sind „Ja, (laut) (räuspert sich), jetzt also, . wo ich mich persönlich also nen bisschen mit schwer tue . is mit dem Landeslehrplan . Weiß nicht, ob man das da verwerten kann" (Z. 431–433).

Im Rahmen der Betrachtung ihrer eigentheoretischen Prämissen führt sie, wie auch schon an anderen Interviewstellen, als Maßstab einer qualitativ hochwertigen Pflege eine auf Wertschätzung für kranke und alte Menschen ausgerichtete und das Moment der Selbstbestimmung betonende Pflege an. Doch auch aus dieser Perspektive kann die Biographieträgerin in den durch den Landeslehrplan eingeleiteten Umstellungen keinen positiven Aspekt erblicken (Z. 548–552).

Eine weitere Entfaltungsmöglichkeit erblickt sie in der Zusammenarbeit mit den Stationen und den damit verbundenen Umgangs- und Kommunikationsformen in der Schülerbegleitung. Individuelle Förderung sieht für Frau Christmanns idealerweise so aus, dass Schwächen, Stärken und Probleme der Schüler direkt mit den auf der Station zuständigen Beteiligten besprochen werden, mit dem erzieherischen Auftrag „achtet mal da drauf, guckt mal". ähm „nehmt die da noch mal richtig . äh an die Hand". ne . (betont), . ja, dass sich das bessert, dass sich das ändert" (Z1281–1282). Im Kontrast zu ihren pädagogischen und pflegetheoretischen Prämissen, in denen sie eine kleine Krankenpflegeschule mit dem persönlichen Kontakt zu den Schülern und den erweiterten Möglichkeiten der Steuerung von Entwicklungsprozessen zur Voraussetzung für eine gute Schülerausbildung und Pflegequalität macht, steht die Lernhaltung ihrer Schüler, die sie als passiv, die Unterrichtsinhalte konsumierend charakterisiert und deren fehlende Disziplin und Ausdauer sie kritisiert (Z.448–455).

5.2.8 Verlaufskurvenerfahrung: Verrat, Scheidung und Krebserkrankung

In ihren Ausführungen, die sich auf die Nachfrage beziehen, ob ihre Erzählung an dieser Stelle beendet sei (Z. 590–591), wird eine Verlaufskurvenerfahrung sichtbar, die sie in ihrem Erzählschema bislang ausgeklammert hat.

„also von der Perspektive her, . ähm . Ich hatte immer den Ehrgeiz, noch irgendetwas, ich sag mal, zu machen, .. inhaltlich für den Beruf zu machen, .. äh . aber ich bin, . äh . ja (leise), krank . und kann da, . bin da jetzt ein bisschen gehandicapt, .. ja . Ja, ich hab also vor vier Jahren eine schwere Krebserkrankung gehabt . und dann kann man nicht mehr so wie man dat gerne möchte, . zwar vielleicht vom Kopf her, aber äh . irgendwo, . ja, . fehlen einem dann die Kräfte . ne (leise)".

In der Hauptkoda verortet sie ihr Leben ausschließlich in einem berufsbiographischen Format „das ist für mich keine Arbeit, sondern Aufgabe" und skizziert in diesem Kontext ihre Wandlungsbiographie. Zum Abschluss der Schilderung ihrer Berufsbiographie markiert sie jedoch mit dem Verweis auf ihre Krebserkrankung – „aber ich bin krank und .und.jetzt ein bisschen gehandicapt ..." (Z. 592–94) – die Grenzen ihres beruflichen Gestaltungswillens, „den Ehrgeiz etwas für den Beruf zu machen, inhaltlich zu tun" (Z. 591–92) und revidiert, vom Wunsch geleitet, ehrlich zu sein und etwas Wichtiges am Ende der Erzählung zur Sprache zu bringen, das Bild der beruflich erfolgreichen und aktiv handelnden Leiterin einer Krankenpflegeschule.
Mit den Worten: „Ich hatte mir noch soviel vorgenommen. Ich hatte vor, noch

inhaltlich viel für den Beruf zu machen" konfrontiert sie sich mit ihrer Endlichkeit. Dann fängt sie sich wieder und nimmt den Erzählfaden in Z. 607 auf: „vielleicht noch zu dem Beruflichen, was ich noch so nebenbei mache". In der nun folgenden Aufzählung ihrer weiteren beruflichen Aktivitäten im Krankenhaus nennt sie neben der Arbeit in der Qualitätssicherung auch die Krankenseelsorge und charakterisiert, basierend auf ihrem berufsbiographischen Verständnis, die ausgeübten Tätigkeiten in einem missionarischen Duktus: „Arbeiten is was, wo ich hingehe und was mache . Also, Aufgabe ist mehr als Arbeit" (Z. 628–630). Dieses gleichsam religiöse Bekenntnis wird begleitet von einem überlagernden Leidensprozess, in dem sie sich befindet und den sie nicht unter Kontrolle hat. In der Erzählcoda lässt sie dieses Konstrukt kurz zu, bindet es in die Tätigkeiten, die sie außerhalb ihres curricularen Aufgabengebietes verrichtet, ein und umschreibt zukünftige berufliche Aufgabenfelder. Die Erzählcoda endet mit der Z. 640.

Die Nachfrage nach der Geburt der Tochter setzt bei der Biographieträgerin eine von massiven Verrats- und Enttäuschungsmomenten gekennzeichnete Verlaufskurvenerfahrung frei, die sie in ihrer Erzählung nicht thematisieren wollte und in deren Mittelpunkt der Betrug des Ehemanns mit einer anderen Frau steht.

> „mhm… ja . äh, . ich hab . äh neunzehnhunderteinundsiebzig geheiratet (betont und lang gezogen) .. und äh . ja . äh (räuspert sich) .. mhm, bin seit neunzehnhundert, ne . seit zweitausenddrei geschieden ….. Ich habe festgestellt (leise), .. nach dreißigjähriger Ehe, dass mich mein Mann, . wie lange auch immer, nach Strich und Faden belogen, betrogen (lang gezogen), hintergangen hat .. und mich finanziell ruiniert hat (sarkastisches lachen) … Ja . und das ist auch der Grund und die Ursache für meine Krebserkrankung …. ja .. also, da hab ich ne ziemliche Odyssee erlebt . und da bin ich auch froh, sach ich mal, dass ich hier . äh (leise) … ja, auch aufgefangen worden bin (weinerliche Stimmlage), insbesondere auch von der Schwester Sarah, .. ja ja hier vom Orden" (Z. 1061–1072).

Dieses Erlebnis steht aus Sicht der Biographieträgerin am Anfang einer Ereignisverkettung, in deren weiterem Verlauf die Scheidung vollzogen wurde und sukzessiv der finanzielle Abstieg mit dem Verlust des Hauses folgte. Für sie stellt das Verhalten des Ehemanns letztlich die Ursache für ihre Krebserkrankung dar und dient ihr als Eigentheorie. Deutlich wird dies auch daran, dass der Ehemann auf den ersten 28 Seiten nicht in ihrer Erzählung erscheint und dann in einer Dramatik auftaucht, die sich an den anderen Stellen in Sprachlosigkeit wendet. In einer Phase, die von beruflichem Erfolg geprägt ist, kam es zu einem Zerfall der Familie, der sehr bitter für sie ist und unter dem sie sehr leidet, da sie nun ihrem eigenen Ablauf- und Erwartungsmuster eines tradierten Familienmodells, in dem die berufliche Laufbahn der Frau einen nachgeordneten Platz einnahm, nicht mehr entsprechen kann.

> „bis zu diesem … Zusammenbruch im Jahr zweitausendeins, hat das auch, ham wir dat auch gut auf die Reihe gekriecht ne (betont), .. also mit Essen und Nachmittagsbetreuung und so" (Z. 1190–1192).

Als biographisch relevanter Halt fungieren in dieser Zeit zwei biographische Ressourcen. Zum einen erhält sie Rückhalt durch die Ursprungsfamilie und greift auf Erfahrungen aus der Zeit ihrer Kindheit auf dem Bauernhof zurück, die ihr als Sinnquellen in dieser schwierigen Zeit dienen.

> „ ich sach mal so, die Hoffnung stirbt zuletzt, .. is so . Ich bin trotzdem . ähm, ich denk mal ,dass ich durch (betont), durch Jugend und oder durch Kindheit durch diese ganze Prägungen . ähm, das hat mich also zu nem Menschen gemacht, der sehr viel verkraften kann, (leise, aushauchend) ..sehr viel verkraften kann . kann und det auch, wo ich sehr viel verkraftet habe (betont) . ne (betont)" (Z. 1092–1100).

Zum anderen garantieren die feste Verankerung im beruflichen Handlungsrahmen der Biographieträgerin den notwendigen Halt und eine berufliche Kontinuität in den durch die Erkrankung gegebenen beruflichen Möglichkeiten.

> „ja .. also, da hab ich ne ziemliche Odyssee erlebt . und da bin ich auch froh, sach ich mal, dass ich hier . äh (leise) … ja, auch aufgefangen worden bin (weinerliche Stimmlage), insbesondere auch von der Schwester Sarah, .. ja ja hier vom Orden …. Dat muss ich also wirklich sagen, .. was ich da an Rückhalt (betont) und Positivem (langsam) erfahren hab .." (Z. 1069–1074).

Von besonderer Bedeutung ist für die Biographieträgerin auch in dieser schwierigen persönlichen Situation wieder die Bezugsperson der Ordensschwester Sarah, unter deren Regie es der Biographieträgerin ermöglicht wurde, ihr familiär aufgebrochenes Ablaufmuster in den Berufsalltag zu integrieren, indem es beispielsweise der Tochter erlaubt wurde, nachmittags die Hausaufgaben in der Bibliothek des Krankenhauses anzufertigen und sich dort bis zum Dienstschluss der Mutter aufzuhalten. Das Arbeitsarrangement ersetzte das Lebensarrangement, das auf die Familie und die Betreuung der Tochter durch den Ehemann ausgerichtet war. An dieser Stelle im Interview wie auch im Nachfrageteil betont sie, dass die gesamte Institution des Krankenhauses in ihren unterschiedlichen Facetten bei der Bewältigung ihrer Probleme geholfen hat. Das Lebens- und Arbeitsarrangement wurde durch die berufliche und persönliche Unterstützung des Arbeitgebers in einen institutionellen Ablauf eingepasst (Z. 1186–1196). Dabei legt die Biographieträgerin ein besonderes Augenmerk auf die erfolgreiche Schullaufbahn ihrer Tochter, die bedingt durch die familiäre Verlaufskurvensituation aus den Fugen geraten war. Obwohl die Tochter wegen der schlechten Zensuren das Gymnasium verlassen und an die Realschule wechseln musste, betrachtet die Mutter dies aus der heutigen Sicht lediglich als familiär bedingte Zwischenetappe, da sie nach einer erfolgreich absolvierten Berufsausbildung als Hotelfachfrau an der Berufsschule nun wieder die Möglichkeit zum Erwerb des Fachabiturs erhält. An dieser Stelle der Erzählung verknüpft sie das institutionelle Ablaufmuster der Schullaufbahn ihrer Tochter mit deren schulischem Erfolg und nimmt an einer weiteren Interviewstelle die Existenz dieser grundlegenden Struktur abermals als Beleg dafür, dass ihre Tochter nur auf diesem Weg wieder Boden unter den Füßen in schulischer Hinsicht bekommen habe.

„Dann hat se dann eigentlich auch noch nen ganz guten Schulabschluss (betont) trotz allem bekommen, die hatte also diesen familiären Zusammenbruch zu ertragen (lang gezogen) .. mit Umzug, mit allem drum und dran . äh und dann auch später meine Krebserkrankung .. ne (leise) .. schon sehr weit fortgeschritten … ne (leise), Das musst se dann noch mal verkraften" (Z. 1198–1203).

Mit der Beschreibung der schulischen Entwicklung ihrer Tochter und dem sich einstellenden Erfolg markiert sie an dieser Stelle das Ende der Phase der Verlaufskurve. Die Biographieträgerin umreißt den Spannungsrahmen jener Zeit, indem sie einerseits die durch die Verlaufskurvenerfahrung des Betrugs, Verrats und Verlustes von ihr perzipierte Bodenlosigkeit charakterisiert – „das war schon hart, also ich denk mal, wenn ich diese äh Vorbedingungen nich gehabt hätte, dann hätt ich wahrscheinlich irgendwo en Strick genommen und hätt mich aufgehangen oder so was, … ja" (Z. 1103–1106) – andererseits aber auch den Gewinn an Handlungsorientierung durch die Fortsetzung ihrer beruflichen Tätigkeit in einem wichtigen Umfeld hervorhebt. Im Bewusstsein der beruflichen Grenzen, die ihr die Erkrankung gezogen haben, und vor dem Hintergrund des damit verbundenen Widerspruchs zwischen ihren beruflichen Ansprüchen und ihrer tatsächlichen Leistungsfähigkeit in der momentanen Situation akzeptiert sie diese Grenzen und versucht sich innerhalb der gegenwärtig gegebenen, beruflichen Möglichkeiten zu bewegen.

„Und, . äh, dann hab ich, weil is auch wichtig für den Beruf . ne (betont), ich kann körperlich nich mehr so viel auf Station, . hab auch viel Praxisanleitung jemacht (leise aushauchend) Dat haut überhaupt nich mehr hin . Dat schaff ich nich mehr . Die Kraft hab ich nich mehr, aber ich denke mit so ner Geschichte (betont) wie Gedächtnistraining oder ähnliche Sachen, dat sind Sachen, die kann man, das kann man . äh in Unterrichtsformen machen, in Übungen machen oder so was" (Z. 1111–1118).

Die Biographieträgerin schmiedet wieder berufliche und private Zukunftspläne, wenngleich sie zu dem Zeitpunkt des Interviews noch auf einen weiteren ausstehenden Befund wartet. Ihre Perspektive des Umgangs mit der Erkrankung wird durch die Entwicklung von biographischen Handlungsschemata geleitet, wobei sie sich ihrer Endlichkeit angesichts des noch ausstehenden Befundes bewusst ist. Die im Zusammenhang mit der beruflichen Weiterentwicklung von ihr formulierten Interessengebiete beziehen sich weniger auf aktuelle, berufliche Herausforderungen, z.B. das neue Krankenpflegegesetz, sondern sind eng mit der Krebserkrankung verbunden, die damit in entscheidendem Maß einen Einfluss auf die berufliche Prioritätensetzung hat. Ihr Interesse für Naturheilkunde und Gedächtnistraining möchte sie sowohl im Unterricht als auch später im Rahmen von Volkshochschulkursen für die ländliche Bevölkerung anbieten.

Biographisch fühlt sie sich mit ihrem Volksschullehrer verbunden, der in seiner Funktion als Berater zur Veränderung und Verbesserung ihrer Lebensqualität beitrug und wertvolle Dienste leistete. Diesem Ideal nachstrebend möchte sie die Zeit als Rentnerin bei ihrer Familie auf dem Bauernhof verbringen und dort im Rahmen der Allgemeinheit ehrenamtlich tätig sein.

„ne (betont) und auch in ner Freizeit stehen meine Hände nich still und mein Kopf . ähm, wo ich dann denke, „ja, wenn du dann mal in Rente gehst (betont)", irgendwann mal, . ja . so .. ähm, ja zwar dann oben in ner Idylle leben (betont), aber irgendwo auch noch .. etwas machen .. äh, ich sach mal, jetzt für die Leute, für die Gesellschaft, mal Gedächtnistraining, ich meine mal hinter (spricht sehr schnell und undeutlich) irgendwie im Pflegeheim oder an ner Volkshochschule oder so was, Kurse anbieten für Leute. Nicht so das Finanzielle, das Finanzielle is mir da nich so wichtig, sondern eher . äh ., dass die was für sich mitnehmen, . dass deren Lebensqualität dadurch besser wird .. ne (betont)" (Z. 1131–1141)

Obwohl das Verlaufskurvenpotential durch die noch nicht überwundene Krebserkrankung weiterhin besteht und die Biographieträgerin die Wirkung des eventuell positiven, ausstehenden Befundes einzuschätzen vermag, überwiegt in der momentanen Phase die Prozessstruktur des biographischen Handlungsschemas, die sich in der Planung und Entwicklung von persönlichen und beruflichen Interessengebieten manifestiert. Auch eine weitere Nachfrage, die eigentlich auf das Motiv des Berufswechsels abzielte, lassen die verschiedenen Prozessstrukturen

sichtbar werden. Aus der Perspektive der Biographieträgerin waren das berufliche Ablauf- und Erwartungsmuster mit dem institutionellen Ablaufmuster der
Familie bis zum dem verlaufskurvenartigen Zusammenbruch, der in der Krebserkrankung mündete, gut miteinander vereinbar. Dennoch ringt sie an dieser
Interviewstelle mit dem Verlaufskurvenpotential der Erkrankung und dem noch
ausstehenden Befund, indem sie ihrer Hoffnung Ausdruck verleiht: „Da hoff ich
mal, dass das alles gut wird (sehr leise) (Z. 1210–1211). Deutlich sind Verlaufs-
kurvenprozesse, das Zerbrechen ihres Lebensarrangements, der Verlust des Hauses, in das ihr Mann und sie sehr viel investiert haben, was sie lediglich andeutet.
Aus der Sicht der Biographieträgerin folgte aus einer massiven Verrats- und Ent-
täuschungserfahrung eine lebensbedrohliche Erkrankung.
Unterschiedliche Prozessstrukturen werden sichtbar. Allerdings ist es für das
Selbstverständnis von Frau Christmanns zentral, die Wandlungsbiographie in
den Vordergrund zu stellen und im Format des berufsbiographischen Inteviews
zu verfolgen. Sie hat etwas zu präsentieren und ist stolz auf ihr Lebenswerk.

5.2.9 Anforderungen durch berufliche Herausforderungssituationen als Gegenentwurf zu eigentheoretischen Wertestrukturen

Die Biographieträgerin bevorzugt eine Selbstpräsentation, die sie als starke
Pädagogin ausweist und verknüpft dieses Bild mit einer gelungenen Berufsbiographie. Dennoch spricht sie auch die Schattenseiten ihres Berufsfeldes an
und thematisiert die schwierigen institutionellen und gesetzlichen Rahmenbedingungen. Sie empfindet die Vorgaben des neuen Landeslehrplans als ein von
außen gesetztes Korsett, dessen Konzeption aus ihrer Sicht wenig mit der Berufswirklichkeit zu tun hat.

„Ja, .. ich bin aber auch nicht so, dass ich an alten Zöpfen hänge, .. überhaupt
nicht, im Gegenteil . Ich war immer jemand, der, . ähm, auch viel mitgenom-
men hat an Bildung, Pflege, Wissen und so . Wir müssen einfach weiterkommen in unserem Beruf . Ich hab jetzt wirklich nen bisschen Zweifel, ob das
funktioniert mit dem neuen Gesetz bzw. mit dem Landeslehrplan, da hab
ich da inhaltliche (leise) Zweifel . Die Leute, die den geschaffen haben, denk
ich, die haben den aus ihrer Sichtweise geschaffen, Ideale und Ziele darein
gebracht, keine Frage, aber die haben das mit ihrem, mit ihrem derzeitigen
Zeitstand ..äh, und nicht da, wo wir die Schüler abholen, .. denn das ist 'ne
ganz andere Welt ... meiner Meinung" (Z. 546–558).

Den ihr anvertrauten jugendlichen Krankenpflegeschülern bringt sie Unverständnis entgegen und übt harsche Kritik an den in dieser Generation aus ih-

rem Blickwinkel vorherrschenden Werte- und Verhaltensmustern. Verhaftet in einer generationsbedingten Vorstellung eines gewünschten Sozialverhaltensmusters, mit dem Jugendliche ausgestattet sein sollten, fällt es ihr schwer, sich auf diese jungen Leute einzustellen. Insbesondere in sozialen Umgangs- und Verhaltensformen, die in der Betrachtungsweise der Biographieträgerin eine Selbstverständlichkeit sind, wie beispielsweise die Perspektivenübernahme innerhalb einer Pflegesituation oder die Bereitschaft, sich in andere Menschen hineinzuversetzen, bescheinigt sie den Jugendlichen große Defizite.

„Und dann seh ich meine zwanzig Schüler da sitzen, und ich weiß genau, wie sie sich verhalten, . und ich weiß genau, . ja (betont, lacht) .äh, was so abläuft, und ich weiß genau, . wo die stehen, welche Defizite sie haben .. Und dann tue ich mich sehr schwer mit dem Gedanken, .. wenn die jetzt oben auf der Station, nen Patienten anleiten und beraten sollen, .. wenn sie elementare Dinge nicht drauf haben damit hab ich nen ganz großes Problem ..ne (betont) Anleiten und beraten, denk ich, is sehr wichtig, ganz wichtig, aber für mein Dafürhalten . wäre das etwas, was die dann machen sollten, wenn sie ne gewisse Pflegeerfahrung hätten … ne (betont) und wenn sie überhaupt erst mal irgendwo mitreden können, vielleicht ist das aber auch ne Sache, die Alterspanne zwischen das was dem und zwischen mir, die wird natürlich größer diese Schere .. ne (betont) Und dann überlege ich mir immer, wenn ich jetzt Patientin wäre und dann würde mein Schüler Fritz, .. wir haben zwar keinen Fritz, der würde kommen und würde mir sagen, . äh . ja, Fräulein Christ . äh, was weiß ich, .. so und so und so (schnell) und dann würd ich mir mein Fritzchen angucken und würde sagen, also ja, . komm .. ja (betont) Also, das ist für mich so schwierig, … damit, also, ich hab damit Probleme" (Z. 523–544).

In dieser Perspektive kommt auch ein Stück Berufsmüdigkeit zum Ausdruck. Das von ihr präferierte und biographisch positiv besetzte pädagogische Modell des engen Schülerkontakts mit der Zielrichtung die Stärken und Schwächen der Schüler in Form eines Vermittlungsprozesses auszugleichen, kann sie mit den administrativen Vorgaben und den realen jungen Pflegeschülern, die ihr gegenüber sitzen und für die sie Verantwortung trägt, nicht in Einklang bringen. An dieser Stelle stößt sie an ihre Grenzen und sie begegnet ihrer Ratlosigkeit, indem sie sich als stark und integrativ darstellt.
Die eigentheoretischen Vorstellungen und die normative Beschreibung von Schulbedingungen entsprechen ihren biographischen Erfahrungen, die sie zunächst in ihrer eigenen Schulzeit in der Zwergschule sammelte und während der verschiedenen Stationen ihres Berufsweges erweiterte.

„zu den Schülern, .. äh, .. da is es so, wir haben, . äh, dadurch, dass die Schule
sehr klein ist, also eigentlich nen sehr intensiven Kontakt zu den Schülern ..
und können die sehr individuell und gut fördern, das ist denen manchmal
unangenehm, . weil man denen sehr nahe auf den Pelz rückt . ne (betont),
aber die gehen nicht unter in ner Anonymität . ne (betont) .. Das funktioniert
hier nicht, .. das ist schon für die unangenehm, weil sie das einfach nicht kennen von den Schulen von vorher .. (Z. 412–422).

Als relevant erachtet sie hierbei die Größe der Schule. In der von ihr bevorzug-
ten kleinen Schule erfahren die sozialen Umgangsformen innerhalb eines kleinen Lehrerteams eine Aufwertung, weil jeder auf den anderen angewiesen und
daher die von ihr favorisierte offene, auf Diskussion und Austausch ausgerichtete Arbeitsform nur dann praktikabel ist, wenn das Arbeitsklima sich durch
gegenseitige Wertschätzung auszeichnet:

> „… Das Gute hier an der Schule is, das Positive is, wir sind hier ein ganz klei-
> nes Team .. Jeder ist auf den anderen angewiesen, .. ähm, . und wichtig ist,
> dass zwischenmenschliche Dinge stimmen, . sonst funktioniert das nicht"
> (Z. 396–399).

Eine wichtige Rolle fallen in ihren eigentheoretischen Vorstellungen von Schule
und Lernen im Hinblick auf zwischenmenschliche Nähe und individuelle För-
derungsmöglichkeiten auch dem kontinuierlichen Kontakt zu den Schülern sowie deren beratende Begleitung durch den Lehrer zu. Sie stellt dabei fest, dass
diese kontinuierliche Lernberatung- und begleitung sowohl von vielen Schülern, die dies von den zuvor besuchten weiterführenden Schulen nicht kannten,
erst als unangenehm, später jedoch als positiv bewertet wurde als auch ihre eigene Evaluation diesen Arbeitsarrangements ein positives Resultat zuschrieb.
Mit ihren Vorstellungen einer kleinen Krankenpflegeschule, die vom persönlichen Kontakt zu den Schülern und den erweiterten Möglichkeiten der Steuerung von Entwicklungsprozessen im Sinne einer guten Schülerausbildung
und Pflegequalität dominiert wird, stellt sie bestimmte Anforderungen an die
Lernvoraussetzungen der Schüler. Dagegen stehen für sie die im Landeslehrplan
formulierten Anforderungen im Kontrast zu den Voraussetzungen, die von den
Schülern mitgebracht werden. Konfrontiert durch den im Zuge der Umgestaltung der Ausbildungsorganisation verfassten Landeslehrplan, der die Lehrenden vor neue Herausforderungen stellt, stößt die Biographieträgerin an ihre
Grenzen, weil ihr die Verknüpfung von den im Lehrplan formulierten didaktischen Vorgehensweisen mit ihren eigenen Vorstellungen große Schwierigkeiten
bereitet.

„sondern dieses Konzept (betont) steht nach meinem Dafür .. für Leute, die (betont) . in ner anderen Entwicklungsphase sind . Die, die raffen dat auch nich, . wie sie damit umzugehen haben, . von der Selbstständigkeit her . und von . (Tür geht auf) Och, dat is aber nett (Kollegin bietet einen Kaffee an, zwei Minuten Unterbrechung) (Kollegin geht raus) Also, da denk ich, is die Zeit nicht reif, . die is nich reif dafür, für die selbstständige, für die selbstständige Arbeitsweise der Schüler . Das is nen Problem" (Z. 1404–1411).

Sie findet für sich in dem Spannungsfeld, das durch den Kontrast zwischen ihren eigentheoretischen Vorstellungen, der Berufsrealität der Schüler und den Anforderungen innerhalb des Lehrplans erzeugt wird, keine Lösungsmöglichkeiten, die ihr die Rolle als Schulleitung theoretisch bieten. Aus diesem Grund gibt sie die Entwicklung und Umsetzung des Landeslehrplans in die Hand eines in diesem Bereich kompetenteren Kollegen und ermöglicht ihm in ihrer Rolle als Schulleiterin die freie Entfaltung seiner professionellen Kompetenzen, so wie Schwester Sarah ihrerseits der Biographieträgerin freie Gestaltungsoptionen als schulische Rahmung vermittelt hatte.

„Und da lass ich ihm auch frei Hand, und ich denke, da hat er einfach auch jetzt das, . äh nen Wissensvorsprung, der is im Studium (atmet ein) . und da denk ich, da soll, . das soll auch entwickeln (lang gezogen), . Ja" (Z. 1377–1380).

Die Biographieträgerin ist nicht in der Lage, eine Synthese zwischen den Inhalten des Landeslehrplans, die auch in ihrem Verständnis von Lehren und Lernen eine wichtige Rolle spielen, herzustellen, weil sie davon eine andere biographische Vorstellung hat. Ihre Analyse des Lehrplans basiert auf ihren eigenen Handlungs- und Deutungsmustern. Basierend auf diesen biographischen Dispositionen der Biographieträgerin formuliert sie eine Generationskritik, indem sie die fehlenden gruppalen, sozialen und arbeitstechnischen Voraussetzungen der Schüler in der Haupterzählcoda beschreibt und im Nachfrageteil die defizitären Potentiale der Schüler wiederholt.

„ sondern dieses Konzept (betont) steht nach meinem Dafür .. für Leute, die (betont) . in ner anderen Entwicklungsphase sind . Die, die raffen dat auch nich, . wie sie damit umzugehen haben, . von der Selbstständigkeit her . und von . (Tür geht auf) Och, dat is aber nett (Kollegin bietet einen Kaffee an, zwei Minuten Unterbrechung) (Kollegin geht raus) Also, da denk ich, is die Zeit nicht reif, . die is nich reif dafür, für die selbstständige, für die selbstständige Arbeitsweise der Schüler . Das is nen Problem . Und dann stell ich mir das noch viel schwieriger vor (redet sehr schnell) an großen Schulen . ne (betont)" (Z. 1409–1418).

5.2.10 Pädagogische Prämissen

In den Antinomien, die an den verschiedenen Punkten der Schülerkritik hervortreten, werden ihre eigentheoretischen pädagogischen Prämissen sichtbar. Im Fokus ihrer Beschreibungen steht die fehlende Fähigkeit und Einsicht der Schüler selbstständig zu arbeiten:

> „ganz andere Vorstellungen, die wollen gar nicht vielleicht sehen, die Notwendigkeit des Lernens, des selbstständigen Lernens / Arbeiten nicht und da möchte ich noch mal auf meine alte Zwerghasenschule da zurückkommen, wir haben ja da gelernt . ne (betont) .. (lacht) . Ja (betont) . also, ich sag mal, von der Zeit profitiere ich, habe ich mein Leben lang profitiert (redet schnell), .. gut . Ne" (Z. 442–447).

Das Arbeits- und Sozialverhalten ihrer Schüler charakterisiert sie als passiv, die Unterrichtsinhalte konsumierend und kritisiert die fehlende Disziplin, Konzentration und Ausdauer der Schüler:

> „jetzt mach mal da vorne den Unterhaltungskasper . ne (betont), die sitzen da als Konsumenten . ähnlich wie beim Fernsehen und zappen und gucken .. Ach, ja dat gefällt mir jetzt, das nehm ich für mich an (redet schnell), der Käse interessiert mich nich, . ja (betont), und das merkt man ganz genau . und die haben auch nicht mehr die Konzentration, wirklich neunzig Minuten durch zu folgen" (Z. 449–455).

Sie moniert den Mangel an elementaren Grundkenntnissen, die eigentlich schon mit der Mittleren Reife hätten erworben werden sollen (Z.467–469) und bemängelt die aus ihrer Sicht unzureichend ausgeprägte ethische Grundhaltung der Schüler im Umgang mit hilfsbedürftigen, alten und kranken Menschen sowie deren Geringschätzung dieser menschenverachtenden Arbeit „wir haben es mit kranken Menschen zu tun, .. die abhängig sind von uns, von dem, was wir machen oder nicht machen" (Z. 489–490). Sie macht deutlich, dass die Umgestaltung der Ausbildungsorganisation ein freies und selbstständiges Arbeiten erfordert, das aber aus ihrer Perspektive an den weiterführenden Schulen den Schülern nicht in ausreichendem Maße vermittelt wurde. Aus entwicklungs- und lerntheoretischer Sicht erachtet die Biographieträgerin die Entwicklungsmöglichkeiten der Schüler als gering, da sie weder über höfliche Umgangsformen verfügen noch imstande sind, Verantwortung zu übernehmen und ihnen – im Gegensatz zu früheren Generationen, in der solche Umgangsformen und Einstellungen einen hohen Stellenwert hatten – erst Regeln des sozialen Zusammenlebens vermittelt werden müssen.

„Oder, dass man anklopfen muss, wenn man in nen Zimmer reingeht . beim Patienten (leise) . ne, oder dass man nich „hallo" sagt oder „heh" oder „hi" oder . äh oder die Patienten nicht mit Oma, Opa oder Du anredet .. ne . Oder Verhaltensmaßnahmen, Verhaltensregeln auch so zwischenmenschliche, die ham die gar nicht mehr drauf . Ne" (Z. 1444–1448).

Dennoch hegt sie die Hoffnung,

„dat sie sich vielleicht doch noch entwickeln, dass irgendwann mal der Hebel umklickt . Und angesichts der Heerscharen von Arbeitslosen (leise), denk ich dann immer, na ja, ..vielleicht kippt (betont) der Hebel ja noch (leise) . und vielleicht raffen sie es noch . und merken vielleicht in nen paar Monaten, was Sache is, .. was hier abgeht .. Also die (holt tief Luft) da, da is irgendwo knackst, irgendwo im Gebälk . ne (betont)" (Z. 1430–1436).

In dem Begriff Selbstständigkeit verbirgt sich ihre gesamte Lern- und Bildungskultur. Sie knüpft dabei an bestimmte biographische Erfahrungen an, die sie im Laufe ihres Lebens erworben hat und ihr Professionsverständnis geprägt haben. Die Erlangung von Selbstständigkeit kann in ihrem Deutungsmuster nur in einem institutionellen Rahmen gelingen, der – angelehnt an ihre eigene schulische Sozialisation in der Zwergschule – überschaubar ist und in seinen Inhalten, Anforderungen und Abläufen eine vorgegebene, transparente Struktur aufweist. Auf der Grundlage eines vom Lehrer erstellten Arbeitsplanes werden die Unterrichtspensen von den Schülern selbstständig abgearbeitet. Dies kann jedoch ihrer Erfahrung nach nur gelingen, wenn von den Schülern eine Sozialdisziplin eingehalten wird, die der Lehrer in einem autoritären Gestus kontrolliert und einfordert. Neben der Sozialdisziplin, der von der Biographieträgerin als Voraussetzung selbstständigen Lernens beschrieben wird, ist in ihren pädagogischen Prämissen die Übernahme von Verantwortung und das Erlernen elementarer sozialer Fähigkeiten – sie bezieht sich in diesem Zusammenhang wieder auf die Zwergschule, wo ältere Schüler jüngeren Schülern etwas beibringen mussten – ein zentraler Gedanke, der unmittelbar zu einer größeren Selbstständigkeit beiträgt.
Erst die Anerkennung der Lehrerautorität, die in ihrem unterrichtlichen Wirken weiß, welche Schritte für die persönliche, schulische und soziale Entwicklung ihrer ihr anvertrauten Schüler wichtig und richtig sind, schaffen die Voraussetzung für eine konzentrierte, auf den jeweiligen Gegenstand gerichtete, selbstständige Auseinandersetzung mit dem Unterrichtsstoff. Aus dieser Auffassung einer zunächst unvoreingenommenen Annahme inhaltlicher Vorgaben, basierend auf einer Autoritätshörigkeit der Schüler gegenüber dem Lehrer, der die Stärken und Schwächen seiner Schüler kennt, leitet sie ihr von persönlicher,

wertbezogener Führung gekennzeichnetes Lehr- und Lernverständnis ab, das im Bild des „An-der-Hand-Nehmens" deutlich zum Ausdruck kommt und von der heutigen Schülergeneration abgelehnt wird.

5.2.11 Zusammenfassung: Biographische Gesamtformung

Die Biographieträgerin versteht das Interview als Möglichkeit, die Entwicklung ihrer Professionalität in ihrem Leben einzuordnen und noch einmal Revue passieren zu lassen, wie das alles gekommen ist. Im Interview dominieren das Erzählen und das Beschreiben. Sie überlässt sich nicht voll den lebensgeschichtlichen Erinnerungen.

In der Beschreibung der Räume, die sie im Verlauf der Stationen ihres Lebens aufmacht, überwiegen Bilder wie beispielsweise die Erinnerung an die in der Stube strickende Mutter oder kritische Beobachtungen von Leuten in der Pflege. Auffällig erscheint dagegen das Fehlen von informellen Peerbeziehungen in ihren Erzählungen. Für die eigenständige junge Frau, die ihren Weg, der sie zunächst durch die Institutionen führt, in ihrem Beruf findet, sind die von ihr negativ und positiv, stilisierten Modelle, denen sie in ihrem beruflichen Leben begegnet, viel prägender als das Zusammensein mit anderen Peergroups und gleichaltrigen Partnern. Sie erzählt ihre Lebensgeschichte schwerpunktmäßig aus einem bildungsbiographischen Blickwinkel, in dessen Rahmung sie sich erlebt und bewertet. Der Beruf ist ihre Lebenswelt, den sie als Aufgabe betrachtet, die zu bewältigen ihr nur möglich ist, wenn sie sich im beruflichen Umfeld uneingeschränkt angenommen und akzeptiert fühlt.

Sehr schwierige Erfahrungen klammert sie aus und verbannt sie an das Ende des Interviews, wenn sie andeutet, dass sie nicht wüsste, wie lange sie noch zu leben habe und sie sich doch noch soviel vorgenommen habe. Hervorzuheben gilt die Ausblendung der Bedeutung ihres Ehemannes in ihrer Lebensgeschichte, den sie früh mit 20 Jahren heiratete und mit dem sie die Hälfte des Lebens verbrachte, was auch bedeutete, dass sie vor diesem familiären Hintergrund ihre Lebensarrangements einrichten musste. In Anbetracht der besonderen Leidenssituation kommt ihr daher das berufsbiographische Format entgegen. Dennoch reduziert sich der Gehalt des Interviews nicht auf die strategische Selbstpräsentation der Biographieträgerin. Sie wird nicht aufgefordert als Krebspatientin oder als geschiedene Frau zu erzählen, sondern sie wird als erfolgreiche Leiterin einer Krankenpflegeschule angesprochen. Es wäre wahrscheinlich eine Überforderung gewesen, wenn sie ihre umfassende Lebensgeschichte mit all den enttäuschenden, verlaufskurvenartigen Erfahrungen, die sie in einer bestimmten Lebensphase in der Auseinandersetzung mit ihrem Mann erleiden musste, hätte erzählen sollen. Die Interviewssituation erforderte die Wahrung von Grenzen, sodass Bereiche, die die Partnerschaft tangierten oder Spezifika im Erleben ihrer Erkrankung nicht nachgefragt wurden.

Doch trotz schwieriger Lebenssituationen hat sie mit ihrer als Bildungsbiographie angelegten Biographie eine Erfolgsgeschichte zu erzählen. Im Verlauf ihrer Erzählungen markiert sie Besonderheiten und Eigentümlichkeiten, womit sie auch andeutet, dass es Grenzen gibt.

Eine Besonderheit des Interviews ist das Predigen bzw. die breite Darstellung von Prinzipien, die einen geradezu missionarischen Duktus tragen und die sie als Mandat auffasst, das es sehr empathisch und euphorisch zu vertreten gilt. Obwohl nicht deutlich wird, wie sie in der Interaktion mit dem Team kommuniziert, deutet sie mit dem Begriff „Furie" die Wahrnehmung ihrer Person durch Teile ihres sozialen Umfeldes an und macht dadurch deutlich, dass sie in der Lage ist, über ihre Außenwirkung zu sprechen. Gleichwohl stößt sie mit ihrem Ansatz der kritischen Belehrung auch auf Grenzen und überfordert oder verschreckt Menschen in ihrem beruflichen Umfeld.

Beruflich erfolgt die Sozialisierung in Form verschiedener Statuspassagen, die sie von der Krankenschwester über die Fachweiterbildung bis zum Lehrberuf durchläuft. Im Verlauf ihrer beruflichen Sozialisierung erfährt die berufsinterne Weiterentwicklung mit den damit verbundenen Kompetenz- und Qualifikationszuwächsen einen wichtigen Stellenwert in ihrem Professionsverständnis. Im Gegensatz zu ihrer eigenen Bereitschaft, sich beruflich weiterzuentwickeln und die Arbeit als Aufgabe zu betrachten, zeichnet sie in ihrer Beurteilung der heutigen Jugendlichen ein geschlossenes, negatives Bild von der jungen Generation, der sie die fehlende Bereitschaft zur Übernahme unterschiedlicher Perspektiven vorwirft und sie in abwertenden Worten als verblödete Masse darstellt. Auf die curricularen Veränderungen, die in Form des Landeslehrplans von einer übergeordneten Stelle an sie herangetragen werden, reagiert sie interagierend, indem sie den neuen Lehrplan als Konkurrenz zu ihrem selbst entwickelten Curriculum wahrnimmt, obwohl sie durchaus erkennt, dass beide Lehrpläne gleichgerichtete Ziele verfolgen. Es scheint, als zementiere sie ihre als idealtypisch verfochtenen Vorstellungen, die keinerlei Modifikation bedürfen. Veränderungen und Neuerungen empfindet sie als Entwertung ihrer eigenen, jahrzehntelangen Anstrengungen, Veränderungen und Verbesserungen in ihrem beruflichen Feld durchzusetzen. Ähnlich verfährt sie auch bei der Beschreibung ihrer Schüler, deren Einstellungs- und Verhaltensmuster in einem Widerspruch zu ihren eigenen Vorstellungen eines geeigneten Arbeits- und Sozialverhaltens stehen, die ein Schüler in ihren Augen für die berufliche Entwicklung benötigt. In dieser Perspektive fehlt der Entwicklungsgedanke der Schüler innerhalb der Schule, den sie an anderer Stelle vertritt, indem sie sagt, dass man die Schüler an die Hand nehmen und sie entsprechend ihrer Fähigkeiten weiterentwickeln solle.

5.3 Uwe Hiltmann

5.3.1 Kurzbiographie und Kontextbedingungen

Herr Hiltmann wird 1961 als jüngstes Kind und einziger Sohn einer Großfamilie geboren. Erste Kontakte mit dem Berufsfeld der Krankenpflege werden geknüpft, da zwei seiner vier Schwestern als Krankenschwestern arbeiten. Ein erstes Praktikum absolviert er in dem Krankenhaus, in dem eine der beiden Schwestern tätig ist. Als er sich zu einer Krankenpflegeausbildung entschließt, entscheidet er sich jedoch bewusst für ein anderes Krankenhaus, um eigenständig und ohne familiäre Protegierung seinen eigenen Weg zu gehen. Als er die Krankenpflegeausbildung im Jodokuskrankenhaus Fulda beginnt, wechselt er den Wohnort und zieht in das dem Krankenhaus angegliederte Wohnheim. Nach seiner Ausbildung leistet er den Zivildienst auf der Intensivstation des Krankenhauses in Marburg ab. Im Anschluss an den Zivildienst kehrt er in das Jodokuskrankenhaus Fulda zurück und arbeitet dort eineinhalb Jahre im OP-Bereich. Auf Anfrage des am Jodokuskrankenhaus ebenfalls tätigen Bruders Superior, ob er sich im Bereich der Krankenpflegeausbildung eine Tätigkeit als Praxisanleiter oder Lehrer an der Krankenpflegeschule vorstellen könne, reagiert Herr Hiltmann zunächst abweisend, entschließt sich dann doch dafür, eine Weiterbildung zum Praxisanleiter zu durchlaufen. Sechs Jahre arbeitet er als Praxisanleiter in der Krankenpflegeausbildung des Jodokuskrankenhauses Fulda. Motiviert von den Kenntnissen und Erfahrungen, die er sowohl im Rahmen seiner Weiterbildung als auch im Verlauf der sechsjährigen Tätigkeit als Praxisanleiter erwirbt und sammelt, strebt er eine Weiterbildung zum Lehrer für Pflegeberufe an, die ihm aber von Seiten des Krankenhauses nicht finanziert wird. Da zu dieser Zeit auch sein einstiger Förderer Bruder Superior nicht mehr für das Krankenhaus tätig ist, kann Herr Hiltmann auf keinerlei Unterstützung seines Arbeitgebers bei der Verwirklichung seiner neuen beruflichen Spezialisierung zählen. Weil er seine berufliche Zukunft im Bereich der schulischen Ausbildung sieht, schlägt er einen anderen Weg ein, um dieses Ziel zu erreichen und entschließt sich für das Studium der Diplompflegepädagogik in Köln, das er 1996 aufnimmt. Während des Grundstudiums arbeitet er zunächst nebenberuflich im Nachtdienst in einem Kölner Krankenhaus. Diese Tätigkeit verlagert er dann im weiteren Verlauf des Grundstudiums nach Fulda und arbeitet dort wieder im Jodokuskrankenhaus. Studienbegleitend wechselt er im Hauptstudium den Tätigkeitsbereich und arbeitet fortan in der Fort- und Weiterbildung des Bildungsinstituts der Stadt Fulda. Nach Abschluss des Studiums erhält er die Stelle des Schulleiters an der Krankenpflegeschule in Gelnhausen. Dort ist Herr Hiltmann zum Zeitpunkt des Interviews zwei Jahre in der verantwortlichen Schulleitung tätig.

Kontextbedingungen

Der Kontakt wurde über einen Freund hergestellt, der seinerseits wiederum mit Herrn Hiltmann befreundet war. In einem Telefongespräch beschrieb ich ihm in groben Zügen das Dissertationsprojekt und erklärte die Interviewtechnik. Bei allen Erläuterungen versuchte ich die Informationen so allgemein wie möglich zu halten und Spezifizierungen hinsichtlich der Forschungsfragen zu vermeiden. Herr Hiltmann bekundete ein großes Interesse an der Möglichkeit einer Promotion im Bereich der Pflegewissenschaften. Das Interview fand in den Büroräumen von Herrn Hiltmann im Krankenhaus von Gelnhausen statt. Der offene Stimmulus sorgte zunächst auf Seiten von Herrn Hiltmann für Unverständnis, was den Erzählfluss zunächst hemmte. Für eine weitere Unterbrechung des Erzählflusses sorgte ein Telefongespräch, das fünf Minuten dauerte. Erst durch immanente Nachfragen kam der Erzählfluss richtig in Gang. Das gesamte Gespräch verlief in einer guten Atmosphäre. Dem Gespräch schloss sich eine Führung durch die Krankenpflegeschule an. Während dieser Führung schwärmte Herr Hiltmann von den Gestaltungsbedingungen seiner Schule und interessierte sich für die Promotionsmöglichkeiten.

5.3.2 Biographische Rahmung

5.3.2.1 Großfamilienprinzip als Rahmung für die biographischen Handlungsschemata

Herr Hiltmann stellt in seiner Erzählung primär seine Verortung in „Großfamilie(n)", das Absolvieren des institutionellen Ablaufmusters der schulischen Sozialisationsstationen und die verschiedenen berufsbiographischen Handlungsschemata, die er ,durchläuft', „absolviert", dar. Nach einer relativ detaillierten Schilderung der berufsbiographischen Handlungsschemata endet seine Haupterzählung mit der „Zusage als Schulleiter" in einer Krankenpflegeschule. Geschildert werden seine Ausbildung als Krankenpfleger, des Zivildienstes auf einer Intensivstation, die Tätigkeitsfelder des Krankenpflegers und des Praxisanleiters sowie das sich anschließende Studium der Pflegepädagogik. Auch die Verortung in der Großfamilie ist in erster Linie eine Rahmung für sein berufliches Handlungsschema, da zwei seiner vier älteren Schwestern ebenfalls eine Krankenpflegeausbildung absolviert haben. Sein Leben bis zum Zeitpunkt der Ernennung als Schulleiter scheint unter der Präambel der Ausrichtung an institutionellen beruflichen Handlungsschemata, ,mein Leben als Beruf', resp. ,mein Leben ist mein Beruf' zu stehen. Dieses berufliche Leben ist ausgerichtet auf das Jodokuskrankenhaus in Fulda und dort eng verknüpft mit der Person des damaligen Schulleiters, Franz-Josef Stark, dessen pädagogischen

Prämissen und Konzepte des Förderns und Forderns, von Kommunikation und Transparenz er später als seine eigenen übernimmt. Als Rahmung für sein biographisches Handlungsschema fungiert für Herrn Hiltmann seine Großfamilie. Die Großfamilie erscheint dabei als Kollektiv, die ihn auf eine gewisse Art und Weise sozialisiert, indem er z.b. lernt, sich mit verschiedenen Charakteren auseinanderzusetzen, in Diskussionen zu treten, Umgangsregeln zu achten und Familienzusammenhalt wertzuschätzen. Aus diesem Kollektiv ragt er aufgrund des Geschlechts, er ist der einzige Junge unter lauter Mädchen, und wegen seiner Stellung als Letzt- und Spätgeborener heraus.

5.3.3 Kindheit: Als Einzelkind im Großfamilienverbund

Eingebunden in das familiäre Netzwerk einer Großfamilie wächst Uwe Hiltmann als „der Jüngste" von fünf Geschwistern und gleichzeitig „einzigste(r) Sohn" auf (Z. 11). Von seinen Geschwistern trennt ihn der Altersunterschied, die vier Mädchen sind älter als er, von der „jüngsten Schwester" trennen ihn sechs Jahre, sodass die Schwestern zwar als Rollenmodell, als Ideal, jedoch nicht als Spielkameradinnen dienen können. Er hat seine Schwestern nur „so ein bisschen am Rande mitbekommen". Nicht nur, dass er der einzige Sohn ist, er ist auch „fast als Einzelkind", „fast wie ein Einzelkind" aufgewachsen (Z. 92). Wichtig ist für ihn, dass es nur „fast" ist, da der Einzelkind-Status negativ konnotiert ist. Einzelkinder werden „verhätschelt und verhätschelt (…) von zu Hause" (Z. 1179–1180). Wirklich „problematisch" ist dies, wenn sie dann auch noch permanent zu Hause bleiben. Dem hält er jedoch nicht seine älteren Schwestern, die teils während seiner Kindheit und Jugend zum Großteil daheim gewohnt haben, entgegen, sondern führt außerhalb der familiären Strukturen angesiedelte Dinge an: „Ich war zum Beispiel in vielen Vereinen" (Z. 1174). Von seinen Geschwistern hingegen habe er „relativ wenig" mitbekommen. Drei seiner Schwestern sind Stiefschwestern, da sein Vater zuerst mit einer anderen Frau verheiratet war, die jedoch zwischenzeitlich verstarb (Z. 1197). Später hat er eine zwanzig Jahre jüngere Frau geheiratet, „weil halt die erste Frau gestorben ist", und mit dieser zunächst eine Tochter bzw. sechs Jahre später einen Sohn gezeugt.. Uwe Hiltmann kommentiert die Zeugung zweier weiterer Kinder mit einer anderen Frau mit der Bemerkung, dass „da bei uns nie ein Unterschied gemacht wurde" (Z. 1202). In Anbetracht des Umstands, dass die drei älteren Schwestern teils ohne Mutter aufgewachsen sind und das nächste gezeugte Kind wiederum eine Tochter war, ist zu vermuten, dass die Antwort der Schwestern eine andere Aussage enthalten würde. Das letzte, spätgeborene Kind war endlich der vermutlich lang ersehnte Stammhalter, der den Familiennamen weiter trägt und letztendlich die finanzielle und materielle Verantwortung für die älter

werdenden Eltern übernimmt. Er benennt auch, dass er „sehr viel eigene Verantwortung" hatte, dass von ihm von der Kindheit an „einiges (…) erwartet"
wurde (Z. 1189–1190).

Uwe Hiltmann führt weiterhin aus, dass die Familie das Gemeinschaftsprinzip
pflegt. Mit dem Aufwachsen in der Großfamilie lernte er früh, mit verschiedenen Menschen zusammen zu leben, zu arbeiten, zu diskutieren und zu reden.
Im Rahmen der familiären Sozialisation spielten Verlässlichkeit und Zuverläs-
sigkeit eine zentrale Rolle. Dennoch vermochte Herr Hiltmann sich innerhalb
der Gruppe auch Freiräume zu schaffen, die er individuell gestaltete. Die Familie, vermutlich besonders seine Eltern, scheinen ihm Sicherheit und Stabilität zu
bieten. Er erhält die „volle Unterstützung" „in allen Situationen" (Z. 97) und ist
bis heute eng in selbiger verankert.

Wichtig scheint ihm mit der Nennung des väterlichen Berufes auch die Schicht-
zugehörigkeit zu sein. Er ist „in so 'ner klassischen Arbeiterfamilie groß geworden" (Z. 82). Der Vater war „Arbeiter auf der Verbandsgemeinde". Diese
Aussage beinhaltet neben der Verortung in einer Schicht auch eine räumliche
Verortung; die Benennung mit „Verbandsgemeinde" bedeutet, dass, zumeist im
ländlichen Raum, sich mehrere kleinere Orte zu einer Gemeinde zusammen-
geschlossen haben. Nicht nur, dass sein Vater über die berufliche Bezeichnung
charakterisiert wird, auch das herausragende, wenn auch teils sehr verschwom-
mene, Merkmal seiner vier Schwestern ist der jeweilige Beruf. Weitere Aspekte
ihrer Eigen- und Selbstständigkeit werden in den Erzählungen von Herrn Hiltmann nicht erwähnt. Eine der vier Geschwister arbeitet bei einer Bank, wobei
fraglich ist, ob sie eine Banklehre „absolviert" hat. Eine andere Schwester arbeitet in der „eigenen Firma" des Mannes. Auch an dieser Stelle wird nicht deutlich, ob die Firma eine Bank oder ein Möbelgeschäft ist. Im Gegensatz dazu ist
er sich in seiner Aussage beim Beruf der anderen beiden Schwestern sicher. Sie
sind beide Krankenschwestern und haben die „Krankenpflegeausbildung absolviert". Somit erhalten sie berufsbiographisch für die Berufswahl von Herrn
Hiltmann eine Relevanz. Seine Familie kategorisiert er nach Berufen und Be-
rufausbildungen, nicht nach Alter, Namen, Charakteren o.ä. (Z. 84–88).

Er zeichnet so, wenn auch erst auf Nachfragen und eher indirekt, ein gutes Bild
seiner Kindheit und Jugend, die er mit „normal", „unproblematisch", „bisschen
langweilig", „langweilige Geschichte", „keine größeren Konflikte" bezeichnet
(Z. 94–105). Herr Hiltmann ist aufgewachsen in einer, auch für die Zeit eher
ungewöhnlich großen ,Patchwork'-Familie mit vielen Frauen, die in seinen Augen eine „klassische Arbeiterfamilie" war. Sein Vater heiratet nach dem Tod der
ersten Frau erneut eine zwanzig Jahre jüngere Frau, die vermutlich nicht viel
älter als seine älteren Stiefschwestern ist. Als Begründung für die Heirat dient
die Erklärung, dass die Schwestern eine Mutter bräuchten. Zu vermuten ist weiterhin, dass nicht viel Geld vorhanden war, da die Mutter höchstwahrscheinlich

keiner (Vollzeit-)Erwerbstätigkeit nachging, sondern sich um die Kinder kümmerte. Das Geld eines bei der Gemeinde angestellten Arbeiters dürfte zur Bestreitung des Lebensunterhaltes der Großfamilie vermutlich (noch) ausreichend gewesen sein. Allerdings dürften wahrscheinlich alle fünf Kinder direkt nach Beendigung der Schulausbildung mit 16 Jahren eine Ausbildung angeschlossen haben. Neben der Verortung in der Familie findet auch die Verortung im Ort statt; in dem Herr Hiltmann sich in Vereinen betätigt und dort soziale Kontakte knüpft (Z. 1217f).

5.3.4 Schul- und Jugendzeit: Institutionelles Ablaufmuster innerhalb schulischer Sozialisationsstationen

Die Begegnung mit der Außenwelt und mit neuen Lern- und Bildungsräumen scheinen bei Uwe Hiltmann keinerlei Schüsselerlebnisse hervorgerufen zu haben. In den Kindergarten scheint er nicht gegangen zu sein. Die Grundschule erscheint „unproblematisch", aber er war auch, wie von der Mutter bestätigt, in der Spiegelung identisch, „'en ruhiges unproblematisches Kind". Seine ganze Kindheit charakterisiert als „langweilig" im Sinne von „unproblematisch". Er hatte „eigentlich 'ne gute Kindheit" da es ihm an nichts gefehlt habe. Im gleichen Duktus stellt er seine Jugendzeit dar: „war alles recht unproblematisch (.) in der Jugend (zögerlich, nachdenklich) .. Wie gesagt, mit hat nichts gefehlt". Orientiert an einem gesellschaftlich propagierten und von ihm als Standard verstandenes Normalitätsmuster stellt er das institutionalisierte Ablaufmuster in den Mittelpunkt (Z. 110–123). Das Durchlaufen der institutionellen Ablauf- und Erwartungsmuster der Schullaufbahn, der Grundschule und der weiterführenden Schule, welche er mit der Mittleren Reife beendet, erfolgt in seinen Augen „ganz normal"; „(.) hab …ganz normal" „meine" „Grundschule absolviert (.) hab meine Mittlere Reife absolviert" (Z. 13–14). Eine der Mittleren Reife sich anschließende Schule oder ein höherer Schulabschluss scheinen nicht zur Diskussion zu stehen. Das institutionelle Ablaufmuster der weiterführenden Schule und die erfolgreiche Beendigung der Schulpflicht wird lediglich durch das formale Benennen eines Abschlusses deutlich. „Ganz normal" legt seine spezifische Normalitätsfolie zugrunde. Vermutet werden kann, dass er in der Schule weder besonders gut noch besonders schlecht, „unproblematisch", war (Z. 133). Seine „normale" Kindheit detailliert er mit „gute Kindheit". Da er sich an keine Probleme oder Konflikte erinnern kann, erscheint sie ihm auch nicht weiter erzählenswert. Er geht in einen Fußballverein, nicht weil er ein guter Fußballer gewesen wäre, sondern weil seine Freunde Fußball spielen. Parallel dazu spielt er Posaune in einem Musikverein. Als Musikprobe und Fußballtraining zeitlich miteinander kollidieren, entscheidet er sich für die Musik, der er bis zum Beginn der Ausbildung und des damit verbundenen Wechsels des Wohnortes treu bleibt. Er scheint somit konstant in seinem Handeln zu sein.

Erst auf konkrete Nachfrage, wie er denn die Schule erlebt habe („sehr sehr positiv"), erzählt er etwas flüssiger und detaillierter. Im Mittelpunkt stehen die Lehrer, mit denen er „recht positive Erfahrung" gemacht habe. Es seien „sehr gute Lehrer", in der Relativierung „also weitgehend gute Lehrer" gewesen. Zwei Lehrer, die aufgrund ihrer Strenge etwas „problematisch" waren, werden kompensiert durch die anderen sehr guten Lehrer. Insbesondere seine Klassenlehrerin ist in diesem Kontext erwähnenswert (Z. 144-150). Bei der Benennung ihrer Qualitäten hebt er hervor, dass sie einen sehr verständnisvollen Umgang mit den Schülern gepflegt und die individuellen Stärken des Einzelnen gefördert habe. Bei der Charakterisierung seiner Realschulzeit erwähnt er zuerst die beiden Direktoren, die er in seiner Schulkarriere erlebt hat (Z. 155). Während der erste Direktor streng und problematisch war, hatte der zweite Direktor trotz seiner Strenge, „war auch streng", „auch klare Richtlinien" und war ein „sehr (.), sehr netter, verständnisvoller" Mann. Ähnliches gilt für seinen Klassenlehrer in der Realschule. Beide, sowohl den Direktor als auch den Lehrer, zeichnet aus, dass sie „Mensch geblieben" sind, sie waren „sehr, sehr menschlich" und „sehr, sehr nett" (Z. 157-167). Dies ist der Lehrertyp, den er als höchst positiv erachtet, es ist der Typ Lehrer, von dem der kleine Uwe Hiltmann profitiert. Sie haben in seinen Augen ihre Sache „sehr sehr gut gemacht" da sie die Waage zwischen „fördern und fordern" gehalten haben. Dies scheint ihm sehr wichtig. Es waren Lehrer, die auch bisweilen streng waren, aber in dieser Strenge ihre Menschlichkeit niemals abgelegt haben. Sie verfügten über sehr positive Qualitäten, da sie die individuellen Fähigkeiten der Schulkinder nicht nur förderten, sondern sie gemäß ihres individuellen Entwicklungs- und Leistungsstandes auch forderten und dabei jedoch immer einen menschlichen Umgangston pflegten. Herr Hiltmann zieht ein Resümee seiner Schulzeit:

> „Und das sind im Prinzip auch Lehrer, wo man sagen kann (.), die äh (.) die äh (.) der das sehr sehr gut gemacht hat (.), die dafür gesorgt haben, dass man gefördert und gefordert wurden, (.) wurde, und ähm (.) da konnt' man sich wirklich auch 'nen Beispiel dran nehmen (.) Das is so . , was jetzt nicht heißt, dass ich aus dem Grund jetzt äh (.) Lehrer würde (.) Also später is es so (.)" (Z. 164-169).

Er bleibt dabei in seiner Erzählung unspezifisch, schildert keine spezifischen Erfahrungen oder Situationen, die Erfahrungen in seiner Schulzeit sind für ihn eher von allgemeiner Bedeutung, generalisierbar. Er führt im Rahmen der Schilderung des Normalzustandes, des „Absolvierens" von Bildungsstationen, dem generalisierbaren Ablaufmuster der Schulzeit, den jeder durchläuft, zwei normativ wirkende Kategorien von Lehrertypen ein. Neben der primären Sozialisationsinstanz der Familie scheint somit die Schule in Form der Lehrer als sekundäre Sozialisationsinstanz eine prägende Rolle gespielt zu haben. Prägende Erfahrungen der Schulzeit sind für ihn die positiv konnotierten Haltungen und Einstellungen der Lehrer – ob streng oder verständnisvoll, fordernd oder fördernd, individuell den einzelnen Schülern zugewandt. Dies sind anscheinend die ausschlaggebenden Qualitäten, welche die Lehrer seiner Schulzeit haben müssen, um von ihm sehr positive oder, im Falle des gestrengen Direktors, sehr negative Erwähnung zu finden. Lehrer scheinen neben dem familiären Umfeld die einzigen signifikanten Anderen seiner Kindheit und Jugend darzustellen. Die eventuell in der Schule geknüpften Freundschaften sind für ihn nicht von Belang, nicht erwähnenswert, nicht so prägend für seine weitere biographische Laufbahn. Freunde, Namen, werden überhaupt nicht erwähnt. Hobbys erzählt er nur, da sie eine kausale Konsequenz sind (meine Freunde sind in diesem Verein, also gehe ich dort auch hin). In der Entscheidung für ein Musikinstrument, das er solange spielt, bis er den Wohnort wechselt, deutet sich schon exemplarisch die Konstanz und Konsequenz des Biographieträgers an.

5.3.5 Biographischer Entscheidungsfindungsprozess bei der Berufswahl

Uwe Hiltmann lässt den „Zufall" über seinen beruflichen Werdegang entscheiden. Er verfolgt dabei das institutionelle Ablauf- und Erwartungsmuster der Berufsausbildung. Während der Schulzeit hatte er „zwei Praktika absolviert", beide mit dem Ziel, Koch zu werden. Dies war seit der Kindheit sein Wunsch gewesen, dem er bis zu diesem Zeitpunkt auch stringent gefolgt war

> „und hab dann äh (.) im Prinzip auch ein Praktikum (im Krankenhaus) absolviert, weil meine Schwestern auch damals gesagt haben (.), gut, sie machen eine Krankenpflegeausbildung (.), gut, ich guck mir das auch mal an (.) Das ist Zufall" (Z. 15; Z. 1041).

So absolviert er schließlich nach der Schulzeit ein Praktikum in einem Krankenhaus und fasst dann den Entschluss, Krankenpfleger zu werden. Somit schließt sich für ihn an die Mittlere Reife eine Berufsausbildung an. Selbstbestimmt entscheidet er sich für den Pflegeberuf. Biographisch relevant für seine Entscheidung, die Krankenpflegeausbildung zu durchlaufen, war der Zufall. Er berichtet von seinen zwei Schwestern, die beide diese Ausbildung absolviert und ein „sehr gutes Examen" abgelegt hätten, und „die sind beide glücklich im Beruf". Sie haben im Elternhaus positiv von ihrer Ausbildung und ihrem Beruf berichtet und ihn dazu veranlasst, in diesem Berufsfeld ein Praktikum „zu absolvieren". Herr Hiltmann hegt wegen des eher männlichen Berufsbildes weder die Absicht eine Bankausbildung zu machen noch scheint ein familiäres Erbe zu existieren (z.b. eine Firma), das es gilt fortzuführen. So zufällig, wie es der Biographieträger darstellt, ist der eingeschlagene Weg der Krankenpflegeausbildung allerdings nicht. Obwohl er sich anders entscheiden kann, ist sein als „offen" bezeichneter, beruflicher Lebensweg durch die positive, schwesterliche Vorprägung ‚eingeschränkt'. Bei beiden Schwestern hebt er auch deren Leistung, die Ausbildung mit „sehr gut" abgeschlossen zu haben, besonders hervor, was ihn jedoch nicht zu schrecken scheint. Daher kann davon ausgegangen werden, dass offenbar kein geschwisterlicher Konkurrenzdruck oder -kampf existiert; was als Vorteil des ‚fast Einzelkind-Daseins' gewertet werden könnte. Die großen Schwestern haben für ihn, wie angedeutet, eine Rollen- oder Vorbildfunktion. Eine Abgrenzung, und dies sehr deutlich, erfolgt in der Wahl der Ausbildungsstätte (Z. 20–35). Nach dem Praktikum, welches er im Maria-Hilf-Krankenhaus in Fulda absolviert, entschließt er sich, „ne äh Kranken//Krankenpflegeausbildung zu machen". Das Praktikum scheint der beruflichen Orientierung und Festigung seiner Berufswahl zu dienen. Für die Ausbildung bewirbt er sich in „einigen Krankenhäusern" in Fulda, scheint aber letztlich froh sein zu über das Krankenhaus, in dem er einen Ausbildungsplatz erhält. Nach dem Impuls durch die Schwestern wird er im Entscheidungsfindungsprozess des beruflichen Handlungsschemas aktiv. In dem Krankenhaus, in dem er sein Praktikum macht, möchte er nicht die Ausbildung absolvieren, da dort eine seiner Schwestern arbeitet. Auch das Krankenhaus, in dem die andere Schwester tätig ist, schließt er aus. Vermutet werden kann, dass er sich (trotz seines ‚Einzelkind-Status') als Jüngster von seinen älteren Schwestern abnabeln und nicht mit ihnen verglichen werden möchte:

„ und dann äh (.) hat sich für mich auch die Frage gestellt (.), wo mach ich das, weil ich auch nicht unbedingt verglichen werden möchte mit meinen Geschwistern (hohes Sprechtempo) (.) und bin dann im Prinzip ins Jodokuskrankenhaus Fulda äh (.) und hab dort mein Krankenpflegeausbildung absolviert" (Z. 32–36).

Uwe Hiltmann äußert an dieser Stelle Autonomiebestrebungen, er möchte selbständig werden und auf eigenen Füßen stehen. Obwohl das Praktikum den Ausschlag für seine Entscheidung einer Krankenpflegeausbildung gibt, präferiert er ein anderes Ausbildungskrankenhaus, weil er nicht beabsichtigt, während seiner Ausbildung in einem von den Schwestern ‚vorgeprägten' Krankenhaus zu arbeiten. Unter allen Umständen möchte Herr Hiltmann es vermeiden, lediglich als ‚kleiner Bruder' im Krankenhaus wahrgenommen zu werden. Er will sich aus dem Schatten seiner Schwestern, vielleicht sogar aus dem der Großfamilie, lösen. Das Praktikum, welches in seiner Zeitspanne sehr begrenzt ist, erhält aufgrund seines gewonnenen Lern- und Erfahrungsschatzes jedoch einen besonderen Stellenwert. Das Krankenhaus, in dem er schließlich, vermeintlich durch Zufall, seine Ausbildung beginnt, ist genau jenes in der Stadt, in dem keine seiner beiden Schwestern arbeitet. Dies ist jedoch kein Zufall, sondern die Auswahl aus möglichen Handlungsalternativen. Deutlich wird seine regionale Verortung, da er sich nicht zufällig nur in Krankenhäusern der Stadt, in der unmittelbarer Nähe er lebt, bewirbt. Er kann somit in räumlicher Nähe zu seinen Eltern und zumindest zu zweien seiner Geschwister wohnen bleiben, sodass eine familiäre Eingebundenheit bestehen bleibt.

5.3.6 Kollektive Gemeinschaftserfahrung im Jodokuskrankenhaus

Die Ausbildungszeit behält er sehr positiv in Erinnerung: „Das war 'ne schöne Zeit", „Ich hab gerne (.), gerne die Ausbildung gemacht im Jodokuskrankenhaus". Auch das Wohnheim ist für ihn mit positiven Assoziationen verbunden (Z. 174; Z. 273–277; Z. 922–924). Die schöne Zeit wird – im Gegensatz zu anderen Erzählsträngen – näher erläutert. Es ist für ihn explizit dieses Krankenhaus, das Wohnheim und dessen Kultur („eigenes Völkchen", „ein gewisser (.) gewisser Schlag Mensch"), insbesondere auch dessen Schulkultur, die für ihn die Ausbildung so positiv erscheinen lassen. Nach seinem Elternhaus ist es der erste Ort, an dem er für längere Zeit wohnt: „Ich bin komplett von zu Hause weg (...) (.) bin auch dort hin gezogen (.), direkt ins Jodokuskrankenhaus gezogen" (Z. 277–281). Das Jodokuskrankenhaus, welches „ein bisschen eigenes Völkchen auch" „im positiven Sinne" ist, ist ein wichtiger Ort für den jugendlichen Uwe Hiltmann. Es ist für ihn ein Ort der Reifung, des „Erwachsenwerden(s)", „Struktur finden (.) und äh ich finden", des „Groß"-Werdens (Z. 284). Die Zeit während seiner Ausbildung ist die Phase der Abnabelung vom Elternhaus. Es ist, und dies wird es immer bleiben, aus diesen Gründen „schon was Spezielles" für ihn. Er führt zur Verdeutlichung den Vergleich mit einem Auto an. Das erste Auto sei immer der Traumwagen, auch wenn er vielleicht nicht immer so traumhaft ist. „Man idealisiert das natürlich" (Z. 988–995), wobei er gerne dieser Idealisierung frönt, „man muss es halt nur wissen" (Z. 988) Für Herrn Hiltmann bedeutet der Auszug aus dem Elternhaus einen tiefen Einschnitt in seinem bisherigen Leben, was sich auch aus seiner Schilderung des Umzugs ablesen lässt, der auf eine große räumliche Distanz schließen lässt, obwohl das Elternhaus innerhalb einer halben Stunde für ihn erreichbar ist. Er zieht in eine nahe der Verbandsgemeinde gelegene größere Stadt und hatte auch während der Ausbildung die „volle Unterstützung (von) zu Hause".
Er schreibt wichtige Dinge, die zum Erwachsen-Werden dazugehören, der Zeit

im Jodokuskrankenhaus zu: „Ich finden" im Sinne des „Sich Findens", den Weg wissen, zu wissen, ob man nach der Ausbildung z.B. in dem erwählten Beruf arbeiten möchte sowie das Erlernen von Struktur und Organisation sind Erfahrungen, die mit dem frühen Auszug aus dem Elternhaus einhergehen. Herr Hiltmann konstatiert, dass die Zeit „zu 90 Prozent" „gut" gewesen sei. In der Zeit hat er „sehr viel (.) gelernt" und ist „ganz klar auch äh (.) gewachsen". Nicht nur die Institution des Jodokuskrankenhauses war jedoch gut, auch die Krankenpflegeschule war gut, wobei er „gut" auch im Sinne von „das hat einfach auch Spaß gemacht" auffasst (Z. 999–1005). Die Lehrer, die ihn während der Ausbildung unterrichten, scheinen einen maßgeblichen Einfluss auf seine spätere Berufswahl des Pflegelehrers gehabt zu haben. Die Schule

„war eine sehr, sehr gute Schule (.) Hat mir sehr sehr gut gefallen (.) Ich hatte wieder 'nen sehr positiven, sehr guten (.) äh Kursleiter (.) Ich hatte 'nen hervorragenden äh (.) Schulleiter (.), der klare Strukturen hatte (.), der ähm . der aber trotzdem auch sehr nett war (.) der einen gefördert und gefordert hat (überzeugend) . Das finde ich immer sehr gut (.), also insgesamt, äh (.) wenn man gefördert und gefordert wird (.) Also nicht nur fördern, sondern halt auch fordern" (Z. 171–178).

5.3.6.1 Sinnfigur und pädagogische Instanz: Franz-Josef Stark

Er fokussiert in seiner Beschreibung der Schule als sehr guter Lernort nicht auf formale Qualifikationen oder Abschlüsse, sondern auf informelle Abläufe und Prozesse. „Ich hab (.), mir is immer gut gegangen im Jodokuskrankenhaus (.) wurde, wie gesagt, gefördert und gefordert. und äh (.) und deswegen ähm ... war's schon was Spezielles". Der Lernort, die Schule, ist insbesondere deshalb von so großer Bedeutung, da er vom Schulleiter und dem Kursleiter „gefordert und gefördert" wurde. Den ersten Namen, den er in dem ganzen Interview erwähnt, ist der des Schulleiters Franz-Josef Stark, dessen Vornamen als einziger Vorname im gesamten Interview aufgeführt ist. Die Tatsache, dass er keine andere Figur mit Vor- und Zunamen benennt, zeugt von der besonderen Qualität der Beziehung als Modell und Prägefigur innerhalb seiner Ausbildungszeit und belegt die nachhaltige Wirkung für sein späteres Leben. „der äh (.) hat einen da schon sehr geprägt (.) Wenn es darum geht (.), wer hat einen geprägt, würd ich schon sagen Franz-Josef Stark, „Is schon jemand, der einen ganz klar geprägt hat". Herr Hiltmann schildert die Prägung wie folgt:

„*Franz-Josef Stark* (betont) (.), das war ein *Pädagoge* (.), das war ein Lehrer, ja (.) der war innovativ, der war kreativ (redet flüssig und schnell) äh (.) Da konnt man sich sehr viel abschauen, ja (.) der hat den (.), der hat auch mehr das Individuelle auch noch mal gesehen (.) Er hat sehr viel verlangt (starke Betonung) (.), sehr viel verlangt (.) Ja, der hat wie gesagt (.), was ich immer ganz gern erzähle, is er (.) ‚äh kam auch (.), ich hab damals auch im Wohnheim gewohnt, was auch gut (hohe Tonlage) war (schnell), . der kam auch mal im Wohnheim vorbei und hat auch mal geklopft (.) und dann äh (.) hat er gefragt äh (.), Sie sind von der Werra (.) Er wusste auch genau von wo man auch war . und der hat auch (.) Da gibt's auch mal 'ne Flasche Wein (.), da hat man sich hingesetzt mit ihm, mal (.) 'ne Flasche Wein getrunken, ja (bestätigend) (.) Und am nächsten Tag, morgens in der Schule (.), ging das dann (.), hat er auf einen auch ganz klar noch mal gefordert (.) und auch noch verlangt äh (.) Also, das konnte er gut abwägen . ‚äh das Private (.) und äh (.) hat das sehr gut verknüpft miteinander (spricht schnell) (.) Das Private und och die Schule (.) Und Franz-Josef Stark war da ganz klar jemand, der (.), der einen auch geprägt hat (spricht sehr schnell) (.), muss man einfach sagen (leise) (.) Das merkt man auch, wenn man äh (.), wenn man äh (.) Ich treff mich immer noch mit meinen Kollegen auch von Fulda . Sowohl die Kollegen, die in Fulda im Jodokuskrankenhaus als Lehrer arbeiten (.) treffen uns einmal im Quartal (spricht sehr schnell) (.) als auch mit andern ähm (.), die jetzt nur im Jodokuskrankenhaus gelernt haben, und das ist fast schon . bei allem fast 'ne Prägung (.) von Franz-Josef Stark (sehr leise) ., was auch gut is . Er hat auch seine Macken (.), war auch net alles gut bei ihm (.), das muss man auch so sehen (.) Damals hat man halt vieles auch noch unreflektiert hingenommen (.), das man mittlerweile auch viel differenzierter auch sieht (.) Aber er hat da auch wirklich ganze Arbeit auch geleistet . , muss man sagen (leise) (.) Er hat alle gefördert und gefordert … …(.) Der hat dann ganz klar auch geformt, . gefordert, und er hat auch gefordert ähm (.) Ich weiß, so sein (.) sein Spruch war immer ähm (.): wenn wir's nicht (.), wenn ihr nichts äh (.) ändert, dann ändert keiner was (.) Das is auch so (.), das ist das Credo, was ich heut auch noch bisschen so mitbringe" (Z. 180–223).

Herr Stark fungiert für ihn als sein pädagogisches Modell im Sinne der Förderung biographischer Handlungsschemata. Uwe Hiltmann beschreibt einen Schulleiter, der die Schüler als Individuen wahrnimmt, der jeden individuell fördert und fordert. Über den Schulleiter als Sinnfigur erkennt Herr Hiltmann, dass man von seinem Gegenüber Dinge fordern kann, dies jedoch am besten klappt, wenn man selber auch etwas von sich gibt und individuell auf die Personen zugeht, sich für ihre Biographie, ihr Leben, interessiert. Es ist die Wahrung einer Balance, die Schüler in die Pflicht zu nehmen, aber nichts Unmögliches zu fordern, ihnen Rückgrat und Verantwortung aufzuzeigen und beizubringen, die Potentiale und Ressourcen der Schüler richtig einzuschätzen und einzufordern.

Er lernt, wie Privates und ‚Dienstliches' miteinander verquickt werden können, dies aber nicht auf unangenehme Art und Weise, sondern unter Wahrung des nötigen Respekts und der Distanz. Der Pädagoge Stark nimmt Anteil, er kann sich in den Grenzräumen zwischen beruflich und privat, zwischen verschiedenen Orten, auch in der Privatsphäre wie dem Wohnheim und der Zimmertür im Wohnheim, die zum privaten Schülerbereich gehört, bewegen, ohne Grenzen zu verletzen oder zu übertreten. Die Gestalt des Pädagogen, die in der Hierarchie des Krankenhauses eine besondere Bedeutung innehat, bewegt sich auf ihn als Privatperson zu. Er signalisiert mit der Flasche Wein aus der Heimat von Uwe Hiltmann sowohl eine Kenntnis des lebensweltlichen Bezugs des Schülers als auch ein persönliches Interesse an ihm, das er ganz deutlich mit dem zum gemeinsamen Verzehr mitgebrachten, regionalen Produkt signalisiert. Es war dieses persönliche und biographische Wissen des Schulleiters in Verbindung mit dessen Fähigkeit der Trennung von persönlicher und beruflicher Ebene, die den Schüler Uwe Hiltmann sehr beeindruckte und ihm bis heute lebendig und präsent ist. Diese Epoche, die aufgrund der Loslösung vom Elternhaus als der primären Sozialisationsinstanz einen prägenden Einfluss auf die biographischen Lern- und Bildungsprozesse von Herrn Hiltmann hatte, wird dominiert von der sehr menschlichen und vorbildhaften Figur des Schulleiters. Die Weinflasche stellt in diesem Sinne eine Symbolik dar, da die Schilderung der Szene eher an einen väterlichen Freund erinnert, der sich ihm in der Fremde annimmt und Interesse an seiner Person zeigt. Der Schulleiter begibt sich in die Privatsphäre des Schülers, obwohl es der Hierarchie entsprechend angemessener gewesen wäre, den Schüler zu sich einzuladen oder zusammen mit dem Schüler in einer etwas unverbindlicheren Form nach dem Unterricht in eine Gaststätte zu gehen. Mit der Eröffnung der Möglichkeit, ihn in seinem Reich empfangen zu können, begibt sich Herr Stark jedoch auf die Ebene des Schülers und geht auf ihn zu.

Ein weiterer Hinweis für die Bedeutung, die diese Ausbildungsetappe für Herrn Hiltmann einnimmt, ergibt sich aus der Interpretation seiner eigenen Führungsrolle, in der er das kollegiale Prinzip betont und für regelmäßige, informelle Treffen mit den ihm unterstehenden Kollegen Sorge trägt. Vermutlich war ihm die Wahrnehmung der Qualität der Beziehung zu dem damaligen Zeitpunkt nicht in diesem Maße bewusst, in dem er es später realisiert und reflektiert hat. Möglicherweise wurde diese Reflexion auch durch die anderen, damaligen Kollegen mit angestoßen. Sie treffen sich noch heute, um über jene Zeit zu sprechen. Die Reflexion der fachlichen Seite erschließt sich ihm später durch sein Studium noch mehr. Die Kollegen, mit denen er sich bis heute trifft, scheinen auch außerhalb des beruflichen Rahmens ein Team, eine Art Großfamilie, zu bilden. In diesem Sinne könnte Franz-Josef Stark als Patriarch, als derjenige, der den Clan in positiver Art und Weise zusammenhält, gelten. Auch die Tatsache, dass Uwe Hiltmann ihn später etwas entidealisiert und sein Bild von Herrn Stark zurecht rückt („Er hat auch seine Macken, war auch net alles gut bei ihm" Z. 282) scheint dem Patriarchen wenig zu schaden. Die von ihm verwendeten Metaphern „Jodokuskrankenhausluft geschnuppert" und des „eigene(n) Völkchen(s)" (Z. 281) können dabei in Zusammenhang mit dieser sehr positiv konnotierten Sinnfigur gesetzt werden. Trotz der räumlichen Trennung von seiner primären Großfamilie ist er nun sicher in der neuen Großfamilie des Krankenhauses und im Kreise seiner Mitauszubildenden verankert (Z. 277–279). Das Wohnheim und der Schulleiter geben dem Biographieträger das Gefühl von Nähe und Zusammengehörigkeit, sodass sich hier bestimmte Bedingungskonstellationen wieder finden, die jenen in der Herkunftsfamilie ähneln. Er kann sich somit von seiner Herkunftsfamilie lösen, ohne sich von deren Ideen und Idealen verabschieden zu müssen. Diese können partiell bestehen bleiben.

5.3.7 Eröffnung von beruflichen Entwicklungsmöglichkeiten und Einbindung in das institutionelle Zugehörigkeitsgefüge des Krankenhauses

Nach der Ausbildung absolviert Uwe Hiltmann seinen Zivildienst, den er gerne im Jodokuskrankenhaus geleistet hätte, was jedoch aufgrund rechtlicher Reglementierungen nicht möglich war, da der Gesetzgeber eventuelle Ausbeutungen durch den vorigen Arbeitgeber verhindern will. Er „absolviert" seinen Zivildienst „auf der Intensivstation" in einem anderen Krankenhaus in einer anderen Kleinstadt (Z. 37–38). Sein einmal eingeschlagenes, berufsbiographisches Handlungsmuster des Krankenhauses und der Krankenpflegeausbildung baut er damit weiter aus und sammelt in einem klinischen Bereich, den er während der Ausbildung vermutlich schon kennen gelernt hat, weitere berufliche Erfahrungen. „Direkt" nachdem Uwe Hiltmann die Krankenpflegerausbildung abgeschlossen hatte, „schon nach dem Examen", hatte er „die Zusage" des Jodokuskrankenhauses vorliegen. Er wechselt unmittelbar nach dem Zivildienst wieder in das Jodokuskrankenhaus, ohne auch nur die Möglichkeit einer weiteren Bewerbung in Betracht zu ziehen. Eigentlich will er nach seinem Zivildienst „in die Intensivfachweiterausbildung gehen". Er hat die Zusage der Stationsleitung, dass sie ihn wieder nehmen würden. „wenn (…) ich Intensivstation möchte (.), dann kann ich auch gerne dahin". Aus diesem Grund hat er den Zivildienst auf der Intensivstation absolviert, und es ist der Bereich, in dem er sich spezialisieren will. Es ist für ihn wiederum der „Zufall", der ihn nach dem Zivildienst von seinem ursprünglichen Plan abbringt. Aus dem Kreis der während des Zivildienstes aufgebauten freundschaftlichen und kollegialen Verbindungen (Freundin, guter Freund, ehemalige Lehrer) wird er von einem ehemaligen Lehrer, der „Leiter der OP Abteilung" wurde, angesprochen, „ob ich kein Interesse hätte nach 'em, nach meinem Zivildienst (.) äh (.) im OP anzufangen" (Z. 341–347). Ein guter Freund von ihm möchte mit ihm auf der Intensivstation arbeiten, obwohl die Verantwortlichen ihnen jedoch dies nicht garantieren können. Die beiden Freunde erhalten jedoch die Zusage, zusammen im OP arbeiten zu dürfen, „und dann hieß es (.), OP wär dann ok (.) und ins OP könnten wir dann gehen". „Richtig glücklich" werden sie jedoch beide dort nicht. Es ist „für 'ne gewisse Zeit" „interessant", aber „eigentlich nicht das Richtige". Uwe Hiltmann arbeitet dann eineinhalb Jahre „im OP". Diese Zeit scheint ihn, ähnlich wie die Ausbildung und der Zivildienst, fachlich nicht beschäftigt zu haben. Außer dem Hinweis, dass es für ihn „nicht das Richtige" (Z. 349) war, unterbleiben weitergehende Schilderungen seiner Tätigkeiten. Der Biographieträger möchte sich nach eineinhalb Jahren im OP auf die Intensivstation versetzen lassen.

„und äh . bin dort (.), von dort aus dann in die Schule gewechselt (.) Also bin von dort aus auch eher durch Zufall (gedehnt) ähm (.) in die Krankenpflegeschule, und zwar der damalige Superior, (.) Bruder Jakob, (.) ähm . den hab ich zufällig auf nem Parkplatz getroffen, und der sagte auch zu mir gut (schnelles Sprechtempo) (.), ob ich Interesse hätte, in die Schule zu kommen (.) Und damals wurden die Praxisanleiter erst mal aufgebaut, (.) äh oder die Praxisanleitung wurde aufgebaut, im Jodoskrankenhaus Fulda (.) Und der sagt zu mir, äh (.) ich könnte jetzt entweder als Lehrer in die Schule kommen oder auch als Praxisanleitung (gedehnt) . Hab damals mit äh (.) der .. ähm . mit ner Lehrerin, mit der Schwester Monika gesprochen (.), die sagte ja (.) Sie wurde dann auch Schulleitung (.), ähm .. sie hätte Interesse (.), ich könnte im Prinzip die Ausbildung als Praxisanleiter absolvieren und könnte in der Schule als Praxisanleiter (tiefe Tonlage) arbeiten (atmet tief ein) … Da hab ich da insgesamt sechs Jahre (langgezogen gesprochen) (.), ca. sechs Jahre, als Praxisanleiter gearbeitet (.)" (Z. 42–58).

Es ist wiederum vermeintlich der „Zufall", einem vermeintlichen Prinzip folgend, der offenbar seinen weiteren Lebensweg und sein weiteres berufsbiographisches Handlungsschema bestimmt. Der Superior der Krankenpflegeschule, die an das Jodoskrankenhaus angebunden ist und in dem er selber auch seine Ausbildung absolviert hat, unterbreitet Herrn Hiltmann zwei verschiedene berufliche Handlungsmuster, wobei nur eines der beiden als Option geschildert wird.

5.3.7.1 Berufsbiographische Beratungsinstanzen innerhalb der Institution

Herr Hiltmann lehnt das berufliche Weiterentwicklungsangebot des Ordensbruders nicht ab und entscheidet sich gegen die Arbeit im OP bzw. den Wechsel

auf die Intensivstation. Die eigentliche Entscheidungsoption besteht für ihn dagegen in der Wahl zwischen zwei verschiedenen Positionen in der Krankenpflegeschule, für die er auf den ersten Blick qualifiziert zu sein scheint: entweder
er wird Praxisanleiter oder Lehrer. Die mit Zufall konnotierte Weichenstellung
führt er letztlich aktiv herbei, indem er eine Schwester um Rat fragt, um sich
danach zu entscheiden. Im Gegensatz zum Bruder Superior Jakob, der „könnt
sich das vorstellen", äußert Uwe Hiltmann „Ich konnt mir das damals gar net
vorstellen (Z. 362–363) da im Prinzip in der Krankenpflegeschule zu arbeiten".
Bruder Jakob ermutigt ihn und offeriert ihm die Möglichkeit, „Wenn's nix is
(.), gehst halt wieder auf Station zurück". (Z. 1065) Dadurch schafft er für Uwe
Hiltmann, der ja sowieso gerne die Station wechseln möchte, eine Win-Win-
Situation, wobei der Zuspruch von außen kommt und vonnöten war.
Er kehrt somit metaphorisch in den Schoß der Großfamilie zurück, in die Schule, in die Nähe des Wohnheimes, an das er so gute Erinnerungen hat, in die
Nähe des Schulleiters, der ihn sehr geprägt hat und der auch für seinen pädagogischen Habitus von entscheidender Bedeutung ist. Möglicherweise hat ihn
Bruder Jakob gerade deshalb angesprochen, weil Uwe Hiltmann dem Jodokuskrankenhaus sehr loyal gegenübersteht. Der Aufbau eines neuen Arbeitsberei-
ches beinhaltet nicht nur, dass man sich selber ein Stück weit verwirklichen
kann, sondern impliziert auch die Möglichkeit, der Schule und dem Schulleiter, die ihn so viel gelehrt, gefördert und gefordert haben, etwas zurückzuge-
ben. Der kollektive institutionelle Rahmen verbindet sich somit mit der individuellen Rahmung des Biographieträgers, der diese Chance der individuellen
Weiterentwicklung als Chance der beruflichen Veränderung nutzen kann. Das
individuelle und das kollektiv-historische Passungsverhältnis stimmen über-
ein. Er ist einer der ersten, der als Augen- und Zeitzeuge zu berichten weiß, wie
sich die institutionellen Strukturen des Jodokuskrankenhauses verändern und
wie sie erweitert werden. Dabei kann er sich zwischen zwei unterschiedlichen
Weiterbildungsangeboten, zwei unterschiedlichen Posten mit unterschiedlichen
beruflichen Aufstiegmöglichkeiten in unterschiedlichen hierarchischen Positionen entscheiden, wobei die Position des Praxisanleiters derjenigen des Lehrers
untergeordnet ist.
Innerhalb des hierarchischen Settings entscheidet er sich nach Rücksprache mit
der späteren Schulleiterin für die Ausbildung zum Praxisanleiter und arrangiert
sich somit zunächst mit der niedrigeren Position. Die Schulleiterin offeriert ihm
die Möglichkeit, zuerst „mal als Praxisanleiter" zu arbeiten und zu sehen „ob
dir äh (.) der Unterricht auch gefällt" (Z. 365–368). Nach der Darstellung von
Uwe Hiltmann hat es den Anschein, dass er lediglich aufgrund signifikanter
biographischer Ereignisträger in die Schule wechselt. Der Idee des beruflichen
Wechsels haftet etwas Passives an, da er betont, es sei nicht sein eigener origi-
närer Wunsch gewesen. Er arbeitet sechs Jahre als Praxisanleiter in der Schu-

le und unterrichtet verschiedene Fächer (Urologie, Chirurgie, Neurochirurgie, Herzchirurgie, Verbandlehre, chirurgische Pflege, Erste Hilfe). Die Vielzahl der Fächer lassen auf die inhaltliche Bandbreite von Herrn Hiltmann schließen. Es ist auch das erste und einzige Mal, dass er inhaltliche und thematische Schwerpunkte seiner Arbeit benennt. Im Rahmen des Unterrichtens der verschiedenen Fachgebiete als Praxisanleiter „konnt ich mich dann rantasten ,(.), ob das Unterrichten dann auch was für mich is". Er befolgt somit den Rat, den ihm Schwester Monika (die Schulleiterin) gegeben hat. Herr Hiltmann schildert an dieser Stelle seine Suchbewegungen, sein vorsichtiges Ausprobieren und Herantasten an einen Beruf, eine Professionalität, in der er viele Vorbilder und ein relativ genaues Bild eines guten und positiv besetzten Lehrers hat. Bisher scheint er sich jedoch keine Gedanken darüber gemacht zu haben, ob er imstande sei, diese Merkmale zu verkörpern und zu transportieren.

5.3.8 Berufliche Weiterentwicklung: Studium und Emanzipation

„und ja (.) mit ungefähr dreißig Jahren kam dann noch mal ähm (.) so der Gedanke, ich muss jetzt noch mal was tun ., das kann's jetzt im Prinzip auch jetzt nicht gewesen sein, . und hab mich dann interessiert erst mal für die Weiterbildung zum Lehrer für Pflegeberufe (.) ähm (.) Hier kam aber auch schon häufiger äh (.) das Thema auf (.), Studium und äh (.) Hab mich dann entschlossen äh (.) das Studium zu machen ., Studium in Köln zu absolvieren" (Z. 58–64).

Der von außen unterstützte Berufswechsel erfolgt im Gegensatz zu seinem vorherigen Berufswechsel selbstbestimmt. Herr Hiltmann wird handlungsaktiv. Mit dreißig Jahren beschließt er, sein Leben zu ändern, er möchte „noch mal was tun". Herr Hiltmann kündigt an der Stelle sein biographisches Handlungsschema als dominante Prozessstruktur in dem Sinne an, dass er ein bestimmtes Alter erreicht habe. Womöglich stellt für ihn das dreißigste Lebensjahr („mit Dreißig") auch eine Phase des weiteren Erwachsen-Werdens dar. Uwe Hiltmann nimmt die Idee, die Bruder Jakob sechs Jahre zuvor vorgeschlagen hatte, wieder auf und beschließt, Lehrer für Pflegeberufe zu werden. Vor sechs Jahre hatte ihn weder Schwester Monika noch er selbst sich in dieser Position gesehen. Diese Entscheidung trifft er nun, weil er sich mittlerweile diesem Beruf gewachsen zu fühlen scheint. Zuerst möchte er noch im Jodoskrankenhaus bleiben und sich dort zum Lehrer für Pflegeberufe weiterbilden lassen (Z. 384–389). Diese Möglichkeit wird ihm auch zugesagt: „mir wurde damals zugesagt, ich könnte die Lehrerweiterbildung absolvieren". Er bewirbt sich „noch mal". In der Zwischenzeit hat Bruder Jakob jedoch eine andere Stelle angetreten und die Zusage des nachfolgenden Superiors, die er Herrn Hiltmann zuerst zu geben scheint, kann er wegen finanzieller Engpässe und fehlender „Gelder ., äh (.) momentan ist es halt problematisch" nicht einhalten. Somit steht Uwe Hiltmann vor der Wahl, „die Weiterbildung auf meine eigene Kappe zu finanzieren (.) oder zu sagen, ich mach 'en Studium". Vor diese Wahl gestellt wägt er in einem Entscheidungsfindungsprozess zeitliche Faktoren (längere Dauer des Studiums) mit Fragen der beruflichen Qualifikation ab, „es hat sich schon damals abgezeichnet, dass das Studium natürlich die höhere Qualifikation is". Schließlich entscheidet er sich für das Studium und gegen die materielle und finanzielle Sicherheit, da er ohne Aussicht auf eine gesicherte, künftige Anstellung sein derzeitiges Beschäftigungsverhältnis kündigt (Z. 391–403). Unumwunden gibt er zu, dass ihm sowohl der Verzicht auf die finanzielle und materielle Sicherheit schwer fällt. Die damit zumindest partiell erfolgende emotionale Entfernung vom Jodokuskrankenhaus macht ihm offensichtlich schwer zu schaffen. Es ist die Abkehr von der „sicheren Seite", vom „sicheren Job". Problematisch erscheint ihm in diesem Zusammenhang, dass er mit Aufnahme des Studiums „net mehr so ganz jung" ist, und er es angesichts der ungewissen beruflichen Zukunft kritisch bewertet, in diesem Alter noch einmal ein Studium zu beginnen, denn „zusichern konnt mir da niemand was" (Z. 408–416). Er benennt explizit seine Lebensgefährtin als biographische Beraterin und Vermittlungsfigur, die ihn auf seinem geplanten Weg ermutigt, „jetzt mach doch", „du willst doch schon immer", „dann mach doch", „ich unterstütz dich dabei" und ohne deren Unterstützung er diesen Schritt wahrscheinlich nicht gewagt hätte. „Ich weiß net, ob ich es ohne sie auch gemacht hätte" (Z. 1070–1080). In seiner Lebensgefährtin hat er, genauso wie in seinen Eltern, eine Person gefunden, die an ihn glaubt und auf die er sich verlassen kann. Nach Abwägung aller Gründe entscheidet er sich für einen höheren Bildungsweg und nimmt ein Studium an einer Fachhochschule auf. Auch während des Studiums erhält er, wie schon während der Ausbildung, die Unterstützung seiner Eltern (Z. 1076–1079). 1996 hatte er das Elternhaus „gekauft", „auf meinen Namen": „Da haben mich meine Eltern auch finanziell unterstützt", „und deswegen war das von meinen Eltern aus alles recht unproblematisch, (,) muss ich wirklich sagen". Die ersten Monate, die der Orientierung im Studium dienten, „wollt auch erst mal sehen, wie funktioniert das", überbrückte er finanziell, weil er auf Rücklagen aus seiner beruflichen Tätigkeit zurückgreifen konnte (Z. 1347–1348). Kurze Zeit, nachdem er schließlich doch in der neurochirurgischen Abteilung der Polyklinik Köln eine Beschäftigungs- und Verdienstmöglichkeit angenommen hatte, erfährt er von der Möglichkeit, im Jodokuskrankenhaus auf Abruf in Nachtdiensten zu arbeiten, „die wurden damals auch richtig gut bezahlt". Da er das Jodokuskrankenhaus und die dortige Pflegedienstdirektion gut kannte, erhält er die Arbeitsstelle und „absolviert" Nachtdienste (Z. 1347–1348).

Neue berufliche Rolle im gewohnten institutionellen Subsystem
Im Hauptstudium hingegen arbeitet er in einem Bildungsinstitut. Herr Hiltmann teilt sein Studium nicht primär in Studieninhalte o.ä. ein, sondern orientiert sich in seinen Beschreibungen an den nebenberuflichen Tätigkeiten, in
denen er während des Studiums wirkte. Im Grundstudium nimmt er eine Arbeit in seinem ‚Stammkrankenhaus' an, die der des Praxisleiters hierarchisch
untergeordnet ist. Er vollzieht eine Art Rollenwechsel, der mit einer zwischen-
zeitlichen Statusabstufung, finanziellen Einschnitten, schlechteren Rahmenbedingungen des Nachtdienstes und weiten Anfahrtswegen (Studienort und Ar-
beitsort liegen eineinhalb Stunden voneinander entfernt) verbunden ist. Zudem
„absolviert" er verschiedene Praktika im Jodokuskrankenhaus in Fulda und offenbar auch einige im Schwesterhaus in Marburg (Z. 4722; Z. 963–975). Trotz
des Angebotes, dort während des Hauptstudiums zu arbeiten, kehrt er wieder in
das Jodokuskrankenhaus zurück und nimmt eine Beschäftigung als Leiter der
Innerbetrieblichen Fortbildung an; die eine ‚Höherstellung seines Status' nach
sich zieht. Der Leiter des Instituts, Herr Nilles, fragt ihn, ob er nicht beim Aufbau der Fortbildungen helfen wolle (Z. 422–434). Neben Herrn Stark führt der
Biographieträger Herrn Nilles als zweite Person auf, die ihn berufsbiographisch
geprägt hat, wobei er allerdings zwischen beiden differenziert. Während Herr
Stark ihn in Bezug auf die Pädagogik prägte, waren es bei Herrn Nilles die sehr
klaren Strukturen, „da konnte man sich einiges abschauen", die für Herrn Hiltmann einen Modellcharakter hatten. Somit schlüpft Herr Hiltmann in die Rolle
des innovativen Gestalters, der sich im bekannten Umfeld des Jodokuskrankenhauses am Aufbau neuer Strukturen aktiv beteiligt.

> „Jodokuskrankenhaus war mir bekannt (.), Strukturen im Jodokuskranken-
> haus waren mir bekannt (.), Krankenpflegeschule war mir bekannt (.) Da-
> mals wurd's dann ja ein Bildungsinstitut . und äh (.) bin dann damals ins Bil-
> dungsinstitut gegangen . und hab da im Prinzip die Fortbildung aufgebaut"
> (Z. 428–432).

Im Rahmen dieser Stelle baut er „die Fortbildung" auf, kann sich „einbringen", „strukturieren", „organisieren", „Kostenrechnung" machen, „aufbauen".
In seinen Studienphasen übernimmt eine Schreibkraft seine Arbeit. Die Gleit-
zeit ermöglicht ihm eine relativ selbstständige Zeiteinteilung, die er jedoch nie
ausgenutzt habe, sondern ganz im Gegenteil durch Überstunden ergänzte. Er
umschreibt diese (neben)berufliche Tätigkeit als „schönes Arbeiten" und „sehr,
sehr interessante Sache", die ihm „auch sehr viel Spaß gemacht" habe (Z. 433–
449). Doch diese Arbeit findet nach zwei Jahren ein abruptes Ende, weil „von
Trägerseite aus" „in allen Jodokuskrankenhäusern" „die Fortbildungen herun-
tergefahren" werden, obwohl er in seinem Bereich der Fortbildungen im Jodo-

kuskrankenhaus Fulda in den ersten beiden Jahren sehr erfolgreich war und, abzüglich seines Gehalts, der Sekretariats- und Materialkosten, ein Plus von 20.000 Euro erwirtschaftete (Z. 449–467). Dennoch zieht Herr Hiltmann ein positives Fazit (Z. 433; 440; 447–449) dieser beruflichen Phase, da er in der Zeit „sehr viel gelernt (.) sehr viel Organisatorisches (.) gelernt" hat und mit einem gut strukturierten Programm und Fortbildungsheft dafür sorgte, dass das Institut „am Markt" war. Aufgrund der negativen Entwicklungen im Bereich der Fortbildung war es deshalb für ihn uninteressant, nach Ende des Studiums in dem Institut weiter zu arbeiten.

Reflexionsinstanz Studium: Erweiterung der Handlungs- und Deutungsmuster
Analog zu seiner Stelle lernt er auch im Studium „einiges". Rückblickend beschreibt er die Zeit als „schöne", aber auch hinsichtlich seines Arbeitspensums „harte" Zeit. Es war für ihn „'ne komplette Umstellung" (Z. 1362) vom Arbeits- auf das Studentenleben, da es nun Freiheiten und andere Möglichkeiten für Gestaltungsräume gab, z.B. die Überlegung, wann und ob man ein Seminar besuchen wolle oder nicht. In dieser Zeit nimmt er auch Freizeitaktivitäten wieder auf, die er nach der Schulzeit offenbar vernachlässigt hatte (Z. 1364–1375). Die Beschreibungen der Freizeitaktivitäten, zu denen er u.a. Squash spielen und feiern zählt, sind gerahmt von dem Hinweis auf die zu erledigenden Lernpensen, „es musste aber auch gelernt werden (.) Es musste auch gepaukt werden". Sein Resümee des Studiums zieht er in den Worten der folgenden Aufzählung: „Aber die Zeit war sehr schön", „wir haben viel gefeiert, wir haben viel gelernt" (Z. 1375). Auch die verschiedenen Professionen und professionellen Hintergründe, die in den Seminaren aufeinander treffen, empfindet er als sehr bereichernd. Uwe Hiltmann sitzt zusammen mit „Manager(n) und Pädagogen" im Seminar und empfindet die „ganz unterschiedliche(n) Leute" als „sehr befruchtend" (Z. 1376–1385). Bis heute pflegt er den Kontakt zu einigen seiner Ex-Kommilitonen und hat darunter auch einen ehemaligen Mitstudenten als Dozenten an der Krankenpflegeschule, an der er heute tätig ist, eingestellt. Er durchläuft während seines Studiums Praktika „in anderen Häusern" und lernt in dieser Zeit auch das Schwesterhaus (des Jodokuskrankenhauses) kennen, das ihm aufgrund der „problematischen Strukturen" nicht gefällt. Dagegen imponieren ihm die Strukturen der angeschlossenen Krankenpflegeschule. Für ihn ist die Zeit an der Fachhochschule, die er teils in Kontrast zu der Ausbildungszeit sieht, auch deshalb sehr anregend, weil er sich und seinen Tag und sein Lernen selbst strukturieren muss. In den seltensten Fällen hat er Rechenschaft abzulegen, ob er wirklich zu den Veranstaltungen und Seminaren kommt, „stand man schon in der Eigenverantwortung auch mal zu sagen (.), geh ich hin, geh ich net hin (.) äh (.), was ist wichtig und les ich mir das durch" (Z. 1390–1393; 1403). Außerdem lernt er in den Seminaren in Form der verschiedenen Professoren un-

terschiedliche Persönlichkeiten, Lerntypen und Führungsstile kennen (Z. 1405): „Ja, Däuwel war eher themenzentrierte Interaktion. Schuler ist eher äh (.) stark strukturiert von oben nach unten ähm (.) Langhauser ist halt der Pädagoge, aber och stark strukturiert (....) Und Hennig (.), gut, ist halt 'ne BWLerin" (Z. 1413–1419). Insbesondere eine Professorin scheint ihn sehr geprägt und beeinflusst zu haben. Sie ist es anscheinend auch, die ihm rät, sich nach dem Studium nicht wieder im Jodokuskrankenhaus zu bewerben (Z. 953–962), sondern über den „Tellerrand" zu blicken und sich auch einmal andere Krankenhäuser anzusehen,: „Herr Hiltmann, für Sie wär es eigentlich mal ganz gut, wenn Sie vom Jodokuskrankenhaus wegkämen" (Z. 959–961). Dennoch fällt ihm dies zunächst schwer, nicht nur, weil er „da auch groß geworden" (Z. 924) ist, sondern auch, weil das Krankenhaus – trotz der Größe – „sehr familiär", gewesen ist. (.) Man is als Schüler im Prinzip über alle Stationen gekommen, (.) hat auch die Leute soweit alle gekannt (.) und das war schon 'ne gute Sache äh (.), angefangen von Pflegekräften über Ärzte (.) über äh Handwerker", „das war schon sehr familiär" (Z. 930–936). Gut und wichtig ist für ihn deshalb der in Köln erworbene Abstand zum Jodokuskrankenhaus. Durch das Studium sieht er „Verschiedenes dann noch mal unter 'nem anderen Licht" (Z. 940), nicht mehr so „ideell" geprägt, und gewinnt einen realistischeren Einblick in seine Profession. Der Traumwagen ist mit dem Abstand nicht mehr ganz so traumhaft, die Idealisierung weicht einem realistischeren und differenzierteren Bild (Z. 942–946). Er führt das plastische Beispiel des alten Käfers an, das sein erstes Auto war und ihm bis heute gefallen würde. . Andererseits würde man, wenn man sich heute in so einen alten Käfer setzen würde, denken „um Gottes Willen (.), was is das hier für 'ne alte Kiste" (Z. 987–995). Einen Freund, der im übertragenen Sinne nie das Fahrzeug gewechselt hat, der nie über den „Tellerrand" des Jodokuskrankenhauses geschaut hat, bedauert er (Z. 1018–1022). Er sieht mittlerweile auch die Defizite und kann z.B. auch die Nachteile von Franz-Josef Stark benennen, indem er konkretisiert, dass es unter diesem Schulleiter für ihn als Lehrer „kein Samstag, Sonntag" gegeben hätte (Z. 1320–1327).

5.3.9 Abnabelung vom institutionellen Subsystem und neue berufliche Standortbestimmung als Schulleiter

Nach Abschluss des Studiums bewirbt er sich bei verschiedenen Krankenhäusern. Er bleibt nicht in dem Krankenhaus, in dem er seine Ausbildung absolviert und während seines Studiums gejobbt hat, sondern wird ‚flügge' und emanzipiert sich. Mit der Bewerbung für die Position des Schulleiters ist Herr Hiltmann in eine neue Phase seines berufsbiographischen Handlungsschemas eingetreten. Die Bemerkung, dass er nun – ohne Beteiligung von signifikanten

Anderen – von sich aus aktiv wird, deutet auf eine Änderung der Rahmung. Im Rückblick auf das Studium sagt er auch, dass er alle seine Zweifel, ob dies der richtige Weg gewesen sei, habe ausräumen können: „Es war auf jeden Fall der richtige Weg, kann ich auch jedem nur empfehlen" (Z. 416–417). Die Beurteilung seines neu eingeschlagenen Weges, zu dem er sich autonom entschlossen hat, ist somit sehr positiv konnotiert. Ebenfalls positiv besetzt, „und das ist auch gut so" (Z. 962), ist seine Emanzipation vom Jodokuskrankenhaus und die Bewerbung an anderen Krankenhäusern als Schulleiter der Krankenpflegeschule. Retrospektiv beschreibt Herr Hiltmann diese Phase des Übergangs und der neuen beruflichen Standortbestimmung, dass

> „man immer noch 'ne Anbindung auch an das Haus (hat) (.), wo man halt sehr viel auch gelernt hat (.) und äh (.) Das is, is so ., ja (.) und die Abnabelungsphase vom Jodokuskrankenhaus hat auch 'ne Zeit gedauert (.) Das muss man schon sagen (.) aber, ähm (.) ich bin froh, dass ich den Schritt gegangen bin weg vom Jodokuskrankenhaus, (.) ähm (.) hier nach Gelnhausen . Würde jetzt auch net mehr tauschen (.), also würd jetzt auch nicht mehr zurück ins Jodokuskrankenhaus gehen (.), wenn ich die Wahl hätt, auch mit 'ner leitenden Position ins Jodokuskrankenhaus (.) würd ich das nicht mehr machen, . sondern es is schon (.) äh, mein Platz is schon hier" (Z. 288–298).

Somit ist Herr Hiltmann letztlich dem Rat seiner Professorin gefolgt und hat sich an anderen Krankenhäusern beworben. Dieser Schritt wird in der Nachsicht als sehr positiv bewertet, da er es geschafft hat, sich „abzunabeln" und autonom zu werden. Dennoch ist festzuhalten, dass der Vollzug des Schrittes der endgültigen Abnabelung vom Jodokuskrankenhaus, in dem er zeitlich fast so lange verankert war wie in seinem Elternhaus, eine große Zeitspanne in Anspruch genommen hat.

Er bewirbt sich in „verschiedenen Häusern". Ein Vorstellungsgespräch findet in der Nähe seines Wohnortes statt. Dort ist die Schulleitung krank, sodass das wenig strukturierte, sehr zähe und träge Bewerbungsgespräch, „kein richtiges Gespräch" (Z. 1132), von zwei Lehrern geführt wurde, die schlecht vorbereitet waren. Insgesamt hinterlässt die Krankenpflegeschule bei Herrn Hiltmann keinen guten Eindruck, „nicht so gut" und kommt daher für ihn trotz einer Zusage nicht in Betracht: „Um Gottes Willen, da wollt ich net hin". das Vorstellungsgespräch sehr wenig strukturiert, sehr zäh und träge (Z. 1125–1148). Ein weiteres Vorstellungsgespräch führt er in Gelnhausen. In Analogie zu anderen beruflichen Meilensteinen führt er auch dieser Entscheidung, den Schulleiterposten in Gelnhausen anzutreten, auf einen „Zufall" (Z. 1082–1101) zurück. Nachdem er wegen anstehender Prüfungen den Termin aus zeitlichen Gründen zunächst hatte verschieben wollen, stellt sich bei einem Telefonat mit Gelnhausen heraus, dass dies der einzige Termin für Bewerbergespräche ist, da die Bewerbungen immer mit einer aufwändigen Prozedur verbunden sind und zu diesem Termin auch der Personalrat, die Gleichstellungsbeauftragte und die Pflegedirektion eingeladen werden Schließlich nimmt Herr Hiltmann freitags die eineinhalbstündige Autofahrt in Kauf und fährt zu dem Vorstellungsgespräch. Schon das Gelände gefällt ihm ausnehmend gut. Genauso begeistert ist er vom Vorstellungsgespräch, „War en tolles Bewerbungsgespräch", „super", „sehr positiv", „wir hatten auch ein sehr, sehr langes Bewerbungsgespräch" (Z. 1108–1111). Die Pflegedirektion kommt offenbar zum gleichen Ergebnis, da sie ihm sofort den Job anbietet: „Wenn Sie möchten (.), können wir Ihnen direkt einen Vertrag zuschicken" (Z. 1105–1106). Der Umstand, dass sich beide Seiten sofort sympathisch sind, wertet Herr Hiltmann ebenfalls als einen wichtigen Zufall. „Das is en Zufall (.), das ist eine Entscheidung" (Z. 1111–1115).

Die Annahme der Stelle als Schulleiter in Gelnhausen hat auch private Konsequenzen, weil er seine Freizeitaktivitäten ganz dem beruflichen Tätigkeitsbereich unterordnet (Z. 1116). Private Kontakte pflegt er kaum und auch Freunde trifft er eher selten. Im Zuge der neuen Arbeitsstelle planen seine Lebensgefährtin und er daher, in die Nähe von Gelnhausen, wahrscheinlich in ein Neubaugebiet, zu ziehen, um „dadurch auch noch mal mehr Kontakte zu knüpfen, durch Gleichaltrige, dadurch, wenn Kinder kommen sollten". Sie wollen ein Haus bauen, dessen Grundstück sie schon gekauft haben. Herr Hiltmann möchte weiterhin in naher Zukunft eine Familie gründen, schauen, „wie sich das entwickelt . äh . , ob mit Kindern oder ohne Kinder" (Z. 1287). In Abhängigkeit von zukünftigen Entwicklungen richtet er seine weitere Planung aus. Beispielsweise kann er sich auch eine Promotion vorstellen, wenn das Privatleben „stabil und in geregelten Bahnen" (Z. 1291) verläuft und stellt fest, dass er früher immer der Meinung war, einer einmal abgelegten Prüfung keine weiteren folgen zu lassen, „trotzdem möchte ich immer noch ähm (.) was machen" (Z. 1301).

„Ich denk, Stillstand ist dann auch wirklich Rückschaltung und ähm . solange ich kann (.) äh (.), kognitiv und auch körperlich, möchte ich da einfach noch was machen und solange sich das jetzt auch mit dem Privatleben gut vereinbaren lässt" (Z. 1302–1305).

Er hat sich somit in den letzten 15 Jahren in seinem Anspruch, seiner Weiterbildungsmotivation und seinem Lernhabitus sehr geändert. Zuerst extrinsisch vorgegeben, hat er mittlerweile diesen Habitus verinnerlicht, er will ‚weiterkommen' und lernen. Aus dem 15jährigen Jugendlichen Uwe Hiltmann, der ursprünglich Koch werden wollte und durch Zufall die Krankenpflegeausbildung absolviert hat, ist Herr Hiltmann geworden, der in Gedanken einen akademischen Titel – Herr Dr. Hiltmann – anstrebt.

5.3.10 Berufliche Herausforderungen als Gestaltungsmöglichkeiten

Die Stelle in Gelnhausen findet Herr Hiltmann so attraktiv und interessant, da „komplett neue Strukturen geschaffen werden sollten ... ähm (.) Das neue Krankenpflegegesetz muss umgesetzt werden" (Z. 473-483). Die Umsetzung des Krankenpflegegesetzes bereitet zu dem Zeitpunkt, als Herr Hiltmann eingestellt wird, der Leitung der Schule viele Probleme. Ihm werden „sehr viele Möglichkeiten an die Hand gegeben" (Z. 479), er bekommt viele Freiheiten, Gegebenheiten „zu strukturieren" und Strukturen „zu verändern". „Als ich hier in die Krankenpflegeschule kam (.) gab's wenig klare Strukturen, . ähm .. klare Strukturen in dem Sinne, dass es Regeln gibt (.), in dem sich die Schüler bewegen können." Gerade diese Elemente sind Kernbereiche seiner Arbeit, die ihm Spaß macht, da er gerne verändert und strukturiert (Z. 480-482) In einem ersten Schritt ging es Herrn Hiltmann folglich auch darum, dem Team zu zeigen, dass sie als Team arbeiten und zusammenhalten müssen, als eine Art Großfamilie, die an einem Strang zieht: „Das ist net nur mein Ding (.), wir machen das gemeinsam (.) wir strukturieren das (.), verändern das" (Z. 494-495). Zusammen mit einem anderen Mitarbeiter ist er der Jüngste im „Team", der frisch von der Hochschule kommend, nun die Position des Vorgesetzten bekleidet (Z. 490). Die „weitergebildete Schulleitung" hat „Ängste": „da kommt jetzt jemand, der das Studium hat und dann werden wir irgendwann einkassiert". Doch für Herrn Hiltmann geht es zunächst darum, sich zu beweisen und auf der Basis des gegenseitigen Vertrauens ein Team aufzubauen. Das kollektive Team, das für ihn die verschiedenen institutionellen Bereiche umfasst, ist ein „sehr gutes, positives Team". Er schafft es, im Rahmen einer Kooperationsvereinbarung mit einem anderen Krankenhaus „zusammen ein Konzept (zu) gießen" (Z. 486-503). Sein Verhältnis zu seinen Mitarbeitern, zu seinem Team, scheint geprägt von den Ideen der Großfamilie, seiner primären genauso wie der des Jodokuskrankenhauses. Herr Hiltmann weiß, dass er große Herausforderungen wie z.B. die Umsetzung des Krankenpflegegesetzes, nicht alleine stemmen kann. Allen muss der Weg des Prozesses klar sein, daher hat jeder seine Aufgabe. Die Schule ist für ihn kein geschlossenes System, sondern nach außen und innen offen im Sinne von Kooperation, die sich entweder in Form eines Verbundsystems zweier Krankenhäuser ausdrückt oder innerhalb verschiedener Subsysteme im Krankenhaus sichtbar wird.

Das neue Krankenpflegegesetz und der neue Landeslehrplan stellen für Herrn Hiltmann eine große Herausforderung mit vielen Gestaltungsmöglichkeiten dar. Schon bevor der Landeslehrplan verpflichtend eingeführt wird, hat ihn die Schulleitung unter Herrn Hiltmann in der Gelnhausener Schule umgesetzt, indem er den bislang gültigen Lehrplänen an der Schule eine Struktur gibt und sie an die neue gesetzliche Lage anpasst (Z. 512-532). In seiner Funktion als Schulleiter versucht Herr Hiltmann dabei nicht, völlig neue Lehrpläne zu entwickeln. Er entscheidet sich gegen die Entwicklung eines eigenen schulinternen Curriculums und greift stattdessen auf das von Frau Werner entwickelte, schulunabhängige Curriculum zurück, das er an den Landeslehrplan anpasst, „wir haben uns angelehnt und das Werner Curriculum modifiziert auf den Landeslehrplan." (Z. 520). Innerhalb der Schule erfolgt schließlich die Weiterentwicklung und Anpassung an die durch den Landeslehrplan auftretenden Neuerungen. Aufgrund der schnell erfolgten Umstellung verspricht er sich einen Wettbewerbsvorteil, sowohl für seine Schule als auch für die Schüler, die den „Fachhochschulabschluss", einen „höheren Abschluss", dadurch erlangen können. Das Krankenpflegegesetz betrachtet er trotz der raschen Umsetzung sehr differenziert (Z. 538–716). Aus der Trägerperspektive ist die Umsetzung des Krankenpflegegesetzes „teuer", da „jetzt zusätzlich auch noch mal fünfhundert Stunden mehr Theorie kamen (.) und den Schülern natürlich auch fünfhundert Stunden in der Praxis fehlen". Die Stunden fehlen selbstverständlich auch den Krankenhäusern. „Und da müssen wir gucken, wie (.) können (.) wir (.) uns als Krankenpflegeschule auch am Markt halten (.) und das ist einfach (.) auch für unseren Träger interessant" (Z. 545). Dieses Problem löst er, indem er die Anzahl der täglichen Unterrichtsstunden erhöht. In der Konsequenz werden andere Formen des Unterrichtens gesucht, da ein Schüler nicht konzentriert zehn Unterrichtsstunden (eine Unterrichtsstunde dauert 45 Minuten) am Tag einem Frontalunterricht folgen kann. „Unterricht muss 'ne andere Form bekommen" (Z. 567). „Da gibt es Inhalte, die ganz klassisch auch im Lehrervortrag unterrichtet werden, (.), die im konvergierenden Gespräch unterrichtet werden (.) aber ich muss auch neue (.), neue (.) Unterrichtsformen finden, wie zum Beispiel problemorientiertes Lernen", „Gruppenarbeit", „dass wir äh (.) die Schüler motivieren und och (.) die dort hin bekommen (.), dass sie mit Literatur umgehen lernen", „dass sie mal 'nen Text lesen können, auch quer lesen können" (Z. 567–580). Herr Hiltmann zieht aus der veränderten theoretischen Schwerpunktsetzung der Krankenpflegeausbildung den Schluss, dass man „weg oder teilweise weg vom alten Unterricht (.) hin zu neuen Unterrichtsformen" kommen muss, sodass „(.) da auch zehn Stunden Unterricht kein Thema (sind)" (Z. 581–583). Aus der Perspektive der Schüler ist es wichtig, dass der Unterricht „interessant" gestaltet wird, was impliziert, die Schüler „mehr (zu) involvieren", sie „selbständig sich Stoff (...) erarbeiten" und „Texte erarbeiten" zu lassen sowie sich „mit der Materie auseinandersetzen." Sie müssen nach Ansicht von Herrn Hiltmann lernen, zu „präsentieren" und „lernen, frei zu reden." Dies bedeutet folglich auch die bereits erwähnte Umstellung auf andere Lehr- und Lernformen. Auch wenn es „Fakten" gibt, die im klassischen Vortrag unterrichtet werden müssen, soll doch Ziel sein, die Schüler „mit ins Boot zu nehmen", „sie zu interessieren, indem ich sie wirklich viel mehr in den Unterricht mit einbinde (...)" (Z. 618–620).

Für das Lehrerteam führt Herr Hiltmann ein wöchentliches Treffen ein, das dem Zweck dient, die jeweils vergangene Woche Revue passieren zu lassen, „und dann" „wird einfach noch mal reflektiert (.), was war in der letzten Woche", und aktuelle Termine zu koordinieren (Z. 657). Im Anschluss daran erfolgt eine Besprechung mit der Pflegedirektion, um „mit dem Haus auch in Rücksprache" zu bleiben, „sodass ich immer auch weiß äh (.), dass erstens das Haus informiert ist, was wir machen . und dass ich auch weiß, was passiert". Er konstatiert, dass dies „ein sehr guter Konsens" sei und „wunderbar" laufen würde, ein „hoher Austausch", „hohe Transparenz", „hohe Kommunikation". Kommunikation und Transparenz sind in seinen Augen von großer Relevanz, da dadurch ein „sehr gutes Miteinander" ermöglicht wird (Z. 669). So spricht er z.B. mit der Pflegedirektion ab, wann die Schüler auf welchen Stationen eingesetzt werden. Ein Beleg für den von Herrn Hiltmann initiierten Aufbau von Strukturen ist die zwischen Schulleitung und Pflegedienstdirektion getroffene Vereinbarung, dass Schüler erst im zweiten Ausbildungsjahr im forensischen Bereich eingesetzt werden dürfen, wenn sie eine „gewisse Reife" „erlangt" haben (Z. 668–716)

5.3.11 Pädagogische Grundhaltung

Die pädagogische Grundhaltung von Herrn Hiltmann ist am biographischen Handlungsmodus des Förderns und Forderns ausgerichtet. Diese pädagogische Prämisse wird mit biographischen Dispositionen verknüpft, denen er im Laufe seines Lebens begegnet. Seine wichtigste Prämisse hat er, wie viele andere pädagogischen Maximen auch, von Franz-Josef Stark übernommen:

„Der hat dann ganz klar auch geformt, . gefordert, und er hat auch immer gefordert ähm (.) Ich weiß, so sein (.) sein Spruch war immer ähm (.): wenn wir's nicht (.), wenn ihr nichts äh (.) ändert, dann ändert keiner was (.) Das is auch so (.), das ist das Credo, was ich heute auch noch bisschen so mitbringe (.), auch versuche hier in die Schule mitreinzubringen (.) Wenn wir nichts verändern (.), wir nicht strukturieren und wir äh (.) äh (.) gar nichts versuchen, auch das Beste aus den Schülern rauszunehmen (.), ihn auch im Prinzip auf den Weg zu bringen, ja (.) dann macht das keiner" (Z. 228–236).

Weiterhin charakterisiert er Herrn Stark so:

„Is ja eher so der Pädagoge (...) der Pädagoge, der Fürsorgliche (.) der zwar viel verlangt hat, auch klare Strukturen hatte, (.) äh (.) aber auch begleitet hat (...) und einen, wo man auch wusste (.), man hat hier 'nen Halt, auch wenn's mal ein bisschen problematisch wird (.), dann äh (.) is er da. Auch zum Gespräch is er da (…) Stark hat äh (.) verändert, strukturiert und (.) geprägt, ja. , und war da eher . evolutionär. (…) Stark hat gestaltet (…) der hat verändert (…) der hat versucht, Neues mit äh (.) äh (.) einzubringen (…) Ich hab, . denk ich, von Franz-Josef Stark gelernt, da in die Zukunft zu denken (.), immer mal zu schauen, dass man auf dem neusten Stand auch is (.) und äh auch gestalten muss ähm .., auch immer im Bezug auf den Schüler (.) äh (.), für den Schüler" (Z. 862–878).

Auch Herr Hiltmann versucht, seine Schüler zu fördern und zu fordern, Dinge zu verändern sowie gestaltend und strukturierend in Abläufe einzugreifen. Er beteiligt sich z.B. am Aufbau des Weiterbildungszweiges im Jodokuskrankenhaus Fulda und am Auf- und Ausbau der von ihm übernommenen Schule in Gelnhausen: „Wir haben ja die Schule komplett umgestellt (.) In zwei Jahren hab ich die Schule komplett umgestellt" (Z. 240–243). So führt der Schulleiter Herr Hiltmann z.B. ein Kursleitersystem ein. Demnach haben die Leiter der einzelnen Kurse „Aufgaben und Kompetenzen" (Z. 248). Er fordert von seinen Kollegen ein erweitertes Lehr- und Lernverständnis. „Die Kompetenz gehört immer mit zur Aufgabe." Seine Mitarbeiter mussten daran „erst mal wachsen", wobei es ihnen „Spaß" mache, weil ein „ganz anderes Miteinander" entstanden sei (Z. 249–252). Die Lehrer seien „gut vorbereitet". Diese Änderungen würden sich wiederum positiv auf die gesamte Schulkultur auswirken, da auch die Schüler das dadurch entstehende positivere Klima merken würden: „Die Schüler (…) wissen auch, da ist 'ne gute Stimmung" (Z. 254). „Das ist schon was anderes" (Z. 254–255). Gefordert sein und dazuzulernen sind somit zwei seiner biographischen Prämissen, die seine Vorstellung von Lehrerhaltung- und handeln konstituieren. Herr Hiltmann betrachtet sich als einen Mensch, der (im beruflichen Kontext) Veränderungsprozesse einleitet und gleichzeitig auch gerne und viel dazulernt. Diese Eigenbetrachtung schildert er explizit an zwei Stellen des Interviews (Ausbildungszeit und Zeit als Schulleiter), „da hab ich viel gelernt" (Z. 191; Z. 447; Z. 479). Sein Bestreben ist es, beide Prämissen an seine Untergegebenen, d.h. an das „Team" und an die Schüler weiterzugeben. Im Team besteht für ihn der Anreiz weiterhin darin, sich einer gemeinsamen Sache anzunehmen und daran zu wachsen. Allem, was damit verknüpft ist, etwas Neues zu entwickeln (Z. 486–504). Der Biographieträger begegnet der Herausforderung, neue Handlungsoptionen zu entwickeln, mit Kreativität, Neugier, Freude und Leidenschaft. Die beruflichen Herausforderungen stehen in einem interdependenten Verhältnis zu seiner Biographie. Er will bewegen und verändern und bewegt sich dabei in den Fußstapfen seines Mentors Franz-Josef Stark, dem er jetzt auch in der Position des Schulleiters einer Krankenpflegeschule nachfolgt. Eine mögliche, wenngleich im Interview von Herrn Hiltmann nicht erwähnte Motivation für die Ausübung dieses Amts, könnte darin bestehen, für einige seiner Schüler genauso sinnstiftend und wichtig zu werden wie dies Franz-Josef Stark für ihn gewesen war. Herr Hiltmann sitzt jetzt an einer solchen Schlüsselposition, aus der heraus er die Fäden ziehen und aktiv Prozesse aktivieren und leiten kann. In diesen Denkprozess inkludiert ist das Team. Er verbindet mit seiner Persönlichkeit somit nicht nur die Motivation und Einbindung der Schüler, sondern auch der Mitarbeiter, damit diese sich als wachsendes und identifizierendes Kollektiv für eine gemeinsame Sache einsetzen. Der kommunikative Austausch, die Identifizierung mit einem gemeinsamen Ziel und das Hinarbeiten auf dieses Ziel ist somit für beide Personengruppen, sowohl die der Mitarbeiter als auch die der Schüler, wichtig. Ähnlich wie Herr Stark versucht er, innerhalb der Beziehungen Freiräume für Kreativität zu lassen und gleichzeitig einen Rahmen mit verbindlichen Zielen vorzugeben. In Anlehnung an ähnlich komplementäre, pädagogische Prämissen, z.B. fördern und fordern, sollten nach Auffassung von Herrn Hiltmann beide Komponenten in einem ausgeglichenen Verhältnis stehen.

Herr Hiltmann legt auch die Strukturen und Regeln, innerhalb derer sich die Schüler zu bewegen haben, neu fest und macht sie transparent. Gleich zu Beginn seiner neuen beruflichen Aufgabe lässt er die Schule renovieren und die Räume neu einrichten. Die Schüler erhalten eine eigene Küche mit Mikrowelle und Kaffeemaschine sowie Computerarbeitsplätze mit Internetzugang. Auch haben alle Schüler zu allen Räumen – außer zu einem Raum, in dem zu Demonstrationszwecken ein Koffer mit abgelaufenen Medikamenten steht – einen Schlüssel (Z. 724–758). Neben den Rechten, dem Fördern, existiert für Herrn Hiltmann auch das Fordern. Alle Schüler haben auch „Pflichten", die sie verantwortungsvoll übernehmen und in der Schulordnung dokumentiert sind. So müssen sie eigenständig die Küche sauber machen und in Ordnung halten, pünktlich zum Unterricht erscheinen, sich krank und gesund melden und einen bestimmten Notendurchschnitt erreichen. Die Schüler „wissen ganz genau, was wir von ihnen erwarten", „was wir von ihnen verlangen" (Z. 761). Herr Hiltmann hat in diesem Bereich „klare Strukturen" und „Transparenz" geschaffen, „der Schüler weiß, in welchen Strukturen er sich bewegen kann" (Z. 773), dadurch, dass die Strukturen „klar" sind „is der Schüler eher erleichtert". Am Oberstufenkurs, der sich seit zwei Jahren im Hiltmannschen System und in Hiltmannschen Strukturen bewegt, sieht er, dass seine Strukturierung erfolgreich ist. Die Schüler des Kurses würden den anstehenden Abschlussprüfungen viel entspannter entgegen sehen (Z. 774–776). Es gibt „Reflexionsgespräche", in denen die Schüler erfahren, „wo sie stehen" und an die sich die Empfehlung von Lerngruppen anschließt, in denen Schwächere und Stärkere zusammen lernen. Herr Hiltmann versucht die Schüler gemäß ihrer individuellen Stärken und Schwächen zu fördern und greift dabei auch auf Maßnahmen, wie z.B. Einzelgespräche mit Schülern, zurück, die er von seinem Mentor Franz-Josef Stark übernommen hat. Analog dazu, dass er sich jeden Dienstag mit der Pflegedienstleitung trifft, versucht er auch für die Schüler die Kommunikation und Transparenz zwischen den verschiedenen Verwaltungseinheiten zu fördern und zu fordern: „Der Schüler muss nur noch selber was tun (.) aber ansonsten bewegt er sich in einem geschützten Raum" (Z. 779). Auch bei Schülern, bei denen sie am Anfang dachten „da gibt es Probleme", hätte, das würde man jetzt sehen, eine „persönliche Entwicklung" (Z. 832) stattgefunden.

Den pädagogischen Prämissen seines Mentors folgt er auch in der Suche nach dem persönlichen Kontakt zu den Schülern. Herr Hiltmann fährt „mit denen auf Klassenfahrt" (Z. 845), und geht mit ihnen „zusammen grillen" (Z. 848). Wichtig ist ihm, dass nicht nur das „klassisch Dienstliche" (Z. 847) im Vordergrund steht, sondern auch „persönliche Gespräche", die eine „ganz andere(...) Basis (.) als jetzt Lehrer-Schüler-Verhältnis" (Z. 849–852) bieten. Dies ist genau das, was er während seiner Ausbildung erfahren hat, und nun versucht, selbst als Schulleiter umzusetzen. Die von ihm entwickelten eigentheoretischen Prämissen gehen somit konform mit dem von ihm vor allem während seiner Ausbildungszeit entwickelten Professionsverständnis. Im Umgang mit Schülern ist seine pädagogische Prämisse darauf ausgerichtet, klare Strukturen und Regeln miteinander zu entwickeln, die auf der einen Seite Freiheiten und Freiräume zur individuellen Entwicklung bieten und den Schülern ein großes Vertrauen zugestehen. Auf der anderen Seite wird in einem dialektischen Verhältnis in dieser verbindlichen Beziehungskonstellation von den Schülern auch das Einhalten von Regeln und die aktive Eigenleistung innerhalb des gegebenen Freiraums erwartet. Auffallend ist, dass Herr Hiltmann immer das Verhältnis und die Verbindung von Lehrer- und Schülerperspektive als eine voneinander abhängige Bedingungskonstellation sieht. Dabei führt er nicht nur aus, was er von Schülern erwartet, sondern formuliert auch, was er selbst dazu beitragen muss, damit eine Entwicklung gewährleistet ist und die Aufgaben erfolgreich bewältigt werden können.

Das damit verbundene Grundprinzip ist hier auch das Großfamilienmodell, das auf einem Kommunikations- und Kooperationsmodus beruht (miteinander reden, Verantwortung füreinander tragen) und an einer zielgerichteten, kollektiven Gestaltung ausgerichtet ist, was entsprechende Freiräume für persönliche Entwicklungs- und Entfaltungsprozesse auf allen Ebenen ermöglicht. Dabei versucht er, eine Kommunikationskultur aufzubauen. Dieses Professionsverständnis wurde während seines Studiums nicht nur reflektiert, sondern auch durch eigene, im Studium erlernte Arbeitsweisen erweitert. Diese beiden Professionslinien verbindet Herr Hiltmann in seiner jetzigen Funktion als Schulleitung und in der Ausgestaltung von pädagogischen Prozessen.

5.3.12 Zusammenfassung: Biographische Gesamtformung

Die Erzählung von Herrn Hiltmann wird von zwei Abnabelungsprozessen determiniert. Zunächst nabelt er sich mit Beginn der Ausbildung im Alter von 16 Jahren von seinem Elternhaus ab. Wiederum 16 Jahre später setzt mit ca. 32 Jahren der endgültige Abnabelungsprozess von seiner zweiten Großfamilie, dem Jodokuskrankenhaus, das zu seiner zweiten Heimat geworden ist, ein. Während der Ausbildung, interessanterweise innerhalb der Praxiszeit, lernt er die für sein Professionsverständnis als Lehrer richtungsweisenden Modelle kennen. Das pädagogische Credo seines Lehrmeisters Franz-Josef Stark erhält in einer späteren Lebensphase eine dominante, ihn prägende Struktur, die nach dem Studium eine Relativierung erfährt und ent-idealisiert wird.

Dominiert wird die Erzählung von Herrn Hiltmann weiterhin von berufsbiographischen Weiterbildungsetappen und vermeintlich zufälligen Handlungsmustern: vom Schüler über den Krankenpflegeschüler zur Fachkraft, von der Intensivstation über den OP zur Intensivstation. Schließlich verschafft ihm Bruder Jakob die Stelle als Praxisanleiter, während er von Schwester Monika in seiner beruflichen Entwicklung gebremst wird. Danach beginnt mit 30 Jahren der Abnabelungsprozess von seiner Großfamilie im Krankenhaus. Eine Weiterbildungsmöglichkeit, die er diesmal selbstbestimmt und autonom anstrebt, wird ihm verwehrt. Daraufhin entwickelt er eigene Handlungspläne und verwirklicht sie mit Hilfe seiner Lebensgefährtin und seiner Eltern. Er will sich weiterentwickeln, nicht verharren, stillstehen, sich neue berufliche Herausforderungen schaffen und sich diesen stellen. Uwe Hiltmann präsentiert somit die Biographie eines Aufsteigers, der aus einer ,normalen' Arbeiterfamilie stammt und sich auf der Basis der Institution als Großfamilie, in der er sich sehr sicher zu bewegen scheint, mit dieser und dem Handlungsgebiet der Schule identifiziert. In diesem institutionellen Rahmen möchte er mehr erreichen; obwohl er sich anfangs weder den Krankenpflegeberuf noch den Lehrerberuf vorstellen konnte. Er erwirbt und verinnerlicht innerhalb der Institution Professionalisierungsmuster, vor allem während seiner Zeit als Krankenpfleger, die in seinem späteren Beruf als pädagogische Prämissen handlungsweisend sind, jedoch durch das Studium eine Reflexion erfahren. Während Franz-Josef Stark sich dabei als pädagogisches Modell im Sinne der Förderung biographischer Handlungsschemata erweist, verkörpert Herr Nilles das Modell der Verfolgung und Wahrnehmung von institutionellen Ablauf- und Erwartungsmustern.

Auffällig an seiner Erzählung ist auch, dass er sich bestimmt Wissen über die Krankenpflege und die angrenzenden Bereiche angeeignet hat und in diesen Gebieten bestimmt auch gut ist. Es ist aber nicht das, was er erzählt und was ihm wichtig ist. Die Erzählung thematisiert seine Identitätsentwicklung im Sinne von Lernprozessen. Allerdings sind es nicht die curricularen Lernprozesse, die er schildert, sondern seine Ausführungen konzentrieren sich auf die Skizzierung seines schulischen und beruflichen Werdeganges. Ihm liegt viel daran zu erläutern, wie er zu dem Schulleiter wurde, der er heute ist. So erzählt er z.B. auch keine Geschichten von Patienten oder von Situationen auf seinem Ausbildungsweg. Seine Entwicklungs- und Entfaltungsprozesse zeichnet er anhand von Identitätsprozessen und Qualifikationsabschlüssen nach. In seiner biographischen Haupterzählung wird zwar die Prozessstruktur des institutionellen Ablauf- und Erwartungsmusters der Krankenpflegeausbildung und des weiteren Werdeganges deutlich, aber die Lernprozesse, die sich innerhalb dieses institutionellen Rahmens vollzogen, sind nicht an die Ausbildung gekoppelt. Er legt seinen Schwerpunkt auf die Bedeutungsstruktur der informellen Lernprozesse und Kontexte und auf die Ebene der Identitätsveränderung, die er innerhalb seiner Ausbildung durchläuft. Im Rahmen der Schilderung des Entwicklungsprozesses zum Erwachsenen, werden verschiedene Stadien der Abnabelung erläutert. Er lernt in diesem Prozess, lebenstüchtig zu werden, Mensch zu sein und zu bleiben. Bedeutsam ist die vollständige Abnabelung vom Jododuskrankenhaus, bevor er eine neue Stelle antritt, die keinerlei Berührungspunkte mit der für Herrn Hiltmann wichtigen Sozialisationsinstanz des Jododuskrankenhauses aufweist. Der Professorin kann dabei eine Art Hebammenfunktion zugesprochen werden. Sie gibt Herrn Hiltmann den Klaps, um allein auf den Beinen stehen zu können. Er beginnt im Folgenden, sich sein eigenes Jododuskrankenhaus zu schaffen und versucht, sein internalisiertes Wertekonzept, das Verbundenheit und Verpflichtungen gegenüber seiner Herkunft, eine klare Zielgerichtetheit, Leistungsbereitschaft, Leistungsorientierung und Bereitschaft zur Selbstdisziplin umfasst, auch an seinen neuen Arbeitsstellen und im Studium durchzusetzen. Eine wichtige Basis für den Neubeginn nach dem Jododuskrankenhaus stellt auch seine Risikobereitschaft und seine Aufgeschlossenheit für Neues dar. Mit der Fähigkeit, neue Ansätze in sein bestehendes Ordnungsgefüge zu integrieren und dieses dadurch zu erweitern emanzipiert er sich.

6. Fallkonstrastierung und Theoriebildung

In Anlehnung an das schon beim Forschungsprozess (s. Kap. 4.4) dargelegte Prozedere erfolgt die Auseinandersetzung mit dem Material als spiraliger Prozess. In Form einer Einzelfallanalyse werden drei Fälle mit dem narrationsstrukturellen Verfahren analysiert und anhand kognitiver Figuren die biographische Gesamtformung herausgearbeitet, wobei die Prozessstrukturen eine besondere Berücksichtigung erfahren. Von besonderem Forschungsinteresse ist dabei, auf welche Weise die Entwicklung eines Professionsverständnisses über die Lebenszeit erfolgt und welche Prozessvarianten der lebensgeschichtlichen Entwicklung eines Professionsverständnisses zugrunde liegen. In diesem Zusammenhang wird der Blick darauf gerichtet, in welchen biographischen Erfahrungsaufschichtungen sich ein Stück eines Professionsverständnisses entwickelt. Der Vergleich der drei Fälle ergibt sich aus dem Material und orientiert sich an dem oben formulierten Forschungsinteresse.

6.1 Fallkontrastierung und Typenbildung

Ausgehend von dem Forschungsinteresse wird in diesem Kapitel der Frage nachgegangen, welche Typiken von Professionsverständnis es gibt. Vor dem Hintergrund der forschungsrelevanten Ausgangsfrage geht es in der vorliegenden Untersuchung darum aufzuzeigen, über welche biographischen Dispositionen die dargestellten Lehrenden verfügen und in welcher Weise diese biographischen Dispositionen sowie das jeweilige berufliche Selbst- und Professionsverständnis sich in der pädagogischen Haltung der Ereignisträger manifestieren. Um die im Sinne der Forschungsfrage charakteristischen Strukturen des Professionsverständnisses vergleichend offen zu legen, werden bestimmte Dimensionen benötigt, die sich aus dem Material ergeben. Zu diesen Dimensionen gehören das Selbstbild, die berufliche Werteorientierung, der Umgang mit Herausforderungen sowie die pädagogische Grundhaltung der jeweiligen Biographieträger.

Unter dem Selbstbild sind die biographischen Dispositionen eines Biographieträgers zu verstehen, die als Potential oder Barriere beim Aufbau eines Professionsverständnisses wirksam werden und handlungsleitend die nachfolgenden Dimensionen steuern. Die berufliche Werteorientierung gründet auf einem tradierten, die beruflichen Grundwerte betonenden Selbstverständnis, das der Biographieträger verinnerlicht hat und bei der Bewertung beruflicher Situationen heranzieht. Aus dem Material werden verschiedene Perspektiven des Umgangs mit und der Verarbeitung von beruflichen Herausforderungen deutlich. So reicht das Spektrum von selbst gewählten Aufgaben über intrinsisch motivierte Problemstellungen bis hin zu administrativen Anforderungen, die von außen an die Biographieträger herangetragen und von ihnen analysierend, delegierend oder aktiv gestaltend verarbeitet werden. Die pädagogische Grundhaltung baut sich aus einem biographie- und bildungstheoretischen Lern- und Bildungsverständnis auf, das maßgeblich die Handlungs- und Deutungsmuster der bedeutsamen professionsrelevanten Komponenten der Lehrerrolle und der Schüler-Lehrer-Beziehung bestimmt.

Auf der Grundlage dieser Dimensionen wird es erst möglich, die drei unterschiedlichen Lebensgeschichten unter dem Aspekt der Entwicklung eines Professionsverständnisses miteinander zu vergleichen und die jeweils spezifischen Typiken zu extrahieren. Bei der Analyse der Einzelfälle zeigten sich im Hinblick auf die der Professionalitätsentwicklung zugrunde liegenden Prozessvarianten zwischen Uwe Hiltmann und Kurt Burkhardt die größten Unterschiede während Uwe Hiltmann und Frau Christmanns die geringste Kontrastspanne aufwiesen.

6.1.1 Biographische Dispositionen, Motive und Ressourcen

Geregelte Strukturen und Abläufe bildeten im familiären Leben von Frau Christmanns die entscheidende Klammer, die notwendig war, um das Leben auf dem Aussiedlerhof bewältigen zu können, das auf einem Selbstversorgerprinzip gründete. Da die Familie als Selbstversorger lebte, bedeutete dies für die einzelnen Familienmitglieder eine Übernahme von Verantwortung und die Erfüllung bestimmter Pflichten. Frau Christmanns verrichtete selbstständig die ihr in diesem familiären System aufgetragenen Tätigkeiten und erfuhr die später für ihre Deutung von Welt grundlegende, biographisch prägende Sozialisierung, dass Freizeit und berufliche Pflichten nicht voneinander zu trennen sind. Neben der starken Einbindung in einen vorstrukturierten Tagesablauf mit einem ihr zugeordneten Aufgabengebiet eröffnete sich der Biographieträgerin mit den Naturerfahrungen- und beobachtungen ein Feld, das sie sich abseits der täglichen Pflichterfüllungen zu eigen machte und dessen idyllischer, einsamer Rahmen sie dazu motivierte, ihr kreatives Potential zur Entfaltung zu bringen. Ihre aus den Naturbeobachtungen resultierende Deutung natürlicher Lebenszyklen verweist, wie schon die Einbindung in straff organisierte Arbeitsabläufe auf dem Aussiedlerhof, auf das biographisch prägende Moment geregelter Abläufe im Selbstbild von Frau Christmanns. Die Familie deutet Frau Christmanns als ein stabiles soziales Netz mit klaren Arbeitsverpflichtungen, das aber gleichzeitig auch Raum für emotional-stabilisierende und kreativitätsfördernde, gemeinschaftliche Erfahrungen lässt. Das Herkunftsmilieu und die daraus resultierende identifikatorische Bindung an ihre Herkunftsfamilie- und region stellt für Frau Christmanns eine wichtige biographische Ressource dar, auf die sie auch in der Verlaufskurvenerfahrung zurückgreift. Gebunden an ein milieuspezifisches, herkunftsverbundenes Deutungsmuster fühlt sie sich verpflichtet, die positiv konnotierten schulischen Sozialisationserfahrungen in ihr Berufsverständnis zu übernehmen und an ihre Schüler weiterzugeben. Eine zentrale Rolle in diesen positiv konnotierten schulischen Sozialisationserfahrungen nimmt der Lehrer der Zwergschule ein, der Frau Christmanns gleichsam als pädagogisches Vorbild dient, weil durch dessen Bildungsberatung den Eltern die vielfältigen Handlungs- und Gestaltungsmöglichkeiten der Biographieträgerin aufgezeigt und auf diesem Weg gleichsam eine Wandlungsbiographie eingeleitet wurde.

Herr Hiltmann erfährt die biographisch bedeutsame Sozialisationsinstanz der Familie als Kollektiv. Aus den dort praktizierten Interaktions- und Kommunikationsmustern leitet er die sein berufliches Selbstverständnis prägende Handlungsmaxime ab, miteinander zu reden und sich aufeinander verlassen zu können. Diese Ausrichtung des Biographieträgers an der Gemeinschaft fußt auf einer biographischen Disposition und ist in institutionelle Ablauf- und Erwartungsmuster eingebunden, die zuerst im familiären Verbund eingeübt wird und später in beruflichen Zusammenhängen das übergeordnete Handlungsprinzip darstellt. Diese biographische Disposition ist einerseits auf die familiären Interaktionsstrukturen zurückzuführen und liegt andererseits in der festen Integration in sozialen Gruppen (Verein und Schule) begründet. Die Kontinuität der Zugehörigkeit zu sozialen Gruppen bildet die Grundlage für die Herstellung eines mit der Bindung an das Herkunftsmilieu verknüpften stabilisierenden und identitätsstiftenden Deutungsrahmens. Sein Selbstkonzept wird stark durch die Zugehörigkeit zu sozialen Welten geprägt. Daher spielt auch bei seiner Berufswahl die familiäre Orientierung eine wichtige Rolle, wobei es ihm nicht um das Entdecken von Unbekanntem oder den Reiz des Fremden geht, sondern stärker um eine Erweiterung seines bereits bestehenden eigenen Orientierungsgefüges, das sich aus solchen „sozialen Welten" (z.B. Krankenhaus) zusammensetzt. Das Großfamilienmodell und das Gemeinschaftsprinzip findet eine Fortführung im Krankenhaus, wo er auf Persönlichkeiten trifft, die ihm als Modell und Vorbild dienen. Für Herrn Hiltmannn ist die Verwirklichung seiner beruflichen Leitidee eines gemeinsamen Entwickelns neuer beruflicher Strukturen an ein Kollektiv gebunden. Aus Verbundenheit mit dem Kollektiv und resultierend aus der Verpflichtung gegenüber seiner Herkunft leitet er den Anspruch einer großen

Leistungsbereitschaft- und orientierung an sich selbst und andere ab. Das internalisierte Wertekonzept des Biographieträgers ist ein bedeutendes biographisches Potential, das Kontinuität herstellt und gleichzeitig als Antriebsmotor zur Veränderung von Konstellationen und Bedingungen fungiert. Allerdings fehlt der normativen Deutung des Wertesystems von Gemeinschaft die notwendige kritische Distanz. Mit der Betonung des Gemeinschaftsprinzips unterstreicht Herr Hiltmann die Bedeutung des sozialen Lernens in der Gruppe, dem er sowohl eine entscheidende Funktion für die Entwicklung persönlicher und beruflicher Fähigkeiten des Einzelnen beimisst als auch das Anpassungspotential beruflicher Systeme an Neuerungen vom Grad der Ausprägung dieser für ihn zentralen Kompetenz abhängig macht.

Herr Burkhardt hingegen muss sich aufgrund der defizitären familiären Orientierungsmuster schon früh um sich selbst kümmern und gestaltet selbstbestimmt seinen Lebensalltag. Um die alltäglichen Herausforderungen meistern zu können, ist er gezwungen, ständig wichtige Entscheidungen selbst zu treffen, ohne diese vorher mit anderen, ihm nahe stehenden Menschen kommuniziert zu haben. Der Biographieträger füllt den Freiraum an Handlungskapazitäten, der aus der gering ausgeprägten Bereitschaft der Mutter zur Übernahme familiärer Verantwortung resultierte, mit eigenen Regeln und Normen. Im Fall von Herrn Burkhardt fanden grundlegende Basisstrategien und Praxisformen im Umgang mit der Welt und die Entwicklung von Deutungsmustern nicht im Rahmen der primären Sozialisation in der Familie statt. Stattdessen kompensierte er die fehlenden familiären Sozialisationsinstanzen, indem er selbst die Elternrolle übernahm und sich Ersatzmodelle in seinem sozialen Umfeld und im Freundeskreis suchte. Die biographische Entwicklungsgestalt von Herrn Burkhardt zeichnet sich dadurch aus, soziale und finanzielle Defizite innerhalb des primären Bezugssystems Familie wahrzunehmen und sie als Ursache für seine eingeschränkten Bildungschancen zu benennen. Im Vergleich zu anderen Ereignisträgern, die über einen höheren Bildungsabschluss verfügen, beklagt er den Verlust von Bildungschancen und führt dies auf mangelnde Förderung und Unterstützung seiner vorhandenen Fähigkeiten und Fertigkeiten zurück.
Die verschiedenen Arten der Benachteiligung führen dazu, dass er sich selbst als Einzelgänger und Außenseiter in Familie und Gesellschaft definiert. Aus der biographisch prägenden Erfahrung, das Leben alleine gelernt und ohne Hilfe ganz auf sich selbst gestellt bewältigt zu haben, zieht er seine Lebensstärke und entwickelt die in seinem Selbstbild zentrale Selbstsicherheit, mit deren Hilfe er – wiederum alleine auf sich gestützt und ohne kommunikativen Austausch – allen persönlichen und beruflichen Herausforderungen begegnet. Diese Selbstsicherheit, die sich in der Abgrenzung von Anderen definiert und in der Interaktionsformen und somit auch Reflexionsinstanzen von untergeordneter

Bedeutung sind, begünstigt die Entfaltung eines Eigensinns und einer eigentheoretischen Deutung von Welt. Angesichts fehlender, tragender biographischer Modelle leitet der Biographieträger aus diesem Wahrnehmungsmodus der Abgrenzung seine Weltsicht ab und findet eigene Erklärungsmodelle, mit deren Hilfe er sich die Welt erklärt. Seine Eigentheorie basiert auf der Grundannahme, dass die Welt ein Kausalzusammenhang und daher erklärbar ist. Diese kognitive Art der Weltaneignung wird in beruflichen Handlungszusammenhängen deutlich. Mit seinem Selbstvertrauen in eigene Fähigkeiten lernt er, sich innerhalb berufsstruktureller Bedingungen zu bewegen (Polizei) und arrangiert sich mit dem beruflichen Anforderungsprofil, solange er eine Nische besitzt, in die er sich bei Bedarf zurückziehen kann. Seine Lern- und Verarbeitungsstrategie besteht letztlich darin, sich von Bedingungen zu distanzieren und sich nicht von ihnen beherrschen zu lassen. Ist der Punkt erreicht, an dem die äußeren Bedingungen ihn beherrschen – so im Falle der Polizei – und er nicht mehr selbstbestimmt agieren kann, bricht er aus und sucht sich ein neues berufliches Betätigungsfeld. Für Herrn Burkhardt erwachsen aus negativen Erfahrungen Lernerfahrungen, die einen Strukturwandel herbeiführen oder persönliche Weiterentwicklungsprozesse einleiten. Schwierigen Herausforderungen in seinem Leben begegnet der Biographieträger mit dem Rückgriff auf seine wichtigste Ressource, der Selbstsicherheit, und reagiert auf problematische Situationen mit dem Aufbau eines biographischen Handlungsschemas. Allerdings bergen seine Selbstsicherheit und die auf seinen eigentheoretischen Annahmen basierenden Handlungs- und Verhaltensmuster auch die Gefahr einer Selbstbegrenzung, die Lern- und Bildungsprozesse einschränkt.

6.1.2 Berufliche Werteorientierung und Selbstverständnis

Die Professionalitätsentwicklung von Frau Christmanns ist in einen biographischen Pfad eingelagert, der auf ein erfolgreiches Durchlaufen von Institutionen ausgerichtet ist und dessen berufliches Wirken sich an pädagogischen Prämissen sowie ethisch-sozialen Handlungsmaximen orientiert. Ein prägendes Moment in der Bildungslaufbahn von Frau Christmanns ist die Verbindung von biographisch relevanten Erfahrungen mit beruflichen Sozialisationsmustern, die in einem institutionellen Rahmen eng miteinander vernetzt werden. Sie präsentiert eine gelungene Bildungsbiographie, deren Ausgangspunkt die Lern- und Bildungsberatung des Lehrers in der Zwergschule bildet, der erstmals ihre Fähigkeiten erkennt und in den Gesprächen mit ihren Eltern auch den Blick auf die Möglichkeiten der Weiterentwicklung ihres (Bildungs)potentials lenkt. In zweifacher Hinsicht fungiert der Lehrer somit als biographische Sinnquelle der Biographieträgerin: zum einen eröffnet er ihr in seiner Rolle als Kommunikator und Fürsprecher ungeahnte Handlungs- und Gestaltungsmöglichkeiten und ist daher maßgeblich an ihrer Wandlungsbiographie beteiligt. Zum anderen wirkt er in einer dem gemeinsamen Lernen verpflichteten Schule mit seiner positiven Autorität als Modellpädagoge, der eine klare Linie hinsichtlich einer großen Arbeits- und Sozialdisziplin verfolgt und in strukturell festgefügten Lern- und Verhaltensarrangements die Selbstständigkeit der Schüler fördert. Frau Christmanns übernimmt dessen pädagogische Prämissen des Lehrerberufes und integriert sie in ihre eigenen pädagogischen Werteorientierungen, die das Moment der Bildungsberatung- und begleitung betonen. Als Sinnquelle für die Formung ihrer ethisch-sozialen Prämissen des Berufsfeldes dient ihr die alte Ordensschwester, die ihr am Beispiel des Kämmens von Patienten eine Pflegesituation aufzeigt, deren Qualität sie in der Wahrung der Menschenwürde verortet und ihr fortan auch als wertebezogener Orientierungsmaßstab für die Bewertung von guter Pflege gilt. Aus der Begegnung mit der Ordensschwester und vor dem Hintergrund der während ihrer Ausbildung in einem großen Krankenhaus gesammelten negativen Erfahrungen von Pflegesituationen entwickelt sie in einem normativen Verfahren ihre persönliche Sichtweise von guter Pflege, die konfessionell gebunden ist und besser in einem kleinen Krankenhaus praktiziert werden kann. Als biographische Beraterin fungiert Ordensschwester Sarah, die eine wichtige Konstante in ihrem beruflichen Umfeld darstellt und in der Verarbeitung der von Scheidung und Krankheit geprägten Verlaufskurve an ihrer Seite steht. Die Etappe auf der Intensivstation, die Frau Christmanns in Anlehnung an ihre ethisch-sozialen Prämissen mit positiv konnotierten Pflegesituationen in Verbindung bringt, stellt ein Moratorium zur beruflichen Weiterentwicklung dar und leitet die aktive Suche nach Gestaltungsmöglichkeiten ihres zukünftigen Wirkungsfeldes ein, das sich an den Kriterien „Team" und „Interesse" orientiert. Getragen von religiösen und christlichen Sinnquellen ist die Biographieträgerin in hierarchische, konfessionelle Strukturen eingebunden, was für sie den Gedanken der Eigenständigkeit und der Teambildung mit einschließt. In ihrem Berufsverständnis skizziert die Biographieträgerin ihren Beruf als eine Aufgabe, die jedoch nur erfolgreich bewältigt werden kann, wenn sie sich zu Hause fühlt. Daher identifiziert sie sich mit konfessionellen Institutionen, in denen die entsprechenden sozialen Werteorientierungen vorherrschen und wo sie auf Bezugspersonen trifft, die ihr den Rahmen zur selbstständigen Verwirklichung zur Verfügung stellen. Arbeit und Leben sind für sie biographisch miteinander verbunden und bilden aus der eigenen Erfahrung des Selbstversorgertums ihrer Kindheit eine Einheit, die auch in der Anpassung des Lebensarrangements an die institutionellen Erfordernisse zum Ausdruck kommt.

Bei Herrn Hiltmann dagegen ist die Entscheidung für eine Lehrtätigkeit im Bereich der Pflege- und Gesundheitsberufe nicht aus der beruflichen Sozialisation hervorgegangen, sondern stark vom Moment der Kontingenz beeinflusst worden. Von wichtigen Ereignisträgern wird ihm die Übernahme beruflicher Verantwortung in Bereichen übertragen, die weder in seiner genuinen Berufstätigkeit angesiedelt sind noch seinen selbst formulierten Interessen und erprobten Fähigkeiten entsprechen. Die Perspektive in neuen, zufällig sich ihm eröffnenden Handlungsoptionen des Berufsfeldes der Pflege tätig zu werden, stellt für ihn eine berufliche Herausforderung dar, die er annimmt und zunächst institutionell einbettet, um sein berufliches Wirken in diesem Bereich dann jedoch in einem biographischen Handlungsschema weiterzuentwickeln. Aus einer Großfamilie stammend sucht er sich ein Berufsfeld mit vergleichbaren Hierarchien, einschließlich der unterschiedlichen Funktionspositionen, und wählt daher das Krankenhaus als Fortführung der in seiner Großfamilie gelebten Prinzipien. Mit der familiären Deutung seines Arbeitsplatzes schafft er einen lebensweltlichen Rahmen, in dessen institutionellen Kontext er sich bewegt.

Ein wichtiges Element seines beruflichen Selbstverständnisses ist die Zugehörigkeit zu einem kollektiven beruflichen Gebilde – in seinem Fall das Krankenhaus – mit dessen Leitideen er sich identifiziert und dessen institutionsgeleitete Sichtweise er annimmt. Die Schaffung eines stark ausgeprägten Identitätsgefühls des Biographieträgers mit dem beruflichen Akteur des Krankenhauses vollzieht sich auf der Basis von gruppalen Beziehungs- und Identifikationsprozessen. Neben der sicheren Beherrschung der Kommunikationsstrukturen und der Verwendung einer eigenen Sprache ist es vor allem die auf informellen Wegen betriebene Knüpfung von Netzwerken, die Herrn Hiltmann eine wichtige Position innerhalb des als Großfamilie dargestellten Krankenhauses sichert und gleichzeitig eine identifikatorische Wirkung entfaltet. Er erfährt in diesem hierarchisch strukturierten Gefüge, in dessen Zentrum er sich bewegt, berufliche Anerkennung. Wurde er zunächst noch zum Aufbau neuer Netzwerke hinzugezogen, setzt er diese Tradition interner Kommunikation in seiner neuen Funktion als Schulleiter fort und knüpft nun selbst neue Netzwerke. Für den Ereignisträger ist der Beruf von einer leidenschaftlichen und stark identifikatorischen Komponente überformt, aus der er einen berufsreformerischen Anspruch ableitet. Seine berufliche Weiterentwicklung ist in den biographischen Entwurf integriert und verschafft ihm somit, außer einem Statusgewinn, auch die Aufwertung seiner beruflichen Position. Herr Hiltmann schildert seine berufliche Entwicklung als eine gelungene Berufsbiographie. Für die Professionalitätsentwicklung von Herrn Hiltmann sind mehrere biographische Bezugspersonen wichtig, von denen die Person des Franz-Josef Stark eine Sonderstellung einnimmt. Ähnlich wie bei Frau Christmanns fungiert der ehemalige Lehrer, dem er während seiner Krankenpflegeausbildung begegnet, als feste Bezugsperson und bedeutende Sinnfigur, dessen pädagogische Prämissen in seiner eigenen Lehrtätigkeit und in seiner neuen Rolle als Schulleiter ebenfalls zum Tragen kommen. Im Gegensatz zum distanzierten, autoritären Lern- und Bildungsberater im Fall von Frau Christmanns interessiert sich der Lehrer als Rollenträger für die Person des Biographieträgers und sucht den Kontakt zu ihm. Obwohl er zwischen Privatsphäre und beruflichen Zusammenhängen unterscheidet, nutzt Herr Stark die Beziehung auf der persönlichen Ebene, um der Einhaltung von Regeln und beruflichen Pflichten Nachdruck zu verleihen und somit eine größere Verbindlichkeit herzustellen. Mit der Förderung der individuellen Potentiale des Biographieträgers und deren Einbindung in den institutionellen Kontext werden Lebens- und Arbeitswelt miteinander verbunden und biographische Handlungsschemata begünstigt. Weitere biographische Ereignisträger aus seinem beruflichen Umfeld, wie beispielsweise Lehrer Nilles, Bruder Jakob oder Schwester Monika, beraten Herrn Hiltmann bei Entscheidungen, die wegweisend für seine berufliche Entwicklung sind, während seine Lebenspartnerin ihn bei biographisch relevanten Entscheidungen unterstützt.

Einen Wendepunkt erfährt seine Berufsbiographie, als er aus dem institutionellen Erwartungs- und Ablaufmuster des Krankenhauses ausschert und sich aus eigenem Antrieb beruflich weiterbilden möchte. Einem biographischen Handlungsschema folgend, stösst er mit dem zwischenzeitlich aufgenommenen Studium auf andere Lern-, Lebens- und Deutungsmuster, die einen Perspektivwechsel der ethnozentristischen Deutungsmuster seiner beruflichen Tätigkeiten einleiten und ihm seine regionale Verwurzelung spiegeln.

In starkem Kontrast zu den anderen beiden Fällen durchläuft Herr Burkhardt seine berufliche Sozialisation in einem Berufsfeld, das keine Berührungspunkte zu den Pflege- und Gesundheitsberufen aufweist. Der entscheidende Beweggrund aus seinem Beruf als Polizist auszusteigen und eine Veränderung seiner Lebenssituation herbeizuführen war die Vielzahl an negativen Erfahrungen, die er während dieser Phase seines Berufslebens sammelte und zu einem wichtigen Ereignisfeld für die Entwicklung seines Professionsverständnisses wurden. Solange er in den ihn umgebenden hierarchischen Strukturen eine Nische für sich selbst gefunden hatte, konnte er Konflikte mit den Vorgesetzten ebenso ertragen wie die Ausführung von Befehlen und sich gegenüber den vorherrschenden autoritären Mentalitätsmustern abgrenzen. Erst der Befehl zur Anwendung von Gewalt gegenüber friedfertigen Demonstranten in Kombination mit dem Entzug seiner Nische ließ ihn mit der Polizei brechen, weil er eine andere Vorstellung von zwischenmenschlichen Umgangsformen im beruflichen Kontext hatte. Sein auf Achtung der Menschenwürde und Wahrung der persönlichen Freiheit und Integrität ausgerichtetes Professionsverständnis bildete einen wichtigen Motivationsfaktor für die Fortsetzung seiner beruflichen Tätigkeit im Berufsfeld der Pflege. Es ist die Auffassung eines toleranten zwischenmenschlichen Umgangs unter Anerkennung der Selbstbestimmung des jeweiligen Gegenübers, die den Biographieträger dazu motiviert, die Beschränkungen zu überwinden, indem er sich neue Handlungsoptionen eröffnet. Dieses berufliche Deutungs- und Handlungsmuster beeinflusst seine Entscheidung, einen neuen Beruf zu erlernen und versetzt ihn in die Lage, negativ konnotierte Verhaltensweisen im beruflichen Kontext in eine positive Handlungsstruktur umzuwandeln. Im Gegensatz zu Herrn Hiltmann, der sich in seiner beruflichen Entwicklung auf persönliche Beziehungen stützt, initiiert Herr Burkhardt in Eigenregie alle Schritte, die ihn aus seiner beruflichen Stagnation herausführen, und verlässt sich weder auf institutionelle Unterstützung noch auf persönliche Beziehungen. An diesem Punkt unterscheidet sich der Biographieträger maßgeblich von den anderen Fällen, weil er sein Professionsverständnis aus der eigenständigen Bewältigung schwieriger biographischer Umbrüche gewinnt. Herr Burkhardt trennt das berufliche und private Lebensarrangement voneinander, was in seiner Klassifizierung des Krankenhauses als Arbeitsstätte deutlich zum Ausdruck kommt. Bei der Verfolgung von persönlichen Interessen präferiert er das familiäre Lebensfeld. Die biographische Sinnquelle von Herrn Burkhardt ist nicht ausgerichtet an Menschen und Vorbildern, sondern orientiert sich an seinem Selbstbild, das auf der Grundannahme basiert, dass die Welt ein Kausalzusammenhang und daher erklärbar ist, wobei er die Rolle des Lehrenden sich selbst zuweist. Dieses Credo, sich die Welt selbst erklärt zu haben, ist der zentrale Bezugspunkt in seiner Eigentheorie und bildet zugleich die auf einer biographischen Basisdisposition fußende, sinngebende Prämisse seines pädagogischen Handelns. Neben seiner jetzigen Familie, die für ihn der wichtigste Bezugspunkt ist, treten aber auch weitere wichtige Wegbegleiter auf. In seiner Kindheit fungierte der Vater eines Freundes als Erklärungsinstanz von Welt und parallel dazu bot ihm das soziale Umfeld in Gestalt seiner Freunde den gewünschten sicheren Entwicklungs- und Rückzugsraum. Im Vergleich zu den anderen beiden Fällen, deren berufliche Wertmaßstäbe sich hauptsächlich an personifizierten pädagogischen Vorbildern ausrichten, entwickeln sich die beruflichen Handlungs- und Deutungsmuster von Herrn Burkhardt in der Auseinandersetzung mit Negativbeispielen.

6.1.3 Berufliche und persönliche Herausforderungen und Umbrüche

Die Bewältigung schwieriger Herausforderungssituationen von biographischer Relevanz
Für Herrn Burkhardt ist das Leben eine Reihung von Herausforderungen, denen er sich stellt und deren Bewältigung in die Entwicklung eines biographischen Handlungsschemas mündet. Am Beispiel der Bewältigung der beruflichen Herausforderungssituationen wird deutlich, wie der Biographieträger sein

biographisches Potential nutzt und mit der praktischen Umsetzung alternativer Lebensentwürfe eine Änderung seiner Lebenssituation herbeiführt, die für ihn nicht mehr tragbar ist. Belastet von der Einschränkung seiner persönlichen Integrität, gibt er den Beruf als Polizist auf und beginnt eine neue Ausbildung, die in keinerlei Verbindung zu seinem früheren Beruf steht. Trotz der Schwierigkeiten bei der Suche nach einem Ausbildungsplatz findet er eine Ausbildungsstätte und beginnt die Ausbildung zum Krankenpfleger. Ein weiterer Beleg für die Nutzung biographischer Potentiale ist die Transformation von negativen Erfahrungen in eine, positiven Handlungs- und Deutungsmustern folgende, Handlungsstruktur. Funktionalisierte er in seinem früheren Beruf als Polizist diese negativen Erfahrungen zur Zementierung seiner eigenen Sichtweise, so gelang es ihm im im Rahmen der Pflegeausbildung Negatives positiv zu deuten. Der Antinomie von privaten und beruflichen Situationen begegnet er mit einem familiären Handlungsschema. Obwohl er durch die Geburt der Kinder und die gleichzeitigen Anforderungen in der Ausbildung einer Doppelbelastung ausgesetzt ist, verbindet er Ausbildung und Familie miteinander. Vor dem Hintergrund seiner eigenen – negativ gedeuteten – familiären Sozialisation, möchte er als Vater möglichst viel Zeit mit seinen Kindern verbringen, ohne jedoch dabei dem typischen Rollenbild des Vaters zu entsprechen. Die Frühgeburt seines Sohnes und die damit verbundene intensive Betreuung stellte eine zusätzliche persönliche Herausforderung für Herrn Burkhardt dar und bestärkte ihn in der familiären Ausrichtung seiner Lebensplanung, zumal eine alltägliche Kontinuität unter diesen Umständen nicht möglich war und zunächst jeder Tag bewältigt werden musste. Das seine Handlungen bestimmende Moment der Suche nach Alternativen zeigt sich auch in einer Situation, in der eine chronische Krankheit seine berufliche Tätigkeit als Krankenpfleger gefährdet. Statt sich passiv mit seinem Schicksal abzufinden, reagiert er und schlägt ohne die Unterstützung des Krankenhauses und gegen den Widerstand des Arbeitsamtes den Weg als Lehrer für Pflegeberufe ein. Auf persönliche und berufliche Herausforderungssituationen reagiert Herr Burkhardt, indem er auf seine biographischen Potentiale zurückgreift und mit deren Hilfe Handlungsalternativen entwickelt.

Frau Christmanns durchlebt eine Verlaufskurvenerfahrung, die von Betrug, Verrat und dem in der Scheidung kulminierten Verlust der Familie geprägt ist und ihr den Boden unter den Füßen entzieht. Als sie in dieser schwierigen Lebensetappe auch noch erkrankt, sind es zum einen religiöse Glaubensquellen und die aus ihrer Kindheit stammenden biographischen Sinnressourcen, die ihr bei der Überwindung der Verlaufskurve helfen. Zum anderen erfährt sie in Person der Ordensschwester Sarah Rückhalt und Stabilisierung in ihrem beruflichen Umfeld. Die Institution des Krankenhauses unterstützt die Biographieträgerin dabei, das familiär aufgebrochene Ablaufmuster in den Berufsalltag zu integrieren und ihr dadurch eine neue Handlungsorientierung zu bieten. Um die persönliche und berufliche Unterstützung ihres Arbeitgebers zu erlangen und dadurch ein gewisses Maß an Handlungsorientierung wieder zurückzugewinnen, ersetzt Frau Christmanns das bisherige Lebensarrangement durch ein Arbeitsarrangement. Die Prozessstruktur der Verlaufskurve wird überwunden, weil Frau Christmanns trotz ihrer Krankheit wieder in der Krankenpflegeschule arbeiten kann und ihre Tochter bis zum Dienstschluss der Mutter im institutionellen Rahmen des Krankenhauses betreut wird. Das Verlaufskurvenpotential ist durch die Krankheit weiterhin vorhanden und schränkt sie in ihrer beruflichen Leistungsfähigkeit ein. Im Bewusstsein der durch die Krankheit gezogenen beruflichen Grenzen und angesichts der familiären Verlusterfahrungen richtet sich Frau Christmanns daher an stabilisierenden Koordinaten aus, weshalb sie nach der Beendigung ihrer beruflichen Tätigkeit eine Rückkehr in ihr Herkunftsmilieu anstrebt, das sie mit Sicherheit und Stabilität konnotiert. Die biographische Relevanz der Institutionszugehörigkeit zeigt sich auch im Bewältigungsmuster schwieriger Lebenssituationen, das bei Frau Christmanns immer in einen institutionellen Rahmen eingebettet ist.

Herr Hiltmann verfolgt ein berufsbiographisches Format und verbindet seine persönliche und berufliche Entwicklung mit der Institution des Jodokuskrankenhauses Fulda, das für ihn gleichbedeutend mit einem Lebensraum ist. Daher stellt die Geschichte des Jodokuskrankenhauses Fulda und seine Sozialisation innerhalb dieser Institution das Suprasegment innerhalb seiner lebensgeschichtlichen Erzählungen dar. Fest verwurzelt in dem von ihm als Großfamilie skizzierten Jodokuskrankenhaus Fulda, das ihm alle Wege der beruflichen Weiterentwicklung ebnet, verweisen seine Erzählungen auf den schwierigen Abnabelungsprozess als biographische Herausforderung, die durch die Nichtbewilligung einer beruflichen Weiterbildung eingeleitet wird. In der Folge kündigt er im Jodokuskrankenhaus Fulda und entscheidet sich für einen beruflichen Neuanfang. Erstmals ist eine berufliche Entscheidung des Biographieträgers nicht an die Institution des Jodokuskrankenhauses Fulda gebunden. Herr Hiltmann nimmt ein Studium auf und entwickelt dort neue Deutungs- und Handlungsmuster. Die dominante Prozessstruktur während des Studiums ist das biographische Handlungsschema. Herr Hiltmann kehrt im Hauptstudium in neuer Funktion und Rolle ins Jodokuskrankenhaus Fulda zurück und ist dort für den Aufbau der innerbetrieblichen Fortbildung verantwortlich. Obwohl die Stelle sich finanziell trägt, wird sie nicht verlängert. Der Wechsel des Arbeitsplatzes leitet einen für ihn positiven Verlauf der beruflichen Entwicklung ein und verschafft ihm in der Position des Schulleiters einer Krankenpflegeschule einen entsprechenden Statusgewinn. Aufgrund seiner Priorisierung des berufsbiographischen Formates ermöglichen die lebensgeschichtlichen Erzählungen von

Herrn Hiltmann lediglich einen Einblick in den Umgang des Biographieträgers mit Herausforderungen, denen er in beruflichen Zusammenhängen begegnet. Auf die Konfrontation mit Hürden im beruflichen Umfeld reagiert er, indem er das ihn prägende institutionelle Erwartungs- und Ablaufmuster seiner beruflichen, aber auch persönlichen Sozialisationsinstanz des Jodokuskrankenhauses Fulda verlässt und in ein anderes berufliches Umfeld wechselt, in dem ein biographisches Handlungsschema die dominierende Prozessstruktur verkörpert. Obwohl es ihm sehr schwer fällt, trennt er sich von seinem identitätsstiftenden, kollektiv geprägten früheren Lebens- und Arbeitsraum und erschließt sich ein neues Berufsfeld als Schulleiter einer Krankenpflegeschule.

Umgang mit externen beruflichen Herausforderungssituationen
Herr Burkhardt skizziert sachlich die mit der Implementierung des neuen Krankenpflegegesetzes verbundenen Herausforderungen und analysiert in einem distanzierenden Modus sowohl die gegenwärtigen Bedingungen in der Pflegeausbildung als auch die sich aus der Umstrukturierung der Ausbildungsgänge ergebenden möglichen Auswirkungen in den Gesundheits- und Pflegeberufen. Die von außen gesetzten neuen Rahmen- und Anforderungsbedingungen gleicht er in einem analytischen Verfahren mit den bereits existierenden Strukturen der Pflegeausbildung ab und thematisiert aus unterschiedlicher Perspektive die im Zusammenhang mit der Umsetzung der neuen Gesetzesbestimmungen möglicherweise auftretenden Antinomien und Diskrepanzen. Er konfrontiert das geplante Anforderungsprofil mit dem Ist-Zustand auf verschiedenen Feldern der Pflegeausbildung und konstatiert eine Qualitätseinbuße in der Ausbildung wie auch in der beruflichen Praxis. Diese Schlussfolgerung begründet er mit den Krisenpotentialen, die einer strukturellen und inhaltlichen Reform der Pflegeausbildung innewohnen, und führt als Beleg die geplanten Schließungen von Krankenpflegeschulen oder den künftig obligatorischen, akademischen Grad zur Erlangung einer Schulleiterstelle an. Die inhaltliche, in einem erklärenden Duktus geführte Auseinandersetzung mit den bevorstehenden Veränderungen des Berufsbildes ist bei Herrn Burkhardt von einer kognitiven Haltung geprägt, die sich in Kontrastierungen, Vergleichen und in der argumentativen Herstellung von kausalen Bedingungsgefügen deutlich zeigt. In Zeiten von Umbruchs- und Veränderungsprozessen ermöglicht ihm seine biographische Rahmung, trotz beruflicher Dilemmata, eine biographische Stabilisierung und Kontinuität. Das Selbst- und Weltbild des Biographieträgers, „komme überall hin, komme überall durch", ist von der Selbstsicherheit gekennzeichnet, in einem vorgegebenen Berufsarrangement persönliche Nischen der beruflichen Entfaltung besetzen zu können. Aus dieser Warte erklärt er berufliche Handlungs- und Verlaufsmuster und trotzt somit auch unvorteilhaften strukturellen Entwicklungen.

Frau Christmanns empfindet die Vorgaben des neuen Landeslehrplans als ein von außen gesetztes Korsett, dessen Konzeption aus ihrer Sicht wenig mit der Berufswirklichkeit zu tun hat. Ihre ablehnende Haltung gegenüber den neuen gesetzlichen Bestimmungen speist sich primär aus dem von ihr beobachteten großen Widerspruch zwischen den im Landeslehrplan formulierten Anforderungen an die kompetenzorientierte Leistungsbereitschaft und den Lernvoraussetzungen, die von den Schülern mitgebracht werden. In ihrem Vorbehalt, den sie im Gegensatz zu Herrn Burkhardt nicht vergleichend und prognostizierend begründet, sondern diffus äußert, kommt eine Generationskritik zum Ausdruck. Verhaftet in ihren biographisch konnotierten Wertevorstellungen bemängelt sie am Beispiel der fehlenden Sozialdisziplin die Werte- und Verhaltensmuster der jungen Generation und fühlt sich angesichts der von ihr perzepierten, fehlenden gruppalen-, sozialen- und arbeitstechnischen Voraussetzungen der Schüler von den curricularen Anforderungen persönlich überfordert. Die Analyse des Lehrplans basiert ausschließlich auf ihren eigenen Handlungs- und Deutungsmustern. Es gelingt ihr nicht, in dem Spannungsfeld, das durch den Kontrast zwischen ihren eigentheoretischen Vorstellungen, der Berufsrealität der Schüler und den Anforderungen des Lehrplans erzeugt wird, konstruktive Lösungswege einzuschlagen. Ein entscheidendes Hemmnis stellt in dieser Umbruchsituation ihr Professionsverständnis dar, das sich im Rahmen ihrer beruflichen Sozialisierung hauptsächlich durch die Adaptation biographischer Modelle herausbildete und somit auch an bestimmte zeitliche Rahmungen und soziale Milieus gebunden war. Die soziostrukturellen Veränderungen in der Postmoderne begünstigen Mentalitäten und Kommunikationsformen, die in scharfem Gegensatz zu dem von der Biographieträgerin präferierten fürsorglich-unterstützenden, gelegentlich auch bevormundenden Erziehungsstil stehen, der klare Autoritätsstrukturen erfordert. Mit dem Festhalten an starren biographischen Modellen zu Lasten des Aufbaus eines flexibel handhabbaren didaktischen und methodischen Repertoires, das an die Lebenswelt der Schüler anknüpft, stößt Frau Christmanns bei der Umsetzung der curricularen Vorgaben an ihre Grenzen und delegiert in einer Abwehrhaltung ihre Verantwortung.

Im Unterschied zu den beiden anderen Fallbeispielen werden bei Uwe Hiltmann die Umstrukturierungen in der Pflegeausbildung als Anreiz positiv konnotiert, weil das neue Anforderungsprofil eine Umgestaltung von Strukturen seines Arbeitsfeldes voraussetzt, und er dieses neue Handlungsfeld als Spielwiese betrachtet, auf der er kreativ tätig werden kann. Um den Schülern optimale Entwicklungsbedingungen zu ermöglichen, richtet er die institutionellen und materiellen Rahmenbedingungen auf die gesetzlichen Anforderungen neu aus, verlangt jedoch im Gegenzug von ihnen eine hohe Bereitschaft zur Kooperation sowie eine Offenheit und Experimentierfreude im Umgang mit den neu strukturierten Lerninhalten. Im Fall von Uwe Hiltmann wird die mit den neuen beruflichen Anforderungen erzeugte Antinomie in ein neues Gestaltungsfeld transformiert, in dem es keine größeren Reibungsverluste gibt, weil aus seiner Sicht diese Herausforderungen in einen kollektiven Zielhorizont eines gut funktionierenden Krankenhauses eingebettet sind. Er idealisiert den Prozess der Umsetzung und blendet belastende Faktoren aus, die bei einer Umstellung des Lernarrangements für Schüler und Lehrer auftreten könnten. Im Umgang des Biographieträgers mit den aktuellen beruflichen Herausforderungen spiegelt sich auch dessen Professionalitätsentwicklungsprozess, der in der Ausbildung und während der Berufstätigkeit angelegt wurde und dadurch gekennzeichnet ist, Neuerungen als Handlungsmotor von Gestaltungsprozessen zu begreifen. Die Freude am Experimentieren ist bei Herrn Hiltmann jedoch nie an individuelle Alleingänge geknüpft, sondern beruht auf dem Prinzip des kollektiven Miteinanders. Das Gelingen der erfolgreichen Anpassung an veränderte Anforderungen und die damit unmittelbar verbundene Schaffung neuer Strukturen erfordert aus seiner Sicht die Bündelung aller am Lehr-, Lern- und Ausbildungsprozess Beteiligten, weshalb in seinem Professionsverständnis den Fähigkeiten zur Kooperation und Absprache eine zentrale Bedeutung zukommt. Institutionelle Netzwerke, die auch auf informellen Wegen miteinander kommunizieren, nehmen daher eine wichtige Rolle in dem von Herrn Hiltmann entworfenen Gestaltungsfeld ein. Der Anstoß zu strukturellen Veränderungen im Sinne einer optimalen Entwicklungsmöglichkeit der im neuen Anforderungsfeld sich bewegenden Schüler erfolgte durch seine Initiative und verschafft ihm zusätzlich einen Statusgewinn in der Gemeinschaft.

Interessenbezogene Herausforderungssituationen

Den berufsstrukturellen Reformen in den Gesundheits- und Pflegeberufen, die ihn auch in seiner Bildungsfunktion als Lehrer unmittelbar betreffen und von ihm zusätzliche Qualifizierungen abverlangen, begegnet Herr Burkhardt selbstbewusst, weil er diese neuen beruflichen Herausforderungen im Spiegel seiner gesamten Biographie interpretiert, die er als eine fortwährende Herausforderungssituation innerhalb schwieriger Konstellationen und Bedingungen beschreibt. Die Stärke aus eigener Kraft sich mit diesen schwierigen Bedingungen arrangiert zu haben, bestärkt ihn darin, auch in der aktuellen beruflichen Umbruchsituation bestimmte Wertevorstellungen, die das ethische Fundament seiner beruflichen Praxis bilden, nicht aus dem Blick zu verlieren. Er entzieht sich dem institutionalisierten Ablauf- und Erwartungsmuster der beruflichen Weiterbildung und konzentriert sich auf die Entwicklung eines biographischen Handlungsschemas innerhalb interessengeleiteter, beruflicher Wirkungsfelder und im familiären Bereich.

Frau Christmanns findet an der Krankenpflegeschule, an der sie als Schulleiterin tätig ist, die von ihr präferierte, konfessionell-geprägte kleine Schule vor,
in der sie sich in hierarchischen Strukturen frei entfalten und, anerkannt von
biographisch wichtigen Vorgesetzten und Bezugspersonen, eigenständig curricular wirken kann. Konfrontiert mit dem neuen Krankenpflegegesetz zieht sie
sich aus der Lehre zurück und überlässt die Umsetzung der von außen an sie
herangetragenen curricularen Vorgaben anderen Kollegen. Stattdessen wendet
sie sich Interessengebieten in den Bereichen der Qualitätssicherung, Seelsorge
und Weiterbildung zu, die biographisch angelegt sind und ihrem Wirkungs-
feld entsprechen. Ein weiterer Grund für diese Schwerpunktsetzung liegt in der
Aufrechterhaltung der kontinuierlichen Verbindung zum identifikationsstiften-
den Herkunftsmilieu, in das sie, die Überwindung der Krankheit vorausgesetzt,
nach dem Abschied aus dem Berufsleben wieder zurückkehren möchte, um
dort in allgemeinbildenden Tätigkeiten die in ihren Interessengebieten erworbenen Kenntnisse und Erfahrungen praktisch weiterzugeben.

In der Krankenpflegeschule, an der Herr Hiltmann als Schulleiter tätig ist, eröffnen sich ihm vielfältige Wirkungsmöglichkeiten und Gestaltungsoptionen,
um seine Vorstellungen einer intern vernetzten, neuen Entwicklungen in der
Pflegeausbildung gegenüber aufgeschlossenen Schulgemeinschaft, zu realisieren
und die überregionale Zusammenarbeit mit dem Verbundkrankenhaus zu etablieren. Neben der Anerkennung, die er durch sein Engagement an der Schule
erfährt, verhilft ihm die Position des Schulleiters zu einem Statusgewinn an der
Schule und verschafft ihm ein größeres Prestige in seinem beruflichen Umfeld.
Perspektivisch strebt er eine Weiterentwicklung seiner professionellen Kompetenzen an und fasst in diesem Zusammenhang auch eine akademische Aufgabe
in Form einer Promotion ins Auge. Neben seiner beruflichen Perspektive präferiert er im privaten Bereich ein familiäres Lebensarrangement.

6.2 Biographische Professionalitätsprozessvarianten

Für Herrn Burkhardt bedeutet die biographische Diskontinuität eine Konstante, die sich kontinuierlich durch seine biographische Erfahrungsaufschichtung
zieht. Die Bewältigung von schwierigen beruflichen und persönlichen Situationen als kontinuierlicher biographischer Prozess bildet eine enorme Ressource,
die einerseits ein großes Entwicklungspotential birgt. Aus der Erfahrung, das
Leben gelernt zu haben, entwickelt er eine Eigentheorie, die ihm als biographische Stabilisierung dient und die Grundlage seiner Selbstsicherheit und dem
daraus resultierenden Individualismus bildet. Sein individualistisches Handeln
orientiert sich an seinen Wünschen und Vorstellungen und wird von ihm funk-

tional eingesetzt, um die von außen herangetragenen Anforderungen selektiv auf die individuelle Passung zu untersuchen und entsprechend auszuwählen. Andererseits verhindert seine Selbstsicherheit aber auch eine persönliche und berufliche Weiterentwicklung. Seine Beharrungstendenz und der von ihm praktizierte Selbstsicherheitsmodus begünstigt eine Konstruktion, die wie ein in sich geschlossenes, nach außen nicht offenes System selbstbegrenzend wirkt und somit zu einem Nichtlernen führt.

Im Gegensatz zu den entwicklungssteuernden, biographischen Diskontinuitäten im Fall von Herrn Burkhardt entfaltet sich bei Frau Christmanns das Professionalitätsentwicklungspotential im Verlauf ihrer beruflichen Weiterbildung. Dabei fungiert als wichtigste Ressource die Freude am interessenbezogenen Lernen im beruflichen Kontext, die gleichzeitig auch Antriebsfeder für ihren konstruktiven Umgang mit Problemen in ihren beruflichen Tätigkeitsfeldern ist. Trotz ihrer beruflichen Sozialisation, die ausschließlich im institutionellen Rahmen erfolgt und die sie als einen kontinuierlichen Prozess erfährt, der institutionellen Abläufen und Erwartungsmustern entspricht, setzt die erfolgreiche Bewältigung von problematischen Situationen bei ihr Synergieeffekte frei und leitet berufliche Weiterentwicklungsprozesse ein. Auf diesem Weg eröffnen sich ihr neue berufliche Handlungs- und Wirkungsfelder als Lehrerin für Pflegeberufe innerhalb eines berufsbiographischen Handlungsschemas. Frau Christmanns durchläuft einen lebenslangen, institutionellen Lernprozess auf der formellen Ebene und lernt das Lernen innerhalb bestehender Schemata. Der Lern- und Bildungsprozess wird durch das Festhalten an Werten, Abläufen und tradierten Vorstellungen begrenzt und weist sie als Traditionalist in einem konservativ-konfessionellen Kollektiv aus.

Das Professionsverständnis von Herrn Hiltmann wurzelt in einer kollektiven Kontinuitätserfahrung, die auch sein berufliches Entwicklungspotential in starkem Maße beeinflusst. Seine beruflichen Aktivitäten werden von der Vorstellung geleitet, angestrebte Ziele durch ein gemeinschaftliches Handeln zu realisieren und die beruflichen Strukturbedingungen im Kollektiv zu modernisieren. Er entwickelt biographische Handlungsschemata innerhalb institutioneller Erwartungs- und Ablaufmuster und zieht sein Selbstvertrauen aus den Aufstiegsmöglichkeiten im Rahmen dieser Gemeinschaftskultur. Aus der von ihm vorgenommenen Idealisierung von kollektiven Strukturen und den damit verbundenen identitätsbildenden Mustern kann sich eine starke Personifizierung der Mitglieder mit der Institution ergeben. Diese Vereinnahmung aller am beruflichen Prozess Beteiligten verengt den Blick nach außen und birgt die Gefahr einer Einschränkung von Selbstbestimmung, die mit einer Beschneidung individueller Entwicklungspotentiale einhergeht.

6.3 Biographietheoretisches Lern- und Bildungsverständnis und pädagogische Grundhaltung

Das berufliche Selbstverständnis von Frau Christmanns fußt in der Rahmung von Lernen und Bildung auf einem Erziehungs- und Bildungsauftrag, da ihre eigene Erziehung nicht in der Familie, sondern in Institutionen stattfand. Daher erlebte sie Lehrer und Vorgesetzte, die im Lauf ihrer schulischen und beruflichen Laufbahn entscheidende Impulse für ihre persönliche und berufliche Entwicklung setzten, als wichtige Sozialisationsinstanzen und fühlt sich aus diesem Motiv heraus verpflichtet, die Vermittlung von Wissen mit einem Erziehungsauftrag zu verbinden.

Dagegen orientiert sich Herr Burkhardt in der Auslegung seines Berufsverständnisses nicht an einem Erziehungsauftrag, sondern präferiert in seinem Lern- und Bildungsverständnis eine auf Gleichberechtigung und Mündigkeit ausgerichtete Werteorientierung. Vehement bezieht er Position gegen jedwede Art von Stereotypenbildung und changiert in der Verfechtung seiner Perspektiven, die jedoch durch seinen eigentheoretischen Blickwinkel eingeschränkt werden.

Die übergeordnete Sichtweise auf Lernen und Bildung fokussiert im Fall von Uwe Hiltmann auf ein höheres Bildungsideal, das auf der Basis von Beziehungen und Netzwerken flexibel Veränderungen einleitet und neue Strukturen schafft, in deren Rahmen wiederum Entwicklungsprozesse freigesetzt werden können. Seine Berufsauffassung zielt dabei auf eine Persönlichkeitsentwicklung ab, die auch kollektive Identitätsbildungsprozesse einschließt („Wenn wir es nicht tun, tut es niemand.").

Das selbstständige Lernen ist ein integraler und zentraler Bestandteil der übergeordneten Sichtweise auf Lernen und Bildung. Im bildungstheoretischen Verständnis von Frau Christmanns, das stark von eigenen, positiv besetzten Sozialisationserfahrungen durchwoben ist, kann selbstständiges Lernen nur in einem überschaubaren, institutionellen Rahmen erfolgreich vermittelt und praktiziert werden. Neben einer transparenten Struktur der Inhalte und Anforderungen gehören eine große Sozialdisziplin von Seiten der Schüler sowie die uneingeschränkte Anerkennung der Autorität des Lehrers zu den essentiellen Voraussetzungen für das Erlernen des selbstständigen Lernens. Das in diesem Lernarrangement zum Ausdruck kommende Entwicklungsverständnis favorisiert festgelegte Bahnen und weist dem in hierarchische Strukturen eingebetteten Lehrer die Rolle der Kenner- und Könnerschaft als Repräsentant des curricularen Ablaufs zu, der strukturiert, steuert und überwacht. Im hier dargelegten Berufsverständnis gibt der Lehrer dem Schüler mit einem autoritären Erziehungsstil die Richtung vor und weist ihm unterstützend und kontrollierend den Weg („den Schüler an die Hand nehmen"). Aus den in der lern- und bildungstheoretischen Rahmung von Frau Christmanns festgelegten Lernarrangements und Rollenzuschreibungen werden die Interaktionsformen von Lehrern und Schülern abgeleitet, die einerseits von der fürsorglichen und bevormundenden Schülerbegleitung durch den Lehrer gekennzeichnet ist sowie andererseits die Pflicht der Schüler zur Übernahme von Verantwortung als zu leistende Bringschuld betont. Das Selbstbild der Biographieträgerin, das sie als starke Pädagogin, die über tiefe Überzeugungen und Sinnquellen verfügt, mit einer gelungenen Berufsbiographie präsentiert, eröffnet den Blick auf einen weiteren Aspekt im lern- und bildungstheoretischen Verständnis von Frau Christmanns. Sie sieht ihre berufliche Kernaufgabe darin, den Schülern eine Botschaft mitzugeben und im erzieherischen Sinne wirkend eine Ethik zu transportieren.

Selbstständigkeit ist in der bildungstheoretischen Deutung von Kurt Burkhardt die zentrale Kategorie, da sich seine pädagogischen Grundmaximen am biographischen Handlungsmodus des eigenständigen Engagements orientieren, was er in der Metapher „bin nich Dompteur oder Zuchtmeister, bin nicht Mama oder Papa" pointiert zum Ausdruck bringt. In seiner Rahmung von Lernen und Bildung ist der Schüler, der sich ohne äußere Anleitung motiviert und eigenständig Unterrichtsinhalte erschließt, für sich selbst verantwortlich. Im Entwicklungsverständnis von Herrn Burkhardt bestimmen die Schüler ihre Entwicklung selbst, indem sie fragend und Begründungen findend eigenständig nach Lösungen suchen. Herr Burkhardt betrachtet Eigenständigkeit, Eigenhandlung und Motivation als entscheidende Antriebsfedern für Lernprozesse und setzt diese Fähigkeiten als grundlegende Dispositionen bei seinen Schülern voraus. In dieser lern- und bildungstheoretischen Sichtweise verortet er auch seine Rolle als Lehrer, der sich zurücknimmt und die Schüler bei der Suche nach Lösungen sich weitgehend selbst überlässt. Eine aktive Intervention lehnt er ebenso ab wie feste Vorgaben, ist jedoch bei Problemen bereit, Hilfestellungen zu geben, falls die Initiative der Problematisierung von den Schülern ausgeht. Das Zugeständnis, sich auf eine beratende und damit steuernde Komponente in seiner Lehrerrolle einzulassen, die von einer dem laissez-faire verschriebenen Haltung dominiert wird, ist dem Lern- und Bildungsverständnis von Herrn Burkhardt geschuldet, das Eigeninitiative als eine allgemeine Prämisse des Verständnisses von Lernen begreift. Der Interaktionsspielraum ist auf die aktive Initiative des Schülers, der auf den Lehrer zugeht, begrenzt und erschwert dadurch eine verbindliche Beziehungskonstellation zwischen Lehrer und Schüler.

Im Lern- und Bildungsverständnis von Uwe Hiltmann ist die Schule ein Ort, an dem nicht nur fachliche Kompetenzen vermittelt werden, sondern Persönlichkeitsbildung stattfindet und Identitätsentwicklungsprozesse ablaufen. Die in dieser Sichtweise artikulierte pädagogische Grundausrichtung weist der Schule zum einen die Aufgabe zu, Strukturen und Bedingungen zu schaffen, die ein auf Selbstständigkeit ausgerichtetes Lernarrangement ermöglichen, das unabhängig von der Art des curricularen Anforderungsprofils die Lernentwicklung der Schüler fördert und schulischen Erfolg begünstigt. Zum anderen legt er in seinem pädagogischen Credo großen Wert auf die Pflege von Gemeinschaft, die unter dem Dach der Schule von allen Beteiligten durch kooperative Arbeits- und Gesprächsformen verlässlich realisiert wird. Kennzeichnend für sein berufliches Verständnis ist dabei, dass er die kommunikative Komponente funktional in den übergeordneten Rahmen des Wohls der institutionellen Gemeinschaft einbindet.

In seiner Lehrerrolle oszilliert Herr Hiltmann zwischen dem Anspruch, Lern- und Arbeitsbedingungen für die Schüler zu schaffen, die sie in die Lage versetzen, die curricularen Anforderungen zu erfüllen und gleichzeitig pädagogisch wirksam zu werden, indem er die einzelnen Schüler als Personen mit individuellen Dispositionen in den Blick nimmt und die jeweiligen Passungsverhältnisse gegenüber der Curricularnorm einer kontinuierlichen Prüfung unterzieht. Dabei verzichtet er in unproblematischen Fällen eher auf eine Intervention, während er bei Passungsschwierigkeiten zu rechtlichen Konsequenzen greift. Er sieht aber auch in der Lehrerrolle die Möglichkeit, als Ansprechpartner der Schüler integrierend zu wirken und im Einklang mit seinen lern- und bildungstheoretischen Auffassungen eine Persönlichkeits - und Identitätsentwicklung durch Einbindung des Individuums in die Gemeinschaft zu initiieren bzw. zu unterstützen. In dieser Rahmung gestaltet er die Interaktionsformen zu seinen Schülern. Er knüpft verbindliche Beziehungen im informellen Bereich zu ihnen und verbindet diese Übernahme von Verantwortung mit einer klaren Erwartungshaltung gegenüber den Schülern, die er deutlich formuliert und von ihnen auch einfordert. Das interdependente Verhältnis von Fördern und Fordern prägt seinen sozial-kooperativen Führungsstil, der den Schülern unter Vorgabe des Erwartungshorizontes eine große Gestaltungsfreiheit überlässt.

6.4 Theoretische Betrachtung der Dimensionen und deren Bedeutung für die Professionsentwicklung

Bedeutung der biographischen Basisdispositionen und das daraus resultierende Selbstbild
Die Biographie dient als Medium zur kategorialen Begegnung des gesellschaftlich konstituierten Individuums mit der Welt. Bildungs- und Lernprozesse leiten Veränderungen der kognitiven, emotionalen und sozialen Strukturen ein

und eröffnen dem Individuum über eine neue Interpunktionsweise eines sozialen Kontextes die Möglichkeit einer modifizierten Selbst- und Weltsicht. Dabei bilden sich Strukturen aus, die als Hintergrundkonstruktion zur Verarbeitung von Wissen verwendet werden. In einem biographietheoretisch viel grundsätzlicheren Sinne sind diese auch als biographische Basisdispositionen bezeichneten inkorporierten Strukturen biographische Sozialisationserfahrungen in Familie und Schule, die ein großes emergentes Potential bergen und dem Biographieträger als Kraftfeld und Ressource dienen, aber auch in entscheidender Weise dessen Selbstbild prägen. Daher kann man das Selbstbild auch als die Gesamtheit der biographischen Basisdispositionen eines Biographieträgers verstehen, die als biographisches Potential oder Barriere beim Aufbau eines Professionsverständnisses wirksam werden und gleichsam als regulatives Prinzip die anderen Dimensionen (berufliche Werteorientierung, Verarbeitung von beruflichen Herausforderungen und die pädagogische Grundhaltung) strukturieren.

Die übergeordnete Bedeutung der Basisdispositionen und des daraus resultierenden Selbstbildes liegt in ihrer Gestalt begründet, die einerseits nach außen offen ist und somit eine stabilisierende Wirkung auf die das Professionsverständnis steuernden professionellen Deutungs- und Orientierungsmuster hat, während sie andererseits auch eine selbstreferenzielle Verarbeitung der Erfahrungen ermöglicht.

Hinsichtlich der Interdependenz von biographischen Basisdispositionen und professionellen Deutungs- und Orientierungsmustern lässt sich feststellen, dass die biographischen Basisdispositionen als generative, biographische Matrix die Ausbildung von professionellen Orientierungs- und Deutungsmustern maßgeblich beeinflusst, was sich sowohl an der Herausbildung von beruflichen Werteorientierungen als auch an dem biographietheoretischen Lern- und Bildungsverständnis deutlich belegen lässt.

Biographische Basisdispositionen legen mit ihren im Sozialisationsprozess ausgebildeten, erfahrungsbasierten, lebenspraktisch bewährten und subjektiv immer schon vorhandenen Perzeptionsmustern und Bewältigungsstrategien richtungsweisende Bahnen der Wahrnehmung und Deutung an, die letztlich in den professionellen Orientierungs- und Deutungsmustern zum Ausdruck kommen. Der Aufbau dieser biographisch aufgeschichteten Matrix ist gekennzeichnet vom Wechselverhältnis der verschiedenen, die professionellen Sinn- und Deutungsmuster der Biographieträger prägenden Dimensionen. Obwohl die empirischen Ergebnisse der Studie die Annahme eines strukturell nach beiden Seiten hin offenen Wechselverhältnisses zwischen professionellen Handlungs- und Werteorientierungen und biographischen Basisdispositionen stützen, kommt den biographischen Basisdispositionen das größere Gewicht zu, weil sie als Modi der Sinn- und Bedeutungserzeugung im Verlauf der primären und sekundären Sozialisationsprozesse erworben wurden und daher in einer tiefer liegenden psychischen Ebene angelegt sind als die überwiegend kognitiv verarbeiteten und zeitlich später, in der Phase der beruflichen Sozialisierung vollzogenen, professionellen Handlungs- und Werteorientierungen.

Umgekehrt können jedoch auch die professionellen Deutungs- und Orientierungsmuster eine Modifizierung der biographischen Basisdispositionen herbeiführen, wenn Situationen im beruflichen Kontext mithilfe professioneller Deutungsmuster nicht mehr zu bewältigen sind. Ist hingegen eine wechselseitige Stabilisierung von Deutungsmustern und biographischen Basisdispositionen nicht mehr möglich, besteht aber auch die Chance zur kreativen Freisetzung eines biographischen Wandlungspotentials.

Biographische Entwicklung einer beruflichen Werteorientierung
Um die Entwicklung einer beruflichen Werteorientierung sichtbar zu machen, bedarf es der Betrachtung und Analyse ausgewählter (berufs)biographischer Aspekte und Fragestellungen, die für den Aufbau einer professionellen Werteorientierung konstitutiv sind. Ein berufsbiographisch relevanter Aspekt ist die Entwicklung handlungsleitender Maximen der beruflichen Tätigkeit, in denen sich die zugrunde liegenden beruflichen Grundwerte manifestieren. Bei der Analyse und Bewertung beruflicher Situationen greift der Biographieträger auf diese beruflichen Grundwerte zurück, um die jeweilige Situation in seine Wertematrix einordnen zu können. Auf dem Fundament der beruflichen Grundwerte entsteht ein berufliches Selbstverständnis.

Anhand der Fälle konnten verschiedene biographische Professionsbildungsprozesse herausgearbeitet werden. So fungieren Vorbilder als bedeutende biographische Sinnfiguren, die Einfluss auf die Rahmung einer pädagogischen Wertestruktur nehmen und als pädagogische Maxime im Lehrerhandeln und professionellen Handeln auftreten. Die in der Studie ausgewerteten Ergebnisse belegen, dass nicht nur die Identifikation mit einem als positiv konnotierten Vorbild zur Entwicklung einer beruflichen Werteorientierung beiträgt, sondern auch die Ablehnung eines negativ konnotierten Modells diesen Entwicklungsprozess unterstützt. Während tragende Sinnfiguren eine wichtige Prämisse im Verlauf der Bildung einer beruflichen Werteorientierung darstellen und als Suprasegment auftauchen, begleiten biographische Berater die Ereignisträger zwar in wichtigen Entscheidungsfindungsprozessen, ohne jedoch eine sinnstiftende, entwicklungsdeterminierende Rolle zu spielen. Theoretisch wäre es sogar möglich, dass Vorbilder keine tragende Rolle im Sozialisationsprozess spielen, wenngleich dies aus den vorliegenden Interviews nicht hervorgeht.

Neben den Vorbildern fällt auch der Deutung und Bewertung von Situationen im beruflichen Kontext eine gewichtige Funktion bei der Entwicklung einer beruflichen Werteorientierung zu. Insbesondere in den Pflege- und Gesundheitsberufen mit ihrem, sich aus der täglichen Interaktion mit Menschen in

Krisensituationen konstituierenden, spezifischen berufsbiographischen Format, das Sozialisationsprozesse und Prozesse der Persönlichkeitsentwicklung steuert sowie den Bewertungsmaßstab der Ereignisträger schon während der Ausbildung prägt und daher einen erfahrungsbezogenen Charakter im Verlauf der Professionsbildung hat, werden berufliche Situationen als negativ oder schwierig konnotiert, wenn unterschiedliche Deutungsmuster konkurrieren und verschiedene Handlungs-, Werte-, Interaktions- und Deutungsmuster aufeinander stossen. Anknüpfend an die Untersuchung von Angehörigen dieser Berufsgruppe ergeben sich professionsübergreifend in der Konfrontation mit negativen beruflichen Situationen verschiedene Handlungsmodi. So kann ein als negativ bewerteter beruflicher Handlungsmodus entweder in ein positives Handlungsschema transformiert und dadurch ein biographischer Lernprozess in Gang gesetzt werden oder die negative berufliche Situation zementiert die biographisch gewachsenen Grundwerte, ohne dass es zur Freisetzung eines biographischen Wandlungspotentials kommt.

Dagegen kann eine positiv konnotierte berufliche Handlungssituation bei den Biographieträgern Synergieeffekte freisetzen und als Moratorium für Entwicklungsprozesse fungieren, die weitere Optionen zur Erschließung neuer Handlungsfelder eröffnen.

Schließlich bilden auch die Veränderungen, die von einem Ereignisträger in einer schwierigen Lebenssituation vorgenommen werden und in die Entwicklung eines biographischen Handlungsschemas münden, einen weiteren Baustein der beruflichen Werteorientierung. Aus den vorliegenden Ergebnissen kann die Bedeutung der Identifikation mit beruflichen Institutionen und deren Orientierungsmustern für die Entwicklung beruflicher Werteorientierungen extrapoliert werden. Durch die Knüpfung von Netzwerken und der damit verbundenen Aufhebung persönlicher und beruflicher Bereiche wird eine Orientierung an den Personen und Hierarchien der Institution begünstigt, die eine kollektive Identifikations- und Institutionszugehörigkeitsform erzeugt, aus der sich das berufliche Selbstverständnis der Biographieträger speist.

Umgang mit beruflichen Herausforderungssituationen

In Zeiten von beruflichen Umbruchsituationen stellt die Biographie als Konstante und Stabilisator den wichtigsten Bezugspunkt dar. Treten neue Entwicklungen im professionellen Rahmen auf, greifen die Ereignisträger auf die im Laufe ihres Lebens erworbenen Lern- und Bildungsstrukturen zurück und stellen mithilfe einer biographischen Strukturierung der im Zuge der beruflichen Neuerungen auftretenden Probleme eine Kohärenz und Kontinuität her. Somit kommen in Zeiten des beruflichen Umbruchs biographische Basisdispositionen als Problemlösungspotential zum Zuge und fungieren als Kontinuitäts- und Stabilisierungsressourcen im Rahmen beruflicher Veränderungsprozesse. Dabei werden die beruflichen Herausforderungssituationen vor dem Hintergrund der biographischen Wertematrix analysiert und auf der Grundlage des gebildeten Professionsverständnisses eingeordnet. In die Bewertung von externen Herausforderungssituationen fließen daher alle wichtigen Prämissen des ausgebildeten Professionsverständnisses von Lernen und Bildung ein, was dazu führt, dass neu auftretende berufliche Aspekte und Begriffe von den Ereignisträgern biographisch konnotiert werden. Anhand der Ergebnisse der vorliegenden Studie wird deutlich, dass der biographische Handlungsmotor eine wichtige Rolle beim Umgang mit beruflichen und persönlichen Herausforderungssituationen spielen muss, da die Biographieträger ein interessengeleitetes Orientierungsmuster zeigen, das es ihnen ermöglicht, auf die externen Anforderungen mit der Auswahl eigener Themen und der Besetzung persönlicher Interessenschwerpunkte zu reagieren. Von außen herangetragene berufliche Herausforderungssituationen und individuelle Professionalisierungsprozesse sind nicht zwingend miteinander verbunden, da die Entwicklung eines Professionsentwicklungsverständnisses biographisch innerhalb der beruflichen Sozialisation bereits angelegt ist und Prozessvarianten zur Bewältigung neuer beruflicher Herausforderungen – sei es in Form von Verarbeitungsmodi als Kontinuitätsmarker in Umbruchsituationen oder der Interpretation von Diskontinuitätserfahrungen als Normaliätskonstrukt – und zur Freilegung künftiger Entwicklungsfelder herangezogen werden.

Biographische Rahmung pädagogischer Grundhaltungen
Die Ergebnisse der vorliegenden Studie belegen die biographische Determinierung der professionellen Haltungen und Einstellungen und verweisen auf die prägende Wirkung eines biographietheoretischen Lern- und Bildungsverständnisses im Hinblick auf die beruflichen Verhaltens-, Handlungs- und Deutungsmuster der untersuchten Berufsgruppe. Inwiefern die hier angestellten Betrachtungen auf angrenzende Berufsfelder übertragbar sind, bleibt künftigen Studien vorbehalten. Mit der Fokussierung auf die biographischen Prämissen der handlungsleitenden pädagogischen Maximen wird die biographische Rahmung des beruflichen Selbstverständnisses sichtbar, die als Hintergrundstruktur auf alle beruflichen Bedingungskonstellationen, Interaktionen, Entscheidungen und Bewertungen einwirkt. Die Haltung gegenüber der Lehrerrolle steht exemplarisch für die biographischen Wirkungsbereiche in professionellen Handlungszusammenhängen und hat deshalb auch Auswirkungen auf alle anderen Bereiche des Lehrerhandelns (Lehrer-Schüler-Beziehungen, Methodik etc.). Die pädagogische Orientierungs- und Deutungsbasis von Lehrern der Pflege- und Gesundheitsberufe veranschaulicht die Verwurzelung im biographischen Sinn- und Bedeutungserzeugungsprozess. Als Indikator für die Haltung der in der Studie untersuchten Biographieträger gegenüber ihrer Lehrerrolle kann die

divergierende Ausgestaltung der durch die neue Ausbildungs- und Prüfungsverordnung intendierte Lern- und Bildungskultur des Eigenständigen Lernens gelten, da in der biographiedidaktischen Reduktion der Begrifflichkeit gleichsam auch die biographisch determinierte Einstellung gegenüber der Lehrerrolle sichtbar wird. Eine Veränderung der Lehrerrolle kann nur dann erzielt werden, wenn ein Bewusstsein für diese biographietheoretischen Prämissen geschaffen wird. In Anbetracht der biographischen Rahmung pädagogischer Grundhaltungen können im Falle einer fehlenden Reflexion des biographischen Lern- und Bildungsverständnisses Formen von biographisch erworbenen Ausblendungsmustern auch als Barriere in beruflichen Situationen wirksam werden. Die pädagogische Grundhaltung resultiert aus einem biographie- und bildungstheoretischen Lern- und Bildungsverständnis, das sich über die Lebenszeit entwickelt und als heuristische Matrix zur Beurteilung des zugrunde liegenden bildungstheoretischen Selbstverständnisses der professionstragenden Kategorien wie beispielsweise der Lehrerrolle, der Methodik und der Schüler-Lehrer-Beziehung dient. In der pädagogischen Grundhaltung kommt als Ergebnis einer biographischen Entwicklung die biographische Professionsbildung zum Ausdruck, weshalb die Haltung in ihren pädagogischen Prämissen nur durch die Lebensgeschichte rekonstruiert werden kann.

Bedeutung der Forschungsmethode im Erkenntnisprozess
Mithilfe des narrationsstrukturellen Verfahrens nach Schütze konnten die Dimensionen der Ergebnisse extrapoliert werden, weil diese Forschungsmethode es ermöglichte, die in der vorliegenden Studie untersuchte Entwicklung und Bedeutung von biographischen und beruflichen Haltungen, Selbstbildern und Werteorientierungen aufzuzeigen.Im Gegensatz zu einer interaktionsgeschichtlichen Sequenz, die auf die Entstehung eines berufsbiographischen Formats fokussiert, bietet die in lebensgeschichtlichen Erzählungen zum Ausdruck kommende biographische Gesamtgestalt in Form von Selbstbildern, Beziehungen, Erfahrungsverkettungen und sozialen Räume die Möglichkeit, die Wirklichkeitskonstruktionen von Individuen herauszuarbeiten und dadurch die biographische Entwicklung eines biographietheoretischen Lern- und Bildungsverständnisses zu skizzieren. Durch die Forschungsmethode des narrationsstrukturellen Verfahrens können die im Rahmen der Erfahrungsverkettung einsetzenden Veränderungen der Prozessstrukturen verdeutlicht werden. Dies ist im Hinblick auf die Ergebnisse der Untersuchung von entscheidender Relevanz, da veränderte Prozessstrukturen die Interpretation des beruflichen Kontextes steuern und zu einer modifizierten Deutung des Professionsverständnisses der Biographieträger beitragen.

7. Resümee

7.1 Der Forschungsansatz und die Ergebnisse der Untersuchung

Die Analyse der biographischen Konstitutionsbedingungen von Professionalität orientiert sich an der Fragestellung, wie sich biographische Vorprägungen, Ressourcen, Motive konstituieren und welche Bedeutung sie für die Entwicklung von pädagogischen Haltungen und den Umgang mit beruflichen Anforderungen haben. Ausgehend von diesen Fragen werden die wichtige Rolle von biographischen Erfahrungen bei der Herausbildung professioneller Orientierungs-, Deutungs- und Handlungsmuster erörtert und die Biographizität als individuelle Handlungskompetenz gekennzeichnet, die den Biographieträger in die Lage versetzt, Sinn- und Bedeutungsgehalte herzustellen, ihn zur Selbst- und Weltinterpretation zu befähigen und ihm darüber hinaus zu einer Anschlussfähigkeit biographischer Wissensbestände an die sich verändernden Lebenswelten zu verhelfen.

Die Entwicklung eines Professionsverständnisses vollzieht sich in einer biographischen Rahmung, wobei die biographische Erfahrungsaufschichtung den Pfad der biographischen Professionsbildung vorgibt. Biographie und Profession sind untrennbar miteinander verbunden. Die lebensgeschichtliche Entwicklung prägt das Professionsverständnis. Diese Wechselwirkung kann anhand der extrapolierten Dimenensionen deutlich in den Ergebnissen der Studie nachgewiesen werden. Mithilfe der Professionstypen lässt sich das Selbstbild der jeweiligen Biographieträger beschreiben und die aus diesem Selbstbild erwachsenen beruflichen Wertehaltungen, Umgangsformen mit beruflichen Herausforderungssituationen und pädagogischen Prämissen ableiten. Die Typiken von Professionsverständnis resultieren aus der Biographie, die sich über die Lebenszeit entwickelt. Biographie umschließt alle für den Biographieträger subjektiv relevanten Prozesse, die in seinen Erzählungen intersubjektiv soziale Prozesse markieren und zur biographischen Entwicklung eines Professionsverständnisses beigetragen haben.

Bei der Verarbeitung neuer biographischer Erfahrungen spielen die biographischen Basisdispositionen eine übergeordnete Rolle, weil sie diese Erfahrungen als Interpretationsapriori nach außen offen, nach innen selbstreferenziell interpunktieren. Als biographische Konstante und Rahmung stellen die Interpretationsapriori den Zusammenhang zwischen biographischen Basisdispositonen und den neuen Situationen her. Zentral ist dabei, welches Selbstbild dabei zugrunde liegt und wie sich ein berufliches Selbst- und Professionsverständnis entwickelt, das in der Folge in den Werteorientierungen und pädagogischen Grundhaltungen sichtbar wird. In diesem Zusammenhang weisen modifizierte Prozessstrukturen auf Veränderungen einer Selbst- und Weltsicht hin. Berufliche Werteorientierungen finden als Lern- und Bildungsprozess vor allem dann statt, wenn unterschiedliche Deutungsmuster ein Überdenken der eigenen Prämissen erfordert oder Situationen negativ konnotiert werden, sodass es entweder zur Bildung von neuen Handlungsmustern kommt oder bereits bestehende Wertehaltungen eine Verfestigung erfahren. Eine wichtige Funktion in diesem Professionsbildungsprozess spielt die Beziehung zu biographischen Vorbildern, die als Sinnquelle und Sinnressource bestimmte Professionsmerkmale konnotieren, mit denen sich die Ereignisträger identifizieren und die als biographische Prämissen in allen Facetten ihres Lehrerdaseins wirksam werden.

In den biographischen Erzählungen lassen sich die Prozesse der beruflichen Werteorientierungen und des Umgangs mit beruflichen Herausforderungssituationen als biographische und professionsbildende Prozesse rekonstruieren. Insbesondere die Herausbildung einer pädagogischen Grundhaltung zeigt in ihren Prämissen diese biographische Entwicklung als Ergebnis. Da die Biographieträger ein bildungs- und biographietheoretisches Verständnis aufweisen, das nur aus der Entwicklung ihrer Biographie nachvollziehbar ist, kann folglich die Haltung in ihren pädagogischen Prämissen nur durch eine Rekonstruktion ihrer Lebensgeschichte extrahiert werden.

Aus diesem Selbstverständnis resultieren sowohl die Lehrerrolle als auch die Haltung zur Lehrer-Schüler-Beziehung sowie die präferierte methodische Grundhaltung der Biographieträger. Berufliche Wertehaltungen stellen für die Ereignisträger eine Matrix für die Beurteilung von beruflichem Handeln dar. Diese biographische Entwicklung eines Professionsverständnisses zeigt sich vor allem auch in dem von dieser Studie untersuchten Umgang mit den beruflichen Herausforderungssituationen, die durch ihr immenses Veränderungspotential die Biographieträger in ein Spannungsfeld zwischen persönlichen Voraussetzungen und gesellschaftlichen Bedingungen versetzen. Gerade diese Situationen, die eine Neuorientierung erfordern, verlangen vom Biographieträger einen Rückgriff auf vorhandene Problemlösungsmuster bzw. eine Rückbesinnung auf bereits bestehende Haltungen.

Am Beispiel der Implementierung des neuen Krankenpflegegesetzes wird deutlich, dass Analyse, Bewertung und Verarbeitung von Belastungssituationen aus der Perspektive der biographischen Professionsgrundhaltung vorgenommen werden. So analysierten die Biographieträger die mit den neuen gesetzlichen Vorgaben verbundenen Herausforderungssituationen auf der Grundlage ihrer biographischen Dispositionen und folgten bei der Bewertung ihrer jeweiligen pädagogischen Grundhaltung und beruflichen Werteorientierung, ohne dass es ihnen bewusst war. Indikatoren für diese biographische Verhaftung in der Bewertung einer berufsrelevanten Neuerung sind neben der Ablehnung gesetzlicher Vorgaben, die sich in der Betonung der pädagogischen Eigentheorie ausdrückt, auch die Ignoranz gegenüber gemeinsamen Prämissen und möglichen Vorteilen im beruflichen Kontext. Aus den vorliegenden Ergebnissen geht klar hervor, dass berufliche Herausforderungen und Antinomien biographisch konnotiert sind. Mit der biographischen Konnotation neuer Entwicklungen wird der Weg zur Veränderung nicht beschritten. Stattdessen werden neue Begriffe, wie beispielsweise das Selbstständige Lernen, durch die entwickelten Haltungen lediglich biographisch gerahmt. Alle Biographieträger deuten den Begriff des Selbstständigen Lernens mit ihrem eigenen biographietheoretischen Verständnis von Lernen und Bildung (Beispiele: B.: bin nicht Dompteur noch Zuchtmeister, C.: die Mama, H: fördern und fordern).

Somit kann Biographie als Barriere die Entwicklung von neuen Zugängen verhindern.

Als Kontrast dazu sollte aber auch das kreative biographische Problemlösungspotential hervorgehoben werden, das nur im Verbund mit diesen Ressourcen erreichbar ist und entfaltet werden kann. Im Forschungsfokus des Umgangs mit Herausforderungssituationen zeigte es sich, dass der Umgang mit schwierigen Situationen innerhalb des Professionalisierungsprozesses als Prozessvariante gerahmt werden kann. Bei einem der untersuchten Biographieträger ist der Umgang mit neuen Herausforderungen als Professionsmerkmal bereits innerhalb seines beruflichen und biographischen Professionalisierungsprozesses angelegt. Das biographische Konstrukt eines anderen Professionstyps ist die Bewältigung von schwierigen beruflichen und persönlichen Erfahrungen als Normalitätserfahrung, sodass der krisenbehaftete Wandel der Berufs- und Arbeitswelt für diesen Biographieträger keine Sinnkrise bedeutet. Die dritte Ereignisträgerin greift wegen einer verlaufskurvenartigen Erkrankung auf die biographischen und stabilisierenden Ressourcen zurück und blendet deshalb die durch den beruflichen Wandel auftretenden Anforderungen aus, indem sie ihre Prioritäten auf andere berufliche, interessengeleitete Herausforderungsgebiete verlagert.

Die Heterogenität und die damit einhergehende biographische Definition von Herausforderungssituationen liefert einen Hinweis auf das große verborgene biographische Potential. Biographische Dispositionen, Motive und Ressourcen üben hinsichtlich der Haltung des Biographieträgers zu Herausforderungssituationen eine steuernde Funktion aus. Im Rückgriff auf die Bedeutung der biographischen Ressourcen fungiert die Biographie schließlich auch als wichtige Konstante zur Herstellung von Kontinuität und Stabilität in Zeiten des Wandels. Dies ist möglich, weil externe Herausforderungssituationen und individuelle, biographische Professionalisierungsprozesse keine Einheit bilden. Es werden vom Biographieträger nur solche Herausforderungssituationen wahrgenommen, die für ihn von biographischer Relevanz sind und seine eigenen Interessen- und Themengebiete berühren. An unterschiedlichen Stellen des Interviews äußert sich der eigene Herausforderungshorizont in einem Suprasegment.

Biographie ist ein Moratorium für Professionalitätsentwicklungprozesse, das Möglichkeitsräume eröffnet und dadurch neue Entwicklungen initiiert. Dieses kreative Problemlösungspotential hat eine Dynamik, das eine Anschlussfähigkeit von Wissen möglich macht, die nicht planbar ist, aber zur Schlüsselqualifikation von beruflichen und persönlichen Entwicklungsprozessen führen kann, wenn die jeweilige Eigenkonstruktion von Biographizität erkannt und reflektiert wird. Die Definition von Entwicklung ist dabei biographisch konnotiert. In den Interviews führten solche Prozesse zu einer beruflichen Weiterbildung.

Ein Professionalitätsentwicklungspotential wird in Gang gesetzt, wenn unterschiedliche Wertehaltungen und berufliche Orientierungsmuster miteinander konkurrieren, die eine Neudefinition der jeweiligen Position nötig machen. Im Umgang mit neuen und unbekannten Situationen ist dieses biographische Kreativitäts- und Problemlösungspotential ein Handlungsmotor in der Generierung von Veränderungsprozessen. Eine Ignorierung dieser Biographizität in ihrer Eigenlogik kann dazu führen, dass Barrieren aufgebaut, Veränderungsprozesse ignoriert und neue Entwicklungen nicht konsequent weitergeführt werden, sondern lediglich der biographischen Eigenlogik folgen.

Die Stabilisierung und Herstellung von Kontinuität in Zeiten des Umbruchs verweisen auf die Doppelfunktion von Biographie als Ressource und Barriere. Professionalitätsentwicklung ist ein biographischer Prozess, der sich als Ergebnis sowohl im Umgang mit Problemsituationen als auch in beruflichen Werteorientierungen sowie in pädagogischen Haltungen wieder findet.

Die vorliegende Studie untersucht die Konstituierung von Lern- und Bildungsstrukturen über die Lebenszeit, die im professionellen Handeln relevant werden. Der Erwerb lebensgeschichtlicher Bildung wird an biographischen und berufsbiographischen Stationen illustriert. An diesen Stationen wird in den praktizierten beruflichen Handlungs- und Deutungsmustern die im Sozialisationsprozess einer Biographie vollzogene Professionsbildung sichtbar, die sich ebenso in der beruflichen Werteorientierung am Beispiel des Umgangs mit beruflichen Herausforderungssituationen zeigt und auch in der biographischen, pädagogischen Grundhaltung zum Vorschein kommt. Biographische Stationen sind somit auch Professionalitätsentwicklungsstationen. In der Bewältigung schwieriger Situationen durch die Orientierung an den dem Problemverständnis zugrunde liegenden Handlungs- und Deutungsmustern werden berufsbildende Prozesse eingeleitet, die neue Handlungsbereiche erschließen oder Handlungsoptionen erweitern und dem Ereignisträger somit eine Bewertung dieser Situationen auf der Grundlage einer biographischen Wertematrix ermöglichen. Aus der Studie geht hervor, dass kognitive Herausforderungssituationen (Kapitel 1) mit dem als biographisch wahrgenommenen Herausforderungspotential nicht übereinstimmen müssen. Antinomien und Widersprüche kristallisieren sich auf der Basis eines biographischen Professionsverständnisses heraus und markieren die unterschiedlichen Haltungen im Umgang mit der neuen Ausbildungs- und Prüfungsverordnung.

Sicherlich muss an dieser Stelle eingeschränkt werden, dass die dargestellten Professionstypen zunächst die Haltung der jeweiligen Person widerspiegelt und nicht die Umsetzungsversuche im Team thematisiert. Mit der Methode der Gruppendiskussion oder mittels Unterrichts- und Praxisbeobachtungen könnten an anderer Stelle die in diesem Zusammenhang wirksam werdenden Aushandlungsprozesse verschiedener Deutungsmuster extrapoliert werden. Dennoch liegt die Stärke dieser Untersuchung in der Herausarbeitung der Entwicklung von biographischen Lern- und Bildungsprozessen, die sich in den Dimensionen zeigen. Dabei stellt die Dimension der biographischen Basisdispositionen die Matrix dar, die unmittelbar auf die anderen Dimensionen wirkt und die Professionsbildung in ihrer Grundhaltung beeinflusst. Es gelingt der Studie dadurch auch, die Bedeutung der Nebenschauplätze – Praxisausbildungen, informelle Prozesse, Interaktions- und Umgangsformen innerhalb von Beziehungen – als genuinen Hauptort beruflicher Bildung herauszuarbeiten.

Wenn berufliche Bildung mit der Vermittlung curricularer Inhalte in einem institutionellen Rahmen gleichgesetzt wird, sind die Grenzen einer lebensgeschichtlichen Bildung schnell erreicht, da diese nur begrenzt planbar ist. Es gilt vielmehr Möglichkeitsräume innerhalb einer veränderten Lern- und Bildungskultur herzustellen, die über eine intensive Auseinandersetzung und Verbindung von professionsbildenden Themen mit emotionalen Bindungen, Beziehungskonstellationen und biographischen Themengebieten einen Raum für Rahmungen von Wertehaltungen und Professionstypiken schaffen.

Der biographische Blick auf die Haltung im Umgang mit beruflichen Herausforderungen zeigt einerseits deutlich, wie sich Problembereiche herauskristallisieren und Interessenschwerpunkte bilden. Andererseits sensibilisiert er für die Komplexität der Entwicklung von neuen Prozessen. Will man also durch die neue Ausbildungs- und Prüfungsverordung zu einer veränderten Lern- und Bildungskultur kommen, so kann eine rein kognitive Bearbeitung nicht zum gewünschten Ergebnis führen, sondern es muss die Biographie als Ausgangspunkt professionsbildender Prozesse über die Lebenszeit ebenso einschließen. In Anbetracht ihrer problemlösenden Prozessqualität und des ihr innewohnenden enormen Veränderungspotentials muss Biographie als Grundpfeiler einer neuen Professionsbildung betrachtet werden, um die Anschlussfähigkeit von Wissen und Erfahrung zu ermöglichen. Obwohl bei den in der Studie untersuchten Interviews biographische Handlungsschemata durch neue Handlungsoptionen erweitert wurden, konnten aus der Perspektive einer strukturalen Bildungstheorie keine Bildungsprozesse im Sinne von Wandlung oder der Veränderung von Selbst- und Weltsicht in den dargestellten Biographien festgestellt werden.

7.2 Erkenntnisse für die Aus-, Fort- und Weiterbildung

Die in der Studie aufgezeigten Ergebnisse zeigen, dass auch im Bereich der Lehrerausbildung in den Gesundheits- und Pflegeberufen Veränderungen herbeigeführt werden müssen, um eine qualitativ hochwertige Pflege in Zeiten des demographischen und berufsstrukturellen Wandels zu gewährleisten. In Anbetracht der Erkenntnis, dass die Professionsrahmung in der Biographie angelegt ist, sollte die Reflexion von professionellen Handlungs-, Deutungs- und Orientierungsmustern als zentrales Element in der Lehrerausbildung verankert werden. Im Gegensatz zu den herkömmlichen Formen der akademischen Lehrerausbildung von Lehrern an allgemeinbildenden Schulen besteht die Besonderheit der Lehrer der Berufsgruppe der Pflege- und Gesundheitsberufe darin, dass alle potentiellen Lehrer bereits Phasen der Berufsausbildung durchlaufen haben, in denen sie von (berufs)biographischen Erfahrungen geprägt wurden. Mit dieser biographischen Rahmung versehen nehmen sie das Studium auf, das die gesammelten (berufs)biographischen Erfahrungen jedoch nicht berücksichtigt. Daher darf die biographische Relevanz in der Lehrersozialisation nicht mehr ausgeklammert werden, sondern sollte angesichts der derzeit noch gültigen Besonderheit der Lehrerausbildung in den Pflege- und Gesundheitsberufen in die zukünftige Lehrerausbildung als didaktisches Modell und heuristische biographische Matrix Eingang finden.

Eine weitere Veränderung erfährt die Lehrerausbildung durch die zunehmende Relevanz des Bachelor- und Masterstudiengangs, in denen für den Arbeitsmarkt zukünftig vermehrt ein Lehrertyp ausgebildet werden wird, der zuvor nie in der Pflege gearbeitet hat und daher auch andere professionelle Muster in die Berufsgruppe transportiert.

Das dritte Element, das von wichtiger Bedeutung für die zukünftige Lehrerausbildung ist und im Sinne einer Verbesserung der Ausbildungsqualität mitbedacht werden sollte, ist die mit dem neuen Krankenpflegegesetz postulierte Veränderung der Lehrerrolle. Um jedoch die Lehrerrolle neu denken und interpretieren zu können, muss in der Aus-, Fort- und Weiterbildung die Voraussetzung für eine neu gedachte und interpretierte Lehrerrolle geschaffen werden, indem man die Eigenschaften der bisherigen Lehrerrolle einer reflexiven Bearbeitung unterzieht. Die Interviews der vorliegenden Studie belegen aber auch, dass die Lehrerbildung Gefahr läuft, alten Wein in neue Schläuche zu füllen, wenn sie die reflexive Bearbeitung der Lehrerrolle ausklammert und stattdessen versucht, mit didaktischen, biographisch konnotierten Termini, wie beispielsweise dem Selbstständigen Lernen, der traditionellen Lehrerrolle neues Leben einzuhauchen.

Daraus lässt sich unter Berücksichtigung der vorliegenden Ergebnisse dieser Untersuchung für die zukünftige Lehrerbildung in den Gesundheits- und Pflegeberufen die Schlussfolgerung ziehen, dass die durch das Krankenpflegegesetz intendierte Professionalitätsentwicklung biographisch angelegt werden muss, wofür zwei wichtige Gründe sprechen. Erstens prägen biographische Professionalitätsentwicklungen den Umgang mit beruflichen Herausforderungen und stabilisieren in Zeiten des Umbruchs und Wandels. Ein zweiter Grund liegt in dem großen, kreativen Problemlösungspotential, das in biographisch angelegten Professionalitätsentwicklungen enthalten ist.

Es lässt sich zusammenfassend feststellen, dass Wege zu einem biographischen Handlungsschema, das seinerseits wiederum die Grundlage für eine persönliche und berufliche Weiterentwicklung bildet, erst beschritten werden können, wenn zuvor die biographische Entwicklung und die beruflichen Handlungs- und Deutungsmuster sichtbar werden. Ungeachtet der weiteren Verwendung dieses zentralen Gedankens – ob als Denkansatz für weitere Studien oder als Hinweis für die Praxis – nimmt die Biographie eine Schlüsselrolle in der Professionalitätsentwicklung ein. Doch wie können die biographischen und berufsbiographischen Erfahrungen im professionellen Handeln reflektiert werden, sodass biographische Rahmungen verstanden und modifiziert werden können? Eine Beantwortung dieser Frage muss zwangsläufig Konsequenzen für die Pflegeausbildung und das Lehr-Lernverhalten der Lehrer nach sich ziehen.

Ausgehend von der These, dass die Bildungsrelevanz von Lehrern in den Gesundheits- und Pflegeberufen im praktischen Teil der Ausbildung unter einem berufsbiographischen Gesichtspunkt weitaus bedeutender einzuschätzen ist als die Theorievermittlung in der Schule sollte im Hinblick auf die oben aufgeworfene Frage die Ausbildung als Lebensraum und Lernwelt begriffen werden. Im Rahmen dieser Lebens- und Lernwelt eröffnen sich viele Möglichkeitsräume für Bildung, die nicht planbar sind und nur aus der Retrospektive bearbeitet werden können. Damit verbunden ist das biographische Verständnis von Lernen und Bildung, das Interaktionen, Bedingungskonstellationen, Beziehungen, Interessen, Gefühle sowie Zeitstruktur umfasst. Somit ist es möglich, dass sich komplexe, berufliche Werteorientierungen entfalten, die für die Gesundheits- und Pflegeberufe handlungsleitend sind. Eine Schule, die dem biographischen Professionalitätsentwicklungsgedanken dieser Berufsgruppe Rechnung tragen will, muss eine personalisierte Schule sein, die den Schwerpunkt vom Inhalt auf den Aneignungsmodus verlegt und der Praxisreflexion einen höheren Stellenwert einräumt. Die Forderung nach einer Integration von Reflexionsphasen in die praktischen Ausbildungsanteile ist für die Rahmung eines Professionsverständnisses in zweifacher Hinsicht von Bedeutung. Zum einen treten die

Angehörigen dieser Berufsgruppe in ihrem Berufsalltag täglich in Interaktion mit Menschen, die sich in einer Krisensituation befinden. Daher muss in einer Pflegeausbildung der entsprechende Raum für eine reflexive Bearbeitung dieser zahlreichen, komplexen Lernsituationen gegeben werden. Zum anderen weist ein Blick auf die Besonderheiten der Pflege dieses Berufsfeld als ein biographisches Sammelbecken aus, in dem kollektiv-institutionelle, antinomische Deutungsmuster vorherrschen, die es auf dem Weg der Reflexion aufzubrechen gilt. Vor dem Hintergrund des demographischen Wandels, der sich in den Industrieländern vollzieht, wird sich mit der Zunahme der Anzahl an pflegebedürftigen Menschen auch der gesellschaftliche Stellenwert der Pflege zwingend verändern und kann nicht mehr wie bisher im öffentlichen Diskurs marginalisiert werden. Schon heute spielen gesundheitspolitische Diskussionen in der öffentlichen Wahrnehmung eine wichtige Rolle. Wenn Pflege als gesellschaftlicher Auftrag zum Erhalt von Lebensqualität interpretiert wird und qualitativ den neuen Anforderungen, die sich aus dem strukturellen und gesellschaftlichen Wandel ergeben, entsprechen will, so nimmt der Pädagoge in der Aus-, Fort- und Weiterbildung eine Schlüsselrolle bei der Professionalitätsentwicklung der Berufsgruppe ein, die auch von gesellschaftlicher Bedeutung ist.

7.3 Desiderate der Forschung

Als aus der vorliegenden Untersuchung sich ergebende Forschungsdesiderate werden hier zum Abschluss weiterführende Fragestellungen aufgeworfen, die sich aus der Arbeit ergeben und von künftigen, sich anschließenden Untersuchungen aufgegriffen und im Sinne einer Ausweitung der vorliegenden Forschungsergebnisse vertiefend weiterentwickelt werden könnten. In der Entwicklung von Anschlussfragen und mit der Erweiterung des Forschungsspektrums durch methodische Variation werden auch die Grenzen der Studie sichtbar. Abschließend sollen mögliche praxisrelevante Konsequenzen dieser biographietheoretischen Untersuchung professionsbildender Prozesse für die Aus-, Fort- und Weiterbildung aufgezeigt werden.

Diese Arbeit leistet eine erste empirische Annäherung an das Verhältnis von biographischen Lern- und Bildungsprozessen und pädagogischer Professionalität im Rahmen des Spannungsfeldes der beruflichen Weiterentwicklungsprozesse. Auf der Subjektebene werden in der Fokussierung auf die Prozessstrukturen die Entstehung biographischer Motive, Handlungs- und Deutungsmuster analysiert und deren Bedeutung bei der Herausbildung professioneller Orientierungs-, Deutungs- und Handlungsmuster erörtert. In einem weiteren Untersuchungsfeld versucht die Studie einen Aufschluss über die Bedeutung biographischer Erfahrungen im Kontext von Biographizität und der sich daraus ergebenden Befähigung zur Selbst- und Weltinterpretation zu geben, die sich im Grad der Anschlussfähigkeit der Individuen an sich verändernde Lebens- und Arbeitswelten zeigt. Eine Überprüfung, Modifizierung oder Ausdifferenzierung der bisher herausgearbeiteten Ergebnisse bleibt anderen Studien vorbehalten. Um zu empirisch gesättigten Aussagen zu kommen, müsste das Fallspektrum erweitert werden. Die Beschränkung auf drei Fälle stellt eine Grenze dieser Studie dar, obwohl in den Fällen eine große Spannweite durch eine maximale und minimale Kontrastierung angelegt ist.

Da sich in den Gesundheits- und Pflegeberufen die Professionsbildung zu einem großen Teil praxisbezogen in Form von Aus-, Fort- und Weiterbildung vollzieht, fokussiert die vorliegende Untersuchung auf den Entwicklungsmodus der biographischen Rahmung eines Professionsverständnisses in einem handlungs- und praxisorientierten beruflichen Zusammenhang. Daher sollten weitere, differenziertere Studien, deren Forschungsinteresse auf das Verhältnis von biographischen Lern- und Bildungsprozessen und pädagogischer Professionalität im Rahmen des Spannungsfeldes beruflicher Weiterentwicklungsprozesse ausgerichtet ist, in Anbetracht des Wandels der Lehrerausbildung in den Gesundheits- und Pflegeberufen insbesondere die biographischen Auswirkungen der verschiedenen Ausbildungswege empirisch vergleichend untersuchen.

Bei den in der vorliegenden Untersuchung rekonstruierten Fällen handelt es sich um Normalbiographien mit Verlaufskurvenerfahrung, sodass es anderen Untersuchungen vorbehalten bleibt, den Zusammenhang zwischen krisenhaften Erfahrungen, die von den Biographieträgern während des Berufseinstiegs gesammelt wurden, und der jeweiligen Professionsbildung zu analysieren. Darüber hinaus könnten für zukünftige Studien auch noch Fälle von Interesse sein, die den Beruf nicht unter einer übergeordneten, sinngebenden Prämisse ausüben, sondern ihn ausschließlich unter dem Aspekt der materiellen Versorgung betrachten. Berücksichtigt man, dass die vorliegenden Ergebnisse sich auf lebensgeschichtliche Erzählungen von Lehrenden bzw. Schulleitern an Krankenpflegeschulen stützen, darf die Frage nach der Übertragbarkeit auf Lehrende an anderen Schulen beruflicher Bildung gestellt werden.

Die im Rahmen des Bologna-Prozesses vorangetriebene Differenzierung und Erweiterung des Ausbildungsspektrums in den Gesundheits- und Pflegeberufen bildet einen wichtigen Ansatzpunkt für eine weiterführende und kontrastierende Forschung im Feld des interdependenten Wirkungsgefüges von biographischen Lern- und Bildungsprozessen und Professionsbildung.

Um die Rekonstruktion der beruflichen Orientierungs-, Deutungs- und Handlungsmuster bei weiteren Forschungsvorhaben auf eine erweiterte empirische Grundlage zu stellen, wäre die Verwendung von Unterrichtsinteraktionsprotokollen sinnvoll. Die in der Zwischenzeit eine große Bandbreite umfassende, rekonstruktive Unterrichtsforschung (vgl. bzgl. einer Vermittlung der Unterrichtsrekonstruktion mit der Lehrer/innendeutung z.B. Meister 2005, Helsper u.a. 2007) belegt den Ertrag dieses Ansatzes. Neben den Unterrichtsinteraktionsprotokollen könnten aber auch Unterrichtsaufnahmen oder Interaktionsgeschichtliche Interviews zur Ergänzung und Kontrastierung zu den in dieser Studie thematisierten biographischen Entwicklungen des Professionsverständnisses herangezogen werden, wodurch eine Diversifikation des Forschungsergebnisses gewährleistet wäre.

Einen Zugriff auf die Ebene der berufskulturell geteilten Wissensbestände kann die vorliegende Untersuchung nur eingeschränkt bieten, weil sie professionelle Handlungs- und Deutungsmuster auf der Subjektebene rekonstruiert. Folglich müssten weitere Studien durch Untersuchungen auf der Mesoebene – im Bereich der Pflegeausbildung wäre davon ein Subsystem wie z.B. die Institution Krankenhaus oder die Interaktionskultur zwischen Pflegenden und Ärzten betroffen – erweitert werden, um in der biographischen Perspektive auf ein Subsystem ein differenzierteres Verständnis von berufsstrukturellem Wissen zu erzielen.

In Anbetracht der aus der Studie gewonnenen Erkenntnis, dass eine Professionalisierungsentwicklung sich im Prozess von biographischen Handlungs- und Deutungsmustern vollzieht, muss mit Blick auf mögliche Konsequenzen der Schwerpunkt auf den Bereich der Aus-, Fort- und Weiterbildung der Lehrenden in den Gesundheits- und Pflegeberufen gelegt werden. Falls es sich in weiteren Studien zeigen sollte, dass die Bedeutung der Biographie für die Professionsbildung in der Ausbildung lediglich eine untergeordnete Rolle spielt, würde dies den aus empirischen Ergebnissen abgeleiteten Forderungen nach Qualifizierungs- und Fortbildungsprozessen mit einer starken reflexiven Ausrichtung Nachdruck verleihen. Im Hinblick auf die Aus-, Fort- und Weiterbildung der Lehrenden bieten die Ergebnisse der vorliegenden Studie eine Argumentationsgrundlage für weitergehende Überlegungen, die darauf abzielen, der (selbst-) reflexiven Durcharbeitung von biographischen Handlungs- und Deutungsmustern zukünftig einen höheren Stellenwert einzuräumen. Diese Überlegungen schließen an Forschungsergebnisse früherer wissenschaftlicher Untersuchungen zum Stellenwert der eigenen Orientierungs- und Deutungsbestände an (etwa Dirks/Hansmann 1999; Bastian/Helsper 2000; Reh/Schelle 2000; Helsper/ Kolbe 2002; Reh 2003; Beck/Stelmaszyk 2004; Kolbe/Combe 2004; Kolbe/Stelmaszyk 2005 u.a.). In besonderem Maße treffen Überlegungen zur institutionellen Verankerung eines reflexiven Umgangs mit der eigenen Biographie auf die Ausbildung von Lehrenden in Gesundheits- und Pflegeberufen zu, weil die Lehrerbildung mit ihren intensiven Praxis- und Weiterbildungsphasen ein Moratorium für die Entwicklung des Professionsverständnisses darstellt und die in dieser Zeit internalisierten Handlungsstrukturen und Werteorientierungen nur dann erweitert bzw. verändert werden können, wenn dies in der Aus-, Fort- und Weiterbildung berücksichtigt wird.

Um eine Veränderung biographischer Rahmungen herbeizuführen, die nicht nur bestehende Erfahrungsräume erweitert, sondern vorhandene Schemata modifiziert, bedarf es der Selbst- und Fremdreflexion. Erst die Auseinandersetzung mit individuellen Lern- und Lebenswegen sowie dem Vergleich der Einstellungen und Haltungen anderer mit der eigenen Biographie ermöglichen eine veränderte Selbst- und Weltsicht. In die gleiche Richtung zielt auch der Vorschlag einer systematischen Implementierung „kasuistischer Räume" (Kolbe/Combe 2004; vgl. auch Beck/Stelmaszyk 2004; Kolbe/Stelmaszyk 2005). Hinsichtlich des praxisrelevanten Nutzens der vorliegenden Studie wäre es wünschenswert, wenn die Forschungsergebnisse als curricularer Beitrag in die neu strukturierte akademische Lehrerausbildung der Bachelor- und Masterstudiengänge im Bereich der Gesundheits- und Pflegeberufe Eingang fänden und institutionell einen Anstoß zu selbstreflexiven Angeboten in Form von supervisionsähnlichen Settings geben würden.

Literaturverzeichnis

Ahrendt, Cordula/Theilig, Katrin (2007): Curriculare Kompetenz. Neue Anforderungen an Lehrende. In: Padua, Heft 4, S. 38–42

Albert, Martin (1998): Krankenpflege auf dem Weg zur Professionalisierung. Eine qualitative Untersuchung mit Studierenden der berufsintegrierten Studiengänge „Pflegedienstleitung/Pflegemanagement" und „Pflegepädagogik" an der Katholischen Fachhochschule Freiburg. Dissertation. Pädagogische Hochschule Freiburg

Albert, Martin (1999): Professionalisierungsverständnis von Studierenden der Pflegepädagogik. In: PR-Internet, Zeitschrift für Pflege- und Gesundheitswissenschaft 12/2001, S. 318–329

Alheit, Peter (1990): Biographizität als Projekt. Der „biographische Ansatz" in der Erwachsenenbildung. Bremen

Alheit, Peter (1993): Transitorische Bildungsprozesse. Das „biographische Paradigma" in der Weiterbildung. In: Mader, Wilhelm (Hrsg.): Weiterbildung und Gesellschaft. Grundlagen wissenschaftlicher und beruflicher Praxis in der Bundesrepublik Deutschland. 2. erw. Auflage (= Forschungsreihe des Forschungsschwerpunkts Arbeit und Bildung, Bd. 17,2). Bremen , S. 343-418

Alheit, Peter (1995): „Biographizität" als Lernpotential. Konzeptionelle Überlegungen zum biographischen Ansatz in der Erwachsenenbildung. In: Krüger, Heinz-Herrmann/Marotzki, Winfried (Hrsg.) (1999), S. 276–307

Alheit, Peter (1996): Biographisches Lernen als gesellschaftliches Veränderungspotential. In: Ahlheim, Klaus/Bender, Walter (Hrsg.): Lernziel Konkurrenz? Erwachsenenbildung im „Standort Deutschland", Eine Streitschrift, Opladen, S. 179–196

Alheit, Peter (2000): Biographie und „modernisierte Moderne": Überlegungen zum „Verfall" des Sozialen. In: Zeitschrift für qualitative Bildungs-, Beratungs- und Sozialforschung (ZBBS) 1/2005, S. 151–167

Alheit, Peter (2002): „Biographieforschung und Erwachsenenbildung", In: Kraul, Margret/Marotzki, Winfried (Hrsg.) (2002), S. 211–240

Alheit, Peter (2003a): „Biografizität". In: Bohnsack, Ralf/Marotzki, Winfried/Meuser, Michael (Hrsg.) (2003), S. 25

Alheit, Peter (2003b): „Biographizität" als Schlüsselqualifikation – Plädoyer für transitorische Bildungsprozesse. In: QUEM-report Berlin, Heft 78, S. 7–21

Alheit, Peter/Dausien, Bettina (1992): „Biographie – ein ‚modernes Deutungsmuster'? Sozialstrukturelle Brechungen einer Wissensform der Moderne", In: Meuser, Michael/Sackmann, Reinhold (Hrsg.): Analyse sozialer Deutungsmuster. Beiträge zur empirischen Wissenssoziologie. Pfaffenweiler, S. 161–181

Alheit, Peter/Dausien, Bettina (1999): Biographieforschung in der Erwachsenenbildung. In: Krüger, Heinz-Herrmann/Marotzki, Winfried (Hrsg.) (1999), S. 407–432

Alheit, Peter/Dausien, Bettina (2000): „Die biographische Konstruktion der Wirklichkeit. Überlegungen zur Biographizität des Sozialen", In: Hoerning, Erika M. (Hrsg.): Biographische Sozialisation. Stuttgart, S. 257–283

Alheit, Peter/Dausien, Bettina (2002): Bildungsprozesse über die Lebensspanne und lebenslanges Lernen. In: Tippelt, Rudolf (Hrsg.) (2002), S. 565–585

Alheit, Peter/Hoerning, Erika M. (Hrsg.) (1989): Biographisches Wissen. Beiträge zu einer Theorie lebensgeschichtlicher Erfahrung. Frankfurt a.M.

Alheit, Peter/Hoerning, Erika M. (1989a): Biographie und Erfahrung: Eine Einleitung. In: Alheit, Peter/Hoerning, Erika M. (Hrsg.) (1989), S. 8–23

Alheit, Peter/von Felden, Heide (Hrsg.) (2009): Lebenslanges Lernen und erziehungswissenschaftliche Biographieforschung im europäischen Diskurs. Bd. 2 der Reihe Lernweltforschung. Wiesbaden

Alheit, Peter/von Felden, Heide (2009a): Einführung: Was hat lebenslanges Lernen mit Biographieforschung zu tun?. In: Alheit, Peter/von Felden, Heide (Hrsg.) (2009), S. 9–17

Arnold, Rolf (1995): Lebendiges Lernen – Auf dem Weg zu einer neuen Lernkultur, In: Neuland, Michèle (Hrsg.): „Schüler wollen Lernen" – Lebenslanges Lernen mit der Neuland-Moderation. Eichenzell

Arnold, Rolf (1998): Kompetenzentwicklung. Zeitschrift für Berufs- und Wirtschaftspädagogik. Bd. 94, Heft 4, S. 496–504

Arnold, Rolf (2000): Lebenslanges Lernen aus Sicht der Erwachsenenbildung. In: Achtenhagen, Frank/Lempert, Wolfgang (Hrsg.): Lebenslanges Lernen im Beruf. Seine Grundlegung im Kindes- und Jugendalter (V). Bildungstheorie und Bildungsforschung. Opladen, S. 151–166

Baacke, Dieter/Schulze, Theodor (1993): Aus Geschichten lernen. Zur Einübung pädagogischen Verstehens. Neuausgabe. Weinheim und München

Bader, Reinhard (1999): Lernfelder. In: Die berufsbildende Schule 51, Heft 1, 1999, S. 3–4

Bader, Reinhard/Müller, Martina (2002): Leitziel der Berufsausbildung: Handlungskompetenz. In: Die berufsbildende Schule 54, Heft 6, S. 176–182

Bals, Thomas (1995): Professionalisierung des Lehrers im Berufsfeld Gesundheit. 3. Auflage Köln

Bals, Thomas (2003): Situation und Zukunftsperspektiven der beruflichen Fachrichtungen Kosmetologie, Pflegewissenschaft sowie Gesundheitswissenschaften an der Universität Osnabrück. In: Czycholl,Reinhard/Rebmann, Karin (Hrsg.): Die Lehrerbildung für berufliche Schulen in Niedersachsen. Stand und Entwicklungsperspektiven. Oldenburg, S. 175–195

Bals, Thomas (2008): Bildungspolitische Empfehlungen und Beschlüsse zur zukünftigen Lehrerbildung. In: Bischoff-Wanner, Claudia/Reiber, Karin (Hrsg.) (2008), S. 85–99

Bartmann, Sylke (2005): Ressourcenbildung im Biographieverlauf, In: Zeitschrift für qualitative Bildungs-, Beratungs- und Sozialforschung (ZBBS) 1/2005, 23–42

Bartmann, Sylke (2006): „Zur Bildung von Selbst- und Weltverständnissen", In: Griese, Birgit (Hrsg.): Theoretische und empirische Perspektiven auf Lern- und Bildungsprozesse. Mainz, S. 27–52

Bartmann, Sylke (2007): „Biographische Ressourcen – ein heuristisches Modell für die erziehungswissenschaftliche Biographieforschung". In: von Felden, Heide (Hrsg.) (2007) S. 81–102

Bastian, Johannes/Helsper, Werner/Reh, Sabine/Schelle, Carla (Hrsg.) (2000): Professionalisierung im Lehrerberuf. Von der Kritik der Lehrerrolle zur pädagogischen Professionalität (= Studien zur Schul- und Bildungsforschung, Bd. 12). Opladen, S. 107–124

Bastian, Johannes/Helsper, Werner (2000): „Professionalisierung im Lehrerberuf – Bilanzierung und Perspektiven". In: Bastian, Johannes/Helsper, Werner/Reh, Sabine/Schelle, Carla (Hrsg.) (2000), S. 107–124

Bateson, Gregory (1964): Die logischen Kategorien von Lernen und Kommunikation. In: ders. (1981), S. 302–320

Bateson, Gregory (1967): Stil, Grazie und Information in der primitiven Kunst: In: ders. (1981), S. 182-212

Bateson, Gregory (1981): Ökologie des Geistes. Anthropologische, psychologische, biologische und epistemologische Perspektiven. Übersetzt von Hans-Günther Holl. Frankfurt a.M.

Bauer, Karl-Oswald (1998): Pädagogisches Handlungsrepertoire und professionelles Selbst von Lehrern und Lehrerinnen. In: Zeitschrift für Pädagogik 44, S. 343–359

Bauer, Karl-Oswald (2000): Konzepte pädagogischer Professionalität und ihre Bedeutung für die Lehrerarbeit. In: Bastian, Johannes/Helsper, Werner/Reh, Sabine/Schelle, Carla (Hrsg.) (2000), S. 55–72

Bauer, Karl-Oswald/Kopka, Andreas/Brindt, Stefan (1996): Pädagogische Professionalität und Lehrerarbeit. Eine qualitativ empirische Studie über professionelles Handeln und Bewusstsein. Weinheim, München

Bauman, Zygmunt (2007): Leben in der flüchtigen Moderne, Frankfurt a. M.

Beck, Ulrich (1986): Risikogesellschaft. Auf dem Weg in eine andere Moderne. Frankfurt a. M.

Beck, Ulrich (1995): Eigenes Leben. Skizzen zu einer biographischen Gesellschaftsanalyse. In:

Beck, Ulrich/Vossenkuhl, Wilhelm/Erdmann Ziegler, Ulf (Hrsg.): Eigenes Leben. Ausflüge in die unbekannte Gesellschaft, in der wir leben. München

Beck, Christian/Stelmaszyk, Bernhard (2004): Fallarbeit in der Lehrerbildung. In: Koch-Priewe, Barbara./Kolbe, Fritz-Ulrich/Wildt, Johannes (Hrsg.) (2004), S. 212-234

Becker, Wolfgang/Meifort, Barbara (1995): Pflege als Beruf – ein Berufsfeld in der Entwicklung. Berufe in der Gesundheits- und Sozialpflege Ausbildung, Qualifikationen, berufliche Anforderungen. Bielefeld

Becker, Wolfgang (2002): Gesundheits- und Pflegeberufe – Wissen wir genug, um über berufliche Reformen reden zu können? In: Becker, Wolfgang/Meifort, Barbara (Hrsg.): Gesundheitsberufe: Alles „Pflege" – oder was? Personenbezogene Dienstleistungsberufe – Qualitätsentwicklungen, Strukturveränderungen, Paradigmenwechsel. Gütersloh, S. 9–42

Becker, Wolfgang (2006): Ausbildung in den Pflegeberufen. Weichen stellen für die Zukunft in Theorie und Praxis. 2 Bände. Bonn

Benner, Patricia (1994): Stufen zur Pflegekompetenz. From Novice to Expert. Bern

Berger, Peter/Luckmann, Thomas (2003): Die gesellschaftliche Konstruktion der Wirklichkeit. 19. Auflage, Frankfurt a.M.

Bernart, Yvonne/Krapp, Stefanie (2005): Das narrative Interview: ein Leitfaden zur rekonstruktiven Auswertung. 3., überarbeitete Auflage, Landau

Biendarra, Ilona (2005): Krankheit als Bildungsereignis?: Ältere Menschen erzählen. Würzburg

Bischoff, Claudia (1992): Frauen in der Krankenpflege. Zur Entwicklung von Frauenrolle und Frauenberufstätigkeit im 19. und 20. Jahrhundert, Frankfurt a.M., New York

Bischoff-Wanner, Claudia/Reiber, Karin (Hrsg.) (2008): Lehrerbildung in der Pflege. Standortbestimmung, Perspektiven und Empfehlungen vor dem Hintergrund der Studienreform. Weinheim und München

Bischoff-Wanner, Claudia (2008a): Die Lehrerbildung in der Pflege im Zeichen von „Bologna". In: Bischoff-Wanner, Claudia/Reiber, Karin (Hrsg.) (2008), S. 11–40

Bischoff-Wanner, Claudia/Reiber, Karin (2008b): Kompetenzorientierung und Standards in der Ausbildung für Pflegelehrer/-innen. In: Bischoff-Wanner, Claudia/Reiber, Karin (Hrsg.) (2008), S. 99–125

BJBF (2003): Abschlussbericht BLK. Modellversuch. Neue Unterrichtsstrukturen und Lernkonzepte durch berufliches Lernen in Lernfeldern. NELE, Staatsinstitut für Schulpädagogik und Bildungsforschung, Hess. Landesinstitut für Pädagogik. München

Blum, Karl/Isfort, Michael/Schilz, Patricia/Weidner, Frank (2006): Pflegeausbildung im Umbruch. Pflegeausbildungsstudie Deutschland (PABiS), Düsseldorf

Blumer, Herbert (1939): An Appraisal of Thomas' and Znaniecki's The Polish Peasant in Europe and America. With statements by William I. Thomas and Florian Znaniecki, a panel discussion, and a summary and analysis by Red Bain. New York

Böhnke, Ulrike/Straß, Katharina (2006): Die Bedeutung der kritisch-rekonstruktiven Fallarbeit in der LehrerInnenbildung im Berufsfeld Pflege. In: PR-Internet, Zeitschrift für Pflege- und Gesundheitswissenschaft 4/2006, S. 197-205

Bohnsack, Ralf (2000): Rekonstruktive Sozialforschung. Einführung in Methodologie und Praxis qualitativer Forschung. 4., durchges. Auflage, Opladen

Bohnsack, Ralf (2008): Rekonstruktive Sozialforschung. Einführung in qualitative Methoden. 7., durchges. und aktualisierte Auflage. Opladen

Bohnsack, Ralf/Marotzki, Winfried/Meuser, Michael (Hrsg.) (2003): Hauptbegriffe Qualitativer Forschung. Opladen,

Bonß, Wolfgang/Esser, Felicitas/Hohl, Joachim (2004): Biographische Sicherheit. In: Beck, Ulrich/Lau, Christoph (Hrsg.) (2004): Entgrenzung und Entscheidung: Was ist neu an der Theorie reflexiver Modernisierung? Frankfurt a.M., S. 211– 232

Borgetto, Bernhard/Kälble, Karl (2007): Medizinsoziologie. Sozialer Wandel, Krankheit, Gesundheit und das Gesundheitssystem. Weinhein und München

Bourdieu, Pierre (1983): Ökonomisches Kapital, Kulturelles Kapital, Soziales Kapital. In: Kreckel, Reinhard (Hrsg.): Soziale Ungleichheiten. Göttingen, S. 183–198

Bourdieu, Pierre (1993): Soziologische Fragen. 1. Auflage, Frankfurt a. M.

Bureau of Applied Social Research (1972): Das qualitative Interview. In: König, René (Hrsg.): Das Interview. Formen, Technik und Auswertung. Köln

Bredow, Antje (2004): Gender in der Berufsbildung. In: Glaser, Edith/Klika, Dorle/Prengel, Annedore (Hrsg.): Handbuch Gender und Erziehungswissenschaft. Bad Heilbrunn/Obb., S. 491–502

Bromme, Rainer (1992): Der Lehrer als Experte. Zur Psychologie des professionellen Wissens. Bern

Bromme, Rainer (1997): Kompetenzen, Funktionen und unterrichtliches Handeln des Lehrers. In: Weinert, Franz E. (Hrsg.): Psychologie des Unterrichts und der Schule. Enzyklopädie der Psychologie. Pädagogische Psychologie. Bd. 3. Göttingen, 177–212

Bromme, Rainer (2008): Lehrerexpertise. In: Schneider, Wolfgang/Hasselhorn, Marcus (Hrsg.): Handbuch der Pädagogischen Psychologie. Göttingen, S. 159–167

Brühe, Roland (2008): Identität von Lehrenden im Berufsfeld Pflege. Eine explorative Studie zum Einfluss (berufs-)biographischer Erfahrungen auf das Selbstverständnis von Pflegelehrer. Saarbrücken

Brüsemeister, Thomas (2000): Qualitative Forschung. Wiesbaden

Bundesministerium für Familie, Senioren, Frauen und Jugend (2003): Gesetz über die Berufe in der Altenpflege (Altenpflegegesetz). AltPflG, vom 25.08.2003. In: Bundesgesetzblatt Teil I Nr. 44, S. 1690–1696

Castells, Manuel (2001): Der Aufstieg der Netzwerkgesellschaft. Teil 1 der Trilogie. Das Informationszeitalter. Opladen

Combe, Arno/Helsper, Werner (Hrsg.) (1996): Pädagogische Professionalität. Untersuchungen zum Typus pädagogischen Handelns. Frankfurt a. M.

Combe, Arno/Helsper, Werner/Stelmaszyk, Bernhard (Hrsg.) (1999): Forum Qualitative Schulforschung. Bd. 1.

Combe, Arno/Helsper, Werner (2002): Professionalität. In: Otto, Hans-Uwe/Rauschenbach, Thomas/Vogel, Peter (Hrsg.): Erziehungswissenschaft, Professionalität und Kompetenz. Opladen, S. 29–47

Darmann, Ingrid (2004): Theorie-Praxis-Transfer in der Pflegeausbildung. In: PR-Internet, Zeitschrift für Pflege-und Gesundheitswissenschaft 4/2004, S. 97–203

Darmann, Ingrid (2005): Pflegeberufliche Schlüsselprobleme als Ausgangspunkt für die Planung von fächerintegrativen Unterrichtseinheiten und Lernsituationen. In: PR-Internet, Zeitschrift für Pflege- und Gesundheitswissenschaft 6/2005, S. 329–335

Darmann-Finck, Ingrid/Ertl-Schmuck, Roswitha (2008): Strukturmodelle der Lehrerbildung im Bachelor-/Master-Studiensystem. In: Bischoff-Wanner, Claudia/Reiber, Karin (Hrsg.) (2008), S. 65–84

Dausien, Bettina (1994): Biographieforschung als Königinnenweg? Überlegungen zur Relevanz biographischer Ansätze in der Frauenforschung. In: Diezinger, Angelika u.a. (Hrsg.): Erfahrung mit Methode. Wege sozialwissenschaftlicher Frauenforschung. Freiburg, S. 129–153

Dausien, Bettina (1996): Biographie und Geschlecht. Bremen

Dausien, Bettina (2000): „Biographie" als rekonstruktiver Zugang zu „Geschlecht" – Perspektiven der Biographieforschung. In: Lemmermöhle, Döris/Fischer, Dietlind/Klika, Dorle/Schlüter, Anne (Hrsg.): Lesarten des Geschlechts. Zur De-Konstruktionsdebatte in der erziehungswissenschaftlichen Geschlechterforschung. Opladen, S. 96–115

Dausien, Bettina (2002): „Biographie und/oder Sozialisation? Überlegungen zur paradigmatischen und methodischen Bedeutung von Biographie in der Sozialisationsforschung", In: Kraul, Margret/Marotzki, Winfried (Hrsg.) (2002), S. 65–91

Dausien, Bettina (2005): „Biographieorientierung in der Sozialen Arbeit – Überlegungen zur Professionalisierung pädagogischen Handelns", In: SOZIALEXTRA - Zeitschrift für Soziale Arbeit & Sozialpolitik, Heft 11, S. 6–11

Denzin, Norman (1989): Interpretative Biography. Newbury Park/London/New Delhi

Detka, Carsten (2005): „Zu den Arbeitsschritten der Segmentierung und der Strukturellen Beschreibung in der Analyse autobiographisch-narrativer Interviews", In: Zeitschrift für qualitative Bildungs-, Beratungs- und Sozialforschung (ZBBS) 2/2005, S. 351–463

Detka, Carsten (2007): Biographische Bedingung für den Umgang mit einer chronischen Erkrankung. In: Otto-von-Guericke Universität Magdeburg. Arbeitsbericht Nr. 44 (Internetfassung)

Deutscher Bildungsrat für Pflegeberufe (Hrsg.) (2007): Pflegebildung offensiv: Das Bildungskonzept des Deutschen Bildungsrates für Pflegeberufe

Deutscher Bildungsrat für Pflegeberufe (Hrsg.) (2010): Pflegebildung offensiv. Handlungsleitende Perspektiven zur Gestaltung der beruflichen Qualifizierung in der Pflege. Berlin

Deutscher Bundestag (2003): Gesetz über die Berufe in der Krankenpflege (Krankenpflegegesetz). KrPflG, vom 16.07.2003. In: Bundesgesetzblatt Teil I, Nr. 36, S. 1442–1458

Dewe, Bernd (1999): Lernen zwischen Vergewisserung und Ungewißheit. Reflexives Handeln in der Erwachsenenbildung. Opladen

Dewe, Bernd/Ferchhoff, Wilfried/Radtke, Frank-Olaf (1990): Die opake Wissensbasis pädagogischen Handelns – Einsichten aus der Verschränkung von Wissensverwendungsforschung und Professionalisierungstheorie. In: Alisch, Lutz-Michael/Baumert, Jürgen/Beck, Klaus (Hrsg.): Professionswissen und Professionalisierung. Braunschweig, S. 291–320

Dewe, Bernd/Ferchhoff, Wilfried/Radtke, Frank-Olaf (Hrsg.) (1992): Erziehen als Profession. Zur Logik professionellen Handelns in pädagogischen Feldern. Opladen

Dewe, Bernd/Kurtz, Thoma (Hrsg.) (2000): Reflexionsbedarf und Forschungsperspektiven moderner Pädagogik. Opladen

Dick, Andreas (1997): „Lehrer-Werdung" als biografisch-wissenschaftliche Berufsentwicklung. In: Schweizer Schule 84, Heft 9, S. 28-36.

Dilthey, Wilhelm (1968): Gesammelte Schriften, Bd. VII: Der Aufbau der geschichtlichen Welt in den Geisteswissenschaften. 5. Auflage. Stuttgart und Göttingen

Dilthey, Wilhelm (1974): Gesammelte Schriften, Bd. V: Die geistige Welt. Abhandlung zur Grundlegung der Geisteswissenschaften. Stuttgart und Göttingen

Dirks, Una (2000): Wie werden EnglischlehrerInnen professionell? Eine berufsbiographische Untersuchung in den neuen Bundesländern, Münster u.a

Dirks, Una/Hansmann, Wilfried (Hrsg.) (1999): Reflexive Lehrerbildung. Fallstudien und Konzepte im Kontext berufsspezifischer Kernprobleme. Weinheim

Dreyfus, Hubert L./Dreyfus, Stuart E. (1987): Künstliche Intelligenz. Von den Grenzen der Denkmaschine und dem Wert der Institution. Hamburg

Dohmen, Günther (2001): Das informelle Lernen – Die internationale Erschließung einer bisher vernachlässigten Grundform menschlichen Lernens für das lebenslange Lernen aller. Bonn

Dunkel, Wolfgang (1994): Pflegearbeit – Alltagsarbeit. Eine Untersuchung der Lebensführung von Altenpflegerinnen. Freiburg

Ecarius, Jutta (1998): Biographie, Lernen und Gesellschaft. Erziehungswissenschaftliche Überlegungen zu biographischem Lernen in sozialen Kontexten. In: Bohnsack, Ralf/Marotzki, Winfried (Hrsg.): Biographieforschung und Kulturanalyse. Opladen, S. 129-151.

Egger, Rudolf (1995): Biographie und Bildungsrelevanz. Eine empirische Studie über Prozeßstrukturen moderner Bildungsbiographien. München, Wien

Egger, Rudolf (2008): Orte und Nicht-Orte der Bildung. Aneignungsprozesse als Rahmen und Rahmung lebensnahen Lernens, In: Egger, Rudolf/Mikula, Regina/Haring, Sol/Felbinger, Andrea/Pilch-Ortega, Angela (Hrsg.) (2008): Orte des Lernens – Lernwelten und ihre biographische Aneignung. Wiesbaden,), S. 21-34

Ehrenspeck, Yvonne (2002): Philosophische Bildungsforschung. Bildungstheorie. In: Tippelt, Rudolf (Hrsg.) (2002), S. 141–154

Elias, Nobert (1984): Über die Zeit. Frankfurt a. M.

Erikson, Erik H. (1984): Kindheit und Gesellschaft, Stuttgart

Ertl-Schmuck, Roswitha (2001): Die Bedeutung der Methoden. In: Sieger, Margot (Hrsg.) (2001), S. 147–164

Ewert, Friedrich (2007): Themenzentrierte Interaktion (TZI) und pädagogische Professionalität von Lehrerinnen und Lehrern. Erfahrungen und Reflexion. Wiesbaden, S. 45–61

Fabel, Melanie (2004): „Ostdeutsche Lehrerbiographien – Professionalisierungspfade im doppelten Modernisierungsprozess", In: Fabel, Melanie/Tiefel, Sandra (Hrsg.) (2004), S. 43–61

Fabel-Lamla, Melanie (2004): Professionalisierungspfade ostdeutscher Lehrer. Biographische Verläufe und Professionalisierung im doppelten Modernisierungsprozess. Wiesbaden

Fabel, Melanie/Tiefel, Sandra (Hrsg.) (2004): Biographische Risiken und neue professionelle Herausforderungen. Wiesbaden

Fabel, Melanie/Tiefel, Sandra (2004a): „Biographie als Schlüsselkategorie qualitativer Professionsforschung – eine Einleitung". In: dies. (Hrsg.) (2004), S. 11–40

Falk, Juliane/Keuchel, Regina (Hrsg.) (2007): Moderne Pflegeausbildung heute. Bildungstheoretische Orientierungen und bewährte Praxisbeispiele für den Unterricht. Weinheim, München

Fischer, Wolfram/Kohli, Martin (1987): Biographieforschung In: Voges, Wolfgang (Hrsg.): Methoden der Biographie- und Lebenslaufforschung. Opladen, S. 25-49

Fischer-Rosenthal, Wolfram (1991): Biographische Methoden in der Soziologie, In: Flick, Uwe u.a. (Hrsg.) (1991), S. 253-256

Fischer-Rosenthal, Wolfram/Rosenthal, Gabriele (1997): Narrationsanalyse biographischer Selbstpräsentationen. In: Hitzler, Ronald/Honer, Anne (Hrsg.): Sozialwissenschaftliche Hermeneutik. Opladen, S. 133-164

Fischer-Rosenthal, Wolfram (1999): Biographie und Leiblichkeit. Zur biographischen Arbeit und Artikulation des Körpers. In: Alheit, Peter/Dausien, Bettina/Fischer–Rosenthal, Wolfram/Hanses, Andreas/Keil, Anneli (Hrsg.): Biographie und Leib. Gießen, S. 15–43.

Flick, Uwe u.a. (Hrsg.) (1991): Handbuch Qualitative Sozialforschung. Grundlagen, Konzepte, Methoden und Anwendungen . München

Flick, Uwe/von Kardorff, Ernst/Steinke, Ines (2000): Qualitative Forschung. Ein Handbuch. Reinbek

Forneck, Hermann J./Wiesner, Gisela/Zeuner, Christine (Hrsg.) (2006): Empirische Forschung und Theoriebildung in der Erwachsenenbildung. Baltmannsweiler

Foucault, Michel (1992): Andere Räume, In: Barck, Karlheinz u.a. (Hrsg.), Aisthesis. Wahrnehmung heute oder Perspektiven einer anderen Ästhetik. Leipzig, S. 34–46.

Foucault, Michel (2004): Geschichte der Gouvernementalität. I: Sicherheit, Territorium, Bevölkerung. II: Die Geburt der Biopolitik. 2 Bände, hrsg. von M. Sennelart, Frankfurt a.M.

Friebertshäuser, Barbara/Prengel, Annedore (Hrsg.) (1997): Handbuch qualitative Forschungsmethoden in der Erziehungswissenschaft. Weinheim und München

Fuchs, Werner (1984): Biographische Forschung. Eine Einführung in Praxis und Methoden. Opladen

Fuchs-Heinritz, Werner (2000): Biographische Forschung. Eine Einführung in Praxis und Methoden. 2. Auflage. Opladen

Fuller, Frances F./Brown, Oliver H. (1975): Becoming a Teacher. In: Ryan, Kevin (Hrsg.) (1975): Teacher Education. Yearbook of the National Society for the Study of Education, 74, 2. Chicago, S. 25-52

Garz, Detlef (1997): Die Methode der objektiven Hermeneutik. Eine anwendungsbezogene Einführung. In: Friebertshäuser, Barbara/Prengel, Annedore (Hrsg.) (1997), S. 535–543

Garz, Detlef (2000): Biographische Erziehungswissenschaft. Lebenslauf, Entwicklung und Erziehung. Eine Hinführung. Opladen

Garz, Detlef (2007): Zur Rekonstruktion autobiographischer Texte – Methoden im Vergleich. In: von Felden, Heide (Hrsg.) (2007), S. 13-24

Garz, Detlef/Kraimer, Klaus (Hrsg.) (1991): Qualitativ–empirische Sozialforschung: Konzepte, Methoden, Analysen. Opladen

Giddens, Anthony (1995): Die Konstitution der Gesellschaft. Grundzüge einer Theorie der Strukturierung. 3. Auflage, Frankfurt a.M.

Giddens, Anthony (1996): Konsequenzen der Moderne. Frankfurt a. M.

Giddens, Anthony (1996): Risiko, Vertrauen und Reflexivität. In: Beck, Ulrich/Giddens, Anthony/Lash, Scott (Hrsg.): Reflexive Modernisierung – Eine Kontroverse. Frankfurt a. M.

Gieseke, Wiltrud (2001): Erwachsenenpädagogische Prämissen für die Ausbildung. In: Sieger, Margot (Hrsg.) (2001), S. 57–69

Glaser, Barney G./Strauss, Anselm L. (1967): The Discovery of Grounded Theory. Strategies for Qualitative Research. New York

Glaser, Barney G./Strauss, Anselm L. (1998): Grounded Theory. Strategien qualitativer Forschung. Göttingen

Glinka, Hans-Jürgen (1998): Das narrative Interview. Eine Einführung für Sozialpädagogen. Weinheim, München

Görres, Stefan u.a. (2000)/Institut für angewandte Pflegeforschung (iap), Universität Bremen: Evaluation pflegewissenschaftlicher Studiengänge in Deutschland. Ein Pilotprojekt zum gegenwärtigen Stand und zukünftigen Entwicklungsperspektiven. In: Pflege 13, Heft 1, S. 33–41

Görres, Stefan/Friesacher, Heiner (2002): Entwicklung der Pflegewissenschaft. In: Homfeldt/ Laaser/Prümel-Philippsen/Robertz-Grossmann (Hrsg.): Studienbuch Gesundheit. Soziale Differenz – Strategien – Wissenschaftliche Disziplinen. Neuwied, Kriftel, S. 251–270

Göhlich, Michael/Zirfas, Jörg (2007): Lernen. Ein pädagogischer Grundbegriff. Stuttgart

Griese, Birgit/Griesehop, Hedwig Rosa (2007): Biographische Fallarbeit: Theorie, Methode und Praxisrelevanz. 1. Aufl. Wiesbaden

Griese, Birgit (2007): Forschungsökonomie im Paradigma Narrative Identität. Zur Rekonstruktion der ‚Gestalt‘ autobiographischer Stegreiferzählungen. In: von Felden, Heide (Hrsg.) (2007), S. 103–136

Griese, Birgit (2008): Erzähltheoretische Grundlagen in der Biographieforschung. Ein Plädoyer für die Beschäftigung mit den Basiskonzepten. In: von Felden, Heide (Hrsg.) (2008), S. 129–155

Gross, Pierre (1998): Die Multioptionsgesellschaft. Frankfurt a. M.

Gudjons, Hermann/Pieper, Marianne/Wagener, Birgit (1986): Auf meinen Spuren. Das Entdecken der eigenen Lebensgeschichte. Hamburg

Hansmann, Winfried M. (2001): Musikalische Sinnwelten und professionelles LehrerInnenhandeln. Eine biographieanalytische Untersuchung. Essen

Harney, Klaus/Ebber, Andreas (1999): Biographieforschung in der Berufspädagogik. In: Krüger, Heinz-Hermann/Marotzki, Winfried (Hrsg.) (1999), S. 391–406

Hassler, Martina (2004): Gesellschaftliche Rahmenbedingungen und Veränderungen. In: Hassler, Martina/Meyer, Martha (Hrsg.): Ambulante Pflege: Neue Wege und Konzepte für die Zukunft. Professionalität erhöhen - Wettbewerbsvorteile sichern. Hannover, S. 23–30

Haug, Karin (1995): Arbeitsteilung zwischen Ärzten und Pflegekräften in deutschen und in englischen Krankenhäusern. Konstanz

Haupert, Bernhard (1991): Vom narrativen Interview zur biographischen Typenbildung. Ein Auswertungsverfahren dargestellt am Beispiel eines Projekts zur Jugendarbeitslosigkeit. In: Garz, Detlef/Kraimer, Klaus (Hrsg.) (1991), S. 213–254

Heinze, Thoma (2001): Qualitative Sozialforschung. München

Helsper, Werner (1996): Antinomien des Lehrerhandelns in modernisierten pädagogischen Kulturen. Paradoxe Verwendungsweisen von Autonomie und Selbstverantwortlichkeit. In: Combe, Arno/Helsper, Werner (Hrsg.) (1996), S. 521–569

Helsper, Werner (2001): Praxis und Reflexion – die Notwendigkeit einer „doppelten Professionalisierung" des Lehrers. In: Journal für Lehrerinnenbildung. 1, S. 7–15

Helsper, Werner (2002a): Lehrerprofessionalität als antinomische Handlungsstruktur. In: Kraul, Margret/Marotzki, Winfried/Schweppe, Cornelia (Hrsg.) (2002), S. 64–102

Helsper, Werner (2002b): Wissen, Können, Nicht-Wissen-Können. Wissensformen des Lehrers und Konsequenzen für die Lehrerbildung. In: Zentrum für Schulforschung und Fragen der Lehrerbildung (Hrsg.): Die Zukunft der Lehrerbildung. Eine Streitschrift. Opladen, S. 67–86

Helsper, Werner (2003): Ungewissheit im Lehrerhandeln als Aufgabe der Lehrerbildung. In: Helsper, Werner/Hörster, Reinhard/Kade, Jochen (Hrsg.) (2003), S. 142–161

Helsper, Werner (2004): Antinomien, Widersprüche, Paradoxien: Lehrerarbeit – ein unmögliches Geschäft? Eine strukturtheoretische-rekonstruktive Perspektive auf das Lehrerhandeln. In: Koch-Priewe, Barbara/Kolbe, Fritz-Ulrich/Wildt, Johannes (Hrsg.) (2004), S. 49–98

Helsper, Werner (2007): Eine Antwort auf Jürgen Baumerts und Mareike Kunters Kritik am strukturtheoretischen Professionsansatz. In: Zeitschrift für Erziehungswissenschaft (ZfE) 10, Heft 4, S. 567–579

Helsper, Werner/Böhme, Jeanette/Kramer, Rolf-Torsten/Lingkost, Angelika (2001): Schulkultur und Schulmythos. Gymnasien zwischen elitärer Bildung und höherer Volksschule im Transformationsprozeß. Rekonstruktionen zur Schulkultur I (= Studien zur Schul- und Bildungsforschung, Bd. 13). Opladen

Helsper, Werner/Kolbe, Fritz-Ulrich (2002): Bachelor/Master in der Lehrerbildung. In: Zeitschrift für Erziehungswissenschaft (ZfE) 5, Heft 3, S. 384–400

Helsper, Werner/Krüger, Heinz-Hermann-H./Rabe-Kleberg, Ursula (2000): Professionstheorie, Professions- und Biographieforschung – Einführung in den Themenschwerpunkt. In: Zeitschrift für qualitative Bildungs-, Beratungs- und Sozialforschung (ZBBS) 1/2000, S. 5-19

Helsper, Werner/Hörster, Reinhard/Kade, Jochen (Hrsg.) (2003): Ungewissheit. Pädagogische Felder im Modernisierungsprozess. Weilerswist

Helsper, Werner/Böhme, Jeanette (Hrsg.) (2004): Handbuch der Schulforschung. Wiesbaden

Hennig, André/Ostermann-Vogt, Bettina (2008): Grundzüge der Biographieforschung und deren Potential für pflegewissenschaftliche Diskurse und Fragestellungen. In: PR-Internet, Zeitschrift für Pflege-und Gesundheitswissenschaft 7/2008, S. 429-433

Hentig, von Hartmut (1996): Bildung. Ein Essay. München, Wien

Hericks, Uwe (2006): Professionalisierung als Entwicklungsaufgabe. Rekonstruktionen zur Berufseingangsphase von Lehrerinnen und Lehrern. Wiesbaden

Hermann, Ulrich (1997): Zum Verhältnis von Allgemeiner und Spezieller Bildung. In: Liedtke, Max (Hrsg.): Berufliche Bildung – Geschichte, Gegenwart, Zukunft. Bad Heilbrunn, S. 335-349.

Hermanns, Harry (1992): Die Auswertung narrativer Interviews. Ein Beispiel für qualitative Verfahren. In: Hoffmeier-Zlotnik, Jürgen H.P. (Hrsg.): Analyse verbaler Daten – Über den Umgang mit qualitativen Daten. Opladen, S. 110-137

Hermanns, Harry (1991): Narratives Interview. In: Flick, Uwe u.a. (Hrsg.) (1991), S. 183-185

Herzberg, Heidrun (2005): Lernhabitus als Grundlage lebenslanger Lernprozesse. In: Zeitschrift für qualitative Bildungs-, Beratungs- und Sozialforschung (ZBBS) 1/2005, S. 11–22

Hippach-Schneider, Ute/Krause, Martina/Woll, Christian (2007): Berufsbildung in Deutschland. Kurzbeschreibung. Luxemburg: Amt für Amtliche Veröffentlichung der Europäischen Gemeinschaft

Hirsch, Gertrude (1990): Biographie und Identität des Lehrers. Eine typologische Studie über den Zusammenhang von Berufserfahrungen und beruflichem Selbstverständnis. Weinheim und München

Hoerning, Erika M. (1987): Lebensereignisse. Übergänge im Lebenslauf. In: Voges, Wolfgang (Hrsg.): Methoden der Biographie- und Lebenslaufforschung. Opladen, S. 231-258

Hoerning, Erika M. (Hrsg.) (1989): Biographische Sozialisation. Stuttgart

Hörmann, Martina/Lenz, Bianca (2009): Lernfeldorientierte Gestaltung von Lehr-/Lernprozessen in der (Alten)Pflegeausbildung. Ergebnisse aus zwei Befragungen von Lehrkräften und Auszubildenden. In: PR-Internet, Zeitschrift für Pflege-und Gesundheitswissenschaft 9/2009, S. 473-477

Höhne, Thomas (2003): Pädagogik der Wissensgesellschaft. Bielefeld

Hubermann, Michael (1991): Der berufliche Lebenszyklus von Lehrern: Ergebnisse einer empirischen Untersuchung. In: Terhart, Ewald (Hrsg.) (1991), S. 249-267

Hülsken-Giesler, Manfred/Böhnke, Ulrike (2006): Professionelles Lehrerhandeln im Bereich der Gesundheits- und Pflegeberufe in Deutschland – eine Herausforderung für Reformprozesse

Hülsken-Giesler, Manfred/Böhnke, Ulrike (2007): Professionelles Lehrerhandeln in Gesundheit und Pflege – eine Herausforderung für Reformprozesse. In: Pflege und Gesellschaft 12, Heft 2, S. 165-187

Humboldt, Wilhelm von (1792): Ideen zu einem Versuch, die Grenzen der Wirksamkeit des Staates zu bestimmen. In: Wilhelm von Humboldt, Werke in fünf Bänden, hrsg. von Andreas Flitner und Klaus Giel, Bd. 1. Stuttgart., 3. Aufl. 1980, S. 56–233

Humboldt, Wilhelm von (1796): Plan einer vergleichenden Anthropologie. In: Wilhelm von Humboldt, Werke in fünf Bänden, hrsg. von Andreas Flitner und Klaus Giel, Bd. 1. Stuttgart. 3. Aufl. 1980, S. 337-375

Humboldt, Wilhelm von (1827–1829): Über die Verschiedenheiten des menschlichen Sprachbaus. In: Wilhelm von Humboldt, Werke in fünf Bänden. herausgegeben von Andreas Flitner und Klaus Giel, Bd. 3. Stuttgart. 3. Aufl. 1980, S. 144–367

Hummrich, Merle/Graßhoff, Gunther/Helsper, Werner (2007): Möglichkeiten der empirischen Ausdifferenzierung (reform)pädagogischer Beziehungen. In: Graßhoff, Gunther/Höblich, Davina/Idel, Till-Sebastian/Kunze, Katharina/Stelmaszyk, Bernhard: Reformpädagogik trifft Erziehungswissenschaft. Mainz, S. 211–242

Husserl, Erich (1950): Ideen zu einer reinen Phänomenologie und phänomenologischen Philosophie. In: Husserl, Erich, Husserliana, Bd. III, Erstes Buch, hrsg. von Walter Biemel, Haag

Institut für Public-Health (Hrsg.) (2006): Im Fokus. Biographieforschung in den Berufsfeldern Pflege und Gesundheit. Universität Bremen, 03/2006

Jakob, Gisela (1997): Das narrative Interview in der Biographieforschung. In: Friebertshäuser, Barbara/Prengel, Annedore (Hrsg.) (1997), S. 445-458

Jörissen, Benjamin/Marotzki, Winfried (2009): Medienbildung – Eine Einführung. Bad Heilbrunn

Kade, Jochen (1985): Diffuse Zielgerichtetheit. Rekonstruktion einer unabgeschlossenen Bildungsbiographie. In: Baacke, Dieter/Schulze, Theodor (Hrsg.): Pädagogische Biographieforschung. Weinheim und Basel, S. 124–140

Kade, Jochen (1997): Vermittelbar/Nicht-Vermittelbar. Vermitteln. Aneignen. Im Prozeß der Systembildung des Pädagogischen. In: Lenzen, Dieter/Luhmann, Niklas (Hrsg.): Bildung und Weiterbildung im Erziehungssystem. Frankfurt a. M., S. 30–80

Kade, Jochen/Lüders, Christian (1996): Lokale Vermittlung. In: Combe, Arno/Helsper, Werner (Hrsg.) (1996), S. 887–923

Kade, Jochen/Nittel, Dieter (1997): Biographieforschung – Mittel zur Erschließung von Bildungswelten Erwachsener. In: Friebertshäuser, Barbara/Prengel, Annedore (Hrsg.) (1997), S. 745–757

Kade, Jochen/Seitter, Wolfgang (1996): Lebenslanges Lernen – Mögliche Bildungswelten. Opladen

Kälble, Karl (2006): Gesundheitsberufe unter Modernisierungsdruck – Akademisierung, Professionalisierung und neue Entwicklungen durch Studienreform und Bologna–Prozess. In: Pundt, Johanne (Hrsg.): Professionalisierung im Gesundheitswesen. Positionen – Potenziale – Perspektiven. Bern u.a., S. 213–234

Kallmeyer, Werner/Schütze, Fritz (1977): Zur Konstitution von Kommunikationsschemata der Sachverhaltsdarstellung. In: Wegner, Dirk (Hrsg.): Gesprächsanalyse. Hamburg, S. 159–274

Kant, Immanuel (1800): Logik. Ein Handbuch zu Vorlesungen. In: Immanuel Kant, Schriften zur Metaphysik und Logik 2. Werkausgabe, hrsg. von Wilhelm Weischedel, Bd. VI (1977), Frankfurt a. M.

Käser, Gerhard M. u.a. (2002): Wie erleben Lehrer/innen für Pflegeberufe die geplante Einführung einer generalistischen Pflegeausbildung? Eine qualitative Untersuchung. In: PR-Internet, Zeitschrift für Pflege-und Gesundheitswissenschaft 2/2002, S. 7–16

Keuchel, Regina (2005): Bildungsarbeit in der Pflege. Bildungs- und lerntheoretische Perspektiven in der Pflegeausbildung. Lage

Keuchel, Regina (2007): Pflegeausbildung heute. Die Perspektive heißt Bildung. In: Falk, Juliane/Keuchel, Regina (Hrsg.): (2007), S. 13–28

Keuchel, Regina/Falk, Juliane (2007), Einleitung: In: Falk, Juliane/Keuchel, Regina (Hrsg.) (2007), S. 7-12

Klaes, Lothar/Weidner, Frank (2008): Pflegeausbildung in Bewegung. Schlussbericht der wissenschaftlichen Begleitung. Berlin

Klafki, Wolfgang (1975): Studien zur Bildungstheorie und Didaktik. Weinheim und Basel

Klafki, Wolfgang (1985): Neue Studien zur Bildungstheorie und Didaktik. Beiträge zur kritisch konstruktiven Didaktik. Weinheim und Basel

Klafki, Wolfgang (1996): Neue Studien zur Bildungstheorie und Didaktik. Zeitgemäße Allgemeinbildung und kritisch-konstruktive Didaktik. 5. Auflage. Weinheim und Basel

Klauser, Fritz (2000): Deklaratives, prozedurales, strategisches Wissen und Metakognition als Leitkategorien der Lernfeldgestaltung. In: Bader, Reinhard/Sloane, Peter F. E. (Hrsg.): Lernen in Lernfeldern, S. 111–122

Klippert, Heinz (2004): Lehrerbildung. Unterrichtsentwicklung und der Aufbau neuer Routinen. Weinheim und Basel

KMK (2000): Handreichungen für die Erarbeitung von Rahmenlehrplänen der Kulturminister-konferenz für den berufsbezogenen Unterricht in der Berufsschule und ihre Abstimmung mit Ausbildungsordnung des Bundes für anerkannte Ausbildungsberufe

Koch-Priewe, Barbara/Kolbe, Fritz-Ulrich/Wildt, Johannes (Hrsg.) (2004): Grundlagenforschung und mikrodidaktische Reformansätze zur Lehrerbildung. Bad Heilbrunn/Obb.

Koch-Priewe, Barbara/Kolbe, Fritz-Ulrich/Wildt, Johannes (2004a): Professionsforschung und Didaktik der LehrerInnenbildung. Grundlagenforschung und mikrodidaktische Reforman-sätze zur LehrerInnenbildung. In: Koch-Priewe, Barbara/Kolbe, Fritz-Ulrich/Wildt, Johannes (Hrsg.) (2004), S. 7–21

Kohli, Martin (1985): Die Institutionalisierung des Lebenslaufs. Historische Befunde und theore-tische Argumente. In: Kölner Zeitschrift für Soziologie und Sozialpsychologie, Heft 1, S. 1–29

Kohli, Martin (1989): Institutionalisierung und Individualisierung der Erwerbsbiographie. Aktu-elle Veränderungstendenzen und ihre Folgen. In: Brock, Ditmar/Vetter, Hans-Joachim (Hrsg.): Subjektivität im gesellschaftlichen Wandel, Weinheim und München, S. 249-278

Köhler, Doris (2000): Professionelle Pädagogen? Zur Rekonstruktion beruflicher Orientierungs-und Handlungsmuster von ostdeutschen Lehrern der Kriegsgeneration. Münster

Kokemohr, Rainer (1989): Bildung als Begegnung. Logische und Kommunikationstheoretische As-pekte der Bildungstheorie Erich Wenigers und ihre Bedeutung für biographische Bildungspro-zesse in der Gegenwart. In: Hansmann, Otto/Marotzki, Winfried (Hrsg.): Diskurs Bildungs-theorie, Bd. 2: Problemgeschichtliche Orientierungen. Weinheim, S. 327–373

Kolbe, Fritz-Ulrich (2001): Konvergenzen in der Lehrerwissensforschung. Ein Beitrag zu den Grundlagen allgemeiner Didaktik. In: Finkbeiner, Claudia/Schnaitmann, Gerhard W. (Hrsg.): Lehren und Lernen im Kontext empirischer Forschung und Fachdidaktik. Donauwörth, S. 184–207

Kolbe, Fritz-Ulrich (2002a): Wie soll Lehrerbildung organisiert sein? Eine professionalisierungs-theoretische Perspektive. In: Zentrum für Schulforschung und Fragen der Lehrerbildung (Hrsg.): Die Zukunft der Lehrerbildung. Eine Streitschrift. Opladen, S. 175–186

Kolbe, Fritz-Ulrich (2002b): Schule und Unterricht – über Forschungsentwicklungen im letzten Jahrzehnt. In: Tippelt, Rudolf (Hrsg.) (2002), S. 603–622.

Kolbe, Fritz-Ulrich (2004): Das Verhältnis von Wissen und Handeln. In: Blömeke, Sigrid/Rein-hold, Peter/Tulodziecki, Gerhard (Hrsg.): Handbuch Lehrerbildung. Bad Heilbrunn/Obb., S. 205–230

Kolbe, Fritz-Ulrich/Combe, Arno (2004): Lehrerbildung. In: Helsper, Werner/Böhme, Jeanette (Hrsg.) (2004), S. 853–876

Kolbe, Fritz-Ulrich/Stelmaszyk, Bernhard (2005): Entwicklung der Lehrerbildung in Rheinland-Pfalz. Strukturveränderungen und Entwicklung curricularer Standards. In: Bastian, Johannes/ Keuffer, Josef/Lehberger, Reiner (Hrsg.): Lehrerbildung in der Entwicklung. Das Bachelor-Master–System: Modelle – Kritische Hinweise – Erfahrungen. Weinheim, Basel, S. 67–82

Koller, Hans-Christoph (1997): Bildung in einer Vielfalt von Sprachen. Zur Aktualität Humboldts für die bildungstheoretische Diskussion unter den Bedingungen der (Post-)Moderne. In: Koch, Lutz/Marotzki, Winfried/Schäfer, Alfred (Hrsg.): Die Zukunft des Bildungsgedankens. Wein-heim, S. 45-64.

Koller, Hans-Christoph (1993): Biographie als rhetorisches Konstrukt. In: BIOS. Zeitschrift für Biographieforschung und Oral History, 6, Heft 1. Opladen, S. 33–45.

Koller, Hans-Christoph (1994): „Ich war nicht dabei". Zur rhetorischen Struktur einer autobio-graphischen Lern- und Bildungsgeschichte. In: Koller, Hans-Christoph/Kokemohr, Rainer (Hrsg.): Lebensgeschichte als Text. Zur biographischen Artikulation problematischer Bil-dungsprozesse. Weinheim, S. 90–108

Kraimer, Klaus (1997): Narratives als Erkenntnisquelle. In: Friebertshäuser, Barbara/Prengel, An-nedore (Hrsg.) (1997), S. 449–467

Kraimer, Klaus (2000): Die Fallrekonstruktion – Bezüge, Konzepte, Perspektiven. In: ders. (Hrsg.)

(2000): Die Fallrekonstruktion. Sinnverstehen in der sozialwissenschaftlichen Forschung, Frankfurt a. M., S. 23–57

Kramer, Rolf-Torsten (2003): Die ,Öffnung der Schule' als anachronistische Metapher. System- und strukturtheoretische Reflexionen zum Problem der Steigerung von Ungewissheit im pädagogischen Handlungsfeld Schule. In: Helsper, Werner/Hörster, Reinhard/Kade, Jochen (Hrsg.) (2003), S. 251–270

Krammes, Dieter (2000): Berufliche Bildung im gesellschaftlichen Wandel. Berufserziehung zwischen Krise und Aufbruch. In: Erziehungswissenschaft und Beruf 48, Heft 4, S. 397–413

KrPflAPrV (2003): Ausbildungs– und Prüfungsverordnung für die Berufe in der Krankenpflege

Kraul, Margret/Marotzki, Winfried (Hrsg.) (2002): Biographische Arbeit. Perspektiven erziehungswissenschaftlicher Biographieforschung. Opladen

Kraul, Margret/Marotzki, Winfried/Schweppe, Cornelia (Hrsg.) (2002): Biographie und Profession. Bad Heilbrunn/Obb

Kraul, Margret/Marotzki, Winfried (2002a): Biographie und Profession. Eine Einleitung. In: Kraul, Margret/Marotzki, Winfried/Schweppe, Cornelia (Hrsg.) (2002), S. 7-16.

Krüger, Heinz-Hermann (1996): Bilanz und Zukunft der erziehungswissenschaftlichen Biographieforschung. In: Krüger, Heinz-Hermann/Marotzki, Winfried (Hrsg.) (1996), S. 32–53

Krüger, Heinz-Hermann (1999): Entwicklungslinien, Forschungsfelder und Perspektiven der erziehungswissenschaftlichen Biographieforschung. In: Krüger, Heinz-Hermann/Marotzki, Winfried (Hrsg.) (1999) , S. 13–32

Krüger, Heinz-Hermann (2003): Erziehungswissenschaftliche Biographieforschung. In: Friebertshäuser, Barbara/Prengel, Annedore (Hrsg.) (1997), S. 43–55

Krüger, Heinz-Herrmann/Marotzki, Winfried (1995) (Hrsg.): Handbuch erziehungswissenschaftliche Biographieforschung. Opladen

Krüger, Heinz-Hermann/Marotzki, Winfried (Hrsg.) (1996): Erziehungswissenschaftliche Biographieforschung (= Studien zur Erziehungswissenschaft und Bildungsforschung, Bd. 6). 2. Aufl., Opladen

Krüger, Heinz-Hermann/Marotzki, Winfried (Hrsg.) (1999): Handbuch erziehungswissenschaftliche Biographieforschung. Opladen

Kruse, Anna-Paula (1995): Krankenpflegeausbildung seit Mitte des 19. Jahrhunderts. Stuttgart, Berlin, Köln

Kübler, Hans-Günter (2000): Lebensgeschichtliche Erfahrungen und ihre Bedeutung für die Entwicklung der Lehrerpersönlichkeit. Eine skriptanalytische Untersuchung. Frankfurt a. M..

Kunze, Kaya (2008): Professionelle Deutungsmuster und biographische Ressourcen bei Klassenlehrerinnen und Klassenlehrern an Waldorfschulen. Dissertation Johannes-Gutenberg-Universität, Mainz

Kunze, Kaya/Stelmaszyk, Bernhard (2004): Biographien und Berufskarrieren von Lehrerinnen und Lehrern. In: Helsper, Werner/Böhme, Jeanette (Hrsg.) (2004), S. 795–812

Kurtenbach, Hermann/Golombek, Günter/Siebers, Hedi (1998): Krankenpflegegesetz. Stuttgart, Berlin, Köln

Kurtz, Thoma (2000): Pädagogische Forschung zwischen Wissenschaftsanspruch und Reflexionsbewusstsein. Systemtheoretische Überlegungen zur pädagogischen Disziplin in der Moderne. In: Dewe, Bernd/Kurtz, Thoma (Hrsg.) (2000), S. 19–45

Küsters, Ivonne (2006): Narrative Interviews. Grundlagen und Anwendungen. Wiesbaden

Kutschke, Thomas (2010): Aktuelle Erkenntnisse zur Schulentwicklung von Pflegeeinrichtungen. In: PR-Internet, Zeitschrift für Pflege-und Gesundheitswissenschaft 4/2010, S. 197–211

Lamneck, Siegfried (2005): Qualitative Sozialforschung, Bd 2. Weinheim, Basel

Lenzen, Dieter (1995): Pädagogische Grundbegriffe. Bd. 2. Rheinbek

Leuchter, Miriam/Pauli, Christine/Reusser, Kurt/Lipowsky, Frank (2006): Unterrichtsbezogene Überzeugungen und handlungsleitende Kognitionen von Lehrpersonen. In: Zeitschrift für Erziehungswissenschaft (ZfE) 9, Heft 4, S. 562–579

Lipsmeier, Antonius/Pätzold, Günter (2000): Lernfeldorientierung in Theorie und Praxis. In: Zeitschrift für Berufs- und Wirtschaftspädagogik. Beiheft Nr. 15, Stuttgart

Lipsmeier, A. (1998): Vom verblassenden Wert des Berufes für das berufliche Lernen. In: Zeitschrift für Berufs- und Wirtschaftspädagogik 94, Heft 4, S. 481–495

Lucius-Hoene, Gabriele/Deppermann, Arnulf (2004): Rekonstruktion narrativer Identität. Wiesbaden

Luhmann, Niklas (1987): Soziale Systeme. Grundriss einer allgemeinen Theorie. Frankfurt/M

Luhmann, Niklas (2002): Das Erziehungssystem der Gesellschaft. Frankfurt a. M.

Luhmann, Niklas (2005): Soziologische Aufklärung. Konstruktivistische Perspektiven. Wiesbaden

Luhmann, Niklas/Schorr, Karl-Eberhard (1979): Reflexionsprobleme im Erziehungssystem. Stuttgart

Lutterer, Wolfram (2002): Gregory Bateson: Eine Einführung in sein Denken. Heidelberg

Marotzki, Winfried (1988): Bildung als Herstellung von Bestimmtheit und Ermöglichung von Unbestimmtheit. In: Hansmann, Otto/Marotzki, Winfried (Hrsg.) (1988): S. 311–333

Marotzki, Winfried (1990a): Entwurf einer strukturalen Bildungstheorie. Weinheim

Marotzki, Winfried (1990b): Reflexivität und Selbstorganisation in universitären Lernprozessen. Eine bildungstheoretische Mikrologie. In: Marotzki, Winfried/Kokemohr, Rainer (Hrsg.): Biographien in komplexen Institutionen. Studentenbiographien II. Weinheim, S. 134 -176

Marotzki, Winfried (1991a): Sinnkrise und biographische Entwicklung. In: Garz, Detlef/Kraimer, Klaus (Hrsg.) (1991), S. 409–439

Marotzki, Winfried (1991b): Bildungsprozesse in lebensgeschichtlichen Horizonten. In: Hoerning, Erika M (Hrsg.): Biographieforschung und Erwachsenenbildung. Bad Heilbrunn/Obb, S. 182-205

Marotzki, Winfried (1991c): Aspekte einer bildungstheoretisch organisierten Biographieforschung. In: Hoffmann, Dietrich/Heid, Helmut (Hrsg.): Bilanzierungen erziehungswissenschaftlicher Theorieentwicklung (= Beiträge zur Theorie und Geschichte der Erziehungswissenschaft, Bd. 8). Weinheim, S. 119-134

Marotzki, Winfried (1993): Über einige Annahmen des Verständnisses menschlicher Lern- und Bildungsprozesse aus konstruktivistischer Sicht, In: Marotzki, Winfried/Sünker, Heinz (Hrsg.): Kritische Erziehungswissenschaft. Moderne – Postmoderne. Weinheim, S. 54-79

Marotzki, Winfried (1995): Forschungsmethoden der erziehungswissenschaftlichen Biographieforschung. In: Krüger, Heinz-Hermann/Marotzki, Winfried (Hrsg.) (1995), S. 55-89.

Marotzki, Winfried (1997): Digitalisierte Biographien? Sozialisations- und bildungstheoretische Perspektiven virtueller Welten. In: Luhmann, Niklas/Lenzen, Dieter (Hrsg.): Bildung und Weiterbildung im Erziehungssystem. Frankfurt a. M., S. 175-198

Marotzki, Winfried (1999a): Forschungsmethoden und -methodologie der Erziehungswissenschaftlichen Biographieforschung. In: Krüger, Heinz-Hermann/Marotzki, Winfried (Hrsg.) (1999), S. 109–133

Marotzki, Winfried (1999b): Bildungstheorie und Allgemeine Biographieforschung. In: Krüger, Heinz-Hermann/Marotzki, Winfried (Hrsg.) (1999), S. 57-68

Marotzki, Winfried (1999c): Erziehungswissenschaftliche Biographieforschung. In: Zeitschrift für Erziehungswissenschaft (ZfE)2, Heft 3, S. 325-341

Marotzki, Winfried (2000): Qualitative Biographieforschung. In: Flick, Uwe/von Kardorff, Ernst/Steinke, Ines (Hrsg.) (2000) S. 175–186

Marotzki, Winfried (2004): Virtuelle Gemeinschaften als Impulsgeber für das Online–Lernen. In: Meister, Dorothee M. (Hrsg.): Online-Lernen und Weiterbildung, S. 43-62

Marotzki, Winfried/ Nohl, Arndt-Michael/ Ortlepp, Wolfgang (2005): Einführung in die Erziehungswissenschaft. Opladen

Marotzki, Winfried/Jörissen, B. (2009): Medienbildung – Eine Einführung. Theorie – Methoden – Analysen. Bad Heilbrunn

Mead, George Herbert (1968): Geist, Identität und Gesellschaft. Frankfurt a. M.

Meister, Gudrun (1999): Deutungs- und Begründungsmuster ostdeutscher LehrerInnen im Spannungsfeld pädagogischer Orientierung und unterrichtlichen Handelns. In: Combe, Arno/Helsper, Werner/Stelmaszyk, Bernhard (Hrsg.) (1999), S. 341–362

Meister, Gudrun (2005): Das unterrichtliche Selbstverständnis von LehrerInnen. Empirische Muster im Kontext von Unterricht und Biographie. Wiesbaden

Mikula, Regina (2008): Die Mehrperspektivität des Lernens in der Verortung und Rekonstruktion biographischer Veränderungsprozesse. In: Egger, Rudolf/Mikula, Regina/Haring, Sol/Felbinger, Andrea/Pilch-Ortega, Angela (Hrsg.) (2008), S. 59-72

Moers, Martin (2001): Neue Aufgaben- und Berufsprofile in der Pflege. In: Kriesel, Petra u.a. (Hrsg.): Pflege lehren – Pflege managen. Eine Bilanzierung innovativer Ansätze. Frankfurt a. M., S. 43–58

Müller, Klaus (2009): Trends in der Pflegebildung. Ergebnisse deutscher Modellprojekte. In: PR-Internet, Zeitschrift für Pflege-und Gesundheitswissenschaft 4/2009, S. 197–200

Müller, Klaus (2010): Pflegeausbildung braucht Reformen. Positionspapier des Transfernetzwerkes innovative Pflegeausbildung (TiP). In: Die Schwester/Der Pfleger 49, Heft 1, S. 82–85

Muster-Wäbs, Hannelore/Schneider, Kordula (2001): Umsetzung des Lernfeldkonzeptes am Beispiel der handlungstheoretischen Aneignungsdidaktik. In: BWP – Berufsbildung in Wissenschaft und Praxis 1/2001, S. 44–49

Muster-Wäbs, Hannelore/Schneider, Kordula (2005): Das Lernfeldkonzept – im Spannungsfeld von Problemen und Chancen. In: PR-Internet, Zeitschrift für Pflege- und Gesundheitswissenschaft 4/2005, S. 207–220

Neuweg, Hans-Georg (1999a): Erfahrungslernen in der LehrerInnenbildung – Potenziale und Grenzen im Lichte des Dreyfus-Models. In: Erziehung und Unterricht 5-6, S. 363-372

Neuweg, Hans-Georg (1999b): Könnerschaft und implizites Wissen. Zur lehr-lerntheoretischen Bedeutung der Erkenntnis- und Wissenstheorie Michael Polanyis. Münster

Neuweg, Hans-Georg (2000): Wissen – Können – Reflexion. Köln u.a.

Neuweg, Hans-Georg (2004): Im Spannungsfeld von „Theorie" und „Praxis": Zu den Funktionen der ersten und zweiten Phase in der Ausbildung von LehrerInnen. In: Backes-Haase, Alfons/Frommer, Helmut (Hrsg.): Theorie-Praxis-Verzahnung in der beruflichen und gymnasialen Lehrerbildung. Diskussion Berufsbildung Bd. 6. Baltmannsweiler, S. 14–32

Nittel, Dieter/Marotzki, Winfried (Hrsg.) (1997): Berufslaufbahn und biographische Lernstrategien. Eine Fallstudie über Pädagogen in der Privatwirtschaft. Baltmannsweiler

Nittel, Dieter/Seitter, Wolfgang (2005): Biographieanalysen in der Erwachsenenbildungsforschung. In: Zeitschrift für Pädagogik 5, Heft 4, S. 513–527

Nohl, Arnd-Michael (2005): Lernen und Biographie: Sammelrezension zu einem vernachlässigten Thema. In: Zeitschrift für qualitative Bildungs-, Beratungs- und Sozialforschung (ZBBS) 1/2005, S. 163–171

Oevermann, Ulrich (1993): Die objektive Hermeneutik als unverzichtbare methodologische Grundlage für die Analyse von Subjektivität. In: Jung, Thomas/Müller-Doohm, Stefan (Hrsg.): Wirklichkeit im Deutungsprozeß. Verstehen und Methoden in den Kultur- und Sozialwissenschaften. Frankfurt a. M., S. 106-189

Oevermann, Ulrich (1996): Theoretische Skizze einer revidierten Theorie professionalisierten Handelns. In: Combe, Arno/Helsper, Werner (Hrsg.) (1996), S. 70–182

Oevermann, Ulrich (2002): Professionalisierungsbedürftigkeit und Professionalisiertheit pädagogischen Handelns. In: Kraul, Margret/Marotzki, Winfried/Schweppe, Cornelia (Hrsg.) (2002), S. 19–63

Oevermann, Ulrich (2008): Profession contra Organisation? Strukturtheoretische Bestimmungen zum Verhältnis von Organisation und Profession in der Schule. In: Helsper, Werner/Busse, Susann/Hummrich, Merle/Kramer, Rolf-Torsten (Hrsg.): Pädagogische Professionalität in Organisationen. Pädagogische Verhältnisbestimmungen am Beispiel der Schule. Opladen, S. 55–77

Oevermann, Ulrich/Allert, Tilman/Konau, Elisabeth/Krambeck, Jürgen (1979): Die Methodologie einer ‚objektiven Hermeneutik' und ihre allgemeine forschungslogische Bedeutung in den Sozialwissenschaften. In: Soeffner, Hans-Georg (Hrsg.): Interpretative Verfahren in den Sozial- und Textwissenschaften. Stuttgart, S. 352–434

Ostermann-Vogt, Bettina 2004: Qualifikatorische Rahmenbedingungen. Berufliche Bildung in der Pflege. In: Wintersemester 2003/2004. Hausarbeit. Veranstaltung: Aktuelle Probleme in der Altenpflege und Altenpflegehilfeplanung. Leitung: Roland Krick, Mainz

Ostner, Ilona/Krutwa-Schott, Almut (1985): Krankenpflege – ein Frauenberuf? Bericht über eine empirische Untersuchung. Frankfurt, New York

Panke-Kochinke, Birgit (Hrsg.) (2000): Fachdidaktik der Berufskunde Pflege. Bern u.a.

Panke-Kochinke, Birgit (2005): Die Lernsituation – Konstruktion und Erfahrung. In: PR-Internet, Zeitschrift für Pflege-und Gesundheitswissenschaft 3/2005, S. 139-148

Park, Robert E./Burgess, Ernest W./McKenzie, Roderick D. (1970): The City. Chicago

Peirce, Charles S. (1980): Schriften zum Pragmatismus und Pragmatizismus. Frankfurt a. M.

Peirce, Charles S. (1933/1980): Collected Papers of Charles Sander Pierce. Cambridge, Mass

Piechotta, Gudrun (2000a): Weiblich oder kompetent? Der Pflegeberuf im Spannungsfeld von Geschlecht, Bildung und gesellschaftlicher Anerkennung. Bern

Piechotta, Gurdrun (2000b): Frauen – Pflege – Kompetenzen. Eine Untersuchung zur beruflichen Situation von Pflegenden. Bern

Piechotta, Gudrun (2000c): Von der „Schwesternschülerin" zur Studentin. Bildungs- und Berufserfahrungen und neue Perspektiven in der Pflege. In: Zeitschrift für qualitative Bildungs-, Beratungs- und Sozialforschung (ZBBS) 1/2005, S. 96-118

Preisser, Rüdiger (2001): Dimensionen der Kompetenz zur berufsbiographischen Selbstorganisation und Flexibilität. In: Franke, Guido (Hrsg.): Komplexität und Kompetenz. Ausgewählte Fragen der Kompetenzforschung. Bundesinstitut für Berufsbildung. Bielefeld, S. 221-246

Pukas, Dietrich (1999): Das Lernfeldkonzept im Spannungsfeld von Didaktik-Relevanz der Berufsschule und Praxis-Relevanz der Berufsausbildung. In: Zeitschrift für Berufs- und Wirtschaftspädagogik 95, Heft 1, S. 84-103

Radtke, Frank-Olaf (1996): Wissen und Können – Grundlagen der wissenschaftlichen Lehrerbildung. Opladen

Rauner, Felix (1997): Reformbedarf in der beruflichen Bildung? In: Welche Reform braucht die Berufliche Bildung? Fachkonferenz am 06.09.1997 in Hamburg

Reh, Sabine (1999): LehrerInnenbiographien in Brandenburg und Hamburg – Verarbeitung von Modernisierungserfahrungen. In: Combe, Arno/Helsper, Werner/Stelmaszyk, Bernhard (Hrsg.) (1999), S. 321-339

Reh, Sabine (2001): Textualität der Lebensgeschichte Performativität der Biographieforschung. In: Handlung Kultur Interpretation. Zeitschrift für Sozial- und Kulturwissenschaften 10, Heft 1, S. 29-49

Reh, Sabine (2003): Berufsbiographische Texte ostdeutscher Lehrer und Lehrerinnen als „Bekenntnisse". Interpretationen und methodologische Überlegungen zur erziehungswissenschaftliche Biographieforschung. Bad Heibrunn/Obb

Reh, Sabine (2004): Abschied von den Professionellen, von Professionalität oder vom Professionellen? Theorien und Forschungen zur Lehrerprofessionalität. In: Zeitschrift für Pädagogik 50, S. 356-372

Reh, Sabine/Schelle, Carla (1999): Biographieforschung in der Schulpädagogik. Aspekte biographisch orientierter Lehrerforschung. In: Krüger, Heinz-Hermann/Marotzki, Winfried (Hrsg.) (1999), S. 373-390

Reh, Sabine/Schelle, Carla (2000): Biographie und Professionalität. Die Reflexivität Biographischer Erzählungen. In: Bastian, Johannes/Helsper, Werner/Reh, Sabine/Schelle, Carla (Hrsg.) (2000) S. 107-124

Reiber, Karin (2008): Zum Stand der Pflegelehrerbildung – Deutsche Verhältnisse in europäischer Perspektive. In: Bischoff-Wanner, Claudia/Reiber, Karin (Hrsg.) (2008), S. 41-63

Reiber, Karin (2009): Lehr-Lern-Kulturen in der Hochschulbildung - Veränderungen in der Hochschullandschaft und ihre hochschuldidaktischen Implikationen. In: Melzer, Wolfgang/Rudolf Tippelt (Hrsg.): Kulturen der Bildung. Beiträge zum 21. Kongress der Deutschen Gesellschaft für Erziehungswissenschaft. Opladen/Farmington Hills (Barbara Budrich) 2009. S. 285-294 (zusammen mit Johannes Wildt) Veränderungen

Reiber, Karin (2011): Eine Wissenschaft für sich - Pflegestudium 2.0. Die Akademisierung der Pflegeausbildung.In: PADUA. Pflege anders denken und ausbilden 6, Heft 1, S. 54-57

Richter, Petra (2008): Die Bedeutung qualitativer Sozialforschungsmethoden für rekonstruktive

Deutungskompetenz in den Berufsfeldern Gesundheit/Pflege am Beispiel eines biographieanalytischen Forschungsprojekts zum Thema ‚Brustkrebs'. PR-Internet, Zeitschrift für Pflege-und Gesundheitswissenschaft 2/2008, S. 83-90

Riemann, Gerhard (1987): Das Fremdwerden der eigenen Biographie. Narrative Interviews mit psychiatrischen Patienten. München

Riemann, Gerhard (2003): Erzählanalyse. In: Bohnsack, Ralf/Marotzki, Winfried/Meuser, Michael (2003), S. 45-47

Robert-Bosch-Stiftung(2000a): Pflege neu denken. Zur Zukunft der Pflegeausbildung - „Zukunftswerkstatt Pflegeausbildung" - Mitglieder der Kommission: Bienstein, Christel/Dreymüller, Veronika Sr./Görres, Stefan/Knigge-Demal, Barbara/Kruse, Anna-Paula/Oelßner, Ursula/Röder, Rudolf/Sowinski, Christine/Weidner, Frank/Zegelin, Angelika. Stuttgart und New York

Robert-Bosch-Stiftung (2000b): Pflege braucht Eliten. Denkschrift der Kommission der Robert-Bosch-Stiftung zur Hochschulausbildung für Lehr- und Leitungskräfte in der Pflege. Gerlingen

Roes, Martina (2004): Wissenstransfer in der Pflege. Neues Lernen in der Pflegepraxis. Bern

Rolff, Hans-Günter (2007): Studien zu einer Theorie der Schulentwicklung. Weinheim

Rosenthal, Gabriele (1995): Erlebte und erzählte Lebensgeschichte. Gestalt und Struktur biographischer Selbstbeschreibungen. Frankfurt a. M.

Rosenthal, Gabriele (2005): Interpretative Sozialforschung. Eine Einführung. Weinheim, München

Rosenthal, Gabriele/Fischer-Rosenthal, Wolfram (2000): Analyse narrativ-biographischer Interviews. In: Flick, Uwe/von Kardorff, Ernst/Steinke, Ines (Hrsg.) (2000), S. 456-468

Sachverständigenrat zur Begutachtung der Entwicklung im Gesundheitswesen (2007): Kooperation und Verantwortung. Voraussetzungen einer zielorientierten Gesundheitsversorgung. www. svr-gesundheit.de

Sacks, Harvey (1971): Das Erzählen von Geschichten innerhalb von Unterhaltungen. In: Kjolseth, Rolf/Sack, Fritz (Hrsg.): Zur Soziologie der Sprache. 15. Sonderheft der Kölner Zeitschrift für Soziologie und Sozialpsychologie. Opladen, S. 307-314

Sander, Kirsten (2003): Biographie und Interaktion. Lebensgeschichten im institutionellen Rahmen eines Altenheims. In: INBL Bremen (Hrsg.). Werkstattbericht. Bd. 13

Sander, Kirsten (2005): Biographieforschung und Pflege. In: Schneider, Kordula/Brinker-Meyendriesch, Elfriede/Schneider, Alfred (Hrsg.) (2005); S. 37-58

Sander, Kirsten (2008): Biographieforschung im Berufsfeld Pflege und Gesundheit. In: PR-Internet. Zeitschrift für Pflege- und Gesundheitswissenschaft 7/2008, S. 415-420

Schelten, Andreas (1998): Einführung in die Berufspädagogik. Stuttgart

Schewior-Popp, Susanne (2005).: Lernsituationen planen und gestalten. Stuttgart

Schmitt, Svenja/Stöver, Martina/Görres, Stefan (2010): Kompetenzmessung zur Sicherung zukunftsfähiger Ausbildungsstrukturen im Rahmen der Integrativen Ausbildung: Das Stuttgarter Modell-Externe Evaluationsergebnisse des zweiten Modellkurses. In: PR-Internet, Zeitschrift für Pflege- und Gesundheitswissenschaft 2/2010, S. 69-74

Schneider, Alfred (2005): Die Ausbildung in den Pflegeberufen ein Sonderfall. In: Schneider, Kordula/Brinker-Meyendriesch, Elfriede/Schneider, Alfred (Hrsg.) (2005), S. 387-402

Schneider, Kordula (2003): Fächerübergreifender und fächerverbindender Unterricht - im Widerspruch zwischen Notwendigkeit und lästigem Übel. Unterricht Pflege, 8 (2), S. 2-9

Schneider, Kordula (2005): Das Lernfeldkonzept-zwischen theoretischen Erwartungen und praktischen Realisierungsmöglichkeiten. In: Schneider, Kordula/Brinker-Meyendriesch, Elfriede/ Schneider, Alfred (Hrsg.)(2005), S. 79-112

Schneider, Kordula/Brinker-Meyendriesch, Elfriede/Schneider, Alfred (Hrsg.): Pflegepädagogik: Für Studium und Praxis. 2. Auflage, Berlin u.a.

Schneider, Peter/Sabel, Martin (1998): Eine neue Qualität des Lernens. Von der Qualifikation zur Kompetenz. In: dies.: Lernen und Arbeiten im Team. Bd. 2: Handbuch „KoKoss" - kontinuierliche und kooperative Selbstqualifikation und Selbstorganisation. Bielefeld, S. 129-134

Schneider, Wolfgang (2008): Expertiseerwerb. In: Schneider, Wolfgang/Hasselhorn, Marcus (Hrsg.): Handbuch der Pädagogischen Psychologie. Göttingen, S. 136-144

Schulz, Wolfgang (Hrsg.) (1996): Lebensgeschichten und Lernwege. Anregungen und Reflexionen zu biographischen Lernprozessen. Hohengehren

Schulze, Theodor (1996): Erziehungswissenschaftliche Biographieforschung. Anfänge – Fortschritte – Ausblicke. In: Krüger, Heinz-Hermann/Marotzki, Winfried (Hrsg.) (1996), S. 10–31

Schulze, Theodor (1997): Interpretation von autobiographischen Texten. In: Friebertshäuser, Barbara/Prengel, Annedore (Hrsg.) (1997), S. 323–340

Schulze, Theodor (2002): Allgemeine Erziehungswissenschaft und erziehungswissenschaftliche Biographieforschung. In: Zeitschrift für Erziehungswissenschaft (ZfE) 5, Beiheft 1, S. 129–146

Schulze, Theodor (2005): Strukturen und Modalitäten biographischen Lernens. In: Zeitschrift für qualitative Bildungs-, Beratungs- und Sozialforschung (ZBBS) 1/2005, S. 43–64

Schulze, Ulrike (2001): Öffnen sich bundesdeutsche Berufsschulen der Pflegewissenschaft?. In: PR-Internet, Zeitschrift für Pflege- und Gesundheitswissenschaft 9/2001, S. 172–181

Schüßler, Ingeborg (2000): Deutungslernen. Erwachsenenbildung im Modus der Deutung. Eine explorative Studie zum Deutungslernen in der Erwachsenenbildung. Bd. 21, Hohengehren

Schütz, Alfred (1971): Wissenschaftliche Interpretation und Alltagsverständnis wissenschaftlichen Handelns. In: Schütz, Alfred Gesammelte Aufsätze. B. I: Das Problem sozialer Wirklichkeit. Den Haag, S. 1–54

Schütz, Alfred (1974): Der sinnhafte Aufbruch der sozialen Welt. Eine Einleitung in die verstehende Soziologie. Frankfurt a. M. (Erste Auflage 1932)

Schütze, Fritz (1976): Zur Hervorlockung und Analyse von Erzählungen thematisch relevanter Geschichten im Rahmen soziologischer Feldforschung – dargestellt an einem Projekt zur Erforschung kommunaler Machtstrukturen. In: Arbeitsgruppe Bielefelder Soziologen (Hrsg.): Kommunikative Sozialforschung. München, S. 159–260

Schütze, Fritz (1981): Prozessstrukturen des Lebensablaufs. In: Matthes, Joachim/Pfeifenberger, Arno/Stosberg, Manfred (Hrsg.): Biographie in handlungswissenschaftlicher Perspektive. Nürnberg, S. 67–156

Schütze, Fritz (1983): Biographieforschung und narratives Interview. In: Neue Praxis – Kritische Zeitschrift für Sozialarbeit und Sozialpädagogik 13, Heft 3, S. 283–293

Schütze, Fritz (1984): Kognitive Figuren des autobiographischen Stegreiferzählens. In: Kohli, Martin/Robert, Günther (Hrsg.) (1984): Biographie und soziale Wirklichkeit. Stuttgart, S. 78–117

Schütze, Fritz (1987a): Das narrative Interview in Interaktionsfeldstudien I. Studienbrief der Fernuniversität-Gesamthochschule, Hagen

Schütze, Fritz (1987b): Die Rolle der Sprache in der soziologischen Forschung. In: Ammon, Ulrich (Hrsg.): Soziolinguistik- Ein internationales Handbuch zur Wissenschaft von Sprache und Gesellschaft, Berlin, New York, S. 413–431

Schütze, Fritz (1987c): Symbolischer Interaktionismus. In: Ammon, Ulrich (Hrsg.): Soziolinguistik – Ein internationales Handbuch zur Wissenschaft von Sprache und Gesellschaft, Berlin, New York, S. 520–553

Schütze, Fritz (1989): Kollektive Verlaufskurve oder kollektiver Wandlungsprozess – Dimensionen des Vergleichs von Kriegserfahrungen amerikanischer und deutscher Soldaten im Zweiten Weltkrieg. In: BIOS, Zeitschrift für Biographieforschung und Oral History, 2, Heft 1, S. 31–109

Schütze, Fritz (1992): Sozialarbeit als bescheidene Profession. In: Dewe, Bernd/Ferchhoff, Wilhelm/Radtke, Frank-Olaf (Hrsg.) (1992), S. 131–171

Schütze, Fritz (1996): Organisationszwänge und hoheitsstaatliche Rahmenbedingungen im Sozialwesen. In: Combe, Arno/Helsper, Werner (Hrsg.) (1996), S. 183–275

Schütze, Fritz (2000): Schwierigkeiten bei der Arbeit und Paradoxien des professionellen Handelns. Ein grundlagentheoretischer Aufriß. In: Zeitschrift für qualitative Bildungs-, Beratungs- und Sozialforschung (ZBBS) 1/2000, S. 49–96

Schütze, Fritz (2001): Ein biographieanalytischer Beitrag zum Verständnis von kreativen Veränderungsprozessen. Die Kategorie der Wandlung. In: Burkholz, Roland/Gärtner, Christel/Zehentreiter, Ferdinand (Hrsg.): Materialität des Geistes. Zur Sache Kultur – im Diskurs mit Ulrich Oevermann. Weilerswist, S. 107–136

Schütze, Fritz (2005): Eine sehr persönlich generalisierte Sicht auf qualitative Sozialforschung. In:

Zeitschrift für qualitative Bildungs-, Beratungs- und Sozialforschung (ZBBS) 2/2005, S. 211–248

Schütze, Fritz/Bräu, Karin/Liermann, Hildegard/Prokopp, Karl/Speth, Martin/Wiesemann, Jutta (1996): Überlegungen zu Paradoxien des professionellen Lehrerhandelns in den Dimensionen der Schulorganisation. In: Helsper, Werner/Krüger, Heinz-Hermann/Wenzel, Harald (Hrsg.): Schule und Gesellschaft im Umbruch. Bd. 1: Theoretische und internationale Perspektive. Weinheim, S. 333–377

Schwarz-Govaers, Renate (2005): Subjektive Theorien als Basis für Wissen und Handeln. Ansätze zu einem handlungstheoretisch fundierten Pflegedidaktikmodell. Bern

Schweres, Manfred (1998): Arbeitssystemwissen oder Arbeitsprozesswissen in der Berufsbildung? Arbeitsplatz und Arbeitsprozess als Arbeitssystem. In: Die berufsbildende Schule 50, Heft 5, S. 159–164

Seitter, Wolfgang (1999): Riskante Übergänge in die Moderne. Vereinskulturen, Bildungsbiographien, Migranten. Opladen

Seitter, Wolfgang (2001a): Geschichte der Erwachsenenbildung. Eine Einführung. Theorie und Praxis der Erwachsenenbildung. Bielefeld

Seitter, Wolfgang (2001b): Der biographische Ansatz in der Erwachsenenbildung/Weiterbildung: Zu einer festen Größe avanciert. In: Grundlagen der Weiterbildung (GdWZ) 12, Heft 2, S. 55–58

Seltrecht, Astrid (2006): Lehrmeister Krankheit? Eine biographieanalytische Studie über Lernprozesse von Frauen mit Brustkrebs. Opladen, Budrich

Shulman, Lee S. (1986/1991): Those who understand: Knowledge Growth in Teaching. In: Educational Researcher 15 (2), S. 4–14; dtsch. unter dem Titel: Von einer Sache etwas verstehen: Wissensentwicklung bei Lehrern. In: Terhart, Ewald (Hrsg.) (1991), S. 145-160

Sieger, Margot (1997): Bildungsziele für die Berufsausbildung im Gesundheits- und Sozialwesen. In: Bundesausschuss der Länderarbeitsgemeinschaften der Lehrerinnen und Lehrer für Pflegeberufe (Hrsg.): Bildung und Pflege. Stuttgart, New York.

Sieger, Margot (Hrsg.) (2001): Pflegepädagogik. Handbuch zur pflegeberuflichen Bildung. Bern u.a.

Sieger, Margot/Bergmann-Tyacke, Inge (2001): Die Pflegeausbildung – Anforderungen und berufsrelevante Qualifikationen. In: Sieger, M. (Hrsg.) (2001), S. 13–33

Sieger, Margot (2005): Pflege im Spannungsfeld von Wissenschaftlichkeit und Beruflichkeit. In: Schneider, Kordula/Brinker-Meyendriesch, Elfriede/Schneider, Alfred (Hrsg.) (2005), S. 1–17

Sieger, Margot (2006): Innovative Pflegeausbildung im Vergleich. In Padua - Fachzeitschrift für Pflegepädagogik 4/2006, S. 54–56

Sieger, Margot/Meyer, Gerhard (2007): Panorama. Innovative Pflegeausbildung im Vergleich. In: Padua – Fachzeitschrift für Pflegepädagogik 5/2007, S. 59-61

Sloane, Peter F.E. (2000): Lernfelder und Unterrichtsgestaltung. In: Die berufsbildende Schule 52, Heft 3, S. 79–85

Spürk, Dorothee (2001): Schul- und Qualitätsentwicklung an Pflegeschulen. In: Sieger, Margot (Hrsg.) (2001), S. 185–202

Stanzel, Franz Karl (1979): Theorie des Erzählens. Göttingen

Stehr, Nico (1994): Arbeit, Eigentum und Wissen. Zur Theorie von Wissensgesellschaften. Frankfurt a. M.

Stelmaszyk, Bernhard (1999): Schulische Biographieforschung – eine kritische Sichtung von Studien zu LehrerInnenbiographien. Weinheim, S. 61–87

Stemmer, Renate (2002): Die Zukunft der Pflege zwischen Ökonomisierung und (De-)Professionalisierung. In: PR-Internet, Zeitschrift für Pflege- und Gesundheitswissenschaft 4/2002, S. 82–90

Stichweh, Rudolf (1992): Professionalisierung, Ausdifferenzierung von Funktionssystemen, Inklusion. In: Dewe, Bernd/Ferchhoff, Wilfried/Radtke, Frank-Olaf (Hrsg.) (1992), Opladen, S. 36–49

Stichweh, Rudolf (1994): Wissenschaft, Universität, Professionen. Soziologische Analysen. Frankfurt a.M.

Stichweh, Rudolf (1996): Professionen in einer funktional differenzierten Gesellschaft. In: Combe, Arno/Helsper, Werner (Hrsg.) (1996), S. 49–69

Stöcker, Gertrud (2003): Wie innovativ ist das neue Krankenpflegegesetz? In: Die Schwester/Der Pfleger, 42, Heft 8, S. 618–624

Stöcker, Gertrud. (2004): Es gibt noch viel zu tun – Ausbildungen in Pflegeberufen: Was trennt, was verbindet Europa? In: Heilberufe, 05/2004, S. 14–15

Stöcker, Gertrud (2005): Ausbildung der Pflegeberufe in Deutschland und Berlin. In: Landenberger, Margarete (Hrsg.): Ausbildung der Pflegeberufe in Europa. Vergleichende Analyse und Vorbilder für eine Weiterentwicklung in Deutschland. Hannover. S. 25–78

Stöhr, Monika (2005): Handlungsfeld, Lernfeld, Lernsituation – Begriffsklärung. In: Warmbrunn, Angelika u.a. (Hrsg.): Themenbereiche und Lernfelder im Pflegeunterricht. München, Seite 13–20

Stöver. Martina/Schmitt, Svenja/Görres, Stefan (2008): Relevanz und Tragweite der Integrativen Pflegeausbildung: Das Stuttgarter Modell. Ergebnisse einer externen Evaluation. In: PR-Internet, Zeitschrift für Pflege und Gesundheitswissenschaft 6/2008, S. 325–331

Straka, Gerald A. (1997): Selbstgesteuertes Lernen in der Arbeitswelt. In: Literatur- und Forschungsreport Weiterbildung 39, Juni 1997, S. 146- 154

Strauss, Anselm L. (1991): Grundlagen qualitativer Sozialforschung. Datenanalyse und Theoriebildung in der empirischen soziologischen Forschung. München

Terhart, Ewald (1990): Sozialwissenschaftliche Theorie- und Forschungsansätze zum Beruf des Lehrers. 1970–1990. In: Zeitschrift für Sozialisationsforschung und Erziehungssoziologie (ZSE) 10, Heft 3, S. 235–254

Terhart, Ewald (Hrsg.) (1991): Unterrichten als Beruf. Neuere amerikanische und englische Arbeiten zur Berufskultur und Berufsbiographie von Lehrern und Lehrerinnen. Köln

Terhart, Ewald (1995): Lehrerbiographien. In: König, Eckard/Zedler, Peter (Hrsg.): Bilanz qualitativer Forschung. Bd. 2: Methoden. Weinheim, S. 225–266

Terhart, Ewald (1996): Berufskultur und professionelles Handeln bei Lehrern. In: Combe, Arno/ Helsper, Werner (Hrsg.) (1996), S. 448–471

Terhart, Ewald (2000): Lehrerbildung und Professionalität. Strukturen, Probleme und aktuelle Reformtendenzen. In: Bastian, Johannes/Helsper, Werner/Reh, Sabine/Schelle, Carla (Hrsg.) (2000), S. 73–85

Terhart, Ewald (2001): Lehrerberuf und Lehrerbildung. Forschungsbefunde, Problemanalysen, Reformkonzepte. Weinheim, Basel

Terhart, Ewald (2002): Was müssen Lehrer wissen und können? In: Zentrum für Schulforschung und Fragen der Lehrerbildung (Hrsg.): Die Zukunft der Lehrerbildung. Eine Streitschrift. Opladen, S. 17–23

Terhart, Ewald (2003): Reform der Lehrerbildung: Chancen und Risiken. In: Gogolin, Ingrid/Tippelt, Rudolf (Hrsg.): Innovation durch Bildung. Beiträge zum 18. Kongress der Deutschen Gesellschaft für Erziehungswissenschaften. Opladen, S. 163–180.

Terhart, Ewald/Czerwenka, Kurt/Ehrich, Karin/Jordan, Frank/Schmidt, Hans-Joachim (1994): Berufsbiographien von Lehrern und Lehrerinnen. Abschlußbericht an die DFG, Lüneburg

Thiel, Volker (2004): Reform des Krankenpflegegesetzes – Herausforderungen für die Pflegebildungseinrichtungen. In: PR-Internet, Zeitschrift für Pflege und Gesundheitswissenschaft, 2/2004, S. 93-98

Tiefel, Sandra (2005): Kodierung nach der Grounded Theory. In: Zeitschrift für qualitative Bildungs-, Beratungs- und Sozialforschung (Zeitschrift für qualitative Bildungs-, Beratungs- und Sozialforschung (ZBBS) 1/2005, S. 65–81

Thomas, William I./Thomas Dorothy Swaine (1970): The child in America. Behavior problems and programs. New York

Tippelt, Rudolf (Hrsg.): Handbuch Bildungsforschung. Opladen

Transfernetzwerk Innovative Pflegeausbildung (TIP) (2009): Positionen zu den Ausbildungs- und Pflegeberufen. S.1–5

Ulrich, Joachim G. (2001): Wissensanforderungen, Weiterbildung und Kompetenzsicherung der

Erwerbstätigen in Deutschland – Ergebnisse aus der BBIB/IAB-Erhebung 1998/1999. In: BIBB Kompetenzentwicklung – Lernen begleitet das Leben. Bonn, S. 23-34

Unger, Tim (2007a): Bildung in der Entgrenzung. Eine bildungstheoretische Annäherung an das Phänomen der Entgrenzung von Arbeits- und Lebenssphären in prozess-orientierten Organisationsformen von Arbeit. In: Bader, Reiner/Keiser, Gerhard./Unger,Tim (Hrsg.) (2007): Entwicklung unternehmerischer Kompetenz in der Berufsbildung. Bielefeld, S. 137-156

Unger, Tim (2007b): Bildungsidee und Bildungsverständnis. Eine grundlagentheoretische Analyse und empirische Fallstudie über das Bildungsverständnis von Lehrenden an Berufsschulen. Münster u.a.

Unger, Tim (2007c): Ich, dieser Mensch, denke mich selbst, also bin ich. Über den Zusammenhang von pädagogischer Identität und biographischen Lernprozessen bei Berufsschullehrern. In: Berufs- und Wirtschaftspädagogik – online 12, Juni 2007

Volkmann, Vera (2008): Biographisches Wissen von Lehrerinnen und Lehrern. Der Einfluss lebensgeschichtlicher Erfahrungen auf berufliches Handeln und Deuten im Fach Sport. Wiesbaden

von Felden, Heide (1999): Bildungsforschung als historisch-hermeneutische Forschung und als empirisch-qualitative Forschung: Zusammenhänge und Unterschiede. In: Scholz, Wolf-Dieter/ Schwab, Herbert (Hrsg.): Bildung und Gesellschaft im Wandel. Bilanz und Perspektiven der Erziehungswissenschaft. Oldenburg, S. 171-190

von Felden, Heide (2003): Bildung und Geschlecht zwischen Moderne und Postmoderne. Opladen

von Felden, Heide (2004): Lebenslanges Lernen, Bildung und Biographie. Zur Verknüpfung von Bildungs- und Biographieforschung. Mainz (= Antrittsvorlesung an der Johannes Gutenberg Universität Mainz, 15. Juli 2004)

von Felden, Heide (2006a): Erziehungswissenschaftliche Biographieforschung als Bildungsforschung und Untersuchungsansätze zum Lebenslangen Lernen. In: Griese, Birgit (Hrsg.): Theoretische und empirische Perspektiven auf Lern- und Bildungsprozesse. Mainz

von Felden, Heide (2006b): Lernprozesse über die Lebenszeit. Zur Untersuchung von Lebenslangem Lernen mit Mitteln der Biographieforschung. In: Forneck, Hermann/Wiesner, Gisela./ Zeuner, Christine (Hrsg.): Teilhabe an der Erwachsenenbildung und gesellschaftliche Modernisierung. Baltmannsweiler, S. 217-233

von Felden, Heide (2006c): Biographieforschung und Lerntheorie. Bausteine einer Lerntheorie in biographischer Rahmung. In: Forneck, Hermann/Wiesner, Gisela/Zeuner, Christine (Hrsg.): Teilhabe an der Erwachsenenbildung und gesellschaftliche Modernisierung. Baltmannsweiler, S. 76-88

von Felden, Heide (Hrsg.) (2007): Methodendiskussion in der Biographieforschung. Klassische und innovative Perspektiven rekonstruktiver Forschung, Mainz

von Felden, Heide (Hrsg.) (2008): Perspektiven erziehungswissenschaftlicher Biographieforschung. Wiesbaden.

von Felden, Heide (2008a): Zum Lernbegriff in biographietheoretischer Perspektive. In: Egger, Rudolf/Mikula, Regina/Haring, Sol/Felbinger, Andrea/Pilch-Ortega, Angela (Hrsg.) (2008), S. 47-58

von Felden, Heide (2008b): Einleitung. Traditionslinien, Konzepte und Stand der theoretischen und methodischen Diskussion in der erziehungswissenschaftlichen Biographieforschung. In: dies. (Hrsg.) (2008), S. 7-26

von Felden, Heide (2009): Überlegungen zum theoretischen Konzept des lebenslangen Lernens und zur empirischen Rekonstruktion selbstbestimmten Lernens. In: Alheit, Peter/von Felden, Heide (Hrsg.) (2009), S. 157-174

von Felden, Heide (2011): Lernprozesse im Erzählen. Zur Rekonstruktion von Lernprozessen über die Lebenszeit in Texten autobiographischen Erzählens. In: Hartung, Olaf/Steininger, Ivo/ Fuchs, Thorsten (Hrsg.): Lernen und Erzählen. Theorie? Empirie? Praxis. Wiesbaden (im Druck)

Wagner, Hans-Josef (1998): Eine Theorie pädagogischer Professionalität, Weinheim

Wagner, Hans-.Josef (2004): Sozialität und Reziprozität, Strukturale Sozialisationstheorie I, Frankfurt a.M.

Wagner, Karin (2004): Biographische Prozessstrukturen, Generationslagerung und lebenslanges Lernen/Nichtlernen. Frankfurt a. M.

Wahl, Diethelm (2001): Nachhaltige Wege vom Wissen zum Handeln. Beiträge zur Lehrerbildung, 19. S. 157-174

Wais, Mathias (1996): Biographiearbeit, Lebensberatung. Krisen und Entwicklungschancen des Erwachsenen, 3. Aufl., Stuttgart

Wanner, Bernd (1987): Lehrer zweiter Klasse? Historische Begründung und Perspektiven von der Qualifizierung von Krankenpflegelehrkräften(= Europäische Hochschulzeitschriften Reihe 11, Pädagogik). Frankfurt a. M. (2. erw. Auflage, 1993)

Wernet, Andreas (2003): Pädagogische Permissivität. Schulische Sozialisation und pädagogisches Handeln jenseits der Professionalisierungsfrage. Opladen

Wernet, Andreas (2005): Über Professionelles Handeln und den Mythos seiner Professionalisierung. in: Pfadenhauer, M. (Hrsg.): Professionelles Handeln. Wiesbaden, S. 125-146

Wilke, Gerhard (1999): Die Zukunft unserer Arbeit. Frankfurt a. M.

Wilson, Thomas P. (1973): Theorien der Interaktion und Modelle soziologischer Erklärung. In: Arbeitsgruppe Bielefelder Soziologen (Hrsg.): Kommunikative Sozialforschung. München, S. 54-79

Winkler, Siegfried (1996): Professionalisierung. In: Hirdeis, Helmwart/Hug, Thomas (Hrsg.): Taschenbuch der Pädagogik. 4. Auflage. Hohengehren, S. 1204-1215

Zinn, Jens O. (2006): Biographische (Un-)Sicherheit in der Moderne. Zum Wandel von Selbstbindung und Widerständigkeit in Alltagstheorien und biographischer Forschung. In: Sozialer Sinn. Zeitschrift für hermeneutische Sozialforschung 7, Heft 2, S. 301-326

MIX
Papier aus verantwortungsvollen Quellen
Paper from responsible sources
FSC® C105338

If you have any concerns about our products,
you can contact us on
ProductSafety@springernature.com

In case Publisher is established outside the EU,
the EU authorized representative is:
Springer Nature Customer Service Center GmbH
Europaplatz 3, 69115 Heidelberg, Germany

Printed by Libri Plureos GmbH
in Hamburg, Germany